Panaché littéraire

Third Edition

Mary J. Baker **Jean-Pierre Cauvin**

Both of the University of Texas at Austin

Heinle & Heinle Publishers
An International Thomson Publishing Company
Boston, Massachusetts 02116

The publication of **Panaché littéraire** was directed by the members of the Heinle & Heinle College French Publishing Team:

Vice President & Team Leader:	Erek Smith
Editorial Director:	Patricia L. Ménard
Market Development Director:	Marisa Garman
Production Services Coordinator:	Gabrielle B. McDonald
Assistant Editor:	Susan Winer Slavin

Also participating in the publication of this program were:

Publisher:	Stanley J. Galek
Editorial Production Manager:	Elizabeth Holthaus
Managing Developmental Editor:	Beth Kramer
Project Manager:	Laura C. Ferry
Manufacturing Coordinator:	Jerry Christopher
Cover and Interior Design:	Jean Hammond

Baker, Mary J.
    Panaché Littéraire / Mary J. Baker, Jean-Pierre Cauvin. — 3rd ed.
        p. cm.
    French and English.
    Includes index.
    ISBN 0-8384-4234-X
        1. French language—Readers.   2. French language—Textbooks for foreign
speakers—English.   I. Cauvin, Jean-Pierre.   II. Title.
PC2117.P215   1994
448.6'421—dc20   94-26198
                                                                                           CIP

Manufactured in the United States of America

ISBN 0-8384-4234-X

10 9 8 7 6

:B: Contents :B:

FANTAISIE ET FANTASTIQUE

CONNAISSANCE DE SOI ET DU MONDE

Code Key

(P) Poem

† Literary term explained in the *Glossaire des termes littéraires* (Appendix 1)

°
°° Relative level of difficulty (° simple; °°° difficult)
°°°

Text Credits

We wish to thank the authors, publishers, and holders of copyright for their permission to reprint the following texts used in *Panaché littéraire*, 3e:

• Eugène Ionesco, "Premier Conte pour enfants de moins de trois ans" in *Passé présent, présent passé* d'Eugène Ionesco, © Mercure de France, 1968. • Alphonse Allais, "Un moyen comme un autre." • Nathalie Sarraute, *Enfance*. • Roch Carrier, "La Machine à détecter tout ce qui est américain," in *Les Enfants du bonhomme dans la lune*, © Les Editions internationales, Alain Stanke, Lté, 1979. • Joseph Zobel, "Le Syllabaire," in *Laghia de la mort*, © Présence Africaine, 1978. • Marcel Aymé, "Le Proverbe", in *Le Passe-muraille*, "Oscar et Erick" in *En arrière*. • Gabrielle Roy, extrait de *La Détresse et l'enchantement*, © Fonds Gabrielle Roy. • Antonine Maillet, "L'Ecole," tiré de *Par derrière chez mon père*. • Philippe Labro, "Madame Blèze et le petit garçon," tiré de *Le Petit Garçon*. • Colette, "Doit-on le dire?," "Un Couple," tiré de *Contes des mille et un matins*, © Librairie Flammarion, Paris. • Bernard Dadié, "Dans tes yeux," "Je vous remercie mon Dieu," tiré de *Légendes et Poèmes*, © Seghers. • Paul Eluard, "L'Amoureuse," tiré de *Mourir de ne pas mourir*, "Le Plus Jeune," tiré de *Nouveaux Poèmes*, "Bonne Justice," tiré de *Pouvoir tout dire*. • Arthur Rimbaud, "Le Dormeur du val." • Emile Zola, "L'Attaque du moulin." • Jean-Paul Sartre, "Le Mur" tiré de *Le Mur*. • Albert Camus, "L'Hôte" tiré de *L'Exil et le royaume*. • Annie Ernaux, tiré de *Passion simple*. • Marguerite Duras, tiré de *Hiroshima mon amour*. • Clément Marot, "D'Anne qui lui jeta de la neige." • Marie Savard, "La Neige chaude" tiré de *Chansons et poèmes*, © Editions Triptyque, 1992. • Charles Baudelaire, "L'Invitation au voyage," "Enivrez-vous." • Guy de Maupassant, "Le Horla." • Cheikh Sow, extrait de "Cycle de sécheresse," tiré de *Collection Monde Noir Poche*, © Hatier, 1983. • Boris Vian, extrait de *Chanson de charme*, © Christian Bourgois Editeur. "Sermonette," tiré de *Textes et chansons*, © Editions Julliard. • Marcel Béalu, "Passion de la lecture," "Professeurs à la boule," © Editions Belfond. • Raymond Queneau, tiré de *Exercices de style*. • Henri Michaux, "Un homme paisible," "Plume au restaurant," "Plume voyage," "Plume avait mal au doigt," "Plume à Casablanca," "Plume au plafond" issus de *Un certain Plume* and "Repos dans le malheur" tiré de *Plume*. • Robert Desnos, "Le Pélican," tiré de *Chantefables et Chantefleurs* © Librairie Gründ, "Il était une feuille" tiré de *Fortunes* © Editions Gallimard. • Voltaire, "Histoire d'un bon bramin." • La Fontaine, "Le Loup et l'agneau." • La Rochefoucauld, Pascal, La Bruyère, Vauvenargues, Chamfort, Rivarol, Joubert, Valéry, "Maximes et pensées diverses." • Guillaume Apollinaire, "Le Pont Mirabeau" in *Alcools*, Editions Gallimard. • Andrée Chedid, "Avant," tiré de *Contrechant*, © Librairie Flammarion, 1968. "La Femme des longues patiences," tiré de *Fraternité de la patience*, © Librairie Flammarion, 1976. • Emmanuel Roblès, "Le Rossignol de Kabylie," tiré de *L'Homme d'avril*. • Samuel Beckett, "Acte sans paroles I," "Je suis ce cours de sable," in *Poésie et vérité*, © Les Editions de Minuit, Paris. • Jules Supervielle, "Dieu pense à l'homme" tiré de *La Fable du monde*. • Jean Giono, "Destruction de Paris" tiré de *Solitude de la pitié*.

Photo Credits

The authors and publisher would like to thank the following for photographs used in *Panaché littéraire*, 3e:

Page 1, © Arthur Burnham, FPG International Corp, New York, New York.
Page 100, © Michael Dwyer, Stock Boston, Boston, Massachusetts.
Page 212, © Willinger, FPG International, New York, New York.
Page 283, © Owen Franken, Stock Boston, Boston, Massachusetts.

Preface

In this third edition of *Panaché littéraire* we have simplified the presentation of the reading selections by organizing them into four sections rather than five (*Jeunesse*; *Engagements et Passions*; *Fantaisie et Fantastique*; and *Connaissance de Soi et du Monde*). We have eliminated one poem and several prose selections considered too difficult or unappealing by our students and reviewers. The additions to the reader reflect our desire for greater diversity and include more women, French Canadian, and francophone writers. The *Jeunesse* section now includes two prose contributions from French Canadian women writers Gabrielle Roy and Antonine Maillet, and a poem by the Ivory Coast poet Bernard Dadié. This section also includes an extract from Philippe Labro's recent novel *Le Petit Garçon*. Poems by Paul Eluard, Clément Marot, and the Canadian poet Marie Savard have been added to the second section, *Engagements et Passions*, as well as extracts from the new novel *Passion simple* by Annie Ernaux. The *Fantaisie et Fantastique* and *Connaissance de Soi et du Monde* sections incorporate new poems by La Fontaine, Paul Eluard, Robert Desnos, Bernard Dadié, and the Egyptian-born poet Andrée Chedid, and stories by the Senegalese author Cheikh Sow and the *pied noir* writer Emmanuel Roblès.

This new edition of *Panaché littéraire* is accompanied by a cassette on which all the poems are read. In order to enhance the pedagogical usefulness of these recordings, each poem is read first at normal speed, then a second time, more slowly, with time left on the tape for the student to repeat after the model.

Other features of this edition remain essentially the same as in the second edition. A few exercises have been simplified or clarified, however, and cultural and/or historical questions have been added to several of the *sujets de discussion ou de composition* sections following prose selections. Both the *Glossaire* and the *Glossaire des termes littéraires* have been expanded. A review of the pedagogical apparatus follows.

Orientation. This is a brief paragraph, written in English, designed to give students an idea of the content of the reading selection and to highlight an aspect of it that merits special attention. This section is written in English (the others are in French) in order to ensure the text's initial accessibility.

Mots apparentés/faux amis. This cognate section also precedes each reading selection, and is designed to increase student awareness of cognates and to facilitate recognition of them.

Questions inserted into the text. After the first few paragraphs of the prose selections (except for very short selections), several questions, primarily factual in nature, are inserted into the text. Since students are often anxious about understanding texts written in a foreign language, we have sought to guide them with questions immediately, so that, *as they read*, they will be alerted to what they should be comprehending. The questions at the end of the reading selections begin where those inserted in the text leave off. The teacher may wish to consider introducing these first few paragraphs in class *before* the students start the reading on their own.

Complétez les phrases suivantes (oralement ou par écrit). This is a brief, relatively simple section that supplements the questions. It can be done in class or assigned outside of class after the entire reading selection has been completed.

Expressions à étudier. These exercises, which are based on idioms and vocabulary in the readings, have been included for teachers who wish to give students an opportunity to actively manipulate the language. They may be used either before or after the reading. If used before the reading, they will alert students to key vocabulary and idiomatic expressions. Every effort had been made to compose exercises that are as lively and fanciful as possible. We have reorganized the presentation of these exercises, first listing all the idioms, and then grouping the questions together at the end.

Faites le choix le plus conforme au texte. This is a logical completion exercise designed to allow the teacher, time permitting, to approach the text in a different way. These exercises are more demanding than those in the "complétez" section in that they test discrimination of finer points as well as understanding of broader aspects of the reading.

Sujets de discussion ou de composition. This is the last item of the pedagogical apparatus. We have included questions here that go beyond the merely factual in order to stimulate class discussion or written essays. They are designed to appeal to a broad spectrum of students.

In cases where the reading selections are very short, we have not included all these types of exercises.

We continue to believe that the variety and intrinsic quality of the selections, along with the ample annotation and supplementary material, provide an anthology that meets the needs of, and will strongly appeal to, a wide range of students.

Acknowledgments

We would like to express our gratitude to Pat Ménard, Susan Winer Slavin, and Laura Ferry at Heinle & Heinle for their careful attention to all aspects of the preparation and production of this text. Special thanks go to Barbara Lyons. We are much indebted to her keen editorial eye.

Mary J. Baker

Jean-Pierre Cauvin

JEUNESSE

⁝◗ Eugène Ionesco ◗⁝

Né en Roumanie mais fixé en France depuis 1938, Eugene Ionesco (1912–1994) est surtout connu pour ses pièces de théâtre: La Leçon (1951); Les Chaises (1952); Rhinocéros (1960). Une atmosphère de farce caractérise ces œuvres où l'absurde joue un rôle prédominant. Publié en 1968, Premier Conte pour enfants de moins de trois ans rappelle le premier et plus grand succès d'Ionesco, La Cantatrice chauve °pera singer / bald *(1950), par le genre d'humour qu'on y trouve: les personnages se disent des banalités qui deviennent de plus en plus machinales et illogiques. Les noms propres eux-mêmes n'identifient plus et le langage finit par subvertir sa propre signification.*

ORIENTATION Premier Conte pour enfants de moins de trois ans is told by an authorial narrator who makes no entry into his characters' minds. This refusal to enter the minds of the characters is particularly appropriate here since the main character is a child under three whose understanding of the events would be imperfect. Note that although this authorial narrator is not a character in the story, he does not hide his presence. For example, in one important intervention (l. 23) he emends the statement of the *femme de ménage* to say that the jam was orange, not strawberry. This correction implies that some of the characters' perceptions may not be reliable. See what other examples of the authorial narrator's presence you can find in the story, and try to explain their function.

Mots apparentés / faux amis

Donnez l'équivalent anglais du mot français. S'il s'agit d'un faux ami (*), donnez aussi l'équivalent français du faux ami anglais.

pousser (l. 3)	to push; nudge; jostle
le semblant (1. 5)	a semblance of; a glimmer of
le jus (l. 15)	juice
raconter (1. 41)	to tell, relate; to tell about, recount
rencontrer (1. 59)	to meet; to run or bump into; to have a mtg. w/
rendre (1. 65)	to give back, return; to make
*rester (1. 34)	to stay, remain, live
	to rest

Premier Conte pour enfants
de moins de trois ans

le fond de toile
(un canvas sur laquelle un peintre peint)

elle fait quoi? C'est (l'article) est nécessaire en français   *(vs. 3 ans) → à peine 3 ans (= presque 3 ans)*

❖ Josette est déjà une grande fille, elle a trente-trois mois. Un matin, ainsi qu'elle le fait[1] tous les matins, elle s'avance de ses petits pas incertains *pour les animaux* → *beaucoup de «p»* jusqu'à la porte de la chambre de ses parents. Elle essaie de pousser la porte, elle essaie d'ouvrir, tout comme un petit chien. Elle perd patience, *l'importance de Josette dans cette famille* appelle, cela réveille les parents qui **font semblant de** ne pas entendre. Ce *le pap.* affectent, feignent de jour-là, le papa et la maman étaient très fatigués. **La veille**, ils étaient allés la soirée précédente au théâtre, puis après le théâtre au restaurant, puis après le restaurant au *↳ pour un discours indirect* cinéma, puis après le cinéma au restaurant, puis après le restaurant au *↳ comme «le lendemain»* **guignol**. Et maintenant, ils étaient très paresseux. Ce n'est pas **beau** pour *Punch and Judy Show / gentil, recommandable*

10 les parents… *un spectacle très populaire avant le télé*

Lyon (origine) les marionnettes

→ *Ce n'est pas beau de mentir (quand on s'addresse les enfants)*

leur vie est caractérisé par frivolité

Quel âge a Josette?

Où va-t-elle un matin?

Qu'est-ce qu'elle essaie de faire?

Que fait-elle quand elle perd patience? *et puis → et pis*

Pourquoi est-ce que ses parents font semblant de ne pas entendre quand elle appelle?

Pourquoi le papa et la maman sont-ils très fatigués? *le passé simple*

La femme de ménage[2] perdit[3] patience, elle aussi. Elle ouvre la porte de la *scander : marquer la cadence de la poésie* chambre à coucher des parents; elle dit:

—Bonjour Madame, bonjour Monsieur, voici votre journal du matin, voici les cartes postales que vous avez reçues, voici votre café au lait avec du sucre,

15 voici vos jus de fruits, voici vos croissants, voici votre pain grillé, voici votre *étalage de la consommation à outrance* beurre, voici votre marmelade d'oranges, voici votre confiture de fraises, voici *↳ display* un œuf sur le plat, voici du jambon et voici votre petite fille. *(derrière la liste)*

heartburn / nauseated Les parents étaient écœurés,[4] parce que j'ai oublié de dire qu'après le guignol, *gâtés : spoiled* ils avaient encore été au restaurant. Les parents ne veulent pas boire leur café au **n'est pas tj négatif en* lait, ils ne veulent pas le pain grillé, ils ne veulent pas les croissants, ils ne veu- *français*

20 lent pas le jambon, ils ne veulent pas l'œuf sur le plat, ils ne veulent pas la *e.g.* marmelade d'oranges, ils ne veulent pas leur jus de fruits, ils ne veulent pas non *(j'ai été gâtée pour mon* plus la confiture de fraises (ce n'était même pas des fraises, c'était des oranges). *anniversaire = exprimer*

—Donnez tout cela à Josette, dit le papa à la femme de ménage, et quand *l'appréciation)*

25 elle aura mangé, ramenez-la-nous.[5]

La femme de ménage prend la petite fille dans ses bras.

contre son gré (against her wishes)

ils ne touchent à rien

---

[1] **ainsi qu'elle le fait:** Quel est le sens et la fonction de **le** ici?

[2] **la femme de ménage:** personne employée pour nettoyer une maison, un appartement

[3] **perdit:** Quel est le temps de **perdre** ici?

[4] **écœurés:** dégoûtés, indisposés par la seule pensée de manger *(utilisé aussi dans le sens figuré)*

[5] **ramenez-la-nous:** faites-la revenir auprès de nous, dans notre chambre

Eugène Ionesco ❖ 3

Josette **hurle**. Mais comme elle est gourmande,[6] elle se console dans la cuisine en mangeant: la marmelade de maman, la confiture de papa, les croissants des deux parents; elle boit les jus de fruits.

—Oh, quel petit ogre, dit la femme de ménage… Tu as un ventre aussi gros que tes yeux[7]… 30

Et pour que la petite fille ne soit pas malade, c'est la femme de ménage qui boit le café au lait des parents, mange l'œuf sur le plat, le jambon et aussi le riz au lait qui était resté d'hier soir.

Pendant ce temps-là, le papa et la maman se sont rendormis et ronflent.[8] 35 Pas pour longtemps. La femme de ménage ramène Josette dans la chambre à coucher des parents. Josette dit:

—Papa, Jacqueline (c'est le nom de la femme de ménage), Jacqueline, dit Josette, a mangé ton jambon.

—Ça ne fait rien,[9] dit papa. 40

—Papa, dit Josette, raconte-moi une histoire.

Et pendant que la maman dort, parce qu'elle est trop fatiguée d'avoir trop fait la fête,[10] le papa raconte une histoire à Josette.

—Il y avait une fois une petite fille qui s'appelait Jacqueline.

—Comme Jacqueline? demande Josette. 45

—Oui, dit papa, mais ce n'était pas Jacqueline. Jacqueline était une petite fille, elle avait une maman qui s'appelait Madame Jacqueline. Le papa de la petite Jacqueline s'appelait Monsieur Jacqueline. La petite Jacqueline avait deux sœurs qui s'appelaient toutes les deux Jacqueline, et deux cousins qui s'appelaient Jacqueline, et deux cousines qui s'appelaient Jacqueline et une 50 tante et un oncle qui s'appelaient Jacqueline. L'oncle et la tante qui s'appelaient Jacqueline avaient des amis qui s'appelaient Monsieur et Madame Jacqueline, et qui avaient une petite fille qui s'appelait Jacqueline, et un petit garçon qui s'appelait Jacqueline, et la petite fille avait des poupées, trois poupées qui s'appelaient: Jacqueline, Jacqueline et Jacqueline. Le petit garçon 55 avait un petit camarade qui s'appelait Jacqueline, et des chevaux de bois qui s'appelaient Jacqueline et des soldats de plomb qui s'appelaient Jacqueline.

Un jour, la petite Jacqueline, avec son papa Jacqueline, son petit frère Jacqueline, sa maman Jacqueline, va au bois de Boulogne.[11] Là, ils rencontrent leurs amis Jacqueline avec la petite fille Jacqueline, avec le petit garçon 60 Jacqueline, avec les soldats de plomb Jacqueline, avec les poupées Jacqueline, Jacqueline et Jacqueline.

Pendant que le papa raconte ses histoires à la petite Josette, entre la femme de ménage. Elle dit:

—Vous allez la rendre folle,[12] cette petite, Monsieur. 65

Josette dit à la femme de ménage:

---

[6] **elle est gourmande:** elle a envie de manger de bonnes choses, surtout des sucreries

[7] **Tu as un ventre aussi gros que tes yeux:** allusion à l'expression **avoir les yeux plus gros que le ventre**

[8] **ronflent:** font du bruit en respirant pendant qu'ils dorment

[9] **Ça ne fait rien:** Ça n'a aucune importance (*It doesn't matter, that's all right*).

[10] **d'avoir trop fait la fête:** d'avoir trop mangé, bu et d'être resté au spectacle trop tard

[11] **le bois de Boulogne:** grand parc boisé situé dans le nord-ouest de Paris

[12] **vous allez la rendre folle:** *you're going to drive her crazy*

—Jacqueline, est-ce-qu'on va au marché (car, comme je l'ai dit, la femme de ménage s'appelait aussi Jacqueline)?

Josette s'en va faire des commissions avec la femme de ménage.

Le papa et la maman s'endorment de nouveau parce qu'ils étaient très fatigués, ils avaient été la veille au restaurant, au théâtre, encore au restaurant, au guignol, puis encore au restaurant.

Josette rentre dans une boutique avec la femme de ménage. Et là, elle rencontre une petite fille qui était avec ses parents. Josette demande à la petite fille:

—Tu veux jouer avec moi? Comment t'appelles-tu?

La petite fille répond:

—Je m'appelle Jacqueline.

Josette dit à la petite fille:

—Je sais. Ton papa s'appelle Jacqueline, ta maman s'appelle Jacqueline, ton petit frère s'appelle Jacqueline, ta poupée s'appelle Jacqueline, ton grand-papa s'appelle Jacqueline, ton cheval de bois s'appelle Jacqueline, ta maison s'appelle Jacqueline, **ton petit pot** s'appelle Jacqueline...   ton pot de chambre

Alors, l'épicier, l'épicière,[13] la maman de l'autre petite fille, tous les clients qui étaient dans la boutique se tournent du côté de Josette et la regardent avec de gros yeux tout **effrayés**.   pleins de peur

—Ce n'est rien, dit tranquillement la femme de ménage, ne vous inquiétez pas,[14] ce sont les histoires idiotes que lui raconte son père.

Questions

1. Décrivez le petit déjeuner des parents.
2. Quelle est la signification du fait que Josette se trouve à la fin de la liste des choses annoncées par la femme de ménage?
3. Pourquoi dit-on que Josette est gourmande? Expliquez la différence entre un gourmand et un gourmet.
4. Qui d'autre dans la maison de Josette aime bien manger?
5. Quelle histoire le père raconte-t-il à sa fille?
6. Comment peut-on expliquer que tout le monde s'appelle Jacqueline?
7. Quelles personnes s'appellent réellement Jacqueline dans *Premier Conte*?
8. Pourquoi les gens dans la boutique ont-ils les yeux effrayés?
9. Etudiez la dernière phrase du conte. Quand la femme de ménage dit: «Ce n'est rien» et ensuite: «ce sont les histoires idiotes que lui raconte son père,» a-t-elle raison? Expliquez.

Complétez les phrases suivantes (oralement ou par écrit)

1. Quand Josette ne réussit pas à ouvrir la porte de la chambre de ses parents, elle... (ll. 3–5)
2. Le matin, les parents de Josette font semblant de...

---

[13] **l'épicier, l'épicière:** personnes qui vendent des produits d'alimentation

[14] **ne vous inquiétez pas:** ne vous faites pas de soucis

3. Les parents sont fatigués, paresseux et écœurés parce qu'ils…
4. Le petit déjeuner de Josette consiste en…
5. Le reste du petit déjeuner est consommé par…
6. Après le petit déjeuner Josette demande à son papa de…
7. Selon la femme de ménage, l'histoire racontée par le père de Josette…
8. Josette et la femme de ménage s'en vont…(l. 69)
9. La femme de ménage dit aux gens dans la boutique de ne pas…

⬛ EXPRESSIONS A ETUDIER ⬛

1. **rendre quelqu'un** + adj.

   Vous allez **la rendre folle**. (l. 65)
   You're going to drive her crazy.

   Cette histoire **m'a rendu triste**.
   Si tu veux **me rendre heureuse**, donne-moi des croissants et de
   la confiture.

2. **Ça ne fait rien.**

   Jacqueline a mangé ton jambon. —**Ça ne fait rien.** (ll. 38–40)
   Jacqueline ate your ham. —It doesn't matter, that's OK.

   Oh, excusez-moi, je n'ai pas voulu vous réveiller. —**Ça ne fait rien.**
   Je regrette, vous n'avez pas réussi à l'examen. —**Ça ne fait rien.**

3. **s'endormir**

   Le papa et la maman **s'endorment** de nouveau. (l. 70)
   The daddy and mommy fall asleep again.

   Je m'endors quand je n'ai rien à faire.
   Josette **s'est endormie** à huit heures.

Répondez

rendre quelqu'un + adj.

1. Est-ce que les examens vous rendent malade? joyeux (joyeuse)?
2. Qu'est-ce qui vous rend heureux (heureuse)? malheureux (malheureuse)?
3. Dites-moi que je vous rends la vie difficile en vous posant tant de questions.

Ça ne fait rien.

4. Qu'est-ce que vous dites quand on vous marche sur le pied?
5. (*au restaurant*) Je regrette, monsieur (madame, mademoiselle), nous
   n'avons plus de confiture de fraises. —Ça…
6. Je ne peux pas aller au marché avec toi, parce que je suis fatigué. —Ça…

s'endormir

7. D'habitude, vous endormez-vous de bonne heure quand vous avez beau-coup travaillé?

8. A quelle heure vous êtes-vous endormi(e) hier soir? samedi dernier? la veille du dernier examen?

9. Demandez à quelqu'un s'il (si elle) s'endort souvent en classe (au cinéma, au théâtre, au concert, au guignol, au laboratoire, à la bibliothèque).

Sujets de discussion ou de composition

1. Josette se console dans la cuisine en mangeant. Comment vous consolez-vous de vos déceptions? Donnez des exemples précis correspondant à des occasions différentes.

2. Décrivez en plus grand détail comment les parents de Josette ont fait la fête la veille.

3. Commentez la présentation de l'enfant et des adultes dans ce conte. Quel personnage agit de façon adulte? Quelle impression a-t-on des parents? Expliquez.

4. Dans l'histoire que raconte le père de Josette, les personnes et les objets s'appellent tous Jacqueline. Pour quelles raisons cela est-il comique? absurde? Quelles distinctions tenues d'habitude pour essentielles disparaissent ici ?

5. Quel est l'effet des répétitions dans cette histoire? Comment se justifie leur emploi?

6. Ce texte est-il simplement un tableau humoristique ou cache-t-il une critique plus sérieuse? Donnez vos raisons.

7. Ionesco utilise surtout le présent dans ce conte. Pourquoi est-ce que l'emploi de ce temps est particulièrement à propos ici? Précisez les fonctions et les effets de l'emploi du présent.

⠸⠏ Alphonse Allais ⠰⠇

Auteur de contes et de morceaux facétieux, Alphonse Allais (1854–1905) est un des personnages les plus pittoresques et attachants de la Belle Epoque.[†] L'humour **farfelu** *dont il assaisonna tous ses écrits, il le pratiqua dans sa vie même. Il participa aux activités des Hydropathes, groupe d'artistes bohêmes et de* **chansonniers** *irrévérencieux, puis devint l'un des animateurs du fameux cabaret littéraire le «Chat Noir», à Montmartre. Un grand nombre de ses écrits, y compris Un Moyen comme un autre, parurent dans la revue du même nom. Grand faiseur de* **farces** *et raconteur de* **blagues**, *Allais fut le chef de l'Ecole Fumiste qui comptait parmi ses membres le compositeur Erik Satie.*

zany
cabaret entertainers, lampooners, humorists

hoaxes
pranks / jokes

ORIENTATION   In Un Moyen comme un autre, Allais does not provide the setting in which the dialogue takes place, nor does he identify who exactly is talking. This indeterminacy allows the reader to play an important role in imagining a setting and a context and in deciding who the characters are. Note that there are really two stories here: the one that the storyteller tells, and the one that unfolds as the storyteller tells his story and is interrupted by questions from the child. As you read, try to fill in the second story. Determine what information you learn about the personality of the two characters and their relationship to each other.

Mots apparentés / faux amis

Donnez l'équivalent anglais du mot français. S'il s'agit d'un faux ami (*), donnez aussi l'équivalent du faux ami anglais.

le neveu (l. 1)   _____

interrompre (l. 9)   _____

l'avare (*m.*) (l.27)   _____

hériter (l. 34)   _____

le repas (l. 40)   _____

*gros (l. 3)   _____

_____   *gross*

Un Moyen comme un autre[1]

—Il y avait une fois[2] un oncle et un neveu.

—Lequel qu'était l'oncle?[3]

—Comment lequel?[4] C'était le plus gros, parbleu!

—C'est donc gros, les oncles?

5 —Souvent.

—Pourtant, mon oncle Henri n'est pas gros.

—Ton[5] oncle Henri n'est pas gros parce qu'il est artiste.

—C'est donc pas gros, les artistes?

—**Tu m'embêtes**… Si tu m'interromps tout le temps, je ne pourrai pas   tu m'ennuies, tu
10 continuer mon histoire.   m'irrites

—Je ne vais plus t'interrompre, va.

—Il y avait une fois un oncle et un neveu. L'oncle était très riche, très riche…

—Combien qu'il avait d'argent?

—Dix-sept cents milliards de rente,[6] et puis des maisons, des voitures, des
15 campagnes[7]…

—Et des chevaux?

—Parbleu! puisqu'il avait des voitures.[8]

—Des bateaux? Est-ce qu'il avait des bateaux?

—Oui, quatorze.

20 —**A vapeur**!   des bateaux à vapeur

—Il y en avait trois à vapeur, les autres étaient **à voiles**.   des bateaux à voiles

—Et son neveu, est-ce qu'il allait sur les bateaux?

—Fiche-moi la paix![9] Tu m'empêches de te raconter l'histoire.

—Raconte-la, va, je ne vais plus t'empêcher.

25 —Le neveu, lui, **n'avait pas le sou**, et ça l'embêtait énormément…   manquait d'argent

—Pourquoi que son oncle lui en donnait pas?

—Parce que son oncle était un vieil avare qui aimait garder tout son argent
pour lui. **Seulement** comme le neveu était le seul héritier du bonhomme…   mais

—Qu'est-ce que c'est «héritier»?

30 —Ce sont les gens qui vous prennent votre argent, vos meubles,[10] tout ce
que vous avez, quand vous êtes mort…

—Alors, pourquoi qu'il ne tuait pas son oncle, le neveu?

---

[1] **un moyen comme un autre:** une façon aussi bonne, aussi valable qu'une autre

[2] **Il y avait une fois:** formule traditionnelle par laquelle commencent les fables et les contes populaires

[3] C'est-à-dire, c'était lequel, l'oncle. (Syntaxe enfantine erronée. Voir aussi ll. 13, 26, 32, 35, etc.)

[4] **Comment lequel?:** Qu'est-ce que tu veux dire, «lequel»?

[5] Un enfant est toujours tutoyé, même par un étranger.

[6] **de rente:** de revenu (**vivre de ses rentes:** *to live on one's private income, investments, real estate, etc.*)

[7] **des campagnes:** des terrains, des propriétés à la campagne

[8] Il s'agit évidemment des voitures tirées par les chevaux, avant l'avènement de l'automobile.

[9] **Fiche-moi la paix!** (*langage familier*): Laisse-moi tranquille, ne me dérange pas.

[10] **meubles:** par exemple, les tables, les chaises, etc.

—Eh bien! Tu es joli, toi![11] Il ne tuait pas son oncle parce qu'il ne faut pas tuer son oncle, dans aucune circonstance, même pour en hériter.

—Pourquoi qu'il ne faut pas tuer son oncle? 35

—A cause des gendarmes.

—Mais si les gendarmes le savent pas?

le dire aux gendarmes

—Les gendarmes le savent toujours, le concierge va **les prévenir**. Et puis, du reste, tu vas voir que le neveu a été plus **malin** que ça. Il avait remarqué que son oncle, après chaque repas, était rouge… 40

fin, rusé, ingénieux

—Peut-être qu'il était saoul.[12]

—Non, c'était son tempérament comme ça. Il était apoplectique…

—Qu'est-ce que c'est «aplopecpite»?

—Apoplectique… Ce sont des gens qui ont le sang à la tête et qui peuvent mourir d'une forte émotion… 45

—Moi, je suis-t-y apoplectique?

—Non, et tu ne le seras jamais. Tu n'as pas une nature à ça. Alors le neveu avait remarqué que surtout les grandes rigolades[13] rendaient son oncle malade, et même une fois **il avait failli mourir** à la suite d'un éclat de rire trop prolongé. 50

il était presque mort

—Ça fait donc mourir, de rire?

—Oui, quand on est apoplectique… Un beau jour, voilà le neveu qui arrive chez son oncle, juste au moment où il sortait de table. Jamais il n'avait si bien dîné. Il était rouge comme un coq et soufflait comme un phoque[14]…

—Comme les phoques du Jardin d'acclimatation?[15] 55

sea lions

—Ce ne sont pas des phoques, d'abord, ce sont des **otaries**. Le neveu se dit: «Voilà le bon moment» et il se met à raconter une histoire drôle, drôle…

—Raconte-la moi, dis?

—Attends un instant, je vais te la dire à la fin… L'oncle écoutait l'histoire, et il riait, il riait **à se tordre si bien qu'**il était mort de rire avant que l'histoire fût[16] complètement terminée. 60

convulsivement à tel point qu'

—Quelle histoire donc qu'il lui a racontée?

—Attends une minute… Alors, quand l'oncle a été mort, on l'a enterré, et le neveu a hérité.

—Il a pris aussi les bateaux? 65

—Il a tout pris, puisqu'il était seul héritier.

—Mais quelle histoire qu'il lui avait racontée, à son oncle?

—Eh bien!… celle que je viens de te raconter.

—Laquelle?

—Celle de l'oncle et du neveu. 70

—Fumiste, va!

—Et toi, donc![17]

---

[11] **Eh bien! Tu es joli, toi!:** expression de surprise et de désapprobation (*Well! That's a fine thought!*)

[12] **saoul:** ivre, soûl (se prononce /su /)

[13] **rigolades:** occasions où l'oncle riait beaucoup (**rigoler:** familier pour **rire**)

[14] **rouge comme un coq et soufflait comme un phoque:** *red as a beet and was puffing like a grampus*

[15] **Jardin d'acclimatation:** nom du jardin zoologique de Paris

[16] **fût:** Pourquoi l'imparfait du subjonctif est-il employé ici?

[17] **Fumiste, va!—Et toi, donc!:** *You old faker!—Look who's talking!*

Questions

1. Caractérisez le garçon d'après les questions qu'il pose. Quel âge lui donnez-vous?
2. Que savons-nous du personnage qui raconte l'histoire au garçon?
3. Quelle est l'explication donnée par le conteur comme raison pour ne pas tuer? Est-elle suffisante?
4. Qu'est-ce que la définition d'un héritier semble révéler sur les rapports entre l'adulte et l'enfant?
5. Selon le conteur, pourquoi les gendarmes savent-ils toujours quand on a tué son oncle?
6. Pourquoi l'oncle dans l'histoire était-il rouge?
7. Pourquoi le conteur dit-il que le garçon ne sera jamais «apoplectique»? A-t-il raison?
8. Comment l'oncle meurt-il?
9. Le neveu a-t-il «tué» son oncle ou non? Justifiez votre réponse.
10. Quelle histoire drôle le neveu a-t-il racontée?
11. Y a-t-il une parenté entre le conteur et l'enfant? Le conteur est-il l'oncle, le père, quelqu'un d'autre? Ce détail est-il connu?
12. Formulez les phrases dites par l'enfant de façon correcte.

Complétez les phrases suivantes (oralement ou par écrit)

1. D'après celui qui raconte l'histoire, les oncles sont souvent…
2. On savait que l'oncle était riche parce qu'il avait…
3. Ce qui embêtait le neveu c'était qu'il…
4. L'oncle ne donnait rien au neveu parce qu'il…
5. On savait que l'oncle était apoplectique parce qu'il…
6. Le neveu voulait raconter une histoire drôle à son oncle pour…
7. Après la mort de son oncle, le neveu a tout pris parce que…
8. L'histoire racontée par le neveu était la même histoire que…

⊞⊞ EXPRESSIONS A ETUDIER ⊞⊞

1. **empêcher de** + inf.

   Tu m'empêches de te raconter l'histoire (l. 23)
   You are preventing me from telling you the story.

   La pluie **m'a empêché(e) de sortir.**
   L'obscurité **m'empêche de voir.**

2. **avoir failli** + inf.

   Il avait failli mourir. (l. 49)
   He had almost died.

J'ai failli ne pas **venir** en classe aujourd'hui.
Mon oncle **a failli donner** tout son argent au concierge.

3. **venir de** + inf. (passé immédiat)

Quelle histoire? —Celle que **je viens de** te **raconter**. (l. 68)
What story? —The one I just told you.

Nous venons de lire une histoire drôle.
Je viens de voir un accident dans la rue.
Ils venaient de sortir de table quand l'oncle mourut.

Répondez

empêcher de + inf.

1. Qu'est-ce qui vous empêche de quitter la salle de classe? de tuer quelqu'un? d'avoir quatorze bateaux?

2. Qu'est-ce qui m'empêche de vous donner une mauvaise note? de vous traiter de fumiste?

3. Est-ce qu'on vous empêche de fumer (manger, dormir, rire) en classe?

avoir failli + inf.

4. Avez-vous failli ne pas vous lever ce matin?

5. Avez-vous failli mourir de rire?

6. Dites que vous avez failli manquer votre autobus.

venir de + inf.

7. Est-ce que je viens de vous poser une question?

8. Demandez à votre voisin (voisine) s'il (si elle) vient d'hériter de son oncle (de sortir de table, de bien rigoler, d'arriver).

9. Venez-vous de voir Alphonse Allais au Jardin d'acclimatation?

Sujets de discussion ou de composition

1. Expliquez le titre: *Un Moyen comme un autre.*

2. En quoi l'histoire racontée est-elle plus complexe qu'elle ne paraît?

3. Ecrivez un dialogue humoristique inspiré de celui-ci. (Par exemple, entre vous et un parent, entre un(e) Américain(e) qui visite la France et un(e) Français(e), etc.)

4. Ecrivez quelques paragraphes où vous établissez un contexte pour ce dialogue. (Par exemple, où se situe cette histoire? Qui sont les personnages?)

⠔⠿ Nathalie Sarraute ⠿⠢

Née en Russie en 1905, Nathalie Sarraute passa la plus grande partie de sa jeunesse à Paris dans un milieu d'émigrés. Après des études à la Sorbonne, à Oxford et à Berlin, puis à la Faculté de **Droit** à Paris, elle exerça le droit pendant une douzaine d'années et donna naissance à trois filles. Commencée avant la Seconde Guerre mondiale, sa carrière littéraire connut son plein essor à partir des années 50, surtout à la suite des innovations qu'elle apporta à l'art du roman, innovations qui ont fait d'elle une initiatrice du Nouveau Roman[†]. Dans ses romans—parmi lesquels Le Planétarium (1959), Les Fruits d'or (1963) et Entre la vie et la mort (1968)—comme dans ses essais et dans ses souvenirs, elle cherche à montrer les «drames microscopiques… toujours internes, cachés», qu'on devine «à travers la surface, à partir de nos conversations et de nos actions»—ce qu'elle a appelé «tropismes». Dans les textes suivants, extraits d'Enfance (1983), Sarraute transcrit les souvenirs de la fillette qu'elle a été; deux d'entre eux—II et IV—comportent des **bribes** du dialogue que la narratrice entretient avec elle-même.

Law

fragments

ORIENTATION The following four autobiographical sketches record conversations, encounters, and events involving the narrator's relationship with several different people, including her mother, her divorced father, a good friend, and members of her step-family. The first sketch, a dialogue between mother and daughter, reveals the child's imperfect knowledge of where babies come from; the second shows the child's purposeful, mischievous manipulation of her father; the third describes the successful friendship of the narrator and another girl; and the last depicts the distress of the narrator at the discovery that her cherished teddy bear has been thrown away because her younger half-sister has irreparably damaged it. You will notice that the quality of the emotion varies in the four sketches. Try to define the differences, taking into account the distinctive style of each sketch. For example, the first sketch is almost exclusively dialogue, whereas in the second sketch the intervening voice of the adult narrator can be heard questioning her own narrative and her analysis of her perceptions as a child. Note also the predominance of the present tense in these sketches, and try to assess the effect of its use.

Mots apparentés / faux amis

Donnez l'équivalent anglais du mot français. S'il s'agit d'un faux ami (*), donnez aussi l'équivalent français du faux ami anglais.

raconter (1. 5)   to tell, relate ; to tell about, recount
tourmenter (1. 20)   to torment; to rack, plague
rejoindre (1. 24)   to get back to ; to rejoin, meet (again)

anxieux(euse) (1. 34) — _anxious, worried_

percevoir (1. 41) — _to perceive, detect, make out_

la désapprobation (1. 44) — _disapproval_

solennel(le) (1. 50) — _solemn; formal_

récompenser (1. 53) — _to reward, recompense_

le départ (1. 81) — _departure_

l'éponge (f.) (1. 82) — _sponge_

convoiter (1. 88) — _to covet_

couvrir (1.101) _de/avec_ — _to cover w/_

le trésor (1. 118) — _treasure_

la valeur (1. 118) — _value, worth; price_

*malicieux (euse) (1. 35) — _mischievous_
_____ _malicious_

*usé(e) (1.103) — _worn; worn-out_
_____ _used_

■■■■ ■■■■ ■■■■ ■■■■ ■■■■
•••••••••••••••••••••••••

Enfance

I

swallow
     —Tiens, maman, s'il te plaît, **avale** ça… Maman qui n'a pas son pince-
il lui donne un air très sévère et rébarbatif
nez,[1] elle ne le porte que pour lire, se penche très bas pour voir ce qu'il y a
dust
dans la cuiller que je lui tends… C'est de la **poussière** que j'ai ramassée pour
toi, elle n'est pas sale du tout, n'aie pas peur, avale-la… Tu l'as déjà fait…
     —Mais qu'est-ce que tu racontes? Mais tu es folle… _la cruauté émotionelle_   5
tummy
     —Non, Tu m'as dit que c'est comme ça que j'ai poussé dans ton **ventre**
parce que tu avais avalé de la poussière… avale encore celle-ci, je t'en prie,
fais-le pour moi, je voudrais tant avoir une sœur ou un frère…
irritée, mécontente
     Maman a l'air **agacée**… —Je ne sais pas ce que je t'ai dit…
n'est pas étendus ?
     —Tu m'as dit ça. Et tu as dit aussi, je t'ai entendue… tu as dit que tu serais   10
contente d'avoir encore un enfant… Alors fais-le, maman, tiens, avale…
pushes down, lowers
     Maman **abaisse** ma main tendue… —Mais ce n'est pas cette poussière-là…
un geste un peu brusque (une femme sèche = pas gentille)
     —Alors, dis-le moi… _quelle_ poussière?
     —Oh, je ne sais pas…
     —Si, Dis-le…   15
     —C'est de la poussière comme il y en a sur les fleurs…
     —Sur les fleurs? Sur quelles fleurs?
     —Je ne m'en souviens pas.
     —Mais fais un effort, essaie de te rappeler…

_____

[1] **pince-nez:** _a pair of eyeglasses fixed to the nose by a spring clip_

20 —Oh écoute, arrête de me tourmenter avec tes questions… Tu ferais mieux de jouer, comme tous les enfants, au lieu de traîner derrière moi sans rien faire, tu ne sais plus quoi inventer, tu vois bien que je suis occupée…

*elle se débarrosse d'elle. (she gets rid of her)
→ elle n'est pas son pince-nez

II

Je me promène avec mon père… ou plutôt il me promène, comme il le fait chaque jour quand il vient à Paris. Je ne sais plus comment je l'ai rejoint…
25 quelqu'un a dû me déposer à son hôtel ou bien à un endroit **convenu**… il est hors de question qu'il soit venu me chercher rue Flatters… je ne les ai jamais vus, je ne peux pas les imaginer se rencontrant, lui et ma mère…

décidé à l'avance

Nous sommes passés par l'entrée du Grand Luxembourg[2] qui fait face au Sénat et nous nous dirigeons vers la gauche, où se trouvent le Guignol, les
30 balançoires, les chevaux de bois[3]… (wooden horses) → merry-go-round → bare

swings Tout est gris, l'air, le ciel, les allées, les vastes espaces **pelés**, les branches dénudées des arbres. Il me semble que nous nous taisons. En tout cas, de ce *paths, walks, avenues* qui a pu être dit ne sont restés[4] que ces mots que j'entends encore très distinctement: «Est-ce que tu m'aimes, papa?…» dans le ton rien d'anxieux, mais
35 quelque chose plutôt qui se veut malicieux… il n'est pas possible que je lui pose cette question d'un air sérieux, que j'emploie ce mot «tu m'aimes» autrement que pour rire… il déteste trop ce genre de mots, et dans la bouche d'un enfant… felt
→ kind, type, sort

lawn
de gazon mort, d'herbe morte

mischievous

—Tu le sentais vraiment déjà à cet âge? (la voix du narrateur)
40 —Oui, aussi fort, peut-être plus fort que je ne l'aurais senti maintenant… ? *to retract withdraw, take back Ce sont des choses que les enfants perçoivent mieux encore que les adultes.
*to take out, remove, omit Je savais que ces mots «tu m'aimes», «je t'aime» étaient de ceux qui (le) *to move or step back; to draw back, back away feraient se rétracter,[5] feraient reculer, se terrer encore plus loin au fond de lui retrancher ce qui était enfoui…[6] Et en effet, il y a de la désapprobation dans sa **moue**,
45 dans sa voix… «Pourquoi me demandes-tu ça?» Toujours avec une nuance grimace d'amusement… parce que cela m'amuse et aussi pour empêcher qu'il me to repel, turn away, drive back repousse d'un air mécontent, «Ne dis donc pas de bêtises»… j'insiste: Est-ce *to prevent, stop, hinder que tu m'aimes, dis-le-moi. —Mais tu le sais… —Mais je voudrais que tu me le dises. Dis-le, papa, tu m'aimes ou non? … sur un ton, cette fois,
50 **comminatoire** et solennel qui lui fait **pressentir** ce qui va suivre et l'incite à laisser sortir, c'est juste pour jouer, c'est juste pour rire… ces mots ridicules, indécents: «Mais oui, mon petit bêta, je t'aime.»

menaçant / avoir la prémonition de

Alors il est récompensé d'avoir accepté de jouer à mon jeu… «Eh bien, since, seeing that, as puisque tu m'aimes, tu vas me donner…» tu vois, je n'ai pas songé un instant to reflect, consider;
55 à t'obliger à t'ouvrir complètement, à étaler ce qui t'emplit,[7] ce que tu retiens, to think over, reflect upon ce à quoi tu ne permets de s'échapper que par bribes, par **bouffées**, tu pourras

outburst, fit

---

[2] **Grand Luxembourg:** jardin public à Paris, sur la rive gauche
[3] **le Guignol… de bois:** the Punch and Judy show, the swings, the merry-go-round
[4] **de ce… restés:** Dans ma mémoire, il ne reste que des paroles échangées.
[5] **de ceux… se rétracter:** des mots qui le feraient retrancher
[6] **feraient se terrer… enfoui:** would cause what was buried deep within him to recoil and burrow even deeper
[7] **étaler… t'emplit:** to spread out, reveal what's inside you

en laisser sourdre un tout petit peu[8]… «Tu vas me donner un de ces ballons…
—Mais où en vois-tu? —Là-bas… il y en a dans ce kiosque…»

tease
cette preuve

Et je suis satisfaite, j'ai pu le **taquiner** un peu et puis le rassurer… et
recevoir **ce gage**, ce joli trophée que j'emporte, flottant tout bleu et brillant   60
au-dessus de ma tête, retenu par un long fil attaché à mon poignet.

un cordon ombilical   *wrist*

III

Le mercredi après-midi, en sortant de l'école, puisqu'il n'y a pas de devoirs à
faire pour le lendemain, je vais parfois jouer avec Lucienne Panhard, une fille
de ma classe. Elle a le même âge que moi à deux mois près[9] et la même

slanted
pigtails *golden*
waist

taille,[10] son mince visage est très gai, ses yeux sont légèrement **bridés** et ses   65
deux grosses **nattes** dorées que sa mère met longtemps à tresser lui
descendent plus bas que la **taille**, pas comme mes deux «queues de rat» qui
m'arrivent aux épaules et que je peux moi-même très vite natter. Lucienne

corner

m'attend au coin de la rue d'Alésia et de la rue Marguerin pendant que je cours

satchel, book bag

déposer mon **cartable** et prévenir que je vais jouer chez elle.   70

La café de ses parents avec «Panhard» inscrit en grosses lettres rouges

above, on top of, over, above

au-dessus de la porte est tout au bout de l'avenue du parc Montsouris, juste à
côté de l'entrée du parc, à droite, à l'angle de deux rues.

banter

J'aime ce petit café très clair, bien astiqué, les parents de Lucienne ont l'air
bright *polished*
jeune et gentil, ils rient souvent, ils **plaisantent**… Je suis contente quand   75
Madame Panhard nous laisse laver les tasses et les verres, c'est une faveur que
nous devons lui demander, en promettant de faire bien attention… Mais ce

stand

que je préfère, c'est poser sur les petites tables, devant les clients, un verre de
vin ou une tasse de café, dire «Voici Madame», sur le ton d'une vraie serveuse,

to be on the look-out for

ramasser la monnaie, «Merci Monsieur», la rapporter à la caisse, guetter le   80
push towards *to clear away* *to clear up*
départ des clients pour me précipiter, desservir, bien essuyer la table avec une
éponge mouillée. Je ne sais si c'est mon zèle, mon amusement qui se commu-
niquent à Lucienne, mais elle qui pourtant peut avoir chaque jour cette chance

est attentive

veille aussi jalousement que moi à ce que chacune de nous serve à son tour…
les clients assis aux tables sont rares à cette heure-là, nous nous les dispu-   85
tons, parfois Madame Panhard intervient, elle choisit entre nos mains tendues,

push back

elle écarte celles-ci… Non, cette fois, ce n'est pas à toi… elle dispose le verre
arrange

désirés
afternoon snack
pâtisseries

ou la tasse **convoités** entre celles-là… Tiens, porte-la, c'est ton tour… Et toi tu
le feras la prochaine fois… Pour notre **goûter**, elle nous laisse choisir dans la
cloche de verre un **croissant** ou une **brioche** ou une **madeleine**, elle donne à   90
chacune de nous une barre de chocolat et elle nous verse à chacune un verre   *to pour*
de limonade que nous buvons debout près du comptoir… Quand nous en   *counter*
avons assez de jouer à la plongeuse,[11] à la serveuse, nous allons dans le parc,
to jump, leap, hop
près de l'entrée, nous sautons à la corde «jusqu'au vinaigre», nous rattrapons   *to catch*

de plus en plus vite

une petite balle de caoutchouc que nous lançons en l'air de plus en plus haut,   95 (hold
rubber   of)
nous essayons de jongler avec deux, puis trois balles.   *to throw*
to juggle

---

[8] **ce à quoi… peu:** *what you allow to escape only in scraps, in spurts, you can now let some of it well up a tiny bit*

[9] **à deux mois près:** avec deux mois de différence

[10] **elle a la même taille:** elle est aussi grande que moi

[11] **plongeur (euse):** personne qui lave la vaisselle dans un restaurant

Nous ne nous parlons pas beaucoup, et je ne sais pas ce qui fait que je ne m'ennuie jamais avec elle, ni elle, il me semble, avec moi.

IV

100
En entrant dans ma chambre, avant même de déposer mon cartable, je vois que mon ours Michka que j'ai laissé couché sur mon lit... il est **plus mou** et doux qu'il n'a jamais été, quand il fait froid je le couvre jusqu'au cou avec un carré de **laine tricotée** et on n'aperçoit que sa petite tête jaune et soyeuse, ses oreilles amollies, les fils noirs usés de sa **truffe**, ses yeux brillants toujours
105
aussi vifs... il n'est plus là... mais où est-il? Je me précipite... «Adèle, mon ours a disparu. —C'est Lili qui l'a pris... —Mais comment est-ce possible? —Elle a réussi à marcher jusqu'à ta chambre... la porte était ouverte... —Où est-il? Où l'a-t-elle mis? —Ah elle l'a déchiré... ce n'était pas difficile, il ne tenait qu'à un cheveu, ce n'était plus qu'une **loque**... —Mais on peut le réparer...
—Non, il n'y a rien à faire, je l'ai jeté...»
110
Je ne veux pas le revoir. Je ne dois pas dire un mot de plus sinon Adèle, c'est sûr, va me répondre: Des ours comme ça, on en trouve tant qu'on veut, et **des tout neufs**, des bien plus beaux... Je cours dans ma chambre, je me jette sur mon lit, je me vide de larmes...
—Jamais il ne t'est arrivé d'**en vouloir à** quelqu'un comme à ce moment-là
115
tu en as voulu à Lili.
—Après j'ai mis **hors de sa portée** les boîtes russes en bois gravé, la ronde et la rectangulaire, le bol en bois peint, je ne sais plus quels autres trésors, mes trésors à moi, personne d'autre que moi ne connaît leur valeur, il ne faut pas que vienne les toucher, que puisse **s'en emparer** ce petit être criard,
120
hagard, insensible, malfaisant, ce diable, ce démon...

Nathalie Sarraute, tiré d'*Enfance*, © Editions Gallimard.

Marginal glosses (right column):
softer
knitted wool
nez
débris
brand new ones (teddy bears)
avoir du ressentiment contre
out of her reach
les prendre

Questions

I

1. Qu'est-ce que la petite fille tend à sa mère? Dans quel but?

2. Pourquoi est-elle certaine que sa mère voudra bien lui obéir?

3. Pourquoi est-ce que la mère a l'air agacée? Expliquez sa réaction.

4. Comment s'appelle la poussière comme il y en a sur les fleurs?

II

5. Où et avec qui est-ce que l'auteur se promène? En quelle saison de l'année est-on?

6. Pourquoi est-ce que l'auteur ne peut pas imaginer la rencontre de son père et sa mère?

7. Sur quel ton pose-t-elle la question: «Est-ce que tu m'aimes, papa?» Pourquoi prend-elle ce ton?

8. Qui pose la question: «Tu le sentais vraiment déjà à cet âge?» Dans quel but est-ce que cette question est posée?

9. Qu'est-ce que l'auteur comprenait déjà à un très jeune âge?

10. La deuxième fois qu'elle formule la question, est-ce que le ton est le même? Expliquez.

11. Pourquoi est-ce que l'auteur décrit le ballon comme un «joli trophée»?

III

12. Qu'est-ce que l'auteur fait habituellement le mercredi après-midi?

13. Quelles similarités existent entre les deux jeunes filles? Quelles différences?

14. Quelle faveur la mère de Lucienne leur accorde-t-elle?

15. Quelle activité est-ce que l'auteur préfère? Pour quelle raison Madame Panhard a-t-elle parfois besoin d'intervenir?

16. Décrivez le goûter au café.

17. Quelles autres activités les deux amies aiment-elles faire ensemble?

18. Est-ce que les deux jeunes filles se parlent beaucoup? Est-ce que ce détail est significatif?

IV

19. Au début de ce morceau, d'où arrive l'auteur?

20. Qui est Michka? Où est-il couché habituellement? Comment est-ce que l'auteur le soigne quand il fait froid?

21. Pourquoi est-ce que l'auteur a de la peine à croire que c'est Lili (sa demi-sœur) qui l'ait pris?

22. Pourquoi est-ce qu'il n'était pas difficile de déchirer Michka? Pourquoi est-ce qu'Adèle (la femme venue de Bretagne pour s'occuper de Lili) l'a jeté?

23. L'auteur ne veut pas revoir son ours. Pourquoi pas? Pourquoi ne veut-elle pas dire un mot de plus à Adèle?

24. Que fait l'auteur pour éviter de futurs dommages?

▦▦ EXPRESSIONS A ETUDIER ▦▦

hors de

Il est **hors de** question qu'il soit venu me chercher à la maison. (II, ll. 25–26)
It was out of the question that he come to fetch me at home.

Alors j'ai mis **hors de** sa portée les boîtes russes. (IV, l. 116)
So I put the Russian boxes out of her reach.

Le voilà **hors de** danger, **hors d'**haleine, **hors de** combat et **hors de** lui
(*beside himself*)!
    breath

2. **au fond de**

Ces mots feraient se terrer encore plus loin **au fond de** lui ce qui était enfoui. (II, ll. 42–44)
Those words would cause what was buried deep within him to burrow even deeper.

La dame gagna son beau palais **au fond du** lac. (Guillaume Apollinaire)
Plusieurs clients étaient assis **au fond de** la salle.

3. **en vouloir à** + nom + **de** + inf. *to have stg. against sbdy.*

Jamais il ne t'est arrivé d'**en vouloir à** quelqu'un comme à ce moment-là **tu en as voulu à** Lili. (IV, ll. 114–115)
Never did you happen to feel such resentment against someone as you felt against Lili at that moment.

Elle **lui en a** longtemps **voulu d'**avoir déchiré Michka.
Je vais te demander de me rendre un grand service. Tu ne **m'en voudras** pas, d'accord?

Répondez

hors de

1. Qu'est-ce qui vous met hors de vous?
2. Qu'est-ce qui vous arrive quand vous avez beaucoup couru, monté plusieurs étages à pied ou fait un grand effort physique?
3. Dites qu'il est hors de question que vous alliez à Paris pour le week-end (que vous passiez un examen dans ce cours).

au fond de

4. Combien d'étudiants (de tableaux, de cartes, d'affiches, de fenêtres) y a-t-il au fond de la salle de classe?
5. A qui divulguez-vous les sentiments que vous avez au fond du cœur?
6. Quelle sorte de personne aime aller au fond des choses?

en vouloir à

7. Est-ce que vous en voulez à votre professeur d'être difficile? à votre sœur (frère) d'avoir accidenté votre nouvelle voiture? à votre camarade de chambre d'être secrètement sorti(e) avec votre petit(e) ami(e)?
8. En voulez-vous à quelqu'un de ne pas vous écrire (téléphoner) assez souvent? Oui,… (à qui?). Non,…

Sujets de discussion ou de composition

I

1. Avez-vous jamais eu une conversation avec quelqu'un où on a cherché à éviter vos questions? Avec qui? Dans quelles circonstances? Racontez.
2. Expliquez comment ce dialogue révèle d'une manière très efficace l'innocence de la jeune fille.

II

3. Expliquez l'idée que le père est *récompensé* d'avoir accepté de jouer au jeu de sa fille (l. 53).
4. Est-ce que la question de la petite fille est seulement malicieuse? Justifiez votre réponse.
5. Comment est-ce que la conduite de l'auteur dans ce morceau-ci fait contraste avec celle décrite dans le morceau précédent?

III

6. L'auteur exprime une certaine ignorance (ll. 82–84; ll. 97–98). Pourquoi ce manque d'assurance par rapport au morceau précédent?

7. Pouvez-vous expliquer l'amitié entre ces deux jeunes filles?

8. Comment est-ce que le traitement du temps ici diffère de celui dans les morceaux précédents?

9. Décrivez une amitié importante dans votre vie.

IV

10. Est-ce que la rage de l'auteur contre Lili est compréhensible? Justifiez votre réponse.

11. Avez-vous eu des trésors dont vous étiez le seul (la seule) à connaître la valeur? Décrivez-les et expliquez leur valeur.

⁞❚ Roch Carrier ❚⁞

Né en 1937 au Québec, Roch Carrier est l'auteur de romans, de plusieurs recueils de contes, et de pièces de théâtre. En 1965, il reçut le Prix littéraire du Québec pour son premier recueil de contes. Le conte suivant est tiré d'une collection publiée en 1979, Les Enfants du bonhomme dans la lune, *où l'auteur évoque son enfance avec humour et poésie. A propos de ce volume. Carrier a écrit: «L'univers, par les yeux de l'enfant, est vu pour la première fois. L'écrivain aussi doit regarder le monde pour la première fois. Il doit donc garder son regard d'enfant...»*

O R I E N T A T I O N   This story, told from a child's point of view, concerns two French Canadian boys who fish illegally in a lake that belongs to rich Americans. Part of the charm of this story depends on the depiction of the naive "logic" of a child's mind. See how many examples of this "logic" you can find. Note also that although no explicit negative judgments of Americans are made, some criticism is nonetheless implied.

Mots *apparentés / faux amis*

Donnez l'équivalent anglais du mot français. S'il s'agit d'un faux ami (*), donnez aussi l'équivalent français du faux ami anglais.

la truite (l. 11)   _____

la plaque (l. 13)   _____

confier (l. 18)   _____

embusqué(e) (l. 31)   _____

l'événement (*m.*) (l. 54)   _____

confisquer (l. 60)   _____

la faute (ll. 68, 70)   _____

pâlir (l. 95)   _____

*le canot (l. 33)   _____

_____   *canoe*

La Machine à détecter tout ce qui est américain

Au bas de la montagne, deux ou trois ruisseaux gigotaient parmi les aulnes.[1] L'eau était très claire. Nous pouvions y voir **les goujons**, les choisir, les regarder **mordre à l'hameçon**. Il était impossible de revenir **bredouille**.

espèce de poisson
nibble at the hook
sans poissons

Au printemps, dès que la neige avait disparu, les Américains revenaient, comme nous disions, avec leurs voitures, plus grosses que celle du curé, auxquelles étaient attachées de merveilleuses chaloupes.[2] Les Américains venaient pêcher. Avec leurs grosses chaloupes, ils ne s'aventuraient pas dans nos trois petits ruisseaux, non, ils allaient plus loin, dans les montagnes, pêcher dans un lac qui leur appartenait. Puisque les Américains venaient de si loin pêcher dans ce lac, les truites y étaient plus longues que dans tous les lacs des Etats-Unis. Cela ne faisait aucun doute pour nous.

Qu'est-ce qu'on pouvait voir dans l'eau claire des ruisseaux au bas de la montagne?

Pourquoi est-ce qu'il était impossible de revenir bredouille?

Qui arrivait au printemps?

Pourquoi les Américains ne pêchaient-ils pas dans les trois petits ruisseaux?

Qu'est-ce qui fait penser que les Américains sont riches?

Pourquoi conclut-on que les truites dans le lac des Américains sont plus longues que celles dans tous les lacs des Etats-Unis?

license plates

Ces magnifiques chaloupes, ces voitures dont les **plaques** portaient des noms comme des mots magiques, et ses riches messieurs fumant de gros cigares ne s'arrêtaient jamais; ils traversaient notre village comme s'il n'avait pas existé. Les Américains étaient pressés d'aller, comme disaient les hommes du village, «pêcher les truites **à la pelle**».

en grande quantité

J'eus une illumination que je confiai à mon ami Lapin: nous ne devions pas nous contenter de nos goujons grisâtres; nous devions avoir plus d'ambition: nous devions aller pêcher dans le lac des Américains.

sighed / ingénieux

—Nous n'avons pas le droit, me dit-il, ce lac-là est aux Américains, mais les truites sont longues comme ça, **soupira** mon ami Lapin, pêcheur **astucieux**.

Nous allâmes prendre nos fils à pêche; Lapin remplit ses poches de vers[3] et, au bord de la route, nous attendîmes que passe une voiture dans la direction du lac des Américains. Une heure plus tard, le vieux camion d'Onésime nous avait conduits à l'entrée du lac des Américains. Sur la barrière, on avait écrit: DÉFENCE DE PÉCHÉ,[4] NO FISHING. La barrière escaladée, nous suivîmes le

---

[1] **gigotaient parmi les aulnes:** *wiggled among the alder trees*
[2] **chaloupes:** *rowboats, flat-bottomed fishing boats*
[3] **remplit ses poches de vers:** *filled his pockets with worms*
[4] C'est-à-dire, en français correct, Défense de pêcher… (Noter que le **péché** veut dire *sin*.)

chemin qui menait au lac, un chemin large pour les grosses voitures, un chemin mieux construit que nos routes de campagne. Le lac était beau comme ceux qui **ornaient** les calendriers. Il était désert. Aucun Américain n'y pêchait dans sa grosse chaloupe. **Embusqués** derrière un arbre, Lapin et moi, nous **épiâmes**. Sûrs que nous étions seuls, nous nous avançâmes vers le quai où étaient réunis quelques canots:

— As-tu déjà **avironné**? me demanda Lapin. Non? Moé[5] non plus.

— Ça se voit ben que nos pères étaient pas des Sauvages.[6]

En canot sur le lac des Américains, nous **appâtâmes** nos hameçons et nous commençâmes à pêcher. Bientôt je dis à Lapin:

— Si on arrête pas, il va falloir sortir du canot pour faire de la place aux truites.

— **Détalons**, dit Lapin, avant de nous faire prendre.

Revenus à la rive, nous enfilâmes nos truites par les ouïes dans de fines fourches d'aulne.[7] Et nous courûmes jusqu'à la route où nous marchâmes avec l'air de ne pas sortir du lac des Américains. A peine avions-nous parcouru un arpent,[8] Onésime revenait dans son vieux camion. Nous nous précipitâmes avec nos truites dans le **taillis**, mais il nous avait aperçus et il s'arrêta. Nous étions obligés de monter avec lui.

— Vous avez de belles truites…

— On les a trouvées dans un petit ruisseau caché, dit Lapin.

Onésime **fronça ses gros sourcils** gris d'homme qui a de l'expérience. Nous baissâmes les yeux en rougissant.

— Vous avez ben fait, les enfants: voler les truites des Américains, c'est pas un péché… C'est seulement de la contrebande. Vous savez qu'est-ce que c'est la contrebande? Faites-vous pas prendre, les enfants, comme y en a qui se sont fait prendre aujourd'hui. Le Code, c'est le Code.

Onésime nous raconta les événements. Notre village était situé à quelques milles de la frontière américaine. Il y avait là un **poste de douanes**, une simple cabane. Le douanier ne travaillait que le jour. Il voyait plus de **lièvres** que de voyageurs. Un homme avait profité de la nuit pour passer en contrebande plusieurs douzaines de paquets de cigarettes américaines, dans le but de les revendre au village. Au matin, le douanier s'était présenté chez le contrebandier, il avait confisqué les cigarettes et même les clefs de sa voiture.

— Je pense, conclut mon oncle Onésime, qu'il va être obligé de se promener à bicyclette pour un bon bout de temps. A moins qu'il aille en prison. … C'est grave, la contrebande… Mais j'penserais pas que l'homme va être pendu…[9]

— Comment le douanier a pu savoir que l'homme avait traversé la frontière avec des cigarettes?

— Le douanier a une machine à détecter tout ce qui est américain.

---

[5] **Moé:** moi (prononciation québécoise). Le parler québécois est reproduit ça et là dans le texte: ben (= bien), i' (= il), pis (= puis), etc.

[6] C'est-à-dire, ramer n'est pas dans les traditions européennes, nos ancêtres n'avaient pas l'habitude de ramer comme les Indiens.

[7] **nous enfilâmes… fourches d'aulne:** *We threaded our trout through the gills on thin, Y-shaped twigs of alder.*

[8] **arpent:** mesure de longueur (58,5 m. = 192 pieds)

[9] **j'penserais pas… pendu:** Je ne pense pas qu'il sera exécuté.

(Right-margin glosses:)
décoraient
Cachés
surveillâmes
ramé
baited
partons vite, filons
bushes
knit his bushy eyebrows
customs station
hares

Lapin et moi ne parlions pas. Mais nous pensions à la même chose. Apporter au village des cigarettes américaines, c'était une faute punie par la loi; apporter au village des truites pêchées dans le lac des Américains, ça devait être semblablement une faute punie par la loi.

Devant l'église, Onésime s'arrêta.

—Descendez **icitte**, les enfants, moé je tourne. **Méfiez-vous** du Code!

Lapin fourra le paquet de truites sous son chandail[10] et nous sautâmes sur le trottoir en empruntant l'assurance de ceux qui n'ont rien à se reprocher. Avec nos truites cachées sous son chandail, Lapin avait une poitrine aussi grosse que celle de Pierrette. Il ne pouvait pas se promener longtemps avec cette **bosse** dans son chandail. Devant les fleurs du parterre de M. Rancourt, mon ami Lapin dit:

—Jetons les truites dans les fleurs.

—Non! non! Quelqu'un va les trouver. Le douanier, avec sa machine, va savoir qu'on les a mises là.

Que faire? Lapin s'assit au bord du trottoir, les bras croisés pour cacher la bosse des truites. Je l'imitai. Il ne nous restait qu'à penser.

—Ces truites-là, c'est à nous. C'est nous qui les avons pêchées, avec nos propres mains et nos propres vers.

—Oui, mais on les a pêchées dans le lac des Américains.

—Oui, mais le lac, i' est dans *notre* pays, dans *notre* forêt.

—Oui, mais le lac appartient aux Américains. Si on apporte dans le village quelque chose qui appartient aux Américains, c'est de la contrebande.

—Avec sa machine, conclut Lapin, le douanier connaît ceux qui font de la contrebande.

Nous étions **pris au piège**. Nous pouvions encore, avec nos truites, courir à l'église. Cachés derrière l'orgue, nous attendîmes. Nous priâmes et nous attendîmes. Dieu allait-il se porter au secours de deux enfants si fervents ce jour-là? Aux grandes fenêtres, nous vîmes la lumière pâlir. Il faisait déjà nuit dans l'église alors que la terre était encore éclairée. Devions-nous passer la nuit dans notre cachette? La nuit, l'église devait ressembler à une caverne profonde, avec les lampions comme des feux follets.[11] Le **sacristain** commença son tour d'inspection avant de fermer l'église à clef. Nous serions prisonniers jusqu'au matin.

—La machine du douanier va savoir qu'on est icitte, mais i' va attendre après la nuit pour nous **ramasser**.

Nous ne voulions pas passer la nuit dans l'église. Avec tous les saints, les damnés, les démons, les anges et les âmes du purgatoire, sait-on ce qui peut se passer, la nuit? Une église, la nuit, ce peut être le ciel, ce peut être l'enfer aussi. Lapin et moi avions les larmes aux yeux.

—Le dernier espoir qui nous reste, c'est la confession, l'aveu complet de nos fautes…

—**Pis** le ferme regret de **pus** commettre le péché, ajouta Lapin.

---

[10] **fourra… chandail:** *stuffed the bunch of trout under his sweater*

[11] **lampions… feux follets:** *votive candles like jack-o'-lanterns*

Margin glosses:

ici (québécois) / faites attention au

protubérance

attrapés

sexton

prendre, saisir

puis / plus

110 Sur la pointe des pieds, silencieux comme des anges, pour échapper au sacristain, nous sortîmes de derrière l'orgue, puis de l'église et nous courûmes chez le douanier.

—On vous rapporte des truites de contrebande, dis-je faiblement, vaincu, coupable.

115 Le douanier les examina d'un œil connaisseur.

—Vous les avez pas **évidées**…   éviscérées

—On savait pas que c'était dans le Code, s'excusa mon ami Lapin.

—Ça fait rien. Merci ben, les enfants. J'avais justement envie de manger de bonnes truites… Ma femme, fais-les rôtir dans le beurre. **Ben du** beurre!   Beaucoup de
120 Pis de l'**ail**!   *garlic*

Questions

1. Pourquoi les Américains traversaient-ils le village comme s'il n'avait pas existé?

2. Quelle «illumination» est-ce que le narrateur a confiée a son ami Lapin?

3. Pourquoi Lapin est-il décrit comme un «pêcheur astucieux»?

4. Qui a conduit les deux garçons à l'entrée du lac des Américains?

5. Pourquoi est-ce que le chemin qui menait au lac était très large?

6. Pourquoi est-ce que le narrateur conclut que leurs pères n'étaient pas des Sauvages?

7. Qui aperçoit les deux garçons après qu'ils sont sortis du lac? Quel mensonge Lapin dit-il?

8. Selon Onésime, quel est le Code? Dans l'histoire qu'il raconte, pourquoi est-ce qu'un homme a essayé de passer en contrebande plusieurs douzaines de paquets de cigarettes américaines? Comment le douanier a-t-il pu le savoir? En écoutant cette histoire, à quelle conclusion les deux garçons arrivent-ils?

9. En s'arrêtant devant l'église, Onésime a-t-il peut-être une idée en tête? Expliquez.

10. Où est-ce que Lapin a caché les truites? Pourquoi le narrateur ne veut-il pas que son ami les jette dans les fleurs?

11. Par quels arguments Lapin veut-il justifier leurs actions?

12. Quel est le «piège» dans lequel les deux garçons tombent?

13. Que font les deux amis à l'église? Pourquoi ne veulent-ils pas y passer la nuit?

14. Quel est le seul reproche que leur fait le douanier?

Complétez les phrases suivantes (oralement ou par écrit)

1. Le narrateur croit qu'il va falloir sortir du canot pour faire de la place aux truites parce que…

2. Selon Onésime, voler les truites des Américains, ce n'est pas un péché, c'est…

3. A la frontière américaine, le douanier voyait moins de voyageurs que de…

4. Le contrebandier qui est décrit par Onésime va être obligé de se promener à bicyclette parce que…

5. La nuit, l'église devait ressembler à…

6. Les deux garçons avaient les larmes aux yeux parce que…

7. Le douanier est «connaisseur» en…

🔡 EXPRESSIONS A ETUDIER 🔡

1. **défense de** + inf.

   Défense de pêcher. (l. 27)
   No fishing.

   Défense de fumer. **Défense d'**afficher. **Défense de** marcher sur le gazon. **Défense de** pêcher.

2. **appartenir à**

   Ils allaient pêcher dans un lac qui **leur appartenait**. (ll. 9–10)
   They went fishing in a lake that belonged to them.

   Le lac **appartient aux** Américains. (l. 88)
   The lake belongs to the Americans.

3. **il ne reste qu'à**

   Il ne nous **restait qu'à** penser. (l. 83)
   The only thing left for us to do was to think.

   Il **ne** me (te, lui,…) **reste qu'à** attendre.

4. **se méfier de**

   Méfiez-vous du Code! (l. 72)
   Beware of the Code!

   Les Américains **se méfiaient des** villageois.
   Quand vous approchez du poste de douanes, **méfiez-vous**!

5. **il va falloir** + inf.

   Il va falloir sortir du canot pour faire de la place aux truites. (l. 38)
   We'll need to get out of the boat to make room for the trout.

   Il va falloir passer la nuit dans l'église avec des démons ou alors apporter les truites au douanier.

Répondez

défense de + inf.

1. Pour interdire l'accès de votre chambre, ou pour ne pas entendre de bruit, qu'est-ce que vous affichez à votre porte?

2. Vous êtes propriétaire d'un grand domaine et d'un lac: quels panneaux affichez-vous pour empêcher les gens de pêcher ou de chasser sur votre propriété?

appartenir à

3. A votre avis, à qui appartiennent les ruisseaux et les lacs?

4. A qui le Canada a-t-il appartenu, jusqu'en 1759? Et après?

5. Si vous voyez un(e) étudiant(e) se diriger vers la sortie avec vos livres, que lui dites-vous?

il ne (me, lui, nous…) reste qu'à + inf.

6. Lapin a échoué au dernier examen. Il ne…

7. Mon petit ami (Ma petit amie) m'a quitté(e) pour toujours. Il ne…

8. Voilà, la classe est finie pour aujourd'hui. Il ne…

se méfier de

9. De quoi vous méfiez-vous, dans la vie?

10. De qui faut-il se méfier? (des douaniers? des inconnus? des politiciens? des gens qui ont plus de trente ans?)

il va falloir + inf.

11. Dites ce qu'il va falloir faire pour bien parler français, pour faire un voyage, pour aller à la pêche, pour réussir dans la vie, pour devenir riche et célèbre.

Faites le choix le plus conforme au texte

1. Selon cette histoire, il semble que, pendant l'enfance du narrateur, la pêche au Québec était…
   a. dangereuse
   b. une activité illégale
   c. abondante
   d. réservée aux Américains

2. Dans sa jeunesse, le narrateur trouvait les Américains…
   a. extraordinaires
   b. méchants
   c. sympathiques
   d. sauvages

3. Le narrateur et son ami Lapin quittent le lac des Américains parce qu'ils ont peur d'être surpris et aussi…
   a. parce qu'ils n'ont plus de vers
   b. parce que la pêche y est interdite
   c. parce qu'ils ont beaucoup de truites
   d. parce que la nuit tombe

4. L'intérêt principal de ce conte, c'est la représentation de la psychologie enfantine et aussi de…
   a. l'importance du Code
   b. l'influence de l'église
   c. la sagesse des vieux
   d. l'identité québécoise

5. Dans l'esprit des deux enfants, l'idée d'avoir violé le Code est renforcée par l'idée d'avoir…
   a. désobéi à leurs parents
   b. commis un péché
   c. été découverts par Onésime
   d. mangé des truites

6. Les deux enfants apportent les truites au douanier…
   a. parce que le Code requiert qu'ils le fassent
   b. parce qu'ils pensent que sa machine les détectera
   c. parce que le sacristain les a chassés de l'église
   d. parce qu'ils savent que le douanier aime les truites

7. La conclusion démontre que…
   a. la machine du douanier a effectivement détecté la contrebande
   b. le principe «le crime ne paie pas» est relatif
   c. le Québec appartient aux Québécois
   d. la réalité n'est pas comme l'avaient imaginée les enfants

Sujets de discussion ou de composition

1. Dans quel but Onésime raconte-t-il l'histoire de la machine à détecter tout ce qui est américain? A-t-il raison de la raconter? Justifiez votre réponse.

2. Comment expliquez-vous l'indulgence du douanier pour ce que les deux garçons ont fait?

3. Comment les Américains sont-ils représentés dans ce conte? Précisez.

4. Voyez-vous des différences entre les deux garçons? Justifiez votre réponse.

5. Avez-vous jamais été désobéissant(e)? Racontez.

:8 Joseph Zobel 8:

Né à là Martinique, dans les Antilles, en 1915, Joseph Zobel a vécu en France, puis au Sénégal. Ses romans, parmi lesquels La Rue Case-Nègres (1950) et Les Mains pleines d'oiseaux (1978), ont pour cadre principal les petits villages de son pays natal. Pour Zobel, les communautés rurales du tiers-monde n'ont pas perdu leur chaleur et leur simplicité humaines. Les liens affectifs entre la mère et l'enfant, l'importance de l'éducation, la lente maturation qui permet de surmonter l'aliénation ethnique pour parvenir à la dignité, la confiance en soi et à la compréhension du monde, ces thèmes marquent la plupart de ses ouvrages.
Le Syllabaire est tiré d'un recueil paru en 1946, Laghia de la mort. A travers le portrait attachant de Théodamise et d'Aristide, on comprend l'ambition d'une mère décidée à assurer l'éducation de son enfant, éducation qui lui permettra peut-être de réaliser une vie qu'elle n'a pas eue elle-même.

ORIENTATION Aristide travels from Petit-Bourg (a town in south central Martinique) to a larger village with his mother Théodamise to purchase a *syllabaire*, a spelling book he needs for school. Try to identify the major character traits of mother and son. For example, to name a few, Théodamise is pious and deferential; Aristide is enthusiastic and impatient. Note how these and other traits are revealed in the story, and try to determine why Zobel has chosen to emphasize them.

Mots apparentés / faux amis

Donnez l'équivalent anglais du mot français. S'il s'agit d'un faux ami (*), donnez aussi l'équivalent du faux ami anglais.

la confiance (l. 8)   confidence

la candeur (ll. 30–31)   naïveté

attester (l. 51)   to testify to

la paroisse (l. 71)   parish

brandir (l. 122)   to brandish, flourish

le désarroi (l. 172)   (personne) helplessness; (armée, équipe) confusion

péremptoire (l. 187)   peremptory

la souplesse (l. 188)   suppleness; pliability; flexibility; litheness

*la rumeur (l. 60)   hubbub; rumblings; hum; murmuring

_____   *rumor*

*la librairie (l. 84)   bookstore

_____   *library*

*la lecture (l. 117)   reading

_____   *lecture*

*propre (l. 131) _____ own
_____ *proper*
*disposer de (l. 134) (argent, moyens) to have/available at one's disposal
_____ *to dispose of*

Le Syllabaire

→ les noms très anciens

⊠ Aux premières maisons qu'Aristide aperçut, toute la fatigue de ses petites jambes se dissipa. Une impétueuse goulée de joie **s'engouffra** dans sa poitrine, presque douloureusement, (tel) un objet trop lourd **lâché** dans un sac fragile.

le passé simple · se précipita · qu'on laisse tomber · *chest, breast* · *painfully* · *gulp* · *to rush* · *loose*

Pour la quatrième fois, Théodamise dit: (comme) (plus poétique, plus littéraire) 5
—Nous y sommes!
Les autres fois, c'était pour dire: «Courage! nous arrivons.» *le passé simple*

Mais cette fois, Aristide eut une entière et suprême confiance, car il voyait, à peu de distance devant eux, des gens qui s'étaient arrêtés pour se laver les pieds dans l'eau d'une rivière, et d'autres qui se **chaussaient** ou 10 arrangeaient leur **toilette**, assis sur le parapet d'un pont. Pas de doute: on était à la (gueule) du bourg. *market town; village* *to put on*

· on doit se préparer pour faire une bonne entrée · vêtements *impression* · bord *au bourg* · (littéralement, la *basket* bouche d'animal)

Quand ils atteignirent le pont, la maman s'arrêta. Elle dit: «Bonjour-Messieurs-Dames!», en posant à terre le petit **panier** qu'elle portait sur la tête. Aristide salua **de même** et se mit à regarder autour de lui.

affairé de la même manière

Quelle émotion Aristide éprouve-t-il quand il aperçoit les premières maisons de la ville? *to feel, to experience*

Comment Théodamise a-t-elle essayé d'encourager son fils pendant la marche?

· très occupé à coiffure · pour économiser les chaussures

Pourquoi Aristide est-il enfin confiant d'être arrivé?

Comment se révèle la politesse d'Artistide et de Théodamise? Ils font des salutations aux étrangers 15

Il y avait des **ânes bâtés qui broutaient** paisiblement près des parapets, et d'autres qui, impatients, continuaient de marcher tout seuls, et que les cris et les **jurons** de leurs maîtres ne **parvenaient** pas à arrêter. *peacefully, quietly, peaceably* *les vaches; impatients*

loaded donkeys that grazed · *oaths* / réussissaient · *lowered the hem* · *rim, edge*

Les hommes **rabaissaient les ourlets** de leur pantalon et pinçaient le rebord de leur chapeau. → tout soit en place → pour sembler présentable *to pinch, nip* 20

Il y avait beaucoup de petits garçons et de petites filles. Il y avait des marchandes, certainement, car par terre s'arrondissaient[1] de grands paniers lourdement chargés de légumes et de fruits. Il y avait des jeunes filles qui allaient à la messe, toutes simplement mises, avec des **corbeilles** légères. Les unes se lavaient le visage, les bras et les pieds, se chaussaient, retouchaient 25 leur coiffure; d'autres avaient voyagé avec leur vieille robe et se changeaient. Elles **s'accroupissaient** contre le parapet et criaient aux hommes de ne pas les regarder. Et les hommes de protester par des quolibets et des railleries.[2]

· tous ont fait en public · sortes de paniers *bien mise (well-dressed)* · *dressed* · *were crouching, squatting* · un mot archaïque

---

[1] **par terre s'arrondissaient:** on the ground (big baskets) arched
[2] **Et les hommes… railleries:** And the men would protest with their jeers and wisecracks. («Et les hommes de protester» [infinitif de narration] = «Et les hommes protestaient»)

Et les vieilles de **se récrier**, car elles allaient recevoir la trois fois sainte hostie.[3] — *protester, s'exclamer*

Et puis, il y avait les enfants… La plupart, il est vrai, **feignaient** avec candeur de n'avoir rien compris. — *faisaient semblant*

Théodamise se fit une place sur une pierre, au bord de l'eau. Elle passa le plat de sa main mouillée[4] sur les joues, les bras, les jambes de son enfant. Elle en fit de même pour elle. Puis ils montèrent sur le **talus**. — *slope, embankment*

Elle dénoua le madras de sa hanche,[5] l'étendit par terre, fit asseoir Aristide et lui enfila ses petites alpargates.[6] Puis elle le ramena sur la **chaussée**, lui arrangea le col de sa petite blouse blanche bien **apprêtée**, rectifia le rebord de son petit chapeau de **latanier**, et d'un bout du madras **humecté** de salive, elle lui essuya le coin des yeux et de la bouche, les tempes, le creux des oreilles, le menton, le cou. — *surface de la route; roadway* — *starched* — *palmier / mouillé*

Aristide avait un petit visage rond, noir et mat, le front bombé, les sourcils cintrés.[7] Il ressemblait beaucoup à sa maman. Il parut alors très doux, très gentil, réellement beau.

Théodamise défit ensuite le mouchoir de sa tête et le refit plus élégamment. Elle remonta les **bretelles** de sa chemise, qui retombaient sur ses épaules, étira sa robe pour la défroisser et en répartir les plis autour de sa taille[8] et, de l'autre mouchoir plié en triangle, elle **ceignit** sa hanche délicatement. Ainsi, elle essaya de se voir de haut en bas. Elle n'avait pas de souliers; mais ses pieds étaient bien lavés et la peau fine de ses mollets luisait de propreté.[9] Sa robe de toile de soie rose parsemée de petits bouquets rouges et verts pâlissait un peu, mais attestait un entretien soigneux.[10] Sa chemise ne dépassait pas derrière. — *straps* — *entoura, serra*

Elle se sentit vraiment irréprochable: pauvre négresse, mais propre comme depuis son jeune âge sa mère, entre autres, lui a appris qu'une femme, fût-elle noire, pauvre et malheureuse, doit être.

Satisfaite de se sentir ainsi nette et légère et d'une simplicité transparente, elle prit son panier et dit doucement à l'enfant:

—Allons-y!

Les gros souliers des hommes, les fers des chevaux, les voix des femmes, animaient la route d'une trépidation et d'une rumeur[11] qui enchantaient le petit.

La messe sonnait, et Aristide songeait combien les cloches devaient être grosses pour donner un son d'une telle ampleur. Comme si c'était tout le ciel, toute la lumière, toute la vaste étendue environnante, qui chantaient!

---

[3] **hostie:** *(eucharistic) host (in a Catholic mass)*

[4] **le plat… mouillée:** *the flat side of her moist hand*

[5] **Elle… hanche:** *She untied the madras scarf from her hip.*

[6] **lui enfila… alpargates:** *slipped his small hemp sandals on his feet*

[7] **le front bombé, les sourcils cintrés:** *a prominent forehead, arched eyebrows*

[8] **étira… taille:** *stretched out her dress to get the wrinkles out and distribute its folds around her waist*

[9] **la peau… propreté:** *the fine skin of her calves (legs) was so clean it glowed*

[10] **Sa robe… soigneux:** *Her pink silk-cloth dress strewn with little red and green sprays was starting to fade a bit, but bore witness to the care with which she had kept it up.*

[11] **trépidation… rumeur:** *d'une vibration et d'un bruit confus*

Joseph Zobel 31

Théodamise aurait voulu assister à la grand'messe en entier, debout sous 65
le porche de l'église; mais Aristide **bâillait**, s'impatientait, la tirait par la **jupe**,
en grognant sourdement:

yawned / skirt
grumbling softly

—On y va, maman, pour voir s'il y a le livre?

Elle aussi avait plutôt hâte de voir terminer la messe; mais il lui fallait
absolument prendre la bénédiction, étant donné que c'était la première fois; 70
elle était étrangère à la paroisse. Alors elle tint bon,[12] calmant le gosse autant
qu'elle le pouvait, et sitôt après l'élévation, elle dénoua sa bourse, **se faufila**

threaded her way

à l'intérieur, lâcha une pièce de bronze dans le tronc des Ames du Purgatoire
en faisant bouger machinalement ses lèvres. Enfin, elle se signa[13] deux ou
trois fois et regagna la porte, en entraînant son fils par la main. 75

—Le livre, à présent, hein maman?

Le cœur d'Aristide dansait si fort que ses yeux ne distinguaient rien de ce
qui l'eût pourtant charmé: les belles autos des «**békés**» stationnées devant

Blancs ou Créoles
blancs

l'église, le Monument aux Morts, les grandes maisons «hautes-et-basses», la
Mairie en béton,[14] toute neuve, les deux globes sur le comptoir de la pharma- 80
cie, l'un vert et l'autre rose, les enfants bien habillés avec des **vareuses** à col

jerseys

de marin et des chaussures vernies, les marchandes de gâteaux.

Tout cela ne lui disait rien.[15] Ce qu'il cherchait des yeux, c'était une maison—un magasin, quoi!—où il y eût des livres: une librairie. Et Théodamise,
pour ne pas s'exposer au ridicule de laisser voir qu'elle n'était pas **de l'endroit**, 85

du lieu, du bourg
sans aide

ne voulait rien demander à personne. Elle essayait de trouver **toute seule**.
Entre-temps, la messe avait pris fin et elle n'avait pas encore trouvé. Alors, elle
pensa que c'était peut-être comme à Saint-Esprit, chez Madame Marc, où les
livres se vendent dans un petit bazar. Et elle entra tout bonnement dans un
magasin et demanda le plus gentiment qu'elle pût s'il n'y avait pas des livres 90
pour «petits enfants de sept ans».

—Non, madame.

Mais la demoiselle du magasin voulut bien lui indiquer: «Plus haut; prenez
la rue à droite et demandez chez M. Joville. C'est une maison avec des alu-
miniums suspendus à la devanture».[16] 95

Elle remercia. Elle sortit, fit quelques pas, regardant partout, vit les

tournant et brillant

casseroles et les fait-tout suspendus, **girant et miroitant** au soleil. Et même,
Aristide essaya d'épeler tout haut pour sa mère l'enseigne en lettres blanches
sur fond d'émail bleu.[17]

Mais Théodamise n'y prêta aucune attention, trop occupée à tirer sa bourse 100
des replis de sa ceinture.[18] Elle en sortit une petite boîte plate en **fer blanc**,

tin

l'ouvrit précautionneusement, s'assura de ce qu'elle contenait: le papier que

---

[12] **tint bon:** patienta, resta jusqu'à la fin

[13] **se signa:** fit le signe de la croix sur elle-même

[14] **la Mairie en béton:** *the Town Hall, built of concrete*

[15] **Tout... rien:** Rien de tout cela ne l'intéressait.

[16] **avec des... devanture:** *with aluminum cookware hanging in the window*

[17] **l'enseigne... bleu:** *the store sign of white letters against a blue enamel background*

[18] **tirer... ceinture:** *extracting her purse from the folds of her belt*

l'institutrice lui avait envoyé et qui portait le titre du livre, l'auteur, le **degré**, tout. Elle n'avait qu'à le présenter à la librairie, lui avait fait dire l'institutrice.

grade level

105 Ce qu'elle avait déjà fait, du reste, chez Madame Marc pour savoir le prix; mais on lui avait répondu que c'était «épuisé».[19] Il ne lui restait par conséquent que deux endroits où aller: en ville et au Lamentin. Au Lamentin d'abord, puisque la ville était plus loin et que ça devait certainement coûter plus cher.

Enroulé dans le petit papier se trouvait l'argent: deux billets de cinq francs.

110 C'était peut-être la plus forte somme que Théodamise était parvenue à rassembler: presque deux semaines de son salaire de **sarcleuse** aux champs de canne à sucre, à la plantation de Féral. Il lui avait fallu elle ne savait plus combien de semaines, car plus d'une fois, comme cédant à une tentation **maligne**, elle avait dû faire prélèvements sur ce qu'elle avait déjà réalisé.[20]

réussir

weeder

mauvaise, subtile

115 Et pendant ce temps, les élèves, **au fur et à mesure**, revenaient à l'école avec leur livre, et Aristide demeurait l'un des rares qui n'eussent pas encore le leur. Il ne pouvait pas prendre part aux exercices de lecture, car son voisin, pour ne pas **abîmer** son livre, refusait de l'ouvrir tout grand pour lui permet-tre d'y voir. Et la maîtresse de protester chaque jour: «Et qu'attendez-vous

120 pour avoir le vôtre? Tous les autres… »

one by one, little by little

remained

endommager, détériorer

La semaine d'avant, Aristide avait eu l'excuse que c'était «épuisé» chez Madame Marc, à Saint-Esprit; mais les autres avaient brandi leur livre en criant:

—Et mon papa a acheté le mien en ville!… Et le mien, c'est au Lamentin qu'on l'a acheté… **Y'en a…**

la cruauté

Il y en a…

125 Un **chahut** dont Aristide était resté mortifié.

ruckus

Seul Christian, un bon camarade qui, une fois, lui avait prêté son crayon rouge et bleu, lui laissa voir son livre un jour, pendant la récréation. Non sans d'infinies précautions, car ce fut Christian lui-même qui tourna les pages, en soutenant le dos du livre pour ne pas trop l'ouvrir. C'était gentil tout de même,

to lend

to hold up

130 et cela donna à Aristide un avant-goût du bonheur de posséder **sous peu** son propre livre avec les mêmes illustrations, le lustre des feuillets, la même odeur de papier neuf.

bientôt

Or, le jour tant espéré était ce dimanche.

Now

Depuis **la veille au soir**, Théodamise, n'ayant pu **disposer de** son salaire,

135 avait **porté en gage** à une dame du bourg qu'elle connaissait bien sa modeste mais combien précieuse paire de boucles d'oreilles. Ainsi, elle avait pu réunir dix francs, deux billets de cinq francs.

le soir précédent / employer / pawned

earrings

Elle déplia donc les deux billets et les replia au creux de sa main. Elle tint le petit papier ouvert et, prenant son **aplomb**, entra dans le bazar.

assurance, courage

140 C'était un intense martellement de plancher,[21] un grand tressaillement d'étoffe déchirée,[22] qui jetèrent le trouble sur la joie d'Aristide. Les vendeuses **se démenaient** comme dans une chorégraphie réglée pour un effet de confu-sion, et lançaient d'une voix affectée:

prémonition

bestirred themselves

—Recevez dix-huit francs!…

145 —De la **dentelle** de Valenciennes? En quelle largeur?…

lace

---

[19] **épuisé(e):** out of stock (in store); out of print (at the publisher)

[20] **elle avait dû… réalisé:** she had had to spend some of the money she had saved up

[21] **martellement de plancher:** hammering sound on the floor

[22] **tressaillement d'étoffe déchirée:** rustle of cloth being ripped

—Que désirez-vous, madame?

—Un livre pour un enfant, répondit Théodamise.

Elle tendit en même temps le papier en inclinant légèrement la tête, comme pour remercier la vendeuse de son attention.

La vendeuse lit le papier.

—Syllabaire Langlois, 1er degré? Oui, madame.

—Vous ne voudriez pas avoir la complaisance[23] de me la faire voir, s'il vous plaît, mademoiselle, dit Théodamise en sucrant elle aussi sa voix, et de son air le plus docile.

La vendeuse alla à une armoire vitrée, au fond du magasin. Dès qu'elle reparut avec le petit livre vert, Aristide sauta sur la pointe des pieds en criant:

—C'est ça, maman! C'est bien cette peau qu'ils ont, ceux de tous les élèves.

Théodamise prit le livret, l'entrouvrit. Aristide **se haussa** et, la tirant par le bras:

—C'est bien ça, maman. Celui de Christian a cette image comme ça, là.

Théodamise ouvrit sa main qui gardait l'argent et demanda:

—C'est combien, mademoiselle?

—Dix francs soixante-quinze.

Elle portait déjà une main à ses cheveux où était **piqué** un crayon, et l'autre main à la poche de sa blouse pour en retirer certainement son **carnet de tickets**.

—Dix francs et quinze sous? fit Théodamise.

—Oui, madame.

Théodamise sentit un froid couler dans tout son corps. Mais **sans broncher** elle demanda:

—C'est votre dernier prix, mademoiselle?

—Oui, madame.

Alors dépliant vivement les deux billets de cinq francs et se penchant un peu sur le comptoir, Théodamise reprit, sans cacher son désarroi:

—Faites-moi donc un petit **rabais**, mademoiselle. Je viens jusque de Petit-Bourg avec cet enfant… Je suis une **malheureuse**… Nous sommes partis depuis quatre heures ce matin.

—Je regrette, madame. Le prix est marqué: voyez.

Elle montrait un angle de la couverture où s'inscrivaient des **chiffres** au crayon.

Théodamise restait sans parler, les yeux sur le livre qu'elle tenait encore; et Aristide, pour briser cette hésitation à laquelle il ne comprenait rien, la tira par la robe et lui cria doucement:

—Eh, bien, prends-le quand même, maman!

—Alors, qu'est-ce vous faites? reprit la vendeuse, plutôt pressante.

—Je vous demande un petit rabais, chère mademoiselle, reprit la femme, suppliante, **affaiblie**. Vous ne le laisseriez pas à dix francs, pour moi? Ce serait un service que le Bon Dieu…

Mais hélée par une de ses camarades, la vendeuse, d'un geste péremptoire, reprit le livre et l'emporta en se déhanchant avec souplesse sur ses talons pointus.[24]

---

[23] **Vous…complaisance:** Auriez-vous la gentillesse, l'amabilité

[24] **en se déhanchant avec souplesse sur ses talons pointus:** *her hips lithely swaying as she walked away on her stiletto heels*

Aristide poussa un cri, un **beuglement** qui fit se retourner tous ceux qui *bawling*
190 étaient là et, retenant Théodamise par la main, il **trépignait** en répétant: *sautait*
—Maman, prends-le! Prends-le quand même, maman!
Et il ne voulait rien entendre de ce que sa mère se penchait pour lui dire.
Théodamise, visiblement ébranlée, s'écroulait en elle-même, tel un fruit-
à-pain mou[25] tombé de l'arbre; et les **sanglots** de l'enfant continuaient de *sobs*
195 la déchirer et **l'affolaient** d'autant plus, au regard de tous ces gens qui assis- *la troublaient*
taient **ahuris** ou amusés à cette scène, qu'elle ressentait comme un *étonnés*
esclandre, une humiliation. *scandale, scène*
—Maman, prends-le quand même!
Les cris et les pleurs redoublaient tout le long de la rue. **Désemparée**, *Helpless, at a loss*
200 Théodamise entraîna son enfant hors du bourg, et quand il n'y eut plus de
maisons tout près, elle **s'affaissa** sur le bord de la route et, elle aussi, pleura *plopped down,*
tout haut avec lui. *collapsed*
Le soleil commençait à descendre du côté où le ciel va toucher la mer, très
loin. Voyant avancer les premiers paysans endimanchés qui revenaient du
205 bourg, Théodamise s'essuya les yeux et se hâta de consoler son petit.
—Maman n'a pas assez d'argent, vois-tu. C'est plus cher que tout l'argent
que maman a dans la boîte… Il faut que maman travaille encore, et dimanche
prochain nous allons revenir. Et tu auras deux sous pour acheter des bonbons.
Elle l'emmenait lentement par la main.
210 Comme ils n'avaient pas déjeuné, arrivés à la rivière, ils burent une bonne
lampée qui les remit[26] un peu. Aristide ôta ses alpargates et ils quittèrent la
grand-route, prenant par les mangliers le raccourci[27] qui passe par la plantation Génipa.
—Dimanche prochain…
215 Puis elle se taisait, pour se dire et voir dans sa tête:
«Le livre, ou mon enfant n'ira pas à l'école. Fera partie des «petites bandes» qui travaillent dans les plantations des békés. Comme moi depuis l'âge
de sept ans. Non.»
—Dimanche prochain, reprenait-elle tout haut.
220 Comme si elle allait conter une merveilleuse histoire.

Questions

1. Décrivez la scène que voit Aristide quand il est sur le pont. Que font les
   hommes? Et les femmes?

2. Que fait Théodamise au bord de l'eau? Comment trahit-elle sa tendresse
   pour son enfant?

3. Quelle leçon Théodamise avait-elle apprise de sa mère depuis un très
   jeune âge?

4. Quels bruits enchantent le petit? Comment s'explique cet enchantement?

5. Comment se révèle la piété de Théodamise?

---

[25] **ébranlée… mou:** *shaken, crumbled inside, like a soft breadfruit*

[26] **bonne lampée… remit:** *a generous draught, gulp (of water) that restored them*

[27] **prenant… raccourci:** *taking the shortcut through the mangrove trees*

6. Pourquoi Théodamise ne demande-t-elle à personne où se trouve la librairie?

7. Pourquoi Théodamise n'a-t-elle pas pu acheter le livre chez Madame Marc à Saint-Esprit?

8. Comment sait-on que Théodamise ne sait pas lire?

9. Comment Théodamise a-t-elle pu réunir 10 francs pour faire l'achat du livre?

10. Pourquoi est-il si urgent qu'Aristide ait le syllabaire? Comment sait-on que les élèves à l'école croient que le syllabaire est un objet précieux? Quelle précaution Christian a-t-il prise en laissant voir son livre à Aristide?

11. Comment Théodamise montre-t-elle sa déférence à l'égard de la vendeuse?

12. Quelle action Aristide veut-il prendre quand la vendeuse refuse de rabaisser le prix? Quelle signification attachez-vous à cette réaction?

13. Comment Théodamise essaie-t-elle de consoler son fils?

14. Pourquoi Théodamise tient-elle à obtenir le syllabaire pour Aristide? Quel espoir ce livre peut-il offrir?

15. Quelle est cette «merveilleuse histoire» mentionnée dans la dernière phrase de ce conte?

16. Quel jour de la semaine ont lieu les événements de cette histoire? Est-ce un détail significatif? Expliquez.

Complétez les phrases suivantes (oralement ou par écrit)

1. Aristide est rempli de joie à la vue de…

2. Aristide ressemble beaucoup à…

3. L'attention que fait Théodamise à son apparence physique atteste… (ll. 48–52)

4. Théodamise n'assiste pas à la grand'messe en entier parce que…

5. Théodamise est allée d'abord chercher le livre au Lamentin et non pas en ville parce que…

6. Le chahut à l'école qui a mortifié Aristide a eu lieu parce que… (ll. 115–125)

7. Théodamise a porté en gage…

8. Elle a été obligée de le faire parce que…

9. Théodamise essaie de faire appel à la générosité de la vendeuse (voulant que cette dernière rabaisse le prix du livre) en disant qu'elle…

10. Aristide a fait se retourner les autres clients dans le magasin quand il…

⬛⬛ EXPRESSIONS A ETUDIER ⬛⬛

1. **au fur et à mesure (de)/(que)**

   Pendant ce temps, les élèves, **au fur et à mesure**, revenaient à l'école avec leur livre. (ll. 115–116)
   Meanwhile, little by little, the schoolchildren were returning to school with their book.

   Au fur et à mesure que la nuit tombait, la forêt s'éveillait.
   Je vous enverrai l'argent **au fur et à mesure que** je le recevrai.
   Au fur et à mesure du repas, la conversation s'anima.

2. **tenir bon**

   Elle tint bon, calmant le gosse autant qu'elle le pouvait. (ll. 71–72)
   She stuck it out, quieting the youngster as much as she could.

   Allons, patience! **Tenez bon!**
   Voici une corde: **tenez bon**, sinon vous serez emporté(e) par la tempête.
   C'est **en tenant bon** qu'on réussit.

3. **disposer de** qqch.

   Théodamise, n'ayant pu **disposer de** son salaire, avait porté en gage une paire de boucles d'oreilles. (ll. 134–135)
   Unable to use her salary, Théodamise had pawned a pair of earrings.

   Je dispose de plusieurs syllabaires, madame. Lequel voulez-vous?
   D'après les renseignements **dont nous disposons**, l'ennemi est sur le point d'attaquer.
   Je ne **dispose** que **de** quelques minutes. Qu'avez-vous à me dire?

4. **ressembler à**

   Il **ressemblait** beaucoup à sa maman. (l. 42)
   He looked a lot like his mother.

   Regardez ce couple là-bas: l'homme **ressemble à** un oiseau, la femme à une souris.
   Ce qui ne **ressemble à** rien n'existe pas. (Paul Valéry)
   Vous êtes le frère de Roger? Vous ne **lui ressemblez** pas.
   Qui **se ressemble** s'assemble.

5. **(cela) me dit, ne me dit rien** (de + inf.)

   Tout **cela ne lui disait rien**. (l. 83)
   None of that interested him.

   J'aime visiter les bazars. Mon mari, lui, **ça ne lui dit rien** du tout.
   Vous savez, **ça ne me dit rien** d'aller au cinéma ce soir.
   Je vais aller faire du ski le week-end prochain. **Ça vous dit de** venir avec moi? —Non, **ça ne me dit rien**.

6. **parvenir à**

C'était la plus forte somme que Théodamise **était parvenue** à rassembler. (ll. 110–111)
It was the biggest sum of money that Théodamise had succeeded in raising (managed to raise).

Je ne **suis** pas **parvenu(e) à** vous joindre hier soir. Votre téléphone est en panne?
Il est parvenu à devenir ministre malgré son passé douteux.
Allez-vous **parvenir à** le convaincre? —Croyez-moi, **j'y parviendrai!**

Répondez

au fur et à mesure que

1. Combinez les deux phrases en employent **au fur et à mesure que**.
   a. J'étudie; j'apprends de plus en plus (de moins en moins).
   b. Il dépense tout son argent; il en gagne.
   c. Le bruit augmente; ils approchent de la ville.

tenir bon

2. Dites à votre professeur de tenir bon quand les étudiants ne l'écoutent pas (quand vous répondez mal).
3. Dites à un(e) autre étudiant(e) de tenir bon quand le professeur lui pose des questions.
4. Quand vous faites vos devoirs et que vous êtes fatigué(e), est-ce que vous tenez bon?

disposer de

5. De combien d'argent disposez-vous ces jours-ci? à la fin du mois?
6. De combien de temps disposez-vous pour faire vos devoirs? pour répondre à cette question?
7. De quels moyens faut-il disposer pour aller aux sports d'hiver? pour faire une croisière aux Antilles?

ressembler à

8. A qui ressemblez-vous? A votre frère? A votre sœur? A personne?
9. Est-ce que votre région ressemble à la Martinique?
10. Qu'est-ce qui ne ressemble à rien?

(cela) me dit, ne me dit rien (de + inf.)

11. Faites des phrases complètes:
    a. …d'aller en ville demain.
    b. …de passer un examen.
    c. …d'avoir une semaine de vacances.
    d. …de répondre à ces questions.
    e. …de sortir ce soir.

parvenir à

12. Comment Théodamise parviendra-t-elle à acheter le syllabaire?

13. Parvenez-vous à comprendre tous les textes français que vous lisez? à vous faire comprendre chaque fois que vous parlez?

Faites le choix le plus conforme au texte

1. Ce qui importe le plus à Théodamise, ce jour-là, c'est…
   a. être propre et bien vêtue
   b. aller à la messe
   c. acheter le livre de classe
   d. offrir une distraction à Aristide

2. Qu'est-ce qui impressionne le plus Aristide pendant son voyage à pied avec sa mère?
   a. l'animation des gens le long de la route
   b. l'aspect net et soigné de sa mère
   c. le spectacle à l'intérieur et autour de l'église
   d. l'attitude de ses camarades d'école

3. L'argent dont Théodamise dispose pour acheter le syllabaire provient…
   a. du travail qu'elle a fait pendant deux semaines à la plantation
   b. des économies qu'elle a faites depuis longtemps
   c. des boucles d'oreilles qu'elle a portées en gage
   d. du père d'Aristide qui le lui a prêté

4. Le moment le plus dramatique pour le lecteur a lieu quand…
   a. un camarade d'Aristide lui prête son syllabaire
   b. Théodamise imagine l'avenir de son fils
   c. Aristide fait une scène dans le bazar
   d. Théodamise apprend le prix du syllabaire

5. Un des contrastes les plus frappants de ce conte, c'est celui entre…
   a. la campagne et le bourg
   b. Aristide et sa mère
   c. l'école et le bazar
   d. le matin et le soir

6. Le ton du récit reflète une certaine…
   a. tendresse
   d. joie de vivre
   c. naïveté
   d. ironie

7. On peut dire que le sujet véritable de ce conte, c'est…
   a. le courage de Théodamise
   b. la société matiniquaise
   c. l'éducation des enfants
   d. la foi religieuse

Sujets de discussion ou de composition

1. Discutez la critique sociale sous-entendue dans *Le Syllabaire*.

2. Faites le portrait d'Aristide: son aspect physique, son comportement, sa psychologie.

3. Faites le portrait moral de Théodamise au fur et à mesure du conte, en tenant compte de la conclusion.

4. En quoi est-ce que la conclusion du conte constitue une sorte de moralité? Expliquez.

5. Discutez le refus de la vendeuse d'accorder un rabais. Y a-t-il des raisons qui peuvent justifier son refus? Quelles raisons s'y opposent?

6. Après avoir fait des recherches sur l'histoire et la géographie de la Martinique et des Antilles françaises, faites une présentation écrite ou orale sur ce que vous avez appris. Précisez les rapports existant entre les Antilles françaises et la France métropolitaine.

:8: Marcel Aymé :8:

Il y a toujours eu en France une tradition littéraire opposée aux orthodoxies, aux idées reçues et au conformisme, une sorte d'anti-tradition dont Rabelais surtout et Voltaire jusqu'à un certain point, sont les plus illustres porte-parole. Les écrivains de cette lignée contestataire et parfois subversive ont plusieurs traits en commun: le mépris de l'intellectualisme dogmatique ou raffiné, une forte sympathie pour l'individualisme, un réalisme vigoureux et une riche imagination alliée à un humour irrévérencieux. L'œuvre de Marcel Aymé (1902–1967) possède certaines de ces caractéristiques. Sa verve satirique pleine de drôlerie s'exerce dans le roman, le conte, le théâtre, l'essai. Mais c'est surtout grâce à son talent de conteur que son œuvre est assurée de permanence. Parmi ses recueils de nouvelles, il faut citer Le Passe-Muraille *(1934)—dont est tiré* Le Proverbe—Le Vin de Paris *(1947),* En Arrière *(1950) et la série des* Contes du chat perché *(1934–1958).*

Le Proverbe nous fait assister à la situation classique du père et du fils collaborant à un devoir scolaire. Toutes les bonnes intentions du père ne suffisent pas à compenser les médiocres talents dont il croit faire profiter son fils. Voir les pages 234–238 pour un autre texte de cet auteur.

ORIENTATION In *Le Proverbe*, the relationship between father and son is described with humor, irony, and tenderness. Monsieur Jacotin is tyrannical, sensitive to perceived affronts, and blind to his own defects. His son Lucien, despite a certain lack of imagination, is essentially generous and kind, and perceptive enough to understand the damage he would inflict on his father if he told him the truth at the end. As you read, try to identify Lucien's basic character traits, particularly those that make his final decision to lie to his father not surprising.

Mot *apparentés / faux amis*

Donnez l'équivalent anglais du mot français. S'il s'agit d'un faux ami (*), donnez aussi l'équivalent du faux ami anglais.

la contrainte (l. 7)   _____

l'ambiance (*f.*) (l. 11)   _____

flamber (l. 24)   _____

la pâleur (l. 27)   _____

la perfidie (l. 81)   _____

le remords (l. 98)   _____

la récompense (ll. 150–151)   _____

déférent(e) (l. 158)   _____

le calcul (l. 175)   _____

polir (l. 313)   _____

＝＝＝＝＝＝＝＝＝＝＝
·················

Le Proverbe

lampe suspendue
bent over the grub
craignaient

colérique / maison,
famille

⊠ Dans la lumière de la **suspension** qui éclairait la cuisine, M. Jacotin voyait d'ensemble la famille **courbée sur la pâture** et témoignant, par des regards obliques, qu'elle **redoutait** l'humeur du maître. La conscience profonde qu'il avait de son dévouement et de son abnégation, un souci étroit de justice domestique, le rendaient en effet injuste et tyrannique, et ses explosions 5 d'homme **sanguin**, toujours imprévisibles, entretenaient à son **foyer** une atmosphère de contrainte qui n'était du reste pas sans l'irriter.[1]

Qu'est-ce que la famille Jacotin est en train de faire?

Pourquoi y a-t-il une atmosphère de contrainte?

Qu'est-ce qui irrite Monsieur Jacotin?

sa famille
se préparait à parler

faible, fragile

prétextant

héritage

décolletage

volait

Ayant appris dans l'après-midi qu'il était proposé pour les palmes académiques,[2] il se réservait d'en informer **les siens** à la fin du dîner. Après avoir bu un verre de vin sur sa dernière bouchée de fromage, il **se disposait à** 10 **prendre la parole**, mais il lui sembla que l'ambiance n'était pas telle qu'il l'avait souhaitée pour accueillir l'heureuse nouvelle. Son regard fit lentement le tour de la table, s'arrêtant d'abord à l'épouse dont l'aspect **chétif**, le visage triste et peureux lui faisaient si peu honneur auprès de ses collègues. Il passa ensuite à la tante Julie qui s'était installée au foyer en **faisant valoir** son grand 15 âge et plusieurs maladies mortelles et qui, en sept ans, avait coûté sûrement plus d'argent qu'on n'en pouvait attendre de sa **succession**. Puis vint le tour de ses deux filles, dix-sept et seize ans, employées de magasin à cinq cents francs par mois, pourtant vêtues comme des princesses, montres-bracelets, épingles d'or à l'**échancrure**, des airs au-dessus de leur condition, et on se 20 demandait où passait l'argent, et on s'étonnait. M. Jacotin eut soudain la sensation atroce qu'on lui **dérobait** son bien, qu'on buvait la sueur de ses peines et qu'il était ridiculement bon. Le vin lui monta un grand coup à la tête et fit flamber sa large face déjà remarquable au repos par sa rougeur naturelle.

_____

[1] **qui n'était… l'irriter:** *which moreover contributed to his irritability*

[2] **palmes académiques:** décoration conférée par le gouvernement aux professeurs, artistes, fonctionnaires pour leurs services rendus à la France

Quelle nouvelle Monsieur Jacotin vient-il d'apprendre?

Pourquoi n'en informe-t-il pas les siens à la fin du dîner?

Pourquoi est-ce que le visage de sa femme lui fait si peu honneur auprès de ses collègues?

Depuis combien de temps la tante Julie habite-t-elle dans la maison?

Pourquoi Monsieur Jacotin n'est-il pas très content de l'avoir dans la maison?

Comment les deux filles dépensent-elles leur argent?

De quoi s'inquiète Monsieur Jacotin?

Il était dans cette disposition d'esprit lorsque son regard s'abaissa sur son fils Lucien, un garçon de treize ans qui, depuis le début du repas, **s'efforçait** de passer inaperçu. Le père entrevit quelque chose de **louche** dans la pâleur du petit visage. L'enfant n'avait pas levé les yeux, mais se sentant observé, il **tortillait** avec ses deux mains un **pli** de son tablier noir d'écolier.

—Tu voudrais bien le déchirer? jeta le père d'une voix **qui s'en promettait**. Tu fais tout ce que tu peux pour le déchirer?

Lâchant son tablier, Lucien posa les mains sur la table. Il penchait la tête sur son assiette sans oser chercher le réconfort d'un regard de ses sœurs et tout abandonné au malheur menaçant.

—Je te parle, dis donc. Il me semble que tu pourrais me répondre. Mais je te soupçonne de n'avoir pas la conscience bien tranquille.

Lucien protesta d'un regard effrayé. Il n'espérait nullement **détourner les soupçons**, mais il savait que le père eût été déçu de ne pas trouver l'**effroi** dans les yeux de son fils.

—Non, tu n'as sûrement pas la conscience tranquille. Veux-tu me dire ce que tu as fait cet après-midi?

—Cet après-midi, j'étais avec Pichon. Il m'avait dit qu'il passerait me prendre à deux heures. En sortant d'ici, on a rencontré Chapusot qui allait faire des **commissions**. D'abord, on a été chez le médecin pour son oncle qui est malade. Depuis avant-hier, il se sentait des douleurs du côté du foie…

Mais le père comprit qu'on voulait l'égarer sur de l'anecdote[3] et coupa:

—**Ne te mêle** donc pas du foie des autres. **On n'en fait pas tant** quand c'est moi qui souffre. Dis-moi plutôt où tu étais ce matin.

—J'ai été voir avec Fourmont la maison qui a brûlé l'autre nuit dans l'avenue Poincaré.

—Comme ça, tu as été dehors toute la journée? Du matin jusqu'au soir? **Bien entendu**, puisque tu as passé ton jeudi à t'amuser, j'imagine que tu as fait tes devoirs?

Le père avait prononcé ces dernières paroles sur un ton **doucereux** qui suspendait tous les souffles.

—Mes devoirs? murmura Lucien.

—Oui, tes devoirs.

—J'ai travaillé hier soir en rentrant de classe.

—Je ne te demande pas si tu as travaillé hier soir. Je te demande si tu as fait tes devoirs pour demain.

---

3 **l'égarer sur de l'anecdote:** *distract him by telling irrelevant stories*

Margin glosses:
- 26 **s'efforçait** — essayait
- 27 **louche** — suspicious, fishy
- 29 **tortillait** — was twisting / **pli** — fold
- 30 **qui s'en promettait** — menaçante
- 37 **détourner les soupçons** — divert, dispel suspicions / **effroi** — grande peur
- 44 **commissions** — courses
- 47 **Ne te mêle** — Ne t'occupe / **On n'en fait pas tant** — Less concern is shown
- 52 **Bien entendu** — Naturellement
- 54 **doucereux** — sugary

Chacun sentait **mûrir** le drame et aurait voulu l'écarter, mais l'expérience avait appris que toute intervention en pareille circonstance ne pouvait que **gâter** les choses et changer en fureur la hargne de cet homme violent. **Par politique**, les deux sœurs de Lucien **feignaient** de suivre l'affaire distraitement, tandis que la mère, préférant ne pas assister de trop près à une scène pénible, fuyait vers un **placard**. M. Jacotin lui-même, au bord de la colère, hésitait encore à enterrer la nouvelle des palmes académiques. Mais la tante Julie, mue par de généreux sentiments, ne put tenir sa langue. 65

—Pauvre petit, vous êtes toujours après lui. Puisqu'il vous dit qu'il a travaillé hier soir. Il faut bien qu'il s'amuse aussi. 70

Offensé, M. Jacotin répliqua avec hauteur:

—Je vous prierai de ne pas **entraver** mes efforts dans l'éducation de mon fils. Etant son père, j'agis comme tel et j'entends le diriger selon mes conceptions. Libre à vous, quand vous aurez des enfants, de faire leurs cent mille caprices.[4] 75

La tante Julie, qui avait soixante-treize ans, jugea qu'il y avait peut-être de l'ironie à parler de ses enfants à venir. Froissée à son tour, elle quitta la cuisine. Lucien la suivit d'un regard ému et la vit un moment, dans la **pénombre**

de la salle à manger luisante de propreté, chercher à tâtons le commutateur.[5] Lorsqu'elle eut refermé la porte, M. Jacotin prit toute la famille à témoin[6] qu'il 80 n'avait rien dit qui justifiât un tel départ et il se plaignit de la perfidie qu'il y avait à le mettre en situation de passer pour un **malotru**. Ni ses filles, qui

s'étaient mises à desservir la table, ni sa femme, ne purent se résoudre à l'approuver, ce qui eût peut-être amené une détente. Leur silence lui fut un nouvel outrage. Rageur, il revint à Lucien: 85

—J'attends encore ta réponse, toi. Oui ou non, as-tu fait tes devoirs?

Lucien comprit qu'il ne gagnerait rien à **faire traîner** les choses et se jeta à l'eau.

—Je n'ai pas fait mon devoir de français.

Une lueur de gratitude passa dans les yeux du père. Il y avait plaisir à 90 **entreprendre** ce gamin-là.

—Pourquoi, s'il te plaît?

Lucien leva les épaules en signe d'ignorance et même d'étonnement, comme si la question était **saugrenue**.

—Je le moudrais,[7] murmura le père en le dévorant du regard. 95

Un moment, il resta silencieux, considérant le degré d'abjection auquel était descendu ce fils ingrat qui, sans aucune raison avouable et apparemment sans remords, négligeait de faire son devoir de français.

—C'est donc bien ce que je pensais, dit-il, et sa voix **se mit à** monter avec le ton du discours. Non seulement tu continues, mais tu persévères. Voilà un 100 devoir de français que le professeur t'a donné vendredi dernier pour demain. Tu avais donc huit jours pour le faire et tu n'en as pas trouvé le moyen. Et si je n'en avais pas parlé, tu allais en classe sans l'avoir fait. Mais le plus fort, c'est que tu

---

[4] **faire... caprices:** *to indulge their every whim*
[5] **chercher... commutateur:** *groping for the light switch*
[6] **prit... témoin:** *asked the whole family to vouch*
[7] **Je le moudrais:** *I could beat him to a pulp.*

auras passé tout ton jeudi à **flâner** et à paresser. Et avec qui? avec un Pichon, un Fourmont, un Chapusot, tous les derniers, tous les **cancres** de la classe. Les cancres dans ton genre. Qui se ressemble s'assemble. Bien sûr que l'idée ne te viendrait pas de t'amuser avec Béruchard. Tu te croirais déshonoré d'aller jouer avec un bon élève. Et d'abord, Béruchard n'accepterait pas, lui. Béruchard, je suis sûr qu'il ne s'amuse pas. Et qu'il ne s'amuse jamais. C'est bon pour toi. Il travaille, Béruchard. La conséquence, c'est qu'il est toujours dans les premiers.[8] Pas plus tard que la semaine dernière, il était trois places devant toi. Tu peux **compter** que c'est une chose agréable pour moi qui suis toute la journée au bureau avec son père. Un homme pourtant **moins bien noté** que moi. Qu'est-ce que c'est que Béruchard? je parle du père. C'est l'homme travailleur, si on veut, mais qui manque de capacités. Et sur les idées politiques, c'est bien pareil que sur la besogne.[9] Il n'a jamais eu de **conceptions**. Et Béruchard, il le sait bien. Quand on discute de choses et d'autres, devant moi, il n'en mène pas large.[10] **N'empêche**, s'il vient à me parler de son gamin qui est toujours premier en classe, c'est lui qui prend le dessus quand même. Je me trouve par le fait dans une position vicieuse. Je n'ai pas la chance, moi, d'avoir un fils comme Béruchard. Un fils premier en français, premier en calcul. Un fils qui **rafle** tous les prix.[11] Lucien, laisse-moi ce rond de serviette tranquille.[12] Je ne tolérerai pas que tu m'écoutes avec des airs qui n'en sont pas. Oui ou non, m'as-tu entendu? ou si tu veux une paire de **claques** pour t'apprendre que je suis ton père? Paresseux, **voyou**, incapable! Un devoir de français donné depuis huit jours! Tu ne me diras pas que si tu avais **pour deux sous** de cœur ou que si tu pensais **au mal** que je me donne, une pareille chose se produirait. Non, Lucien, tu ne sais pas reconnaître. Autrement que ça, ton devoir de français, tu l'aurais fait. Le mal que je me donne, moi, dans mon travail. Et les soucis et l'inquiétude. Pour le présent et pour l'avenir. Quand j'aurai l'âge de m'arrêter, personne pour me donner de quoi vivre. Il vaut mieux compter sur soi que sur les autres. Un sou, je ne l'ai jamais demandé. Moi, pour **m'en tirer**, je n'ai jamais été chercher le voisin. Et je n'ai jamais été aidé par les miens. Mon père ne m'a pas laissé étudier. Quand j'ai eu douze ans, en apprentissage.[13] Tirer la **charrette** et par tous les temps. L'hiver, les engelures, et l'été, la chemise qui collait sur le dos. Mais toi, tu te prélasses.[14] Tu as la chance d'avoir un père qui soit trop bon. Mais ça ne durera pas. Quand je pense. Un devoir de français. **Fainéant**, **sagouin**! Soyez bon, vous serez toujours faible. Et moi tout à l'heure qui pensais vous mener tous, mercredi prochain, voir jouer *Les Burgraves*.[15] Je ne me doutais pas de ce qui m'attendait en rentrant chez moi. Quand je ne suis pas là, on peut être sûr que c'est l'anarchie. C'est les devoirs pas faits et **tout ce qui s'ensuit** dans toute la maison. Et, bien entendu, on a choisi le jour…

dawdling
écoliers paresseux et nuls

être sûr
with a lower rating

idées originales

Néanmoins

obtient, emporte

slaps
vaurien
un peu
à la peine

réussir

cart

Paresseux, vaurien

tout le reste

---

[8] **il est… premiers:** obtient les meilleures notes, réussit

[9] **c'est… besogne:** c'est la même chose que pour le travail

[10] **il… large:** *he's embarrassed, at a disadvantage*

[11] Dans les lycées et écoles française, les meilleurs élèves reçoivent les premier, deuxième et troisième prix.

[12] **laisse-moi… tranquille:** *leave that napkin ring alone, don't fidget with it*

[13] **[j'étais] en apprentissage:** j'apprenais le métier (de fermier)

[14] **tu te prélasses:** tu ne fais aucun effort, tu es paresseux

[15] Mélodrame de Victor Hugo (1843)

réserve	Le père marqua un temps d'arrêt. Un sentiment délicat, de **pudeur** et de modestie, lui fit baisser les paupières.
	—Le jour où j'apprends que je suis proposé pour les palmes académiques. 145 Oui, voilà le jour qu'on a choisi.

Le père marqua un temps d'arrêt. Un sentiment délicat, de **pudeur** et de modestie, lui fit baisser les paupières.

—Le jour où j'apprends que je suis proposé pour les palmes académiques. 145 Oui, voilà le jour qu'on a choisi.

Il attendit quelques secondes l'effet de ses dernières paroles. Mais, à peine détachées de la longue **apostrophe**, elles semblaient n'avoir pas été comprises. Chacun les avait entendues, comme le reste du discours, sans en pénétrer le sens. Seule, Mme Jacotin, sachant qu'il attendait depuis deux ans la récom- 150 pense de services rendus, en sa qualité de trésorier bénévole, à la société locale de **solfège** et de philharmonie (l'U.N.S.P.), eut l'impression que quelque chose d'important venait de lui échapper. Le mot de palmes académiques rendit à ses oreilles un son étrange mais familier, et fit **surgir** pour elle la vision de son époux coiffé de sa casquette de musicien honoraire et **à califourchon** 155 sur la plus haute branche d'un cocotier.[16] La crainte d'avoir été inattentive lui fit enfin apercevoir le sens de cette fiction poétique et déjà elle ouvrait la bouche et se préparait à manifester une joie déférente. Il était trop tard. M. Jacotin, qui se délectait amèrement de l'indifférence des siens, craignit qu'une parole de sa femme ne vînt adoucir l'injure de ce lourd silence et se hâta de la 160 prévenir.[17]

—Poursuivons, dit-il avec un **ricanement** douloureux. Je disais donc que tu as eu huit jours pour faire ce devoir de français. Oui, huit jours. Tiens, j'aimerais savoir depuis quand Béruchard l'a fait. Je suis sûr qu'il n'a pas attendu huit jours, ni six, ni cinq. Ni trois, ni deux. Béruchard, il l'a fait le 165 lendemain. Et veux-tu me dire ce que c'est que ce devoir?

Lucien, qui n'écoutait pas, laissa passer le temps de répondre. Son père le **somma** d'une voix qui passa trois portes et alla toucher la tante Julie dans sa chambre. En chemise de nuit et la mine défaite,[18] elle vint s'informer.

—Qu'est-ce qu'il y a? Voyons, qu'est-ce que vous lui faites, à cet enfant? Je 170 veux savoir, moi.

Le malheur voulut qu'en cet instant M. Jacotin se laissât dominer par la pensée de ses palmes académiques. C'est pourquoi la patience **lui manqua**. Au plus fort de ses colères, il s'exprimait habituellement dans un langage décent. Mais le ton de cette vieille femme recueillie chez lui par un calcul cha- 175 ritable et parlant avec ce **sans-gêne** à un homme **en passe** d'être décoré, lui parut une provocation appelant l'insolence.

—Vous, répondit-il je vous dis **cinq lettres**.

La tante Julie béa,[19] les yeux ronds, encore incrédules, et comme il précisait ce qu'il fallait entendre par cinq lettres, elle tomba évanouie. Il y eut des 180 cris de frayeur dans la cuisine, une longue **rumeur** de drame avec remuement de bouillottes, de soucoupes et de flacons.[20] Les sœurs de Lucien et leur mère

Glossary (left margin):

tirade, monologue

étude des notes musicales

apparaître
astride

rire sardonique

lui parla avec autorité

failed him

manque de respect / sur le point
«merde»

bruit

---

[16] **cocotier:** palmier produisant des noix de coco

[17] **se délectait... prévenir:** *had been savoring with bitterness his family's indifference, became fearful that an utterance by his wife might diminish the offense of that heavy silence and hastened to forestall her doing so*

[18] **la mine défaite:** le visage décomposé (par la peur, l'inquiétude)

[19] **La tante Julie béa:** La bouche de la tante Julie tomba

[20] **remuement... flacons:** *clatter of kettles, saucers, and jars*

s'affairaient auprès de la malade avec des paroles de compassion et de réconfort, dont chacune atteignait cruellement M. Jacotin. Elles évitaient de le regarder, mais quand par hasard leurs visages se tournaient vers lui, leurs yeux étaient durs. Il se sentait coupable et, plaignant la vieille fille, regrettait sincèrement l'excès de langage auquel il s'était laissé aller. Il aurait souhaité s'excuser, mais la réprobation qui l'entourait si visiblement durcissait son orgueil. Tandis qu'on emportait la tante Julie dans sa chambre, il prononça d'une voix haute et claire:

—Pour la troisième fois, je te demande en quoi consiste ton devoir de français.

—C'est une explication, dit Lucien. Il faut expliquer le proverbe: «Rien ne sert de courir, il faut partir à point.»[21]

—Et alors? Je ne vois pas ce qui t'arrête là-dedans.

Lucien **opina** d'un hochement de tête, mais son visage était réticent. *indiqua son accord*

—En tout cas, **file** me chercher tes cahiers, et au travail. Je veux voir ton *cours, dépêche-toi de*
devoir fini.

Lucien alla prendre sa serviette de classe qui gisait dans un coin de la cuisine, en sortit un **cahier de brouillon** et écrivit au haut d'une page blanche: *scratch pad or booklet*
«Rien ne sert de courir, il faut partir à point.» Si lentement qu'il eût écrit, cela ne demanda pas cinq minutes. Il se mit alors à sucer son porte-plume et considéra le proverbe d'un air hostile et **buté**. *obstiné*

—Je vois que tu y mets de la mauvaise volonté, dit le père. **A ton aise**. Moi, *comme tu voudras*
je ne suis pas pressé. J'attendrai toute la nuit s'il le faut.

En effet, il s'était mis en position d'attendre commodément. Lucien, en levant les yeux, lui vit un air de quiétude qui le désespéra. Il essaya de méditer sur son proverbe: «Rien ne sert de courir, il faut partir à point.» Pour lui, il y avait là une évidence ne requérant aucune démonstration, et il songeait avec dégoût à la fable de La Fontaine: *Le Lièvre et la Tortue.* Cependant, ses sœurs, après avoir couché la tante Julie, commençaient à ranger la vaisselle dans le placard et, si attentives fussent-elles à ne pas faire de bruit, il se produisait des **heurts** qui irritaient M. Jacotin, lui semblant qu'on voulût offrir *chocs, bruits*
à l'écolier une bonne excuse pour ne rien faire. Soudain, il y eut un affreux vacarme. La mère venait de laisser tomber sur l'**évier** une casserole de fer qui *kitchen sink*
rebondit sur le carrelage.

—Attention, gronda le père. C'est quand même **agaçant**. Comment voulez- *ennuyeux, exaspérant*
vous qu'il travaille, aussi, dans une foire pareille? Laissez-le tranquille et allez-vous-en ailleurs. La vaisselle est finie. Allez vous coucher.

Aussitôt les femmes quittèrent la cuisine. Lucien se sentit livré à son père, à la nuit, et songeant à la mort **à l'aube** sur un proverbe, il se mit à pleurer. *at dawn*

—Ça t'avance bien, lui dit son père. Gros bête, va!

La voix restait **bourrue**, mais avec un accent de compassion, car M. Jacotin, *gruff*
encore honteux du drame qu'il avait provoqué tout à l'heure, souhaitait racheter sa conduite par une certaine **mansuétude** à l'égard de son fils. Lucien *indulgence, bonté*
perçut la nuance, il s'attendrit et pleura plus fort. Une larme tomba sur le

---

[21] Proverbe par lequel commence la fable de La Fontaine, *Le lièvre et la tortue.* (*Cf. "Haste makes waste," "Everything in its own good time"*); **à point:** à temps.

cahier de brouillon, auprès du proverbe. Emu, le père fit le tour de la table en traînant une chaise et vint s'asseoir à côté de l'enfant.

—Allons, prends-moi ton **mouchoir** et que ce soit fini. A ton âge, tu devrais penser qui si je te **secoue**, c'est pour ton bien. Plus tard, tu diras: «Il avait raison.» Un père qui sait être sévère, il n'y a rien de meilleur pour l'enfant. Béruchard, justement, me le disait hier. C'est une habitude, à lui, de battre le sien. Tantôt c'est les claques ou son pied **où je pense**, tantôt le martinet ou bien le **nerf de bœuf**. Il obtient de bons résultats. Sûr que son gamin marche droit et qu'il ira loin. Mais battre un enfant, moi, je ne pourrais pas, sauf bien sûr comme ça une fois de temps en temps. Chacun ses conceptions. C'est ce que je disais à Béruchard. J'estime qu'il vaut mieux faire appel à la raison de l'enfant.

Apaisé par ces bonnes paroles, Lucien avait cessé de pleurer et son père en conçut de l'inquiétude.

—Parce que je te parle comme à un homme, tu ne vas pas au moins te figurer que ce serait de la faiblesse?

—Oh! non, répondit Lucien avec l'accent d'une conviction profonde.

Rassuré, M. Jacotin eut un regard de bonté. Puis, considérant d'une part le proverbe, d'autre part l'embarras de son fils, il crut pouvoir se montrer généreux à peu de frais et dit avec bonhomie:

—Je vois bien que si je ne mets pas la main à la pâte,[22] on sera encore là à quatre heures du matin. Allons, au travail. Nous disons donc: «Rien ne sert de courir, il faut partir à point.» Voyons. Rien ne sert de courir…

Tout à l'heure, le sujet de ce devoir de français lui avait paru presque ridicule à force d'être facile. Maintenant qu'il en avait assumé la responsabilité, il le voyait d'un autre œil. La mine soucieuse, il relut plusieurs fois le proverbe et murmura:

—C'est un proverbe.

—Oui, approuva Lucien qui attendait la suite avec une assurance nouvelle.

Tant de paisible confiance troubla le cœur de M. Jacotin. L'idée que son prestige de père était **en jeu** le rendit nerveux.

—En vous donnant ce devoir-là, demanda-t-il, le maître ne vous a rien dit?

—Il nous a dit: surtout, évitez de résumer *Le Lièvre et la Tortue*. C'est à vous de trouver un exemple. Voilà ce qu'il a dit.

—Tiens, c'est vrai, fit le père. *Le Lièvre et la Tortue*, c'est un bon exemple. Je n'y avais pas pensé.

—Oui, mais c'est défendu.

—Défendu, bien sûr, défendu. Mais alors, si tout est défendu…

Le visage un peu congestionné, M. Jacotin chercha une idée ou au moins une phrase qui fût un départ. Son imagination était **rétive**. Il se mit à considérer le proverbe avec un sentiment de crainte et de rancune. Peu à peu, son regard prenait la même expression d'ennui qu'avait eue tout à l'heure celui de Lucien.

Enfin, il eut une idée qui était de développer un sous-titre de journal, «La Course aux armements», qu'il avait lu le matin même. Le développement venait bien: une nation se prépare à la guerre depuis longtemps, fabriquant canons, tanks, mitrailleuses et avions. La nation voisine se prépare

handkerchief
shake up

au derrière
leather whip

at stake

récalcitrante

230

235

240

245

250

255

260

265

270

---

[22] **si je ne mets… pâte:** si je ne m'en occupe, n'interviens pas moi-même

mollement, de sorte qu'elle n'est pas prête du tout quand survient la guerre et
275 qu'elle s'efforce vainement de rattraper son retard. Il y avait là toute la matière
d'un excellent devoir.

Le visage de M. Jacotin, qui s'était éclairé un moment, **se rembrunit** tout
d'un coup. Il venait de songer que sa religion politique ne lui permettait pas
de choisir un exemple aussi tendancieux. Il avait trop d'honnêteté pour humi-
280 lier ses convictions, mais c'était tout de même dommage. Malgré la fermeté de
ses opinions, il se laissa **effleurer** par le regret de n'être pas inféodé à[23] un
parti réactionnaire, ce qui lui eût permis d'exploiter son idée avec l'approbation de sa conscience. Il se ressaisit[24] en pensant à ses palmes académiques,
mais avec beaucoup de mélancolie.

285 Lucien attendait sans inquiétude le résultat de cette méditation. Il se
jugeait déchargé du soin d'expliquer le proverbe et n'y pensait même plus.
Mais le silence qui s'éternisait lui faisait paraître le temps long. Les
paupières lourdes, il fit entendre plusieurs **bâillements** prolongés. Son père,
le visage crispé par l'effort de la recherche, les perçut comme autant de
290 reproches et sa nervosité **s'en accrut**. Il avait beau se mettre l'esprit à la torture,[25] il ne trouvait rien. La course aux armements le gênait. Il semblait
qu'elle se fût **soudée** au proverbe et les efforts qu'il faisait pour l'oublier lui
en imposaient justement la pensée. De temps en temps, il levait sur son fils
un regard furtif et anxieux.

295 Alors qu'il n'espérait plus et se préparait à confesser son impuissance, il lui
vint une autre idée. Elle se présentait comme une transposition de la course
aux armements dont elle réussit à écarter l'obsession. Il s'agissait encore
d'une compétition, mais sportive, à laquelle se préparaient deux équipes de
rameurs, l'une méthodiquement, l'autre avec une affectation de négligence.
300 —Allons, commanda, M. Jacotin, écris.

A moitié endormi, Lucien sursauta et prit son porte-plume.

—Ma parole, tu dormais?

—Oh! non. Je réfléchissais. Je réfléchissais au proverbe. Mais je n'ai rien
trouvé.

305 Le père eut un petit rire indulgent, puis son regard devint fixe et, lentement, il se mit à dicter:

—Par ce splendide après-midi d'un dimanche d'été, virgule, quels sont
donc ces jolis objets verts à la forme allongée, virgule, qui frappent nos
regards? On dirait de loin qu'ils sont **munis** de longs bras, mais ces bras ne
310 sont autre chose que des rames et les objets verts sont en réalité deux canots
de course qui se balancent mollement au gré des flots de la Marne.[26]

Lucien, pris d'une vague anxiété, osa lever la tête et eut un regard un peu
effaré. Mais son père ne le voyait pas, trop occupé à polir une phrase de transition qui allait lui permettre de présenter les équipes rivales. La bouche
315 entr'ouverte, les yeux mi-clos, il surveillait ses rameurs et les rassemblait

sans vigueur

devint sombre

toucher légèrement

yawns

augmenta

obstinément attachée

rowers, oarsmen

équipés

---

[23] **inféodé à:** partisan de, soumis à

[24] **se ressaisit:** reprit son calme, dissipa ses doutes

[25] **Il avait beau... torture:** *No matter how much he racked his brain*

[26] **qui se balancent... Marne:** *swaying gently with the flow of the waters of the Marne river* (The Marne flows into the Seine from an eastern direction relative to Paris.)

dans le champ de sa pensée. **A tâtons, il avança la main** vers le porte-plume de son fils.

His hand groped

—Donne. Je vais écrire moi-même. C'est plus **commode** que de dicter.

facile

Fiévreux, il se mit à écrire d'une plume abondante. Les idées et les mots lui venaient facilement, dans un ordre commode et pourtant exaltant, qui l'inclinait au lyrisme. Il se sentait riche, maître d'un domaine magnifique et fleuri. Lucien regarda un moment, non sans un reste d'appréhension, courir sur son cahier de brouillon la plume inspirée et finit par s'endormir sur la table. A onze heures, son père le réveilla et lui rendit le cahier. [320]

—Et maintenant, tu vas me recopier ça **posément**. J'attends que tu aies fini pour relire. Tâche de mettre la ponctuation, surtout. [325]

avec soin, méthodiquement

—Il est tard, fit observer Lucien. Je ferais peut-être mieux de me lever demain matin de bonne heure?

—Non, non. Il faut battre le fer pendant qu'il est chaud. Encore un proverbe, tiens. [330]

M. Jacotin eut un sourire gourmand et ajouta:

—Ce proverbe-là, je ne serais pas en peine[27] de l'expliquer non plus. Si j'avais le temps, il ne faudrait pas me pousser beaucoup. C'est un sujet de toute beauté. Un sujet sur lequel **je me fais fort d'**écrire mes douze pages. Au moins, est-ce que tu le comprends bien? [335]

je suis confiant de pouvoir

—Quoi donc?

—Je te demande si tu comprends le proverbe: «Il faut battre le fer pendant qu'il est chaud.»

Lucien, accablé, **faillit céder** au découragement. Il se ressaisit et répondit avec une grande douceur: [340]

almost gave in

—Oui, papa. Je comprends bien. Mais il faut que je recopie mon devoir.

—C'est ça, recopie, dit M. Jacotin d'un ton qui trahissait son **mépris** pour certaines activités d'un ordre subalterne.

dédain, condescendance

Une semaine plus tard, le professeur rendait la **copie** corrigée.

devoir écrit

—Dans l'ensemble, dit-il, je suis loin d'être satisfait. Si j'excepte Béruchard à qui j'ai donné treize,[28] et cinq ou six autres tout juste passables, vous n'avez pas compris le devoir. [345]

Il expliqua ce qu'il aurait fallu faire, puis, dans le tas des copies annotées à l'encre rouge, il en choisit trois qu'il se mit à commenter. La première était celle de Béruchard, dont il parla en termes **élogieux**. La troisième était celle de Lucien. [350]

of praise

—En vous lisant, Jacotin, j'ai été surpris par une façon d'écrire à laquelle vous ne m'avez pas habitué et qui m'a paru si déplaisante que je n'ai pas hésité à vous **coller** un trois. S'il m'est arrivé souvent de blâmer la sécheresse de vos développements, je dois dire que vous êtes tombé cette fois dans le défaut contraire. Vous avez trouvé le moyen de remplir six pages en restant constamment en dehors du sujet. Mais le plus insupportable est ce ton **endimanché** que vous avez cru devoir adopter. [355]

donner (péjor.)

flowery, fastidious

---

[27] **je ne serais... peine:** je n'aurais aucune difficulté, aucun mal

[28] Grades in French schools range from 0 through 20. A 10 is passing, 13 is considered respectable.

Le professeur parla encore longuement du devoir de Lucien, qu'il proposa aux autres élèves comme le modèle de ce qu'il ne fallait pas faire. Il en lut à haute voix quelques passages qui lui semblaient particulièrement édifiants. Dans la classe, il y eut des sourires, des gloussements et même quelques rires soutenus. Lucien était très pâle. Blessé dans son amour-propre, il l'était aussi dans ses sentiments de piété filiale.

Pourtant il **en voulait à** son père de l'avoir mis en situation de se faire moquer par ses camarades. Elève médiocre, jamais sa négligence ni son ignorance ne l'avaient ainsi exposé au ridicule. Qu'il s'agît d'un devoir de français, de latin ou d'algèbre,[29] il gardait jusque dans ses insuffisances un juste sentiment des **convenances** et même des élégances écolières. Le soir où, les yeux rouges de sommeil, il avait recopié le brouillon de M. Jacotin, il ne s'était guère trompé sur l'accueil qui serait fait à son devoir. Le lendemain, mieux éveillé, il avait même hésité à le remettre au professeur, **ressentant** alors plus vivement ce qu'il contenait de faux et de discordant, **eu égard aux** habitudes de la classe. Et au dernier moment, une confiance instinctive dans l'infaillibilité de son père l'avait décidé.

Au retour de l'école, à midi. Lucien songeait avec rancune à ce mouvement de confiance **pour ainsi dire** religieuse qui avait parlé plus haut que l'évidence.[30] De quoi s'était mêlé le père en expliquant ce proverbe? A coup sûr, **il n'avait pas volé** l'humiliation de se voir flanquer trois sur vingt à son devoir de français. Il y avait là de quoi lui faire passer l'envie d'expliquer les proverbes. Et Béruchard qui avait eu treize. Le père aurait du mal à **s'en remettre**. Ça lui apprendrait.

A table, M. Jacotin se montra enjoué et presque gracieux. Une **allégresse** un peu fiévreuse animait son regard et ses **propos**. Il eut la coquetterie de ne pas poser **dès l'abord** la question qui lui brûlait les lèvres et que son fils attendait. L'atmosphère du déjeuner n'était pas très différente de ce qu'elle était d'habitude. La gaieté du père, au lieu de mettre à l'aise les **convives**, était plutôt une gêne supplémentaire. Mme Jacotin et ses filles essayaient en vain d'adopter un ton accordé à la bonne humeur du maître. Pour la tante Julie, elle se fit un devoir de souligner par une attitude **maussade** et un air de surprise offensée tout ce que cette bonne humeur offrait d'**insolite** aux regards de la famille. M. Jacotin le sentit lui-même, car il ne tarda pas à s'assombrir.

—Au fait, dit-il avec brusquerie. Et le proverbe?

Sa voix trahissait une émotion qui ressemblait plus à de l'inquiétude qu'à de l'impatience. Lucien sentit qu'en cet instant il pouvait faire le malheur de son père. Il le regardait maintenant avec une liberté qui lui **livrait** le personnage. Il comprenait que, depuis de longues années, le pauvre homme vivait sur le sentiment de son infaillibilité de chef de famille et, qu'en expliquant le proverbe, il avait engagé le principe de son infaillibilité dans une aventure dangereuse. Non seulement le tyran domestique allait perdre la face devant les siens, mais il perdrait du même coup la considération qu'il avait pour sa propre personne. Ce serait un **effondrement**. Et dans la cuisine, à table, face

---

marginal glosses

était fâché contre

appropriate behavior

ayant le sentiment
en prenant en
consideration les

presque, en quelque
sorte

il avait mérité

to get over it

joie
paroles
tout de suite

personnes mangeant
ensemble

désagréable
inhabituel

révélait, donnait

chute, destruction

---

[29] **Qu'il s'agît:** Imparfait du subjonctif (*"Regardless of whether it was a French... assignment"*)
[30] **qui avait... évidence:** *that had proven stronger than what should have been obvious*

attendait impatiemment

à la tante Julie qui **épiait** toujours une revanche, ce drame qu'une simple parole pouvait déchaîner avait déjà une réalité bouleversante. Lucien fut effrayé par la faiblesse du père et son cœur s'attendrit d'un sentiment de pitié généreuse. 405

Tu rêves?

—**Tu es dans la lune?** Je te demande si le professeur a rendu mon devoir? dit M. Jacotin.

—Ton devoir? Oui, on l'a rendu.

—Et quelle note avons-nous eue? 410

—Treize.

—Pas mal. Et Béruchard?

—Treize.

—Et la meilleure note était?

—Treize. 415

Le visage du père s'était illuminé. Il se tourna vers la tante Julie avec un regard insistant, comme si la note treize eût été donnée malgré elle. Lucien avait baissé les yeux et regardait en lui-même avec un plaisir ému. M. Jacotin lui toucha l'épaule et dit avec bonté:

—Vois-tu, mon cher enfant, quand on entreprend un travail, le tout est 420 d'abord d'y bien réfléchir. Comprendre un travail, c'est l'avoir fait plus qu'aux trois quarts. Voilà justement ce que je voudrais te faire entrer dans la tête une bonne fois. Et j'y arriverai. J'y mettrai tout le temps nécessaire. Du reste, à partir de maintenant et désormais, tous tes devoirs de français, nous les ferons ensemble. 425

Marcel Aymé, tiré de *Le Passe-Muraille*, © Editions Gallimard.

Questions

1. Pourquoi Lucien tortille-t-il avec ses deux mains un pli de son tablier noir d'écolier? (ll. 28–29) Pourquoi veut-il garder un air d'effroi dans les yeux?

2. Comment et pourquoi Lucien essaie-t-il d'égarer son père?

3. A table, pourquoi est-ce qu'on n'essaie pas d'écarter le drame entre père et fils?

4. Qui dans la famille se range du côté de Lucien?

5. La tante Julie est froissée. Pourquoi?

6. Expliquez la «lueur de gratitude» (l. 90) qui passe dans les yeux du père.

7. Pourquoi le père est-il mécontent que Lucien ait passé son jeudi avec Pichon, Fourmont et Chapusot? Pourquoi aurait-il préféré que Lucien s'amuse avec Béruchard?

8. Pourquoi est-ce que le succès de Béruchard à l'école est particulièrement pénible pour M. Jacotin?

9. Quel genre de vie menait-il quand il avait l'âge de Lucien?

10. Quel effet la nouvelle qu'il est proposé pour les palmes académiques produit-elle? Comment s'explique la satisfaction de M. Jacotin devant cette réaction?

11. Pourquoi M. Jacotin manque-t-il de patience envers la tante Julie?

12. En quoi consiste le devoir de français de Lucien? Pourquoi trouve-t-il le devoir si difficile? Pourquoi le maître a-t-il défendu aux élèves de résumer «Le Lièvre et la Tortue»?

13. Pourquoi M. Jacotin renonce-t-il à l'idée d'écrire sur «La Course aux armements»? Quelle autre idée a-t-il? Pourquoi Lucien est-il pris d'une vague anxiété en transcrivant les premiers mots de son père?

14. Pourquoi le maître n'est-il pas satisfait du devoir de Lucien? Quelle note Lucien obtient-il? Quelle est la réaction de Lucien? Pour quelle raison en veut-il à son père? Pourquoi est-ce que Lucien a décidé de remettre son devoir au professeur malgré ses inquiétudes?

15. A table, quelle question brûle les lèvres du père?

16. Pourquoi Lucien décide-t-il de ne pas dire la vérité à son père? Quelle est cette «faiblesse» qu'il reconnaît? Pourquoi se regarde-t-il en lui-même avec un plaisir ému? Quel est le résultat de son mensonge?

Complétez les phrases suivantes (oralement ou par écrit)

1. M. Jacotin est très fier d'avoir été proposé pour…

2. Il est mécontent de ses filles parce que…

3. Lucien a passé son jeudi à…

4. Béruchard est toujours…(l. 110)

5. Le proverbe «Rien ne sert de courir, il faut partir à point» signifie que…

6. M. Jacotin se fâche contre ses filles et sa femme quand… (ll. 210–216)

7. Lucien pleure plus fort devant son père parce que… (ll. 220–226)

8. Le professeur propose le devoir de Lucien aux autres élèves comme le modèle de…

⠿ EXPRESSIONS A ETUDIER ⠿

1. **faire le tour de**

   Son regard fit lentement **le tour** de la table. (ll. 12–13)
   His gaze went slowly around the table.

   Le père **fit le tour de** la table et vint s'asseoir à côté de l'enfant.
   (ll. 227–228)
   The father circled the table and sat beside the child.

   J'avais autrefois un royaume tellement grand qu'il **faisait le tour** presque complet de la terre. (Henri Michaux)
   La courbe de tes yeux **fait le tour** de mon cœur. (Paul Eluard)

2. **passer inaperçu**

   Lucien s'efforçait de **passer inaperçu**. (ll. 26–27)
   Lucien was trying hard not to be noticed.

   C'est souvent en voulant **passer inaperçu** qu'on se fait le plus remarquer.
   Le voleur **est passé inaperçu** dans la foule.

3. **(re)prendre le dessus**

   C'est lui qui **prend le dessus**. (l. 119)
   He's the one who gets the upper hand, comes out ahead.

   La tante Julie a peu à peu **repris le dessus** après avoir été insultée par M. Jacotin.
   Dernière nouvelle du Tour de France: Jacques N., qui **avait pris le dessus** depuis mardi, a dû abandonner aujourd'hui à la suite d'un accident.

4. **à force de** + nom/inf.

   Le sujet de ce devoir lui avait paru presque ridicule **à force d'**être facile. (ll. 250–251)
   The subject of the written assignment had almost seemed ridiculous to him because it was so easy.

   A force de plaisirs notre bonheur s'abîme. (Jean Cocteau)
   A force de persévérer (de persévérance), tu réussiras.
   A force de fumer et de boire, il s'est tué.

5. **éviter de** + inf.

   Elles **évitaient de** le regarder. (ll. 184–185)
   They avoided looking at him.

   Surtout, **évitez de** résumer Le Lièvre et la Tortue. (l. 259)
   Above all, avoid summarizing The Tortoise and the Hare.

   Il **a évité de** dire à son père la note qu'il a reçue.

6. **se mêler de** + nom/inf.

   Ne **te mêle** donc pas **du** foie des autres. (l. 47)
   Don't stick your nose in other people's livers (business).

   De quoi **s'était mêlé** le père en expliquant ce proverbe? (l. 378)
   What business was it of the father's to explain that proverb?

   Mêlez-vous de ce qui vous regarde!
   Il se mêle d'écrire alors qu'il n'a aucun talent.

Répondez

faire le tour de

1. Combien de temps faut-il pour faire le tour du campus? de votre maison ou appartement? de votre ville? du monde?

2. Comment aimeriez-vous faire le tour du monde? Avec qui?

passer inaperçu(e)

3. Quand essayez-vous de passer inaperçu(e)?

4. Qu'est-ce qu'un espion (*spy*) essaie toujours de faire?

(re)prendre le dessus

5. Faut-il toujours prendre le dessus dans une compétition sportive?

6. Comment reprenez-vous le dessus après une déception?

à force de + nom/inf.

7. Comment avez-vous appris le français? (à force de…)

8. (Complétez:) A force de trop manger,…

            A force de trop étudier,…

            A force de travail,…

            A force de patience,…

éviter de + inf.

9. Qu'est-ce que vous évitez de faire pendant les vacances? en classe? pendant un examen?

10. A quoi évitez-vous de penser?

se mêler de + nom/inf.

11. M. Jacotin a-t-il raison de se mêler des affaires de son fils?

12. Que dites-vous à quelqu'un qui se mêle de vos affaires?

Faites le choix le plus conforme au texte

1. Dans la première partie de l'histoire, M. Jacotin est particulièrement soucieux…
   a. de sa rivalité avec Béruchard au bureau
   b. du grand âge et de l'état de santé de la tante Julie
   c. de l'argent qu'il dépense pour tous les membres de sa famille
   d. d'annoncer qu'il a été proposé pour les palmes académiques

2. Lucien n'a pas la conscience tranquille…
   a. parce que son père entretient une atmosphère de contrainte
   b. parce qu'il n'a pas fait son devoir de français
   c. parce qu'il a oublié son cahier de brouillon à l'école
   d. parce que son père est persuadé que c'est un cancre

3. Dans cette famille règne une autorité…
   a. matriarcale
   b. collective
   c. variable
   d. patriarcale

4. M. Jacotin souhaite que son fils réussisse dans ses études…
   a. par affection pour lui
   b. parce que c'est une tradition
   c. pour que Lucien ait la conscience tranquille
   d. par amour-propre

5. On peut dire que M. Jacotin manque…
   a. de mansuétude
   b. d'abnégation
   c. d'humour
   d. de conceptions

6. Le jour où le devoir de français a été rendu aux élèves, M. Jacotin est de bonne humeur à table parce qu'il...
   a. a prouvé sa supériorité sur Béruchard
   b. suppose que Lucien a reçu une bonne note
   c. est fier d'avoir reçu les palmes académiques
   d. se fait fort de commenter un autre proverbe

7. Le personnage qui comprend le mieux la situation et qui a le plus changé à la fin du conte, c'est...
   a. M. Jacotin
   b. Lucien
   c. la tante Julie
   d. Mme Jacotin

8. En écoutant la déclaration de son père à la fin du conte, Lucien doit éprouver un sentiment...
   a. d'appréhension
   b. d'irritation
   c. de soulagement (*relief*)
   d. de pitié

Sujets de discussion ou de composition

1. Sans être admirable, M. Jacotin n'est pas vraiment antipathique non plus. Dressez la liste de ses qualités et de ses défauts, puis commentez-les.

2. Quel rôle la tante Julie joue-t-elle dans cette histoire?

3. Racontez une histoire où vous avez été indulgent(e) pour un(e) parent(e).

4. Ecrivez une histoire qui illustre un des proverbes ou dictons suivants:

   «Tel père, tel fils.»

   «Bon sang ne peut mentir.»

   «Il n'y a pas de grand homme pour son valet de chambre.»

   «L'enfer est pavé de bonnes intentions.»

   «La raison du plus fort est toujours la meilleure.»

   «Il faut battre le fer pendant qu'il est chaud.»

:8: Gabrielle Roy :8:

L'œuvre de Gabrielle Roy (1909–1983) est généralement reconnue comme l'une des plus importantes de la littérature canadienne d'expression française. Née dans le Manitoba, elle pratiqua d'abord le métier d'institutrice, puis, à Montréal, celui de journaliste, avant de se consacrer au roman et au conte. Son premier roman, Bonheur d'occasion, *lui valut plusieurs prix, y compris le premier grand prix littéraire parisien décerné à un auteur canadien français, le Prix Femina 1947. Après plusieurs séjours en Europe, elle s'installa à Québec où elle poursuivit son œuvre jusqu'à sa mort. Cette œuvre comprend une douzaine de romans, des contes, des essais. Le passage suivant, extrait de son autobiographie,* La Détresse et l'enchantement (1984), *illustre la situation de la minorité francophone dans un milieu et dans une culture anglophones au début du siècle.*

ORIENTATION In this recollection of her girlhood in Manitoba, Gabrielle Roy describes her success as a student in an English school system. Note that there are two time perspectives in this story: the time when the events actually occurred and an indefinite point in time when an adult Gabrielle Roy comments on the events. As you read, identify those portions of the text in which the voice of the adult Roy is heard. Try to determine what she understands better as an adult than she did as a girl and what still remains unclear to her.

Mot apparentés / faux amis

Donnez l'équivalent anglais du mot français. S'il s'agit d'un faux ami (*), donnez aussi l'équivalent français du faux ami anglais.

distraire (l. 10)   _____

la récompense (l. 16)   _____

la prouesse (l. 34)   _____

convoiter (l. 56)   _____

chérir (l. 63)   _____

saisir (l. 71)   _____

défrayer (l. 77)   _____

effacer (l. 105)   _____

déchiffrer (l. 171)   _____

*alléger (l. 28)   _____

_____   *to allege*

*rebuter (l. 151)   _____

_____   *to rebut (something)*

_____   *to rebut (someone)*

La Détresse et l'enchantement

Une Jeunesse française canadienne

▧ Ce dut être vers l'âge de quatorze ans que j'entrai en étude comme on entre au cloître. J'avais **tergiversé**, je m'étais dit maintes et maintes fois que **je m'y mettrais pour de bon** le mois suivant. Puis vint un jour où je crus m'apercevoir que ma mère perdait pied, que bientôt **elle n'en pourrait plus** si elle n'était pas épaulée par quelque encouragement. Les examens de fin d'année approchaient. Je me pris à revoir sérieusement mes **matières**. Je me levais le matin bien avant la maisonnée pour étudier dans la solitude et le silence de la grande cuisine que j'avais à moi seule pour une heure ou deux. Maman, quand elle y entrait pour mettre le **gruau** du matin sur le feu, me trouvait à la grande table, mes livres épars autour de moi. Pour ne pas me distraire, elle m'adressait simplement, un peu comme à un de nos pensionnaires, un petit signe de tête qui approuvait et félicitait, puis se mettait à sa tâche en faisant le moins de bruit possible. Cette année-là, j'arrivai à la tête de ma classe à la fin d'année pour la première fois de ma vie. Je récoltai même une médaille pour je ne sais trop quelle matière. Mais ce que je n'oublierai jamais, c'est le visage de maman quand je lui revins avec cette récompense. Aussitôt ce fut comme si lui était enlevé le poids des années passées, l'angoisse des années à venir. Elle **rayonna**, sans toutefois me faire à moi de grands compliments. Mais, à son insu, je l'entendis deux ou trois fois me **vanter** à des voisins, habile à loger dans la conversation, **au détour convenable**, le petite phrase: «Ma fille a eu la médaille de Monseigneur cette année.» **Je me trouvai à surgir** une fois juste au moment où elle parlait de cette médaille **de rien du tout** et fus frappée de l'expression de ses yeux. Ils brillaient comme rarement je les avais vus, deux grands puits de lumière tendre d'où semblait avoir été retirée toute l'eau mauvaise des jours durs.

Quel âge Gabrielle Roy avait-elle quand elle a décidé d'entrer en étude?

Qu'est-ce qui a décidé la jeune fille à entrer en étude?

Que faisait-elle pour se préparer à passer ses examens?

Que faisait sa mère pour ne pas la distraire?

Quelle réussite Gabrielle a-t-elle eue cette année-là?

Comment sait-on que la mère en était très fière?

Dès lors, comment n'aurais-je pas voulu continuer à la soutenir à ma manière, elle qui me soutenait de toutes ses forces? C'était **enivrant** de me voir **à si peu de frais** lui alléger ainsi la vie. Et c'était également enivrant d'être la première. Je me demande même si je n'acquis pas là une habitude en partie mauvaise, car, ayant dû plus tard passer une fois en deuxième place, je le supportai très mal et découvris la faiblesse d'avoir besoin d'être la première, contre laquelle j'ai dû par la suite apprendre à lutter.

Left margin glosses:

retardé, hésité / je me déciderais

elle abandonnerait ses efforts

sujets, disciplines

gruel, porridge

beamed, was radiant
to praise, brag about
au moment opportun
J'apparus par hasard
insignifiante

exaltant
si facilement

De toute façon, ce n'était pas autant que cela pouvait **en avoir l'air** une   *le sembler*
prouesse. A quoi aurais-je pu me livrer avec passion à quinze, seize ans, en ce
35 temps-là, sinon à l'étude? On n'y pratiquait presque pas de sport. J'eus bien
alors, en cadeau de mon frère Rodolphe, une paire de **patins**, et j'appris à   *ice skates*
glisser plus ou moins en mesure au beau *Danube bleu* que déversait le haut-
parleur des patinoires publiques. Mais c'est tout. Je dus attendre mon propre
argent gagné pour m'acheter une raquette de tennis et, plus tard, une bicy-
40 clette légère qui fit mon bonheur, et puis, enfin, des skis d'occasion, bien trop
longs pour moi, lesquels, faute de pentes dans nos parages,[1] firent de moi,   *forerunner of cross*
longtemps avant que ne s'en implante la mode, une très solitaire **devancière**   *country skiing*
du ski de fond.
Mais cela devait attendre ma jeunesse déjà **entamée**, mes vingt ans, un peu   *commencée*
45 plus tard même. Je suis arrivée à ma jeunesse tard, comme on y arrivait en ce
temps-là. A quinze ans, j'étais une petite vieille toujours fourrée dans mes livres,
la nuque déjà faible et le regard envahi par un **fatras** d'inutiles connaissances.   *amas, ensemble confus*
Même maman en vint à trouver que j'en faisais trop. Pour m'obliger à quit-
ter mes livres et à me mettre au lit à une heure raisonnable, elle me coupait
50 parfois le courant en enlevant le fusible qui le commandait dans ma chambre.
Ainsi elle pouvait se retirer tranquille, assurée que je ne rallumerais pas cette
nuit-là.
Mais enfin, je tenais ma parole donnée à ma mère quelques années avant,
à l'hôpital, et lui rapportais, année après année, la médaille accordée pour les
55 meilleures notes en français par l'Association des Canadiens français du
Manitoba. Puis j'obtins la plus **convoitée** de toutes, **octroyée** celle-là par   *désirée / donnée*
l'Instruction publique du Québec à l'élève terminant la première en français
pour tout le Manitoba.[2] Elle portait en effigie la tête un peu romaine, à ce que
je crois me rappeler, de Cyrille Delage.[3] Mon lot de médailles, maintenant
60 imposant, remplissait presque un tiroir. Maman les conservait à l'abri de la
poussière, précieusement. Elle qui n'avait fréquenté qu'une pauvre école de village et n'avait jamais reçu en récompense scolaire qu'un petit livre de
cinquante cents qu'elle chérissait encore, elle était **éblouie** par mon tiroir plein   *émerveillée*
de grosses médailles, et je la soupçonne de l'avoir souvent ouvert quand elle
65 était seule pour les admirer à son aise. Plus tard, je devais lui faire bien de la
peine au sujet de ces médailles, une histoire que je raconterai peut-être, si j'en
ai le temps. Maintenant que j'ai commencé à dévider mes souvenirs, ils viennent, se tenant si bien, comme une interminable laine, que la peur me prend:
«Cela ne cessera pas. Je ne saisirai pas la millième partie de ce déroulement.»
70 Est-il donc possible qu'on ait en soi de quoi remplir des tonnes de papier si
seulement on arrive à saisir le bon bout de l'écheveau?[4]

---

[1] **faute de pentes dans nos parages:** *for lack of slopes in our area*

[2] **Québec… Manitoba:** La distance du Manitoba, province anglophone du centre du
Canada, au Québec, province francophone de l'est est d'environ 2400 km (1500 milles). Le
prix est décerné au Manitoba pour encourager la pratique du français et le maintien de la
culture par la minorité française.

[3] **Cyrille Delage:** sans doute Cyrille Delagrave (1812–1877), qui a joué un rôle important
dans le domaine de l'instruction publique au Canada

[4] **le bon bout de l'écheveau:** *the proper end of the skein (of wool yarn).* Noter dans ce passage évoquant une suite de souvenirs la métaphore fondée sur le dévidage de la laine.

En onzième et douzième années, les prix décernés par l'Association des Canadiens français du Manitoba étaient de cinquante et cent dollars respectivement. C'était une belle somme à l'époque, presque comparable aux bourses distribuées aujourd'hui par le Conseil des arts et les Affaires culturelles, et, ce qui était bien agréable, on n'avait pas à la solliciter. Je les gagnai tous les deux, ce qui défraya le coût de mon inscription à l'Ecole normale des institutrices et l'achat des manuels nécessaires, **en sorte que** je ne coûtai presque rien à mes parents à la fin de mes études, et il le fallait, car ils étaient au bout de nos pauvres ressources.

L'exploit, plus encore que d'être parvenue à la fin de mes études, c'était, dans un milieu aussi loin que le nôtre du Québec, d'y être parvenue en français, de même qu'en anglais.

Donc, en dépit de la loi qui n'accordait qu'une heure par jour d'enseignement de français dans les écoles publiques en milieu majoritairement de langue française, voici que nous le parlions tout aussi bien, il me semble, qu'au Québec, à la même époque, selon les classes sociales.

A qui, à quoi donc attribuer ce résultat quasi miraculeux? Certes à la ferveur collective, à la présence aussi parmi nous de quelques immigrés français de marque qui imprégnèrent notre milieu de distinction, et surtout sans doute au zèle, à la ténacité de nos maîtresses religieuses, et parfois laïques, qui donnèrent gratuitement des heures supplémentaires à l'enseignement du français, malgré un horaire terriblement chargé. Quelques-unes **ne se gênaient pas pour** prendre des libertés avec la loi; passionnées et défiantes, elles devaient parfois être **retenues** par la Commission scolaire; elles auraient pu nous faire plus de mal que de bien.[5]

Quand la provocation n'était pas trop visible, le Department of Education fermait les yeux. Pourvu que les élèves fussent capables de montrer des connaissances de l'anglais, à la visite de l'inspecteur, tout allait plus ou moins. Nous étions toujours, évidemment, exposés à un regain d'hostilité de la part de petits groupes de fanatiques qui tenaient pour la stricte application de la loi. Pendant quelque temps courait la rumeur qu'un **enquêteur** était sur le sentier de guerre. La **consigne** était alors, ce personnage ou quelqu'un du School Board surgirait-il à l'improviste,[6] de faire vivement disparaître nos manuels en langue française, d'effacer au tableau ce qui pouvait rester de leçons en français et d'étaler nos livres anglais. Cela se produisait sans doute dans certaines écoles et même probablement dans la mienne avant mon temps, mais pour ma part je n'eus connaissance d'aucune visite aussi dramatique. Toutefois le danger était bien réel et il exaltait nos âmes. Nous le sentions rôder autour de nous: peut-être nos maîtresses en entretenaient-elles quelque peu le sentiment. Puis il s'éloignait, et alors reprenait notre **sourde** guérilla **usant** peut-être mieux notre adversaire qu'une révolte ouverte. Parfois je me demande si cette opposition à laquelle nous étions **en butte** ne nous servit pas autant qu'elle nous desservit. **Livrés à nous-mêmes**, si peu nombreux, il me

---

[5] **elles auraient pu... bien:** c'est-à-dire en insistant trop sur le français au dépens de l'anglais

[6] **ce personnage... à l'improviste:** si ce personnage ou quelqu'un d'autre surgissait à l'improviste

115 semble que c'est la facilité qui nous eût le plus vite perdus. Mais elle nous fut certainement épargnée. Car le français, tout beau, tout bien, nous étions parvenus à l'apprendre, à le préserver, mais, en fait, c'était pour la gloire, la dignité; ce ne pouvait être une arme pour la vie quotidienne.

De toute façon, pour passer nos examens et obtenir nos diplômes ou
120 **brevets**, il nous fallait nous conformer au programme établi par le Department of Education et par conséquent apprendre en anglais la plupart des matières: chimie, physique, mathématiques et l'histoire en général. Nous étions en quelque sorte anglaises dans l'algèbre, la géométrie, les sciences, dans l'histoire du Canada, mais françaises en histoire du Québec, en littérature de
125 France et, encore plus, en histoire **sainte**. Cela nous faisait un curieux esprit, constamment occupé à rajuster notre vision. Nous étions un peu comme le jongleur avec toutes ses assiettes sur les bras.

Parfois c'était tout de même **bienfait**. Je me souviens du vif intérêt que je pris à la littérature anglaise aussitôt que j'y eus accès. Et pour cause: de la lit-
130 térature française, nos manuels ne nous faisaient connaître à peu près que Louis Veuillot et Montalembert—des pages et des pages de ces deux-là, mais rien pour ainsi dire de Zola, Flaubert, Maupassant, Balzac même.[7] Quelle idée pouvions-nous avoir de la poésie française ramenée presque entièrement à François Coppée, à Sully Prudhomme et au *Lac* de Lamartine,[8] si longtemps
135 **rabâché** qu'aujourd'hui par un curieux phénomène—de rejet peut-être—je n'en saurais retrouver un seul vers. Pourtant je me rappelle avoir obtenu 99% dans ma rédaction sur ce poème au concours proposé par l'Association des Canadiens français du Manitoba.

La littérature anglaise, portes grandes ouvertes, nous livrait alors accès à
140 ses plus hauts génies. J'avais lu Thomas Hardy, George Eliot, les sœurs Brontë, Jane Austen. Je connaissais Keats, Shelley, Byron, les poètes lakistes[9] que j'aimais infiniment. Heureusement pour les lettres françaises qu'il y eut tout de même à notre programme d'études le pétillant Alphonse Daudet. Je m'étais jetée à quinze ans sur les *Lettres de mon moulin* que j'appris par cœur d'un bout
145 à l'autre. Parfois je me demande si mon amour excessif de la Provence qui m'a poussée tant de fois à la parcourir de part en part, ne me vient pas en partie de cet **emballement** de mes quinze ans pour la première gracieuse prose française que j'eus sous la main. Autrement, elle m'eût paru bien terne à côté de l'anglaise. **Qu'en aurait-il été de moi** si, à cet âge, j'avais eu accès à
150 Rimbaud, Verlaine, Baudelaire, Radiguet?[10]

C'est Shakespeare que je rencontrai tout d'abord. Il **rebutait** profondément mes compagnes de classes et n'emballait guère non plus, je pense bien, notre

---

[7] **Veuillot, Montalembert:** auteurs religieux du dix-neuvième siècle. Balzac, Flaubert, Maupassant et Zola, tous grands romanciers, étaient considérés trop osés dans les écoles du début du siècle.

[8] **François Coppée, Sully Prudhomme, Lamartine:** poètes du dix-neuvième siècle

[9] **les poètes lakistes:** Wordsworth, Coleridge, Southey—poètes romantiques anglais établis dans le «Lake District»

[10] **Rimbaud, Verlaine, Baudelaire, Radiguet:** Les trois premiers sont des poètes du dix-neuvième siècle. Raymond Radiguet est un romancier du début du vingtième siècle, auteur du *Diable au corps*. Aucun de ces auteurs n'était enseigné dans les établissements religieux au début du siècle.

certificats

de la bible, des saints

un avantage

répété avec excès

enthousiasme

Qu'est-ce que je serais devenue

déplaisait à

quoique

maîtresse de littérature. Pour ma part, **encore que** m'échappât beaucoup de cette grande voix, je fus prise par sa sauvagerie passionnée, alliée parfois à tant de douceur qu'elle ferait fondre le cœur, à ce flot d'âme qui nous arrive tout plein de sa tendresse et de son tumulte. 155

J'avais eu la bonne fortune, il faut le dire, d'assister à une représentation du *Marchand de Venise*, donnée par une troupe de Londres en tournée à travers le Canada. C'est au théâtre Walter de Winnipeg—déjà me disposant au sortilège de la scène avec ses rangs sur rangs de balcons ornés, ses immenses 160

chandeliers / *crimson velvet*

lustres, ses lourds rideaux en **velours cramoisi**—que commença pour moi l'enchantement. Il ne s'agissait plus enfin de français, d'anglais, de langue proscrite, de langue imposée. Il s'agissait d'une langue au-delà des langues, comme celle de la musique, par exemple. Du balcon le plus élevé, penchée par-dessus la rampe vers les acteurs qui, de cette hauteur, paraissaient tout 165 petits, je saisissais à peine les paroles déjà en elles-mêmes pour moi presque obscures, et pourtant j'étais dans le ravissement. Au fond, cette première soirée de Shakespeare dans ma vie, je ne m'en suis jamais expliqué la fascination. Elle demeure toujours aussi mystérieuse à mes yeux.

A partir de ce temps-là, notre maîtresse de littérature qui avait peine à 170 déchiffrer le grand William se prit à faire appel à mes lumières[11] qui pourtant n'étaient pas grandes, mais auxquelles suppléait l'enthousiasme. Elle prétendait qu'avec l'enthousiasme—ou un air d'enthousiasme—on pouvait faire

accepter... par
Nous étudiions à ce moment-là

avaler ce que l'on voulait à l'inspecteur. Or cela consistait à apprendre par cœur. **Nous en étions alors à** *Macbeth*. Elle nous suppliait, faute de nous faire 175 comprendre la pièce:

—Apprenez-en des bouts par cœur. L'inspecteur en oubliera de vous questionner.

Un soir, je tombai sur un «bout» à peu près incompréhensible mais qui me séduisit quand même par je ne sais quelle sombre couleur de nuit que je cro- 180

pleine d'enthousiasme

yais y percevoir. Le lendemain, **tout feu tout flamme**, je récitai en entier le grand monologue de Macbeth:

—*Is this a dagger which I see before mine eyes...*

était très étonnée

La sœur **n'en revenait pas**, quelque peu indignée, en un sens, de me voir prise d'une telle folie de passion pour ce lointain poète du temps d'Elizabeth 185 la Première, par ailleurs prompte à percevoir **le parti** qu'elle allait pouvoir tirer

l'avantage, le profit

de mes dons. Ensuite, en effet, allions-nous recevoir la visite d'une de nos

ayant un goût marqué pour

Mères visiteuses assez **portées sur** l'anglais, ou de quelque important monsieur du Department of Education, qu'elle me prévenait:

—Sauve la classe, Gabrielle. Lève-toi et saute dans *Is this a dagger...* 190

Je sauvais déjà la classe en français, au concours de fin d'année organisé par l'Association des Canadiens français du Manitoba. Je trouvais que c'était beaucoup de la sauver aussi en anglais. Mais j'avais, je pense bien, **un petit**

something of a ham (*actress*)

côté cabotin, peut-être en partie entretenu par notre sentiment collectif d'infériorité, et qui me faisait rechercher l'approbation de tous côtés. 195

L'inspecteur nous arriva.

—How are you getting along with Shakespeare, sister? *Macbeth*! Oh fine! Fine! Does anyone remember by which names the witches on the heath salute Macbeth?

---

[11] **se prit à faire appel à mes lumières:** prit l'habitude de me consulter

Je **me démenais**, la main levée, seule à me proposer. La veille, en feuil-
200 letant mon livre, j'étais tombée comme **par un fait exprès** sur ces salutations
d'une si belle sonorité.

L'inspecteur me regardait en souriant. Qui d'autre aurait-il regardé? Toutes,
sauf moi, lui tournaient quasiment le dos. La sœur me désigna. Je sautai sur
mes pieds et enfilai: *The Thane of Glamis! The Thane of Cawdor!*

205 Que je connusse ces salutations bizarres eut l'air de rendre l'inspecteur si
heureux que c'était à n'y rien comprendre. Apparemment il se sentait chez
nous en territoire ennemi et peut-être avait-il aussi peur de nos réactions que
nous des siennes. Il me demanda si je connaissais quelque passage de la
pièce. Je ne perdis pas une minute, imprimai sur mon visage le masque de la
210 tragédie et me lançai **à fond de train**: *Is this a dagger...*

Le plus curieux est que, bien des années plus tard, quand j'assistai, à
Londres, à ma première représentation de *Macbeth*, je découvris n'avoir pas été
trop mauvaise moi-même, **naguère**, en Macbeth, par le ton, l'allure, bref par
tout sauf par l'accent qui était celui de la rue Deschambault et devait y être
215 d'un effet éminemment comique.

Notre inspecteur ne riait pourtant pas. Il paraissait ému. Comprenait-il
quelque chose à cette scène aussi étrange pour le moins que celle des sorcières
sur la lande? Avait-il quelque sentiment de ce que c'était que d'être une petite
Canadienne française en ce temps-là au Manitoba, et éprouva-t-il, à cette
220 heure, de la compassion pour nous et même peut-être une secrète admiration?

—Why do you love Shakespeare so, young lady? me demanda-t-il.

La *young lady*, ainsi dénommée pour la première fois de sa vie, en éprouva
un éblouissement. Elle répondit à tout hasard, ayant dû entendre cela
quelque part:

225 —Because he is the greatest.

—And why is he the greatest?

Là je fus un peu **embêtée** et cherchai avant de risquer:

—Because he knows all about the human soul.

Cette réponse parut lui faire mille fois plus plaisir encore que ma bonne
230 réponse à propos des sorcières. Il me considéra avec une amitié touchante.
C'était la première fois que je découvrais à quel point nos adversaires anglophones peuvent nous chérir, quand nous jouons le jeu et nous montrons de
bons enfants dociles.

—Are there any other English poets that you favour? me demanda-t-il.

235 Je connaissais par cœur *The Ancient Mariner*[12] qu'une vieille sœur tout ena-
mourée de belles allitérations m'avait fait aimer l'année précédente, en nous
citant, la voix et le regard empreints de rêve:

—*We were the first that ever burst into that silent sea...*

Je lui récitai la vieille ballade comme il ne l'avait sûrement jamais enten-
240 due auparavant et ne l'entendrait jamais plus, en me balançant au rythme des
vers, rêvant au voilier perdu dans la mer des Sargasses.

L'inspecteur avait apparemment perdu de vue que nous étions trente-cinq
élèves dans cette classe, dont trente-quatre muettes comme des carpes.

m'agitais
par nécessité

sans hésiter

autrefois

perplexe

---

12 *The Rime of the Ancient Mariner:* ouvrage célèbre du poète anglais Samuel Taylor
Coleridge (1797)

Quand il prit congé de la classe, accompagné par notre maîtresse à qui il donnait des «Madame…, dear Madame…» tout en la félicitant chaleureusement, je me disais: «Tantôt j'aurai ma petite part de compliments… La sœur doit être contente.» 245

A la porte, l'inspecteur redoubla de politesses. Notre maîtresse rayonnait. Je crus saisir quelques mots qui pouvaient me concerner: «…brilliant young lady… will go far…» 250

Ah, pour aller loin, j'y étais bien décidée. Mais où était le loin?

platform
bumped (against)

Enfin notre maîtresse vint reprendre sa place derrière son pupitre en haut de l'**estrade** surélevée de deux marches contre lesquelles, au cours de mes années scolaires, j'ai tant de fois **buté**. Son visage gardait une trace de triomphe. Parce que nous avions bien eu l'inspecteur? Ou forte de l'illusion qu'elle 255 était devenue une excellente maîtresse de littérature anglaise? Qui aurait pu le savoir? Je m'approchai, un peu trop avide de connaître les paroles qui avaient été échangées à la porte à mon sujet.

—Ma sœur, l'inspecteur a été content de moi?

regarda attentivement

Elle me **dévisagea**, soudain toute désapprobation. Le monstre orgueil 260 était bien ce que nos maîtresses traquaient le plus en nous, alors cependant qu'elles nous rappelaient[13] sans cesse d'avoir, comme Canadiennes françaises, à relever la tête, à la tenir haute—quand donc alors fallait-il l'abaisser?

se modéra
comme un

Elle **se radoucit** cependant, fière malgré tout de moi, le mal étant de le laisser paraître. Elle me jeta simplement, **en guise de** reproche presque 265 affectueux—et ainsi fut la première à reconnaître ma destination future, quoique sans y croire encore plus que moi-même:

—Romancière, va!

Questions

1. Pourquoi Gabrielle a-t-elle continué à se livrer à l'étude? Pourquoi s'est-elle demandé plus tard si elle n'avait pas acquis une habitude en partie mauvaise?

2. Pourquoi Gabrielle ne pratiquait-elle presque pas de sport?

3. Que faisait parfois la mère de Gabrielle pour obliger sa fille à se coucher à une heure raisonnable?

4. Gabrielle a rapporté beaucoup de médailles, que sa mère conservait dans un tiroir. Qu'est-ce que Gabrielle soupçonne sa mère d'avoir souvent fait?

5. Pourquoi Gabrielle n'a-t-elle coûté presque rien à ses parents à la fin de ses études?

6. Au Manitoba, combien d'heures par jour la loi accordait-elle à l'enseignement du français dans les écoles? A quoi attribuer le fait que les élèves parlaient pourtant bien le francais?

7. Que faisait le «Department of Education» pour faire respecter la loi? Quel est ce «danger» auquel Gabrielle fait allusion? (l. 103)

8. Pour passer leurs examens et obtenir leurs diplômes, à quel programme fallait-il que les élèves se conforment?

---

[13] **alors cependant qu'elles nous rappelaient:** tout en nous rappelant

9. Pour quelle raison Gabrielle a-t-elle pris un vif intérêt à la littérature anglaise? Quel auteur français a-t-elle lu avec enthousiasme?

10. Pourquoi Gabrielle s'est-elle passionnée pour Shakespeare, malgré sa difficulté? Quel a été l'effet sur elle de la représentation du *Marchand de Venise* à laquelle elle a assisté?

11. Pourquoi la maîtresse de littérature voulait-elle que les élèves apprennent des «bouts» de *Macbeth* par cœur? (ll. 177–178) Quel «bout» Gabrielle a-t-elle appris? Décrivez la réaction de la maîtresse.

12. A quelle question posée par l'inspecteur Gabrielle savait-elle répondre? Qu'est-ce qu'elle a récité après? Qu'est-ce que Gabrielle a dit qui a fait plaisir à l'inspecteur? Quelle «leçon» a-t-elle apprise grâce à cette rencontre?

13. L'inspecteur a pris congé de la classe. Pourquoi Gabrielle voulait-elle savoir ce qu'il a dit à la porte à la maîtresse de littérature?

14. Expliquez le passage et la question (l. 251): «Ah, pour aller loin, j'y étais bien décidée. Mais où était le loin?»

15. En quoi consiste la justesse de la remarque de la maîtresse à la fin de l'histoire?

Complétez les phrases suivantes (oralement ou par écrit)

1. Avant d'entrer en étude, Gabrielle avait tergiversé, ce qui veut dire qu'elle… (l. 2)

2. Selon Gabrielle, c'était enivrant d'être la première et aussi de… (l. 28)

3. Avant d'obtenir une raquette de tennis et une bicyclette, Gabrielle a dû… (l. 38)

4. La médaille la plus convoitée de toutes était… (l. 56)

5. La seule récompense scolaire reçue par sa mère avait été… (l. 62)

6. Le français à l'école n'était pas une arme pour la vie quotidienne, mais plutôt… (l. 116)

7. Les manuels de littérature française ne faisaient pas connaître aux élèves… (l. 132)

8. La langue du *Marchand de Venise* était «au-delà des langues» c'est'à-dire… (l. 163)

9. Gabrielle a rendu l'inspecteur très heureux quand elle… (ll. 216–233)

10. La désapprobation de la maîtresse était fondée sur… (ll. 260–263)

▦ EXPRESSIONS A ETUDIER ▦

1. **n'en pouvoir plus**

   Bientôt **elle n'en pourrait plus** si elle n'était pas épaulée par quelque encouragement. (l. 4)
   She would soon be unable to go on if she weren't sustained by some encouragement.

J'ai récité tout le premier acte de *Macbeth* en classe. **Je n'en peux plus!**
Yvette et Didier? Ils sont là-bas, sur la terrasse. **Ils n'en peuvent plus**, car ils ont fait 30 kilomètres de route à pied.
Hier, je me suis couché de bonne heure, **je n'en pouvais plus**.

2. **faute de**

Faute de pentes dans nos parages, je me fis skieuse de fond. (l. 41)
For lack of slopes in our area, I became a cross-country skier.

Faute de nous faire comprendre la pièce, elle nous suppliait d'en apprendre des bouts par cœur. (ll. 175–176)
Because she was unable to make us understand the play, she begged us to learn bits of it by heart.

Et le combat cessa **faute de** combattants. (Pierre Corneille)
Faute de mieux, ils décidèrent d'aller faire du patin.
Le prisonnier a été mis en liberté, **faute de** preuves.

3. **à l'improviste**

Si quelqu'un du School Board surgissait **à l'improviste**, on faisait disparaître nos manuels. (l. 104)
If someone from the School Board appeared without warning (unexpectedly), we hid our textbooks.

Adrienne et moi sommes arrivés chez ma cousine **à l'improviste**.
Moi qui ai horreur des formalitiés, j'ai dû faire un discours **à l'improviste** après le dessert!
Napoléon avait le génie d'attaquer ses adversaires **à l'improviste**.

4. **en être (à)**

Nous en étions alors **à** Macbeth. (l. 175)
We were dealing with (had reached, were at) Macbeth at the time.

Je suis si fatigué que je ne sais plus **où j'en suis**.
Où en êtes-vous dan vos recherches, cher ami? —Je les ai achevées ce matin. Enfin!
J'ai tellement de choses à faire avant demain que **j'en suis à** me demander si j'aurai le temps de finir!

5. **n'en pas revenir**

La sœur **n'en revenait pas** de la passion de Gabrielle pour Shakespeare. (l. 184)
The sister couldn't get over Gabrielle's passion for Shakespeare.

Elle **n'en revient pas** d'avoir réussi à tous ses examens.
Oui, Roger et Laure se sont fiancés le mois dernier. Je **n'en suis pas** encore **revenu(e)**.
Tiens, vous voilà déjà? **Je n'en reviens pas**.

Répondez

n'en pouvoir plus

1. Après avoir fourni un effort considérable (après avoir fait l'ascension d'une montagne ou fait du ski de fond, par exemple), dites comment vous vous sentez.

2. Dites dans quelles circonstances vous n'en pouvez plus.

3. Dites au professeur ou à un(e) camarade qu'après toutes ces questions vous n'en pourrez plus.

faute de

4. Faute d'avoir étudié, peut-on réussir à ses examens?

5. Faute de neige, fait-on du ski?

6. Faute d'essence, peut-on rouler en voiture? Sinon, comment se déplacer?

à l'improviste

7. Est-ce que vous aimez faire les choses (prendre des décisions) à l'improviste?

8. Qu'est-ce que vous pensez des gens qui vous rendent visite à l'improviste?

9. Est-ce que vos professeurs vous interrogent souvent à l'improviste? Est-ce qu'ils administrent des tests à l'improviste?

en être (à)

10. Où en êtes-vous dans vos études?

11. Où en sommes-nous dans nos lectures de *Panaché littéraire*?

12. Dites qu'hier vous ne saviez pas où vous en… parce que…

n'en pas revenir

13. Que dit-on quand on est surpris?

14. Dites que vous n'en revenez pas quand vous répondez correctement aux questions qu'on vous pose en français. Et vos camarades? Et le professeur?

15. Racontez une situation dans le passé où vous n'en reveniez pas.

Faites le choix le plus conforme au texte

1. Une des raisons principales pour lesquelles la jeune Gabrielle étudie avec beaucoup d'application, c'est pour…
   a. devenir romancière
   b. faire plaisir à sa mère
   c. obtenir une médaille
   d. être fière d'elle-même

2. Gabrielle a commencé à pratiquer des sports…
   a. pendant son enfance
   b. à 15 ans
   c. vers sa vingtième année
   d. beaucoup plus tard

3. A la fin de ses études, l'instruction de Gabrielle n'a presque rien coûté à ses parents...
   a. parce que l'enseignement était devenu gratuit
   b. parce que Gabrielle avait reçu une bourse de l'état
   c. à cause des prix qu'elle avait reçus pour ses succès scolaires
   d. à cause de la générosité des bonnes sœurs

4. Si Gabrielle parlait français aussi bien qu'on le parle au Quebéc, c'est surtout...
   a. parce qu'elle étudiait et lisait beaucoup
   b. à cause des efforts extraordinaires de ses maîtresses d'école
   c. à cause de ses visites fréquentes au Québec
   d. parce que son milieu était majoritairement de langue française

5. Les élèves de l'école de Gabrielle ont bien appris le français parce...
   a. qu'il s'agissait de défendre leur identité culturelle
   b. que tous les cours se faisaient en français
   c. qu'il fallait se conformer au programme
   d. que leurs parents les ont obligés à le faire

6. La littérature anglaise a tant intéressé la jeune fille parce que...
   a. c'était la seule littérature qu'elle connaissait
   b. la littérature française n'a personne de comparable à Shakespeare
   c. elle savait qu'elle pouvait impressionner l'inspecteur
   d. les textes et auteurs anglais qu'elle lisait étaient bien supérieurs aux français

7. L'inspecteur se sentait en territoire ennemi parce que...
   a. c'était une école de jeunes filles
   b. la plupart des élèves restaient silencieuses
   c. c'était un milieu majoritairement de langue française
   d. l'école était tenue par des religieuses

8. A travers cette relation de souvenirs, tous les sentiments suivants sont implicites dans l'attitude de la narratrice envers la jeune Gabrielle, SAUF...
   a. une désapprobation nette
   b. une indulgence amusée
   c. une certaine fierté
   d. une lucidité sans illusions

Sujets de discussion ou de composition

1. Commentez la situation de la narratrice en tant que jeune Canadienne française dans un milieu anglophone vers le début de ce siècle. Pourquoi la majorité anglaise est-elle désignée «nos adversaires anglophones»?

2. Imaginez-vous élève ou étudiant(e) dans un pays à majorité francophone. Quels problèmes, quels efforts d'adaptation se posent pour vous? Qu'est-ce que vous faites pour préserver votre identité culturelle?

3. Dans quelle mesure faut-il préserver son identité culturelle?

4. Il y a deux perspectives temporelles dan ce texte: celle de la jeune Gabrielle et celle de la femme mûre qui raconte ses souvenirs d'enfance. Trouvez les passages où Gabrielle Roy devenue écrivaine (comme on dit couramment au Canada) livre ses observations sur l'écolière qu'elle a été. Comment représente-t-elle la jeune fille? Porte-t-elle un jugement implicite sur celle-ci?

5. Le Canada français a subi des transformations profondes et même radicales depuis le début du vingtième siècle—surtout depuis la Seconde Guerre mondiale. Faites quelques recherches sur l'histoire récente du Canada français. Quelles différences y a-t-il dans la situation du Canada français dans la première moitié de ce siècle et maintenant?

6. Racontez le souvenir d'un succès, d'une déception ou d'un échec que vous avez personnellement connu à l'école. Comment votre point de vue sur cet épisode a-t-il évolué depuis?

7. Y a-t-il un auteur (ou une œuvre) qui vous emballe? Expliquez pourquoi.

⦂⬛ Antonine Maillet ⬛⦂

*Née en 1929 dans le Nouveau-Brunswick, province maritime canadienne faisant partie de l'ancienne Acadie, Antonine Maillet a enseigné la littérature et le folklore à l'université Laval de Québec. Son domaine littéraire particulier, c'est l'Acadie et son peuple, petite minorité francophone dispersée sur la côte et entourée d'une vaste contrée anglophone et forestière. La première écrivaine acadienne de renommée internationale, Maillet excelle à peindre les mœurs rustiques et le langage savoureux des gens de son pays, tous fortement individualisés. Ses écrits sont empreints d'un humour et d'une verve qui rappellent un auteur à qui Maillet a consacré une étude au début de sa carrière—Rabelais. Ses œuvres les plus réussies sont La Sagouine (1971), monologues d'une vieille **laveuse de planchers** «qui voit le monde se refléter dans son **seau**», Don L'**Orignal** (1972), et Pélagie la Charrette, qui reçut le Prix Goncourt en 1979. «L'Ecole» est extrait d'une collection de textes intitulée Par-derrière chez mon père (1972).*

charwoman
pail / moose

ORIENTATION Antonine Maillet's description of her elementary school days in New Brunswick differs from Gabrielle Roy's recollection of her experiences as a slightly older schoolgirl. Maillet generally refrains from singling herself out, or individualizing herself in some special way. Instead, she gives a sometimes humorous broad overview of her early educational experience, and a mostly collective characterization of herself and the other pupils in her class. As you read, note and evaluate Maillet's use of the pronoun *nous*. Try also to identify the important ways in which the children beat the educational system.

Mots apparentés / faux amis

Donnez l'équivalent anglais du mot français. S'il s'agit d'un faux ami(*), donnez aussi l'équivalent français du faux ami anglais.

atteindre (l. 1)	_____
redoutable (ll. 6–7)	_____
inconscient (l. 11)	_____
plonger (l. 29)	_____
sauver (l. 48)	_____
consentir à (l. 51)	_____
expédier (l. 86)	_____
*achever (l. 5)	_____
_____	*to achieve*
*qualifier (l. 18)	_____
_____	*to qualify (for a job)*
*rater (l. 17)	_____

*lecture (l. 21)	to rate
	lecture
*taper (l. 54)	
	to tape, put on tape
*prétendre (l. 120)	
	to pretend

■■■■■■■■■■■■
•••••••••••••••••••

L'Ecole

⬚ Avant d'atteindre dix ans, j'avais déjà attrapé toutes les maladies infantiles: la coqueluche, la picote, la scarlatine, la rougeole, la roséole, la rubéole, et les oreillons des deux bords:[1] toutes les maladies contagieuses qui **balayent** un village à tous les deux ou trois ans. Je n'en laissais passer *sweep through*
5 aucune: j'achevais de **disquamer** de la scarlatine que déjà je sentais la |desquamer| *shed skin flakes / itching*
démangeaison de la picote. J'étais devenue à moi toute seule une redoutable épidémie. Vous dire que je suis **dorénavant** immunisée! *dès maintenant*
Immunisée contre les virus, microbes, contagions, peste, affections, mais surtout contre la cause, la seule vraie cause des maladies infantiles: l'école.

Qu'est-ce que l'auteur avait déjà attrapé avant d'atteindre dix ans?

Selon l'auteur, quelle est la seule vraie cause des maladies infantiles?

10 Ce n'était pas calculé, pas même voulu, **enfin**, pas à ce point-là. C'était *en tout cas*
un simple réflexe de défense, inconscient mais sûr. La grippe, la coqueluche, la rougeole étaient nos seuls alibis, à nous. Et n'importe quel enfant de ma génération—du moins les plus avisés—considérait que huit jours de fièvre et quinze de démangeaison n'étaient pas un prix exorbitant
15 pour un mois de congé. Et c'est ainsi que de grippe en coqueluche, la classe finissait par accumuler assez de jours libres pour s'organiser une vie parascolaire intéressante et pour **rater** royalement son année. C'est *ne pas réussir*
l'époque de la vie qu'on qualifie plus tard «d'années d'innocence», «d'âge pur», ou «d'éveil de l'intelligence».

Quel est ce «simple réflexe de défense» dont parle l'auteur?

Pourquoi est-ce que les enfants les plus avisés de sa génération n'étaient pas mécontents de souffrir huit jours de fièvre et quinze jours de démangeaison?

Expliquez l'ironie de la dernière phrase de ce paragraphe.

20 Personnellement, je ne me rappelle pas avoir tant dormi ou rêvé dans ma vie que durant les deux heures quotidiennes de lecture à haute voix où, appuyée contre le mur en rang d'oignons avec quarante-cinq petits

---

[1] **coqueluche... des deux bords:** *whooping cough, chicken pox, scarlet fever, measles, roseola, German measles, and double-barreled mumps*

morveux de mon espèce, j'ânonnais[2] les cinq voyelles et les vingt con-
sonnes de notre alphabet, dans de savantes combinaisons comme seul
aurait pu en inventer le diable ou une institutrice de trente ans d'expérience. Bien sûr que nous faisions autre chose que de la lecture dans notre
école: nous écoutions aussi lire les autres. Parce qu'après la revue collective, venait la particulière. Et alors, le dos de plus en plus enfoncé dans le
mur, je voyais les têtes l'une après l'autre plonger dans l'**abécédaire** et
j'attendais mon tour au prochain «suivant!» Chaque élève de ma classe a
dû garder de son enfance comme moi le souvenir d'une double identité:
Tonine-Suivant... Plus indélébile qu'une **tache de naissance**.

Je me souviens avec à peu près les mêmes délices de l'heure de l'arithmétique. Vous groupez des chiffres, les accompagnez d'une croix, et cela
s'appelle une addition; les mêmes chiffres flanqués d'un bâton couché[3]
s'appellent une soustraction; si la croix est **de travers** comme celle de
Saint-André, c'est une multiplication; et les chiffres en boîte vous donnent
une division. Et c'est ainsi qu'avec des croix debout, couchées ou renver-
sées, nous arrivions à tout calculer dans la vie: nous savions que M. Smith
possédait trois cent dix mille neuf cent trente-six-point-quatre sapins sur
sa terre à bois, et que M. Jones gardait enfermés dans son parc deux cent
treize moutons et un tiers. Mais quand, curieux de sapins et de moutons,
nous cherchions à en savoir **plus long** sur MM. Smith et Jones, nous
voyions sitôt ces Messieurs se transfigurer en x, y, z... des abstractions
comme tous les chiffres. Dégoûtée, **je me rabattais** sur Le Chat botté et Le
Petit Chaperon rouge[4], plus réels que les sapins de M. Smith.

Les contes, les légendes, ou les histoires merveilleuses de la comtesse
de Ségur.[5] Brave comtesse! Si elle savait combien d'enfants elle a sauvés
de la dépression ou de la crise d'épilepsie. Car pour s'arracher à l'ennui, la
moitié de la classe était prête à se livrer à l'une ou l'autre de ces
extrémités. Et à la leçon d'écriture, j'aurais consenti aux deux à la fois.
C'était devenu une psychose: je ne pouvais plus distinguer un n d'un m, ni
un u d'un w. Je ne savais absolument plus où m'arrêter dans ces multiples
petites **buttes**. Et plus je me faisais taper sur les doigts, plus je m'affolais.
Je me souviens avoir eu les doigts tout rouges pour avoir fait une femme à
huit bosses[6]. Heureusement que j'avais la comtesse de Ségur.

Elle appartenait en fait à la classe dite de lecture silencieuse du vendredi
après-midi. Mais comme la maîtresse avait au-delà de quarante élèves et
enseignait à trois groupes à la fois, elle fermait les yeux sur nos petits **larcins**
de lecture silencieuse en classe d'écriture ou d'arithmétique. Tout ce qui se
rapprochait du silencieux avait de grandes chances de trouver auprès d'elle
beaucoup de complicité. A tel point que nous avions fini par organiser un

---

[2] **appuyée... j'ânonnais:** *my back to the wall single file with forty-five other brats, I would
drone through*
[3] **flanqués d'un bâton couché:** *with a dash alongside*
[4] ***Le Chat botté et Le Petit Chaperon rouge:*** *Puss-in-Boots and Little Red Riding Hood*
[5] Comtesse de Ségur (1799–1874): auteur de livres pour la jeunesse
[6] **une femme à huit bosses:** *The narrator is writing the 2 m's of "femme" in longhand
with 4 humps or arcs instead of the usual 3.*

spelling book

birthmark

askew, crosswise

davantage

I fell back

petites protubérances

thefts

véritable réseau bancaire qui se jouait en silence sous les pupitres avec une monnaie en bouchons de bouteilles et en faux billets: jeu qui eut le mérite de
65 nous enseigner, pendant les heures volées à la lecture, plus de calcul et d'arithmétique que tous les sapins et les moutons de MM. Smith et Jones réunis.

Mais le plus mauvais moment à passer, c'était le cours de **dessin**. *drawing*

—**Chanceuse**, que disait ma mère, cet après-midi tu t'en vas à l'école *Tu as de la chance*
pour dessiner. Moi, à la classe de dessin…
70 Oui, ma mère semblait avoir gardé de ses leçons de dessin un souvenir
qui me faisait rager. Elle nous montrait les **écureuils** et les maisons qu'elle *squirrels*
avait dessinés dans son temps. Pauvre mère! ou pauvres nous! les temps
avaient changé. Car dans le mien, on ne s'amusait plus avec de jolies
maisons ou de **mignons** écureuils: le dessin était désormais matière à exa- *cute*
75 men et c'était sérieux. On faisait des boîtes. Vous savez des boîtes selon
les lois de la perspective: un carré parfait, un point parfait, chaque coin du
carré rejoint parfaitement le point, et vous avez un dessin parfait. Quel
enchantement! On ne dessinait plus au crayon ou à la plume, mais à la
règle et au compas. Le compas c'était pour le chat. Car il nous fallait faire *ruler*
80 aussi un chat parfait. Au compas. Un grand cercle pour le corps, un petit
cercle pour la tête, et deux cercles minuscules pour les yeux. Et malheur au
chat qui se serait avisé de montrer les moustaches ou la queue. L'heure
n'était pas à l'imagination à la classe de dessin. Et pour s'en assurer, la *ne favorisait pas*
maîtresse nous faisait retracer sur du papier transparent d'impersonnels
85 écureuils tout dessinés d'avance. Il ne restait qu'une issue à notre imagination **emboîtée**: d'expédier à toute vitesse nos boîtes et nos cercles parfaits, *boxed-in*
puis de nous aventurer **en cachette** dans la caricature de la maîtresse. *furtivement*

Ce n'est pas juste de dire que l'école ne laissait aucune liberté à
l'imagination. Car il restait la leçon de composition. Et la composition
90 consistait en l'invention pure et simple d'une chose qu'on n'avait jamais
vue ni vécue. N'importe quoi: de la description d'un chameau à notre
première rencontre avec un lion en jungle africaine. Si seulement on
nous avait permis de décrire une poule ou d'avoir eu peur d'un porc-épic!
Mais il fallait être Congolais ou Turc pour réussir une composition chez
95 nous. Pauvre Maria Chapdelaine[7] qui se contentait de cueillir des bleuets
à la Sainte-Anne[8] et de **faire de la tire** à la Sainte-Catherine! Ça se voy- *making maple syrup*
ait que Louis Hémon n'était pas passé par notre cours de rédaction.

Un jour pourtant, j'ai cru que tout allait changer. Et je ne parle pas du jour
où le feu a pris dans l'école. Non, c'était un jour ordinaire, pas même la fête
100 des arbres, ni la **mi-carême**. Un jour ordinaire, mais qui a failli me récon- *mid-Lent*
cilier avec l'instruction. La maîtresse était peut-être **surmenée**, ce jour-là, ou *très fatiguée*
avait dû oublier son devoir un court instant. Oh! pas longtemps, juste le
temps de nous laisser entrevoir ce qu'aurait pu être l'école si elle avait oublié
son devoir plus souvent. C'était pendant la classe d'histoire et je devais avoir
105 neuf ou dix ans. Elle était en train de nous faire répéter les noms et les dates

---

7 **Maria Chapdelaine:** personnage d'un célèbre roman canadien français du même nom, écrit par Louis Hémon (1916)

8 **à la Sainte-Anne, à la Sainte-Catherine:** le jour de la fête de Sainte Anne (26 juillet), de Sainte Catherine (25 novembre)

de l'Histoire des autres… 1066… 1763… Bigot… Montcalm… Sir John MacDonald… puis soudain 1755… Evangéline… Grand-Pré…[9] et le manuel lui est tombé des mains. Et là, sans livre, ni règle, ni craie, mais seule face à ses quarante élèves **échevelés** mais avides, elle a oublié son devoir et s'est mise à nous raconter l'histoire, l'histoire de nos ancêtres comme si c'était la nôtre, comme si c'était une histoire vraie, aussi vraie que *Le Chat botté* ou *La Belle au Bois Dormant*. Ce jour-là elle enseignait comme on raconte une histoire. Et tous les enfants ont quitté leur banque, leurs dessins et leur comtesse de Ségur, et se sont mis volontairement, librement à écouter la merveilleuse aventure du Grand Dérangement.[10] Je suis revenue enchantée de l'école pour la première fois. Mais le lendemain, après une bonne nuit de sommeil, la maîtresse avait retrouvé son sens du devoir et nous ramenait aux moutons de M. Smith.

Pourtant, je ne voudrais pas **médire** de mes premières années d'école; je n'oserais prétendre qu'elles n'ont servi à rien. Car **à force de jouer** à la banque sous les pupitres, de s'écrire des billets en cachette, de faire au crayon de plomb la caricature de la maîtresse, et de lire la comtesse de Ségur et *Alice au Pays des Merveilles* à l'heure du calcul, nous finissions par apprendre à lire, à écrire, à dessiner, à calculer, et par nous instruire **à notre insu**. Et l'année suivante, nous étions promus.

Et aujourd'hui, ma génération peut en raconter à la suivante sur bien des points: à huit ans, je savais fabriquer une **fronde** qui ne casse pas; construire une cabane dans les arbres; pêcher des **têtards** sans mouiller mes chaussures; faire de la lecture pendant le calcul; faire du calcul pendant la lecture; et bâtir des châteaux en Espagne tout le reste du temps. J'avais en plus **encaissé** assez d'heures d'ennui pendant les récitations collectives pour en avoir reçu mon quota et gardé l'assurance que plus jamais je ne m'ennuierais dans la vie.

…Sans compter que tout le monde n'est pas, comme moi, immunisé **à jamais** contre la coqueluche, la picote, la scarlatine, la rougeole, la roséole, la rubéole, et les oreillons des deux bords.

Antonine Maillet, tiré de *Par derrière chez mon père*, Leméac, 1972.

---

[9] **1066… Grand-Pré:** 1066: date de la bataille de Hastings marquant la conquête de l'Angleterre par les Normands. 1763: date du Traité de Paris marquant la cession à l'Angleterre de la Nouvelle-France (correspondant aux provinces actuelles d'Ontario, de Québec, et aux provinces maritimes) par la France. François Bigot, dernier intendant de la Nouvelle-France, causa des difficultés à Montcalm lors de la guerre contre les Anglais (1756–1759). Montcalm: général français, défenseur de la Nouvelle-France contre les Anglais à la bataille de Québec, qu'il perdit (1759). Sir John A. McDonald: un des fondateurs du Dominion du Canada, créé en 1867 et dont il fut premier ministre pendant 19 ans. 1755: début des affrontements entre Anglais et Français en Nouvelle-France (*French and Indian Wars*). Evangéline: héroïne du poème de ce nom par Longfellow (1847) qui relate l'exode des Acadiens expulsés par les Anglais. Grand-Pré: nom du village acadien où le mariage d'Evangéline avec son fiancé est empêché par l'exil forcé des Acadiens.

[10] **Grand Dérangement:** exode des Acadiens expulsés par les Anglais vers les colonies américaines du sud en 1755, puis de nouveau en 1758

Margin glosses:
- agités, désordonnés
- dire du mal
- *by repeatedly playing*
- sans en être conscients
- *slingshot*
- *tadpoles*
- accumulé
- pour toujours

Questions

1. A l'école, quand est-ce que Maillet dormait ou rêvait le plus? Pourquoi?
2. Pourquoi est-ce que chaque élève de sa classe a dû garder de son enfance le souvenir d'une double identité?
3. Comment les élèves ont-ils appris à calculer? Pourquoi est-ce que Maillet a fini par être dégoûtée par l'arithmétique? Comment expliquez-vous qu'elle trouvait *Le Chat botté* et *Le Petit Chaperon rouge* plus «réels» que les sapins de M. Smith?
4. Maillet écrit que la comtesse de Ségur a sauvé des enfants de la dépression ou de la crise d'épilepsie? Est-ce que des enfants ont été réellement atteints de dépression ou d'épilepsie? Expliquez la pensée de Maillet ici.
5. Quelles difficultés est-ce que l'auteur rencontrait à la leçon d'écriture? Pourquoi se faisait-elle taper sur les doigts?
6. Quels sont les petits larcins de lecture silencieuse dont parle l'auteur? (ll. 59–60) Pourquoi est-ce que la maîtresse les supportait?
7. Expliquez comment le «réseau bancaire» (l. 63) qui se jouait sous les pupitres enseignait aux élèves plus de calcul et d'arithmétique que les leçons d'arithmétique.
8. Pourquoi est-ce que la classe de dessin déplaisait à l'auteur? Quelle était la fonction du compas dans cette classe? Que faisaient les enfants en cachette? Pourquoi est-ce que sa mère a eu plus de chance dans son temps?
9. Dans quel domaine est-ce que l'école laissait de la liberté à l'imagination? Est-ce que Maillet était contente de cette «liberté»? Pourquoi dit-elle qu'il fallait être Congolais ou Turc pour réussir une composition?
10. Qu'est-il arrivé un jour pendant la classe d'histoire? Pourquoi est-ce que Maillet est revenue enchantée de l'école pour la première fois? Pourquoi est-ce que cette situation n'a pas duré?
11. A quoi est-ce que ces premières années d'école ont servi? Qu'est-ce que la génération de Maillet peut en raconter à la suivante?

Complétez les phrases suivantes (oralement ou par écrit)

1. Maillet était devenue toute seule une redoutable épidémie parce que… (ll. 6–7)
2. En classe, après avoir écouté lire les autres, les élèves… (l. 27)
3. Quand les élèves cherchaient à en savoir plus long sur M. Smith et M. Jones, ils n'y arrivaient pas parce que… (l. 43)
4. La leçon d'écriture était devenue une «psychose» pour Maillet parce que… (l. 52)
5. A l'école les élèves ne dessinaient plus au crayon ou à la plume, mais… (l. 78)

6. Maillet aurait mieux aimé décrire… que de faire la description d'un chameau. (l. 93)

7. Maillet ne voudrait pas médire ses premières années d'école parce que… (ll. 119–120)

8. A huit ans Maillet savait… (l. 127)

9. Parce qu'elle s'était ennuyée pendant les récitations collectives, Maillet a gardé l'assurance que plus jamais elle… (ll. 132–133)

⠿⠿ EXPRESSIONS A ETUDIER ⠿⠿

1. **enfin**

   Ce n'était pas calculé, pas même voulu, **enfin**, pas à ce point-là. (l. 10)
   It wasn't planned, not even intended, well (at least) not to that extent.

   Entre l'école et une maladie contagieuse, Antonine préfère la maladie, **enfin**, presque.
   Nous n'avons plus d'argent, **enfin**, il n'en reste que très peu.
   Mon père est un géant—**enfin**, il est très grand, quoi.

2. **finir par** + inf.

   La classe **finissait par** accumuler assez de jours libres pour s'organiser une vie parascolaire intéressante. (ll. 15–16)
   The class ended up accumulating enough free days to organize an interesting out-of-school life for itself.

   Nous **avions fini par** organiser un réseau bancaire qui se jouait en silence sous les pupitres. (ll. 62–63)
   We had eventually managed to organize a network of banking transactions that we played noiselessly under our desks.

   Nous **finissions par** apprendre à lire, à écrire, à dessiner, à calculer, et **par** nous instruire. (ll. 123–124)
   We eventually learned to read, write, draw, count and (eventually) acquired knowledge.

   Après six jours de maladie et de convalescence, **j'ai fini par** retourner à l'école.
   En écoutant, en réfléchissant, avec un peu de bonne volonté, **on finit** généralement **par** comprendre.
   Patience, **tu vas finir par** obtenir ce que tu veux.

3. **de plus en plus** + adj. / adv. / + **de** + nom

   Le dos **de plus en plus** enfoncé dans le mur, je voyais les têtes plonger dans l'abécédaire. (ll. 28–29)
   With my back more and more sunk into the wall, I would see heads looking down at the spelling book.

Il fait **de plus en plus** chaud, et j'ai **de plus en plus** soif!
Il y avait **de plus en plus de** choses à apprendre, et moi j'étais **de plus en plus** malade.

4. **à peu près**

Je me souviens avec **à peu près** les mêmes délices de l'heure de l'arithmétique. (ll. 33–34)
I remember with about (approximately) the same delight the hour devoted to arithmetic.

Aujourd'hui il a fait **à peu près** le même temps qu'hier. Voilà **à peu près** un mois que ça dure.
Les prix dans ces deux magasins sont **à peu près** pareils.
Cette ville a une population d'**à peu près** soixante mille.

5. **de travers**

Si la croix est **de travers** comme celle de Saint-André, c'est une multiplication. (ll. 36–37)
If the cross is askew like Saint-Andrew's cross, it's a multiplication.

Quand on a trop bu, on a tendance à parler **de travers.**
Depuis son accident, il a le nez **de travers.**
Madame, je n'ai pas fait le devoir qu'il fallait. —Bien sûr, tu comprends tout **de travers,** tu n'écoutes jamais en classe. C'est aussi pourquoi tu réponds **de travers** aux questions qu'on te pose!
Celui-là, il a les yeux **de travers,** on ne sait pas s'il vous regarde ou non.

6. **se contenter de** qqch. / + inf.

Pauvre Maria Chapdelaine qui **se contentait de** cueillir des bleuets à la Sainte-Anne. (ll. 95–96)
Poor Maria Chapdelaine, who was content to pick cornflowers on Saint-Anne's Day.

Il y a des gens qui **se contentent de** ce que la vie leur offre. D'autres ne **s'en contentent** jamais.
Moi, je **me contente d'**un repas par jour, ça me suffit.
Antonine ne **s'est** pas **contentée** d'attraper la coqueluche. Elle a eu toutes les maladies infantiles.

7. **à mon (ton, son,** etc.**) insu; à l'insu de** + nom

Nous finissions par nous instruire **à notre insu.** (ll. 123–125)
We eventually acquired our knowledge unwittingly (without our realizing it).

Marguerite s'est mariée **à l'insu de** ses parents.
M. et Mme Maillet croient que leur fille travaille. La vérité, c'est qu'**à leur insu**, Antonine s'ennuie en classe.

Répondez ou complétez

enfin

1. Est-ce que vous réussissez toujours à tous vos examens? —…, …
2. Dites que vous n'êtes jamais malade, jamais absent(e), toujours attentif ou attentive, …, presque.
3. Demandez à un(e) camarade s'il (si elle) parle et écrit un français impeccable.

finir par + inf.

4. Qu'est-ce que vous avez fini par faire le week-end dernier? hier soir?
5. Quelles notes avez-vous fini par obtenir le semestre dernier?
6. Dites que vous allez finir par devenir riche et célèbre, que vous allez finir par trouver le bonheur et la sagesse.

de plus en plus + adj. / adv.

7. Dites que vous êtes de plus en plus malade, surmené(e), chanceux(euse), distrait(e), etc.; …que vous apprenez de plus en plus quand…; …que M. Smith possède de plus en plus de sapins; …que M. Jones possède de plus en plus de moutons.
8. Dites au professeur qu'il est de plus en plus exigeant, que votre camarade X est de plus en plus bizarre, que la situation mondiale est de plus en plus grave, etc.

à peu près

9. Combien d'étudiants y a-t-il en classe aujourd'hui? Combien de jours reste-t-il avant le prochain jour de congé, les prochaines vacances? Depuis combien d'années étudiez-vous le français?
10. Dites qu'il est… certain que le Chat botté a vraiment existé, que la Belle au Bois Dormant se réveillera un jour, qu'Alice reviendra du Pays des Merveilles.
11. Etes-vous certain(e) que la nuit tombera ce soir? que le soleil se lèvera demain? —Oui…

de travers

12. Quand regardez-vous quelqu'un de travers? Demandez à votre professeur ou à un(e) camarade pourquoi il (elle) vous regarde de travers.
13. Est-ce que vous parlez quelquefois de travers? Est-ce que vous répondez de travers? A qui?
14. Connaissez-vous quelqu'un qui a tendance à tout faire de travers? Qui?

se contenter de qqch. / + inf.

15. Est-ce que vous vous contentez d'un seul repas par jour? de dormir 5 heures la nuit? de peu de chose en général?

16. Quand vous étiez petit(e), est-ce que vous vous contentiez de construire des cabanes dans les arbres? de pêcher des têtards? de bâtir des châteaux en Espagne?

17. Est-ce que vous vous contenteriez d'un million de dollars? d'un voyage en Acadie avec Antonine Maillet comme guide? d'un château en Espagne?

à (mon, ton, etc.) insu / à l'insu de + nom

18. Dites que vous vous instruisez à votre insu, comme Antonine. Ensuite demandez à un(e) camarade s'il (si elle) s'instruit à…

19. Racontez quelque chose que vous avez fait à l'insu de vos parents, ou qui s'est fait à votre insu, à l'insu du professeur, ou à l'insu de quelqu'un de la classe.

Faites le choix le plus conforme au texte

1. Dans la description que fait Antonine Maillet de sa vie scolaire, on remarque…
   a. une ironie amusée vis-à-vis d'elle-même
   b. une tendre sympathie pour ses camarades
   c. de la défiance envers ses parents
   d. un profond respect pour l'institutrice

2. En général, la petite «Tonine» préférait les leçons et les exercices…
   a. de nature collective
   b. ayant une certaine part d'abstraction
   c. de pure fantaisie
   d. ayant une réalité pratique

3. Ce qui caractérisait les compositions que la narratrice et ses camarades devaient écrire à l'école, c'était…
   a. l'obligation de se modeler sur *Maria Chapdelaine*
   b. l'absence presque totale de liberté d'expression
   c. la nature purement imaginaire des sujets
   d. la pratique de décrire seulement des animaux

4. Selon la narratrice, qu'est-ce que la petite Antonine a finalement appris à l'école?
   a. à s'instruire par des moyens parascolaires
   b. à jouer en cachette avec ses camarades
   c. à bâtir des châteaux en Espagne
   d. à lire des contes et à écouter des histoires

5. La petite Antonine a été immunisée avant sa dixième année contre les maladies infantiles et…
   a. l'arithmétique
   b. la lecture
   c. l'ennui
   d. l'innocence

Sujets de discussion ou de composition

1. Commentez l'instruction scolaire telle qu'elle est représentée dans ce texte.

2. Par quels moyens les enfants éludent-ils les procédures scolaires? Quelles observations peut-on en tirer?

3. Vous êtes-vous jamais ennuyé(e) en classe? Racontez.

4. Quand vous étiez plus jeune, avez-vous essayé de vous ménager des «congés» supplémentaires pour ne pas aller à l'école? Lesquels?

5. Racontez une maladie d'enfance, comment vous vous occupiez (ou non) pendant votre maladie, et l'effet qu'elle a eu sur vous.

6. Relevez tout ce qui confère à ce texte son humour et son ton—le vocabulaire, les expressions, les tournures de style, les situations.

7. Faites des recherches (dans une encyclopédie, par exemple, ou mieux encore dans L'Acadie pour quasiment rien: Guide historique, touristique et humoristique d'Acadie d'Antonine Maillet elle-même) sur l'histoire du Grand Dérangement, (l. 115), de l'Acadie et des Acadiens. Pourquoi cette histoire est-elle «une merveilleuse aventure» pour la petite Antonine? Ne peut-on pas aussi bien dire que l'histoire des Acadiens est le contraire de «merveilleuse»? Pourquoi?

:B: Philippe Labro :B:

Né en 1936, Philippe Labro a fait du journalisme et dirigé des programmes radio-phoniques. Plusieurs de ses romans ont pour cadre les Etats-Unis, où il a fait des études universitaires et qu'il a parcourus en jeune voyageur. Il a évoqué son séjour américain dans Un Américain peu tranquille (1960), dans L'Etudiant étranger (1986) — ce dernier ouvrage obtenant le prix Interallié — et dans Un Eté dans L'ouest (1988).

«Madame Blèze et le petit garçon», extrait d'un roman semi-autobiographique, Le Petit Garçon (1990), évoque un épisode de la jeunesse du narrateur. Ancien conseiller juridique et fiscal à Paris, le père du petit garçon s'est retiré avec sa famille dans le Midi de la France pour y vivre de ses **rentes**. Son expertise lui attire un cer-tain nombre de visiteurs désireux d'obtenir ses conseils confidentiels et **officieux**.

private income, savings, etc.
non officiels, privés

ORIENTATION "Madame Blèze et le petit garçon" is taken from Le Petit Garçon, Philippe Labro's fictionalized autobiography set in a small southwestern French town during World War II. In this coming-of-age story, le petit garçon, the youngest of seven children, is portrayed as suffering and then recovering from diphtheria. As he recuperates in the salon-salle à manger, he observes various people coming to visit his father, including the mysterious and alluring Madame Blèze. Note that during his illness the narrator refers to himself in the third person (as "le petit garçon" and "il") rather than in the first person. Try to explain why this change occurs.

Mots apparentés / faux amis

Donnez l'équivalent anglais du mot français. S'il s'agit d'un faux ami (*), donnez aussi l'équivalent français du faux ami anglais.

insidieux (l. 29)   _____

approprier (l. 32)   _____

savourer (l. 42)   _____

la punition (l. 48)   _____

la propension (l. 53)   _____

frêle (1. 62)   _____

rassurant (l. 71)   _____

la tournure (l. 103)   _____

volubile (l. 114)   _____

déclamer (l. 137)   _____

la tentation (l. 172)   _____

la découverte (l. 172)   _____

*filer (l. 17)   _____

	to file (papers)
	to file (metal)
*réclamer (l. 40)	
	to reclaim (land)
	to (re)claim (luggage)
*défiler (l. 187)	
	to defile
*la tourmente (l. 199)	
	torment

▪▪▪▪▪▪▪▪▪▪
••••••••••••••••••••••

Madame Blèze et le petit garçon

forcé de rester
concave

inclinés, courbés

coton

J'avais été malade, j'avais effrayé mes parents, ils m'avaient cru perdu. Une violente attaque de diphtérie m'avait **cloué** au lit, m'amenant au bord de l'asphyxie. Le corps **creusé**, parce que j'essayais de prendre le plus d'air possible, les yeux cernés d'épuisement, engourdi par la fièvre[1], j'avais momentanément perdu l'usage de la parole et il avait fallu attendre trente heures pour que se produise une réaction au sérum. J'avais vu, **penchés** sur moi, les visages de mon père et ma mère. Je les entendais comme à travers un voile épais d'**ouate**:

—Tu ne peux pas parler? Tu peux parler? Fais-nous signe que tu nous entends.

Comment le petit garçon avait-il effrayé ses parents?

De quoi avait-il momentanément perdu l'usage?

Pourquoi est-ce que ses parents s'étaient penchés sur lui?

nodded

Je tentais de répondre mais je ne pouvais produire aucun son, alors je **hochais** la tête pour qu'ils enregistrent que je recevais leurs questions, mais de très loin. Le thorax bouillant, les poumons resserrés, les côtes comprimées, les yeux qui brûlaient et que je ne pouvais garder ouverts, je me sentais partir, puis revenir, puis repartir, et l'appel de la mort vint ainsi très tôt résonner dans les parois de mon corps.

Pourquoi le petit garçon hochait-il la tête?

Comment se sentait-il?

paw / apportant

Très tôt, la mort vint me filer un petit coup de sa **patte** despotique, **semant** un début d'anarchie dans ce qui avait été jusqu'ici l'ordre de ma jeune existence. Mourir ne me faisait pas peur. Ce que je savais de la mort, je le tenais de mes lectures et elles ne m'avaient rien appris; en général, cela se passait en

5

10

15

20

---

[1] **cernés… fièvre:** *with rings around my eyes from exhaustion, numbed by fever*

quelques mots et quelques phrases, et les romanciers terminaient le chapitre ou le livre et ils parlaient d'autre chose. Ce que je savais, c'était qu'on pleurerait beaucoup. Il y aurait des tas de gens tristes autour de moi et cela m'importait plus que la mort elle-même; au milieu de ma fièvre et de ma douleur j'y trou-
25 vais un certain plaisir: oh, comme je leur manquerais! Et comme ils **sangloteraient** devant mon corps inanimé!   pleureraient

L'anxiété de ces visages qui grossissaient en se rapprochant de moi ajoutait à ma certitude que je ne parviendrais pas à refaire surface, et plus ils m'interrogeaient, plus je sentais que des forces insidieuses me tiraient vers
30 elles et vers un sommeil que je n'avais pas voulu, une nuit dont je ne connaissais pas le rythme, une eau sans fond.

J'avais si souvent espéré m'approprier l'affection de mes parents; j'avais si fréquemment feint de **gémir** ou pleurer **à seule fin** de les ramener vers moi,   me lamenter / dans le seul objectif
les éloigner de tout ce que la Villa comptait de frères et de sœurs auxquels je
35 jugeais qu'ils accordaient trop d'attention, et voilà qu'ils m'étaient exclusivement dévoués, se relayant autour de mon lit, changeant les compresses, ayant condamné ma chambre et expédié le reste de la famille dans les étages pour éviter toute contagion. Ils étaient à moi, tous les deux, statues gigantesques courbées au-dessus des **draps** chauds, au-dessus du «petit dernier» qui leur   sheets
40 avait joué de telles comédies et **réclamé** de telles preuves d'amour qu'il s'en   voulu obtenir
était souvent rendu insupportable. Maintenant, le petit garçon souffrait trop pour savourer ces instants de communion; il était **à cent lieues** de réclamer   loin
l'accès au-devant de la scène, au premier rôle; il voyait ses parents avec un autre regard.
45 Il n'aurait voulu leur poser qu'une seule question, s'il avait réussi à mettre sa langue et ses lèvres en mouvement:

—Dites-moi pourquoi j'ai mal.

Il comprenait qu'il subissait une punition, il aurait voulu qu'on lui en donnât la raison. Et lorsque le sérum eut enfin commencé d'agir et qu'il recouvra
50 sa voix et l'usage des mots, il put dire:

—J'ai moins mal.

De ce premier rendez-vous avec la mort, il lui resterait toujours une propension à **se ramasser sur** lui-même au **moindre** vent, au premier froid;   se concentrer sur / plus minime
un infime décalage par rapport aux autres garçons de son âge; ce que les   une imperceptible différence
55 adultes appellent une «**petite nature**» mais qui, en réalité, voulait dire une   constitution délicate
nature consciente du danger et de la précarité des choses. Il avait connu cette sensation que l'on peut contempler ses parents et le monde de l'autre côté d'une vitre. Cela lui avait donné un détachement qui le rendait «intéressant» aux yeux des grandes personnes. Il le savait, et il saurait en profiter à l'avenir,
60 car il se croyait différent de ses frères et de ses camarades.

On l'installa dans une longue convalescence. Il reprenait des forces, comprenant dès lors que sa frêle condition lui donnait droit à toutes sortes de privilèges. Un après-midi qu'il était étendu sur le sofa du salon-salle à manger sous une couverture de laine **duveteuse** de couleur orange, les frères et sœurs   downy
65 n'étaient pas remontés du lycée, il entendit sa mère annoncer à son père:

—Voici de la visite. C'est Madame Blèze.

Le sofa sur lequel **je me remettais** doucement de la maladie avait été   j'étais en convalescence
disposé de façon telle que mon père, assis derrière son bureau, pouvait se

retourner et vérifier mon état d'un coup d'œil par-dessus son épaule, à travers l'ouverture de la porte à double battant habituellement close. 70

De mon côté, je voyais son dos large, rassurant, vêtu d'une veste d'intérieur en **drap** beige et je pouvais suivre, lorsque je ne **somnolais** pas, les moindres mouvements de sa nuque, le balancement de sa tête, les gestes de ses bras que j'avais bientôt suffisamment étudiés pour deviner sans voir le jeu des mains, quand il se servait de son stylo ou feuilletait un ouvrage[2], ou pianotait 75 avec ses doigts sur le meuble. Pendant de longs moments aussi, je prenais pour point fixe la courbure des branches de ses lunettes, couleur **noisette**, qui descendaient le long du pavillon de ses oreilles, entre la peau et ses cheveux fins et blancs. J'en étais arrivé à presque mieux le reconnaître de dos que de face, à pouvoir interpréter ses humeurs selon le dessin de ses omoplates sous 80 la laine[3], la **raideur** de sa colonne vertébrale, et le passage de ses doigts sur l'arrière de son crâne. Enfin, il m'était **loisible** d'observer ses visiteurs et cette situation privilégiée me permit d'enrichir le **florilège** de notre Album.[4]

Je les voyais pénétrer dans la pièce, précédant mon père qui les priait de s'asseoir après leur avoir expliqué la présence de ce petit garçon muet couché 85 face à eux, plus loin dans le salon, sous sa couverture orange. Il contournait le bureau et venait occuper son fauteuil, dissimulant parfois le visiteur à mon regard, mais j'avais appris à déplacer mon buste pour rattraper les visages perdus et suivre leurs expressions. La plupart des visiteurs parlaient à voix plus basse, comme si la présence d'un tiers, **fût-il** un enfant convalescent, 90 dérangeait leurs habitudes. Alors, je **faisais semblant** de m'endormir en fermant les yeux et la conversation reprenait bientôt un niveau sonore plus élevé. Ce qu'ils disaient m'importait moins que leurs physionomies.

Ainsi vis-je apparaître Merlussy, surnommé le Cyclope, dont l'œil droit était fermé par une sorte de **brûlure**; nous ignorions l'objet de ses visites, mais 95 la **tare** qui affectait son **faciès** et le chapeau aux bords trop larges qui recouvrait des cheveux trop longs nous faisaient deviner l'irrégulier en lui, l'homme qui a plongé dans les affaires et les ennuis.

—Alors, Monsieur Merlussy, où en sommes-nous? demandait mon père.

—C'est toujours la même chose, répondait Merlussy, toujours pareil, la 100 même **saloperie**.

Il avait une voix caverneuse, un ton **accablé**. La conversation prenait une tournure incompréhensible, j'entendais des chiffres, les mots «dettes» faisaient surface et perdaient bientôt tout intérêt. Quand Merlussy se levait, il vissait son feutre sur sa trogne inquiétante[5] et serrait la main de mon père en 105 le remerciant:

—Je vous ferai porter une ou deux **dindes**, disait-il.

—Mais non, Monsieur Merlussy, ce n'est pas la peine.

—Si, elles sont belles, vous verrez, ce sont de belles bêtes.

Et il s'en allait, déplaçant avec lui un nuage d'interrogations. 110

---

[2] **feuilletait un ouvrage:** *was thumbing through a book*

[3] **selon le dessin de ses omoplates sous la laine:** *following the outline of his shoulder blades under the wool*

[4] **notre Album:** cahier secret dans lequel le petit garçon, ses frères et ses sœurs inscrivent leurs exploits, leurs mythes, leurs inventions verbales

[5] **vissait… inquiétante:** *pulled his fedora down over his disquieting mug (face)*

(marginal glosses)
cloth / n'étais pas à moitié endormi

hazel

stiffness
possible
collection

même si c'était
feignais

burn
défaut / visage

chose répugnante
anxieux, déprimé

turkeys

Je vis aussi passer un certain Monsieur Floqueboque, petit bonhomme mal construit, gras mais pâle, les traits épais et le **menton mou**, qui portait un veston trop court aux **revers** duquel il avait fait coudre toutes sortes de rubans, du rouge, du bleu, du vert. Il était volubile et suffisant[6], levant sans

115 arrêt ses doigts vers mon père comme pour lui donner une leçon, en **pérorant** sur l'état du monde. De temps à autre, il plongeait sa main dans la poche de son veston pour en extraire un minuscule peigne, tel un jouet dans une panoplie de poupées, qu'il passait rapidement sur des cheveux abondants, longs, sales, comme s'il était sorti d'un long voyage et n'avait pas encore eu le

120 temps d'aller chez le coiffeur. Son **débit** maniéré et le ton qui sentait les efforts qu'il avait dû faire pour effacer tout accent et acquérir un parler précieux et châtié[7] me rappelaient celui des plus **honnis** de nos professeurs, en bas, au lycée. J'y **décelais** la même vanité, la même certitude de n'avoir jamais tort. Il ponctuait ses monologues de références sur lui-même, avec un tic verbal:

125 «j'ajouterai».

—Pour ma part—quant à moi—et j'ajouterai—pour avoir vécu cette période—et j'ajouterai—je me porte garant—j'y insiste—je souligne—à mes yeux—quand j'étais en fonction—et j'ajouterai—j'observe, etc.

Je croyais lire, dans le raidissement du dos de mon père une impatience,
130 un refus.

—Mais Monsieur Floqueboque, finit-il par dire en l'interrompant difficilement, je ne comprends pas le sens de votre visite. Que puis-je faire pour vous?

—A vrai dire rien, répondait le suffisant petit homme. J'ai seulement voulu faire votre connaissance, et j'ajouterai, prendre date, en quelque sorte.

135 Il avait lui aussi franchi la Ligne de Démarcation[8]. Il appartenait à ce qu'il appelait l'«Administration»; il déployait ses mains dans l'air comme pour caresser le vide et déclamait ses phrases, habité par l'importance et la toute-puissance de cette «Administration» dont il était le si fier **fleuron**. Il se lança dans un discours sur l'avenir du pays. J'entendis quelques mots et quelques

140 noms: «Vichy», «le Maréchal»,[9] «le sursaut national». C'est alors que je vis mon père se redresser de son fauteuil et signifier d'un geste plus vif **qu'à l'accoutumée** que l'entretien était terminé. Monsieur Floqueboque ne revint pas à la Villa, mais grâce à lui nous apprîmes un nouveau mot. Après avoir accompagné le visiteur, mon père fit un détour vers le sofa. Il prit mon **poignet**

145 dans sa main, pour **tâter mon pouls**, geste qu'il répétait dix fois par jour depuis qu'il avait craint de me voir mourir. Je sentais son **pouce** chercher ma veine et cela me faisait du bien. Il me dit:

—Tu pourras raconter à tes frères et sœurs que tu as eu droit à un beau modèle de cuistre.[10]

weak-chinned
lapels

parlant avec prétention

vitesse d'élocution

détestés
détectais

représentant

que d'habitude

wrist
feel my pulse
thumb

---

[6] **volubile et suffisant:** bavard et arrogant

[7] **précieux et châtié:** affecté et classique

[8] **Ligne de Démarcation:** entre la partie Nord de la France occupée par les Allemands et la partie Sud administrée par le régime de Vichy, de juillet 1940 à novembre 1942

[9] **le Maréchal:** Pétain, chef de l'Etat collaborationniste français installé à Vichy et dont un des slogans était «le sursaut national»

[10] **tu as eu droit... cuistre:** *you were privileged to observe a prig of the finest sort*

Un après-midi enfin, apparut Madame Blèze. Elle s'était assise plus près du bureau que les autres visiteurs et avait déplacé le fauteuil de telle manière que je pouvais la voir de profil. Elle portait un chapeau de tissu bleu-noir, court, plat et rond, une petite galette sans rebords, ornée d'une voilette qu'elle avait relevée pour dégager un visage fin et pâle. C'était une brune aux cheveux souples, ondulés, **lâchement torsadés**. Elle avait des lèvres fardées d'un rouge sombre, **tirant sur le grenat**. Tout, en elle, me fascinait, et elle provoqua une émotion qu'aucune des autres «femmes de ma vie» n'avait pu susciter.

C'est qu'elle ne leur ressemblait en rien. Il flottait autour d'elle un parfum d'élégance; elle avait des manières venues d'ailleurs. Juliette, la petite Murielle, ma propre mère s'habillaient et se déplaçaient avec simplicité et naturel tandis que Madame Blèze donnait l'impression d'avoir étudié et organisé chacun des accessoires qu'elle portait, chacun de ses gestes, et jusqu'à son immobilité même, les jambes croisées, le buste tendu, le menton avancé vers son interlocuteur, les lèvres légèrement entrouvertes, le rouge grenat luisant après qu'elle l'eut délicatement **humecté** du bout de sa petite langue. Elle était vêtue d'un **tailleur** de la même couleur que son chapeau, avec une jupe étroite qui dégageait des jambes moulées dans de la soie transparente, fumée de noir. J'eus l'envie de passer mes mains sur ces deux choses, belles et longues, et ce désir soudain et tout nouveau fut si fort que je me dis, à l'instant même où je le ressentais, qu'il devait être interdit...

J'étais tellement captivé par le spectacle que m'offrait cette femme, tant absorbé par ma découverte des tentations qu'elle avait **déclenchées**, que je ne pus suivre son dialogue avec mon père. Il me sembla qu'elle attendait quelque chose de lui, qu'elle **redoutait** des difficultés financières. Elle prenait un ton plaintif, comme si elle cherchait à attendrir son interlocuteur, à l'apitoyer, et ses intonations de petite fille venues d'une femme mûre et fardée ajoutaient à son charme et à l'**agacement** qui l'accompagnait. Quelques jours auparavant, lors de l'attaque de la diphtérie, je m'étais cru détaché du monde des autres. Le désir de Madame Blèze, la vision de ses jambes et sa taille, le profil arrondi de sa **croupe** sur le siège, l'envie sourde de toucher cette matière transparente qui recouvrait la peau de ses deux longues **chevilles**, me séparèrent à nouveau du reste du monde...

...Je décidai de ne rien inscrire dans l'Album. Puis, je changeai d'avis. La visite de Madame Blèze constituait un petit événement, et je me dis que mes frères et sœurs ne comprendraient pas que je l'ai ignorée dans mon **compte rendu** alors que, jusqu'ici, il ne s'était pas passé de jours sans que je consigne quelques remarques à propos des visiteurs que j'avais pu voir défiler. Pourquoi Madame Blèze avait-elle suscité une telle émotion? Je n'avais pas la réponse; mais je détenais un petit secret intime, dont je sentais qu'il ne pouvait être partagé ni par Antoine, Pierre ou Michel, encore moins par les filles! Alors, pour **donner le change**, j'écrivis: «Madame Blèze est venue et repartie en vélo-taxi».

Car elle s'était rendue à la Villa dans l'un de ces curieux engins qui commençaient, dans les rues de la ville, à remplacer les automobiles, et que conduisaient des hommes en sueur, aux avant-bras nus, en casquettes, aux visages marqués par l'effort. Je m'étais levé pour assister à son départ par la fenêtre de la cuisine. Elle avait rabattu la voilette de son chapeau et me semblait, vue à

in loose coils
tending towards ruby-red

moistened
two-piece suit

causées

craignait

annoyance

rump
ankles

account

ne pas dire mon secret

150

155

160

165

170

175

180

185

190

195

travers la vitre, encore plus troublante, à la fois par son air d'attendre que l'on vînt l'aider, pauvre créature perdue dans la tourmente, et par son allure sophis- tiquée et **allumeuse**, qui **jurait dans** le paysage du Haut-Soleil. Tout occupé que j'étais à contempler ce mystère qui s'éloignait, je n'entendis pas la porte s'ouvrir et la voix bienveillante de mon père qui s'étonnait:

séduisante / allait mal avec

—Mais que fais-tu là, les pieds nus sur le carreau?

Phillipe Labro, tiré de *Le Petit Garçon*, © Editions Gallimard.

Questions

1. Qu'est-ce que le petit garçon savait de la mort? Pourquoi éprouvait-il un certain plaisir à la pensée de sa mort? Précisez l'effet sur lui de l'anxiété des visages qui l'entouraient.

2. Avant d'être malade pourquoi avait-il fréquemment feint de gémir ou pleurer?

3. Et après, pourquoi est-ce que les autres membres de la famille avaient été expédiés dans les étages?

4. Quelle question le petit garçon aurait-il voulu poser à ses parents? Pourquoi? Que lui est-il resté du premier rendez-vous avec la mort?

5. Le petit garçon avait connu la sensation de «contempler ses parents et le monde de l'autre côté d'une vitre» (ll. 57–58). Expliquez sa pensée ici. De quoi le petit garçon saurait-il profiter à l'avenir?

6. A quel privilège est-ce que sa frêle condition lui avait donné droit?

7. Pourquoi est-ce que le petit garçon avait été installé derrière le bureau de son père? Que voyait-il? Qu'est-ce qu'il avait bientôt appris à deviner? A part son père, qui d'autre pouvait-il observer?

8. Comment parlaient la plupart des visiteurs? Qu'est-ce qui se passait quand le petit garçon faisait semblant de s'endormir?

9. Pourquoi est-ce qu'un des visiteurs, Monsieur Merlussy, avait été sur-nommé «le Cyclope»? Qu'est-ce qui faisait deviner «l'irrégulier» en lui? De quoi parlait-il?

10. Monsieur Floqueboque était un autre visiteur. Quelles étaient ses habi-tudes? Quelle vanité le petit garçon décelait-il chez lui? Quelle attitude envers ce visiteur croyait-il voir chez son père? Pour quelle raison M. Floqueboque était-il venu? Pourquoi le père avait-il décrit cet homme comme «un beau modèle de cuistre»?

11. Quel sentiment le petit garçon avait-il éprouvé à la vue de Madame Blèze? Qu'est-ce qui l'avait fasciné? Selon lui elle ne ressemblait en rien aux autres femmes de sa vie. Qui étaient ces autres femmes et en quoi cette femme était-elle différente? Décrivez ses gestes, son maquillage, ses vêtements, etc. En la regardant, qu'est-ce que le petit garçon avait eu envie de faire? A l'instant même où il ressentait cette envie, que s'est-il dit?

12. D'abord le petit garçon ne voulait rien inscrire dans l'Album au sujet de la visite de Madame Blèze. Pourquoi? Pourquoi a-t-il changé d'avis? Qu'a-t-il fini par inscrire dans l'Album?

13. Pourquoi le petit garçon avait-il quitté son lit? Dans la rue, quel air avait Madame Blèze?

14. A la fin de l'épisode il n'y a pas de réponse à la question posée par le père: «Mais que fais-tu là, les pieds nus sur le carreau»? Pourquoi est-il à propos que le petit garçon ne réponde pas?

Complétez les phrases suivantes (oralement ou par écrit)

1. Le petit garçon avait le corps creusé parce que… (ll. 3–4)

2. Mourir ne lui faisait pas peur parce que… (l. 19)

3. Quand il a recouvré sa voix il a dit… (l. 51)

4. Ce que les adultes appellent une «petite nature» signifie… (ll. 55–56)

5. Le père priait les visiteurs de s'asseoir après… (ll. 84–85)

6. Le petit garçon s'intéressait moins à ce que disaient les visiteurs qu'à… (l. 93)

7. Monsieur Merlussy voulait faire porter… (l. 107)

8. Les cheveux de Monsieur Floqueboque étaient… (ll. 118–119)

9. Ce dernier avait la certitude de… (l. 123)

10. Le petit garçon avait été tellement captivé par le spectacle de Madame Blèze qu'il n'a pas pu… (ll. 172–173)

⠿⠿ EXPRESSIONS A ETUDIER ⠿⠿

1. **manquer à** qq'un

   Oh, comme **je leur manquerais!** (l. 25)
   Oh, how they would miss me!

   Allô? Madame Blèze? Bonjour, Madame. C'est Philippe. Depuis votre dernière visite, **vous me manquez** énormément. Quand reviendrez-vous? Pendant que tu étais parti, **tu m'as manqué**. Et moi, est-ce que **je t'ai manqué**?
   Tu pars en voyage demain? Quelle bonne nouvelle! Bon débarras! **Tu** ne **vas** pas **me manquer**.

2. **plus…, plus…**

   Plus leurs visages m'interrogeaient, **plus** je sentais que des forces insidieuses me tiraient vers elles. (ll. 28–30)
   The more their faces scrutinized me, the more I felt insidious forces pulling me towards them.

   Plus il fait chaud, **plus** j'ai envie d'aller me rafraîchir à la plage.
   Plus j'y pense, **plus** cela me paraît raisonnable.
   Plus ça change, **plus** c'est la même chose.

3. **moindre**

   Il lui resterait toujours une propension à se ramasser sur lui-même au **moindre** vent. (ll. 52–53)
   There would always remain in him a propensity to withdraw into himself to gather his strength at the slightest stirring of the wind.

Je pouvais suivre les **moindres** mouvements de sa nuque. (ll. 72–73)
I could follow the slightest motions of the back of his neck.

Sais-tu où est ma chemise grenat? —Je n'en ai pas la **moindre** idée.
La durée de ma maladie, c'est le **moindre** de mes soucis. Ce sont les
visites de Madame Blèze qui m'inquiètent.

4. **se remettre de** qqch.

   Je me remettais doucement **de** ma maladie. (l. 67)
   I was slowly getting over my illness.

   Philippe ne **s'est** pas **remis de** sa rencontre avec Madame Blèze.
   Toutes ces visites m'ont causé bien des émotions. **Je** ne **m'en suis** pas
   encore **remis(e)**.
   Allons, allons. **remettez-vous**, il ne faut pas vous émouvoir comme ça.

5. **avoir tort** (**de** + inf.)

   J'y décelais la même certitude de n'**avoir** jamais **tort**. (l. 123)
   In his manner I discerned the same certainty of never being wrong.

   M. Floqueboque **avait tort**, dans ses opinions politiques comme dans ses
   manières.
   Vous avez eu tort de vous absenter hier, la leçon était très importante.
   On a tort de penser que la diphtérie est une maladie mortelle.

6. **par jour (semaine, mois, an)**

   Il répétait le même geste dix fois **par jour**. (l. 145)
   He repeated the same gesture ten times a day.

   Je dîne au restaurant une fois **par semaine**, je vais au cinéma trois fois
   par mois, et je fais un voyage une fois **par an** en moyenne.
   Le père du garçon reçoit une visite **par jour**.

Répondez ou complétez

manquer à qq'un

1. Quand vous êtes absent(e) ou en vacances, est-ce que la classe de
   français (vos camarades de classe, votre professeur) vous manque(nt)?
2. Mini-dialogue: Vous déclarez à votre petit(e) ami(e) qu'elle vous a beaucoup manqué pendant votre maladie. Il (Elle) vous répond que vous ne
   lui avez pas manqué du tout.

plus…, plus…

3. Dites que plus vous étudiez (lisez, dormez, avez faim, avez soif, faites du
   sport, etc.), plus…
4. Plus il fait froid, plus…

moindre

5. Dites que vous n'avez pas la… idée de ce que vous ferez en l'an 2000.
   Puis posez la question à un(e) camarade: Que feras-tu…? Réponse: Je
   n'en ai pas…

6. Demandez à un(e) camarade s'il (si elle) a l'intention d'étudier pendant les vacances. Réponse: Non, je n'en ai pas...

7. Dites quel est le... de vos soucis.

se remettre de qqch.

8. Est-ce que vous vous êtes remis(e) de votre dernier examen? de toutes les questions qu'on vous pose?

9. Dites que vous ne vous remettez pas facilement de quelque chose (des visites de Madame Blèze et de M. Floqueboque, d'une situation difficile, de vos émotions, etc.)

avoir tort (**de** + inf.)

10. Est-ce qu'il est facile d'avouer qu'on a tort?

11. Dites que vous n'avez pas toujours raison, que vous avez parfois...

12. Demandez à une(e) camarade s'il (si elle) a parfois tort, puis demandez ce qu'il (ce qu'elle) fait quand il (elle) a tort.

par jour (semaine, mois, an)

13. Combien d'heures (de minutes) par jour passez-vous à lire? à étudier? à parler français? au lit? devant la télé? en classe? en voiture ou à vélo?

14. Demandez à quelqu'un combien de fois par semaine (par mois, par an) il (elle) fait du sport, sort avec des ami(e)s, voyage, va au cinéma, est malade, croit qu'il (qu'elle) va mourir, etc.

Faites le choix le plus conforme au texte

1. Ce que le petit garçon sait de la mort, c'est...
   a. la peur qu'elle suscite en lui
   b. ce que ses parents lui ont dit
   c. le chagrin qu'elle causerait
   d. ce que ses lectures lui ont appris

2. Durant la maladie, l'effet psychologique sur le petit garçon est...
   a. qu'il joue la comédie vis-à-vis de ses parents
   b. qu'il n'est plus jaloux de ses frères et sœurs
   c. qu'il devient indifférent à l'idée de la mort
   d. qu'il finit par comprendre pourquoi il a mal

3. A long terme, l'effet psychologique de la maladie sur le petit garçon est qu'il acquiert tous les sentiments suivants SAUF celui...
   a. d'être différent des autres
   b. de sa culpabilité
   c. d'être détaché du monde
   d. de sa mortalité

4. Dans ce texte le père agit envers son fils...
   a. avec une impassibilité apparente
   b. avec une raideur autoritaire
   c. avec une affection rassurante
   d. avec une anxiété évidente

5. Ce qui caractérise tous les visiteurs décrits par le narrateur, ce sont leurs comportements et leur parler...
   a. individualisés
   b. prétentieux
   c. inquiétants
   d. comiques

6. Grâce à M. Floqueboque le petit garçon et ses frères et sœurs apprennent le nouveau mot (l. 143)...
   a. «j'ajouterai»
   b. «Maréchal»
   c. «sursaut»
   d. «cuistre»

7. La fascination que Madame Blèze suscite chez le petit garçon s'explique en grande partie par...
   a. ses manières de femme du monde
   b. ses vêtements exotiques
   c. ses paroles séduisantes
   d. ses déplacements en vélo-taxi

Sujets de discussion ou de composition

1. Précisez l'effet que la maladie du narrateur a sur sa façon de voir les choses, sur la relation qu'il entretient avec lui-même et le monde autour de lui.

2. Précisez et commentez l'attrait qu'exerce Madame Blèze sur le narrateur.

3. Que peut-on dire du père du narrateur? Caractérisez ses paroles, ses actions, les relations qu'il a avec son fils.

4. Décrivez les sensations et les sentiments que vous avez éprouvés pendant une maladie (ou une convalescence).

5. Racontez un épisode de votre enfance— la rencontre d'une personne, par exemple— dont le souvenir vous a particulièrement marqué(e). Comment et pourquoi cet épisode vous a-t-il marqué(e)? Est-ce que vous l'envisagez de façon différente à présent? Distinguez entre votre impression d'alors et votre point de vue actuel.

6. L'enfance du narrateur a lieu pendant ce que l'on appelle maintenant les «années noires», c'est-à-dire l'époque de l'Occupation allemande et du régime de Vichy (1940–1944). Faites des recherches sur la situation politique en France à cette époque. Y avait-il un mouvement d'opposition en dehors de France? en France? Lequel? (Lire le texte de Marguerite Duras, pp. 193–202, qui porte sur la même époque.)

:B: Colette :B:

Sidonie-Gabrielle Colette (1873–1954) est une observatrice remarquable de la nature dans les deux sens du terme. De la nature physique d'abord: les nombreuses pages qu'elle a consacrées aux règnes animal et végétal sont empreintes de ce qu'on pourrait appeler l'intelligence du cœur; elle sait en effet évoquer le monde des plantes et des bêtes—surtout celui de sa Bourgogne natale—avec amour et poésie. Elle réserve pourtant son regard le plus aigu pour la nature humaine, et tout particulièrement pour les rapports entre les sexes, depuis l'adolescence jusqu'à la vieillesse. Dans des romans tels que Chéri (1920), Le Blé en herbe (1923), La Fin de Chéri (1926), La Naissance du jour (1928), elle observe l'homme et la femme dans leur situation d'éternelle alternance entre l'amour et la discorde, sans complaisance ni illusion. Le texte ci-après date de 1913–1914 et a été publié dans le journal Le Matin dont Henri de Jouvenel, son deuxième mari, était le rédacteur en chef. Voir les pages 203–204 pour un autre texte de cet auteur.

ORIENTATION In Doit-on le dire, the narrator asks if a daughter should be told that Santa Claus and the baby Jesus come down the chimney. Note that this is a framed narrative, with the question posed in the first paragraph, and the answer given in the last. As you read, analyze the arguments that lead to that answer.

Mots apparentés / faux amis

Donnez l'équivalent anglais du mot français. S'il s'agit d'un faux ami (*), donnez aussi l'équivalent français du faux ami anglais.

la cheminée (l. 2)   —————————

la feinte (l. 16)   —————————

découvrir (l. 16)   —————————

effacer (l. 18)   —————————

*coin (l. 11)   —————————

—————————   *coin*

Doit=on le dire?

Santa Claus

—Est-ce que vous le lui direz, vous, à votre fille, que le **bonhomme Noël** et le petit Jésus descendent dans la cheminée? Doit-on le dire ou ne pas le dire?

Je n'y avais pas pensé! Oui… Non…

—Voyons, quand vous étiez petite, quand vous aviez l'âge des souliers dans la cheminée…

Mais l'enfant d'un village qui laisse, indifférent, **s'effriter** son église, fêtait seulement le Nouvel An et n'a pas connu les sabots de Noël[1]…

—C'est pourtant une chose délicieuse et touchante chez nos petits, cette acceptation tranquille du miracle, et l'attente du donateur divin, et l'intimité tutoyeuse[2] dans laquelle ils se mettent à vivre avec le petit Jésus, saint Nicolas, **la Vierge**… Allez, allez, laissez-leur, **ménagez-leur** un petit coin de merveilleux dans leur vie; elle aura bien le temps, votre fille, de ne plus croire à rien, et vous celui de la détromper![3]

La détromper… Oui, mais alors il faut que, jusque-là, je la trompe? Elle croira donc au bonhomme Noël—ou bien elle fera semblant d'y croire, et sa **feinte**, si je la découvre, m'humiliera. Si elle y croit, j'imagine déjà, avec **malaise**, le jour où je devrais, d'un mot, éteindre la lueur boréale qui nimbe l'Enfant Jésus[4] de décembre, effacer ses pas divins sur la neige, et fondre le givre étincelant qui raidit[5] la barbe du bonhomme Noël…

Non, je ne le dirai pas. Car ce doit être un moment assez **redoutable** que celui où on se trouve devant un petit enfant sévère qui vous demande: «Pourquoi m'as-tu menti?»

Marginal glosses:
- tomber en poussière
- the Virgin Mary / réservez pour eux
- artifice, dissimulation
- inquiétude, anxiété
- dangereux, effrayant

Questions

1. Expliquez le titre. A qui cette question est-elle posée? Justifiez votre réponse.
2. Est-il jamais possible de «le» dire en toute tranquillité?
3. Quels sont les arguments pour et contre la révélation de la vérité?
4. Pourquoi décide-t-on de ne pas «le» dire, finalement?

Complétez les phrases suivantes (oralement ou par écrit)

1. L'acceptation du miracle est touchante chez les petits parce que…
2. On a besoin d'un petit coin merveilleux dans la vie parce que…
3. Il est redoutable de devoir expliquer à un petit enfant…

▦▦ EXPRESSION A ETUDIER ▦▦

faire semblant de

Elle fera semblant de croire au bonhomme Noël. (l. 15)
She will pretend she believes in Santa Claus.

---

[1] **sabots de Noël:** souliers des enfants où le bonhomme Noël dépose des cadeaux
[2] **tutoyeuse:** familière (du verbe **tutoyer** = s'adresser à quelqu'un en utilisant la deuxième personne du singulier, **tu**)
[3] **vous celui de la détromper:** vous aurez tout le temps de la désabuser, de la tirer d'erreur.
[4] **éteindre la lueur… Jésus:** *put out the glow of the Christ child's halo*
[5] **fondre… raidit:** *melt the sparkling frost that stiffens*

J'ai fait semblant de ne pas le voir (d'oublier son nom, de rire, de le reconnaître, de dormir).
Faites semblant d'avoir préparé votre leçon!

Répondez

1. Faites-vous quelquefois semblant de comprendre? d'être éveillé(e) alors que vous somnolez? d'avoir lu le texte?
2. Dites que votre petit(e) ami(e) fait semblant d'être offensé(e) (de s'ennuyer, de vous écouter).
3. Quand vous étiez petit(e), faisiez-vous semblant de croire au père Noël? de ne pas entendre ce qu'on vous disait? d'être un héros (une héroïne)?

Sujets de discussion ou de composition

1. Avez-vous cru au père Noël dans votre enfance? Si oui, comment avez-vous appris qu'il n'existait pas? Quelle a été votre réaction? Selon vous, doit-on le dire ou ne pas le dire? Justifiez votre réponse.
2. Imaginez la scène ou vous révélez à un enfant que le père Noël n'existe pas.

:B Bernard Dadié B:

Avec Léopold Sedar Senghor et Aimé Césaire, Bernard Dadié appartient à la génération qui a consacré la littérature noire d'expression française. Né en 1916, il a fait ses études en Côte-d'Ivoire, son pays natal, et au Sénégal. Sa première visite à Paris a eu lieu en 1956. Il a suivi une double vocation: politique—il a servi son pays comme ministre des Affaires culturelles—et surtout littéraire. Poète, essayiste, romancier, auteur dramatique, ce sont surtout deux collections de poésie—Afrique debout (1950) et La Ronde des jours (1956)— qui lui ont apporté sa renommée.

Fidèle à sa devise, «Tu aimes donc tu es», Dadié chante dans sa poésie sa conception dynamique et vitaliste de la vie, son sentiment de la fraternité humaine, son refus des divisions qui séparent les peuples et les races, enfin sa croyance à un christianisme respectueux de la tradition africaine. Le poème suivant (tiré de La Ronde des jours) célèbre l'identité noire et le destin de sa race, qui est de «porter le Monde». Voir les pages 284–285 pour un autre texte de cet auteur.

ORIENTATION The following poem expresses a synthesis of man and nature, of the human and the universal. But it also expresses a personal relationship that becomes clearly defined only as the poem reaches its conclusion or closure. Note, beneath the pervasive sense of unity that emerges from all elements of the poem, the constant interplay of harmonic opposites—the singular and the multiple, the present and the timeless, the intimate and the cosmic. From which sensory experiences does Dadié construct his poem?

Dans tes yeux

Dans tes yeux si clairs,
    Je lis les rêves de l'homme.

Dans tes yeux si tendres,
    Je contemple la nature en fleurs, **épanouie**. *ouverte comme une fleur, radieuse*

5 Dans tes yeux si limpides,
    Je revois tous les yeux
        bleus des fleuves,
        blancs des montagnes,
        tous les yeux
10   verts des prés,
        rouges des flammes et des étoiles,
        les yeux des autres mondes,
        Tous les yeux de l'Univers.

Dans ton **babil**,
15   J'entends
          les **rumeurs de l'Aube**,
              la symphonie du rire des hommes,
              toutes les rumeurs de l'Univers en éveil.

Dans les battements de tes mains d'ange,
20   J'entends tous les **tams-tams** accordés,
     Toutes les chansons de l'Univers.
     Et lorsque je les tiens, tes mains,
     Je tiens toutes les mains roses des **Aurores**,
     Toutes les mains vierges des Espoirs,
25   La main des siècles en guipure au temps,[1]
     La main des Etres.

Dans tes yeux si clairs,
Je relis tous les rêves de l'homme
Et l'Eternité accrochée à tes **cils**
30   Me redit la mélodie de l'Univers.
     Dans tes yeux si bleus! si bleus!
          Fleurit l'Amour.

Dans tes yeux si loin, si loin,
          Rayonne mon amour.

35   Dans tes yeux si près! si près!
          Chantonne mon cœur.

Dans tes yeux, enfant,
Je contemple la nature en fleurs, épanouie.

prattling (of a child), twittering (of a bird)

bruits indistincts qui se produisent quand le jour se lève

drumbeat of African tom-toms

Aubes

eyelashes

vers 1–2 Dès ce premier vers, le poète s'adresse à quelqu'un. Sait-on à qui? A quel moment (dans quel vers de ce poème) la personne apostrophée est-elle précisée?

2 Quel sens donner au mot «rêves» ici?

2–6 A part le sujet, identique, quel est le dénominateur commun des trois verbes «je lis», «je contemple», «je revois»?

7–13 Y a-t-il une progression dans ces images? Précisez-la. A quoi aboutit cette séquence?

14 Qu'est-ce qui produit un «babil»? A quel mot anglais ce mot est-il apparenté? Dans la perspective de l'ensemble du poème, en quoi ce mot est-il particulièrement révélateur? Ne sert-il pas d'indice (*clue*) annonçant la conclusion du poème?

14–26 Qu'est-ce qui est nouveau dans cette partie par rapport aux vers 1–13?

15 Commentez ce vers (et ce verbe): qu'est-ce qui le démarque (*sets it off, distinguishes it*) par rapport au reste du poème?

16 Quelles pourraient être ces «rumeurs» de l'Aube? Et de l'Univers (18)?

19–20 Qu'y a-t-il en commun entre ces vers et les vers 14–15? Quelles différences?

---

[1] **la main... au temps:** les siècles se succédant la main dans la main, constituant par rapport au temps linéaire une sorte de dentelure (*lacework*) ou de filigrane (*filigree*)

22–26 Notez la répétition du mot *main(s)*. Où cette répétition est-elle annoncée? Le mot *main(s)* a-t-il toujours le même sens dans ces vers? Quelles nuances reflète-t-il?

23 Indiquez le symbolisme des «Aurores» et de «l'Aube» (16). Quel mot dans le vers suivant (24) en confirme le sens?

25–26 L'image des mains suggère ici une succession (de siècles), une chaîne (d'êtres). L'action de se tenir la main est un signe non seulement de continuité, mais aussi de fraternité, de solidarité.

27–28 Ces deux vers reprennent—en les variant légèrement—les vers du début (1–2). Quelle nuance apportent-ils par rapport aux vers 1–2?

32 A quels autres vers cette image renvoie-t-elle?

33 Pourquoi les yeux sont-ils «loin»? Comment cette image d'une grande distance est-elle préparée?

35 Commentez l'antithèse† «si loin, si loin» (33) et «si près, si près». S'agit-il d'une opposition véritable ou d'une union des contraires? Justifiez votre réponse.

37–38 Quelle différence—de fond et de forme—peut-on noter entre ces vers et les vers 3–4?

Questions de synthèse et sujets de réflexion

1. Commentez l'émotion que ressent le poète à l'égard de son enfant et le rapport qu'il établit entre l'enfant et la nature.

2. Suivez la trace à travers ce poème des images relatives à la nature, aux phénomènes naturels. Quelle relation y a-t-il entre la nature (vv. 4, 38) et l'Univers (vv. 13, 18, 21, 30)?

3. Ce poème demande à être lu plus d'une fois: la première lecture laisse planer une incertitude, peut-être même une méprise (*misapprehension*). Lors d'une première lecture, quelle interprétation le lecteur est-il tenté de donner aux premiers vers? Pourquoi le finale du poème oblige-t-il le lecteur à une nouvelle lecture, une lecture rétrospective?

4. Relevez toutes les images qui appartiennent (a) au domaine du visuel, et (b) au domaine de l'auditif. Lesquelles dominent? Ces images ont-elles une tonalité positive? négative? neutre? De qui émanent-elles, du poète-sujet, ou de l'être apostrophé? En quoi consiste la communion entre le «je» et le «tu»?

5. Commentez les mots commençant avec une majuscule (*capitalized*): Univers, Aube, Aurores, Espoirs, Etres, Eternité, Amour. Pourquoi une majuscule?

ENGAGEMENTS ET PASSIONS

Paul Eluard

Le poète Paul Eluard (1895–1952) fut un des principaux animateurs du Surréalisme,[†] mouvement d'une importance considérable pour la vie littéraire et artistique entre les deux guerres mondiales. La poésie d'Eluard est surréaliste parce qu'elle privilégie l'imagination et parce qu'elle se fonde sur le magnétisme des mots, c'est-à-dire sur les significations multiples et implicites que les mots possèdent individuellement et en relation les uns avec les autres. La libre association des images est chez lui le principe créateur par excellence. Eluard est particulièrement célèbre pour ses poèmes d'amour, parmi lesquels le poème suivant, adressé à sa femme Gala et publié pour la première fois en 1923. Voir les pages 212, 308–309 pour d'autres textes de cet auteur.

ORIENTATION One of the defining characteristics of poetry is that it lends itself to a variety of readings, that it cannot be reduced to a single meaning. By its very nature, poetic language is multivalent—that is, more than the sum of its words. The language of Surrealist poetry proceeds by analogy and metaphor, that is, on the basis of similarity and association. Blending reality and fantasy, it seeks to reveal the *merveilleux* inherent in all things. As you read the following poem, note the simple, yet striking means by which Eluard evokes the total intimacy that binds him to his beloved.

L'Amoureuse

Elle est debout sur mes **paupières**   *eyelids*
Et ses cheveux sont dans les miens,
Elle a la forme de mes mains,
Elle a la couleur de mes yeux,
5 Elle **s'engloutit** dans mon ombre   *disparaît, est absorbée*
Comme une pierre sur le ciel.[1]

Elle a toujours les yeux ouverts
Et ne me laisse pas dormir.
Ses rêves en pleine lumière
10 Font s'évaporer les soleils,
Me font rire, pleurer et rire,
Parler sans avoir rien à dire.

Paul Eluard, tiré de *Mourir de ne pas mourir*, © Editions Gallimard.

---

[1] **Comme une pierre sur le ciel:** comme une pierre qu'on lance vers le ciel, qui disparaît dans l'intensité de la lumière du ciel.

vers 1 —Notez l'entrée en matière directe et immédiate: «Elle est… » Pourquoi une désignation plus précise n'est-elle pas nécessaire?

—Cette première image «surréaliste» se comprend plus facilement une fois admise la relation paupières = yeux.

2 —Ordinairement, les cheveux de deux personnes ne s'entremêlent pas comme semble l'indiquer cette image. Pourtant, ici ils sont confondus. Quel est le principe fondateur, le dénominateur commun, de cette image et des autres?

3–4 Expliquez ces deux images: comment «l'amoureuse» peut-elle avoir la forme des mains et la couleur des yeux de l'amoureux?

5–6 Dans quelle mesure les deux éléments de cette double image sont-ils contradictoires? complémentaires?

7–8 —Avoir *toujours* les yeux ouverts est surprenant. Interprétez.

—Expliquez pourquoi l'amoureuse aux yeux toujours ouverts ne le laisse pas dormir.

9 Quel est le paradoxe apparent de cette image? Y a-t-il un rapport entre ce vers et le vers 7?

9–10 —Commentez et expliquez cette image. Que pourrait-on dire d'une personne dont les rêves «font s'évaporer les soleils»?

—Justifiez «les soleils» (*pl.*) plutôt que le soleil (*sing.*).

11–12 Quel effet les rêves de «l'amoureuse» ont-ils sur lui (l'amoureux)?

Commentez la séquence «rire, pleurer et rire». Expliquez pourquoi il n'a «rien à dire».

Questions de synthèse et sujets de réflexion

1. Commentez le titre du poème—L'A*moureuse*. Etant donné le point de vue exprimé à travers le poème, ne pourrait-on pas plutôt s'attendre à «L'amoureux»? Expliquez ce paradoxe apparent.

2. D'après ce poème, la femme évoquée semble posséder des pouvoirs exceptionnels, surnaturels même. Relevez toutes les images qui indiquent la puissance de la femme, puis commentez.

3. Contrastez les deux strophes de ce poème: quelle est l'idée commune aux images de la première strophe? à celles de la deuxième strophe?

4. Montrez comment le poème est construit sur des rapports de réciprocité entre les deux amoureux. Comment s'exprime cette réciprocité?

❖❖ Arthur Rimbaud ❖❖

La création poétique chez Rimbaud (1854–1891) constitue un phénomène étonnant, peut-être unique dans la littérature. Il écrivit en effet presque tous ses poèmes, parmi lesquels l'inoubliable Bateau ivre, avant l'âge de vingt ans; après quoi il abandonna toute activité littéraire et partit pour l'Afrique. Avec Baudelaire, Mallarmé et Apollinaire, Rimbaud est l'un des pionniers et des fondateurs de la poésie moderne de langue française. La puissance de son œuvre procède de son imagination et surtout de ses innovations en matière de langage et de forme poétiques. Rimbaud a pratiqué une véritable «alchimie» verbale pleine d'audace et d'originalité.

ORIENTATION Written shortly after the Franco-Prussian war had broken out (1870), this early poem evokes a deceptively idyllic and peaceful scene. The progression from the first two stanzas to the two concluding *tercets*[†] and the final line produces a subtle, yet powerful shift in our perception of the scene, especially of the central figure. We sense a growing ambiguity that is resolved in the concluding line, remarkable for its terseness and irony.

Le Dormeur du val

C'est un trou de verdure où chante une rivière   *[*hole *greenery]*
Accrochant follement aux herbes des haillons[1]   qui attache, suspend   *[*hanging up]*
D'argent; où le soleil, de la montagne fière,
Luit: c'est un petit val qui mousse de rayons.[2]   brille

5   Un soldat jeune, bouche ouverte, tête nue,   *[*bareheaded → nude, bare]*
Et **la nuque** baignant dans le frais **cresson** bleu,   arrière du cou / plante aquatique   *[*nape of the neck]* *[* watercress]*
Dort; il est étendu dans l'herbe, sous **la nue**,
Pâle dans son lit vert où la lumière pleut.   les nuages, le ciel
Les pieds dans les glaïeuls,[3] il dort. Souriant comme   *[* spread out; stretched out]* *[*gladiolas]*
10   Sourirait un enfant malade, il fait **un somme**.   une sieste
Nature, berce-le[4] chaudement: il a froid.

---

[1] **haillons:** fragments, morceaux, en parlant d'une étoffe ou d'un vêtement. Ici, les **haillons d'argent** sont les reflets de lumière.

[2] **mousse de rayons:** *froths, foams, shimmers in the sunlight*

[3] **glaïeuls:** plantes produisant des fleurs, de la même famille que les iris

[4] **berce-le:** fais dormir le soldat en le balançant comme un enfant

Les parfums ne font pas frissonner sa narine;[5]
Il dort dans le soleil, la main sur sa poitrine
Tranquille. Il a deux trous rouges au côté droit.

vers 1 Qu'est-ce qu'une personnification†? Dans la langue ordinaire, dirait-on qu'une rivière «chante»?

2 A quel mot se rapporte le participe «accrochant»? Le verbe «accrocher» désigne-t-il une action ou un état? Précisez l'importance de ce détail, surtout en rapport avec l'adverbe «follement».

2–3 L'image des «haillons d'argent» évoque les reflets de lumière. Qu'est-ce qu'un rejet†? Quel est l'effet de la distribution sur deux vers?

4 Commentez la position du verbe «luit» au début du vers.

1–4 —Quels mots, dans ce premier quatrain†, suggèrent la vitalité et la gaieté? Quel aspect visuel prédomine? (Notez les détails: «haillons d'argent», «le soleil… luit», «mousse de rayons»)

—Qu'est-ce que la rivière, la montagne et le petit val ont en commun?

—Qu'est-ce qui caractérise ce décor rustique? A-t-on envie de s'y trouver? Pourquoi?

6–7 Le soldat est-il étendu sur le dos, le ventre ou le côté? Justifiez votre réponse. Pourquoi ce détail est-il significatif?

7 Commentez la position du verbe «dort» au début du vers, et aussi par rapport au sujet de la phrase, «un soldat».

5–8 Quels détails contribuent à l'effet de vitalité dans ce deuxième quatrain? Cette vitalité s'attache-t-elle au cadre (*setting*) naturel? au soldat? Quels éléments suggèrent la passivité, l'immobilité?

10 —Le conditionnel («sourirait») apporte une nuance d'incertitude, une impression d'irréalité.

—«il fait un somme» est une expression synonyme de… ?

11 —La nature est ici apostrophée comme si elle était la… du soldat (*complétez*). Quel mot dans le vers précédent prépare l'image du bercement?

—Pourquoi la notation «il a froid» produit-elle un effet de surprise? Précisez.

5–11 La plupart des détails relatifs au soldat dans ces vers suggèrent l'innocence et la tranquillité. Relevez les détails qui produisent une impression de trouble, de malaise.

12 Commentez ce vers. Est-il «poétique»? Quel est l'effet de la négation?

13 Remarquez que le verbe «dort» paraît ici pour la… fois (*complétez*) dans ce poème—sans oublier aussi l'expression synonyme à la fin du vers 10. Pourquoi cette insistance?

13–14 «Il dort… tranquille». Quelle est la fonction de cette phrase par rapport à ce qui précède? (par rapport à la conclusion?)

14 —En quoi ce dernier vers est-il prosaïque? Quel rapport a-t-il avec le premier vers?

—Une fois que le lecteur a «vu» que le soldat a «deux trous rouges au côté droit», il tire la conclusion qui s'impose: le soldat est… (*complétez*). Est-ce que ce mot manquant—mais essentiel—rime avec un autre mot présent

---

[5] **ne font pas frissonner sa narine:** ne font pas trembler son nez

plusieurs fois dans le texte? Lequel? Remarquez que la condition réelle du soldat n'est jamais expressément dite.

—La révélation du dernier vers confirme ce dont le lecteur se doutait peut-être déjà. Quelles apparences fausses ou ambigües cette conclusion vient-elle modifier?

Questions de synthèse et sujets de réflexion

1. Analysez et commentez la progression spatiale, la distance relative du sujet à l'objet à travers le poème. Imaginez une caméra: que fait-elle?

2. Commentez le titre de ce sonnet.[†]

3. Ce poème est remarquable par ce qui n'est pas explicitement dit. Relevez à travers le texte les indices (clues) qui préfigurent la révélation du dernier vers. Pourquoi le finale du poème oblige-t-il le lecteur à une nouvelle lecture, une lecture rétrospective?

4. En quoi consiste l'ironie de ce poème?

5. Peut-on considérer ce poème comme une critique implicite de la guerre?

6. Quelles couleurs paraissent dans ce poème? Analysez leur effet.

7. Analysez le rapport entre le soldat et la nature.

8. Contrastez le début et la fin du poème.

⠿ Emile Zola ⠿

L'œuvre ~~maîtresse~~ *major* d'Emile Zola (1840–1902) *est une série de romans intitulée* Les Rougon-Macquart, *histoire naturelle et sociale d'une famille sous le second Empire. Publiés entre 1871 et 1893, ces vingt volumes eurent tout de suite un large public, attiré par* **l'actualité** *relativement récente des sujets traités: la société française vers le milieu du siècle. Zola fait reposer son vaste projet sur une documentation minutieuse. Il étudie le déterminisme héréditaire sur cinq générations appartenant à toutes les classes et à tous les milieux, et cela à larges traits épiques qui privilégient les* **foules** *plutôt que les individus. Le tableau qu'il brosse de la société de son temps n'est guère flatteur. Mais si la plupart des hommes sont amenés par la force des choses à incliner vers le mal, ils possèdent néanmoins une puissante vitalité qui leur permet de faire face à l'injustice et aux calamités. Un idéalisme humanitaire de plus en plus fort se manifeste dans l'œuvre de Zola, qui croyait fermement au progrès social. Quand il* soutint *la cause du capitaine* Dreyfus* *dans un article célèbre,* J'accuse *(1898), son action courageuse lui attira l'hostilité de beaucoup.*

    Zola situe l'action de L'Attaque du moulin *(1880) pendant la guerre franco-prussienne, dont le souvenir était alors encore très vif. Mais cette nouvelle dépasse la simple chronique, même romancée: c'est le phénomène de la guerre et le drame du bonheur détruit qui en constituent le véritable sujet.*

timeliness, current interest

crowds

*scarcely *brought (carried?)

*soutenir: support

ORIENTATION As you read this story, pay special attention to the descriptions of nature and of the mill. Try to determine the functions of the descriptions in the story. Try also to formulate the specific functions of each of the five sections—note that the last section is the shortest. Finally, be alert to the different ways in which Zola gives away the authorial narrator's point of view toward what is being described. For example, in the second paragraph he uses certain adjectives that convey a definite attitude toward Rocreuse and its environs; in this way he guides the reader's responses.

Mots apparentés / faux amis

Donnez l'équivalent anglais du mot français. S'il s'agit d'un faux ami (*), donnez aussi l'équivalent français du faux ami anglais.

    couvrir (l. 26)   to cover

    le feuillage (l. 37)   foliage

    le plâtre (l. 39)   plastre

---

*Alfred Dreyfus, capitaine de l'armée française, injustement accusé de trahison, fut condamné en 1894 à la détention à vie à l'île du Diable. Les preuves de son innocence furent étouffées par les autorités militaires. Zola et plusieurs personnalités marquantes de l'époque défendirent Dreyfus contre la droite française, suspecte d'antisémitisme. L'affaire Dreyfus divisa la société française bien après la date de l'acquittement et de la réhabilitation de Dreyfus (1906).

bouger (l. 107)	to budge, to move
consentir (l. 121)	to consent
feindre (l. 129)	to feign, to pretend
la plaisanterie (l. 180)	a joke
flotter (l. 216)	to float
la fraîcheur (l. 218)	coolness, freshness, chilliness, purity
la forteresse (l. 238)	the fortress
déloger (l. 321)	to turn out, flush out, dislodge
cesser (l. 333)	to stop
rassurer (l. 404)	to put sb's mind at ease; reassure
l'interrogatoire (*m.*) (l. 438)	questioning, cross-examination, interrogation
joindre (l. 453) + à	to join, to put together, to link, to combine
réparer (l. 479)	to mend, repair, fix
sonore (l. 556)	resonant, ringing, sonorous
stupéfait (l. 576)	stunned, dumb-founded, astounded
l'angoisse (*f.*) (l. 638)	anguish
complice (l. 727)	(adj.) knowing, conniving; (n.) accomplice
coupable (l. 740)	guilty, culpable
souffrir (l. 772)	to suffer
préparatifs (l. 885) + de	preparations (de -- for)
le geste (l. 904)	gesture
enfantin (l. 927)	childlike; childish
l'otage (*m.*) (l. 928)	hostage
*la figure (l. 91)	face (le visage)
(personnage)	*figure*
*le front (l. 93)	forehead
	front
*l'assistance (*f.*) (l. 170)	audience, congregation
	assistance
*propre (l. 217)	own
	proper
*ignorer (l. 330)	not to know
	to ignore
*la pièce (l. 455)	gun; room
	piece
*les rumeurs (l. 518)	murmur, rumblings, humming
	rumors
*commode (l. 675)	(adj.) convenient, handy
	commode (chest of drawers)

L'Attaque du moulin

I

courtyard, square

🔲 Le **moulin** du père Merlier, par cette belle soirée d'été, était en grande fête. *mill*
Dans la cour, on avait mis trois tables, placées bout à bout, et qui attendaient
les convives. Tout le pays savait qu'on devait fiancer, ce jour-là, la fille Merlier,
guests
Françoise, avec Dominique, un garçon qu'on accusait de **fainéantise**, mais que *paresse* *laziness*
5   les femmes, à trois lieues à la ronde, regardaient avec des yeux luisants, tant *so much*
il avait bon air.   *circle, ring*   *shiny, glimmering, shimmering, glistening*

Pourquoi est-ce que le moulin du père Merlier était en grande fête?

Qu'est-ce qui attendait les convives?

De quoi accusait-on Dominique?

Comment les femmes de la région trouvaient-elles Dominique?   *the main road*

Ce moulin du père Merlier était une vraie gaieté. Il se trouvait juste au
milieu de Rocreuse, à l'endroit où la grand-route fait un coude. Le village n'a   *a bend*
lines, rows   qu'une rue, deux files de **masures**, une file à chaque bord de la route; mais là,   *hovels*
10 au coude, **des prés s'élargissent**, de grands arbres, qui suivent le cours de la   *meadows spread out*
Morelle, couvrent le fond de la vallée d'ombrages magnifiques. Il n'y a pas,   *nom fictif d'une rivière*
dans toute la Lorraine,[1] un coin de nature plus adorable. A droite et à gauche,   *corner*
thick, bushy   des bois épais, **des futaies séculaires** montent des pentes douces, emplissent   *de vieilles forêts* *gentle slopes* *to fill w/*
l'horizon d'une mer de verdure; tandis que, vers le **midi**, la plaine s'étend,   *sud* *whereas, while*
15 d'une fertilité merveilleuse, déroulant à l'infini des pièces de terre coupées de   *to stretch out, extend*
haies vives.[2] Mais ce qui fait surtout le charme de Rocreuse, c'est la fraîcheur   *unwinding, uncoiling*
hole   de ce trou de verdure, aux journées les plus chaudes de juillet et d'août. La
Morelle descend des bois de Gagny, et il semble qu'elle prenne le froid des
feuillages sous lesquels elle coule pendant des lieues; elle apporte les bruits   *leagues*
20 murmurants, l'ombre glacée et recueillie des forêts. Et elle n'est point la seule   *to gather*
fraîcheur: toutes sortes d'eaux courantes chantent sous les bois; à chaque pas,
des sources jaillissent; on sent, lorsqu'on suit les **étroits sentiers**, comme des   *to spurt out, gush forth* *narrow trails*
lacs souterrains qui percent sous la mousse et profitent des moindres **fentes**,   *fissures*
au pied des arbres, entre les roches, pour s'épancher en fontaines cristallines.   *moss* *to pour forth*
25 Les voix chuchotantes de ces **ruisseaux** s'élèvent si nombreuses et si hautes,   *petits cours d'eau*
murmuring, whispering   qu'elles couvrent le chant des **bouvreuils**. On se croirait dans quelque parc   *bullfinches*
enchanté, avec des cascades tombant de toutes parts.

Comment sait-on que le village est très petit?

Les adjectifs «magnifiques,» «adorable» et «merveilleuse» (ll. 11–15) sont utilisés pour
décrire le décor. Dans quel contexte sont-ils employés? Quelles sont les intentions de Zola
en les utilisant? Quelles résonances ces adjectifs ont-ils dans le reste du paragraphe?

A quel sens Zola fait-il particulièrement appel dans ce paragraphe? Dans quel but?

---

[1] **Lorraine:** province à l'est de la France
[2] **déroulant… haies vives:** *endlessly spreading out patches of land broken up by quick-
set hedges*

*drenched, soaked   *poplars

En bas, les prairies sont trempées. Des **marronniers** gigantesques font des ombres noires. Au bord des prés, de longs rideaux de peupliers alignent leurs tentures bruissantes.[3] Il y a deux avenues d'énormes **platanes** qui montent, à travers champs, vers l'ancien château de Gagny, aujourd'hui en ruines. Dans cette terre continuellement arrosée,[4] les herbes grandissent démesurément. C'est comme **un fond de parterre** entre les deux coteaux boisés, mais de parterre naturel, dont les prairies sont les **pelouses**, et dont les arbres géants dessinent les colossales **corbeilles**. Quand le soleil, à midi, tombe d'aplomb, les ombres bleuissent, les herbes allumées dorment dans la chaleur, tandis qu'un frisson glacé passe sous les feuillages.

*curtains *immoderately enormously *disproportionnately *gigantic; giant *wooded hills *planks *w/ assurance; composure

Et c'était là que le moulin du père Merlier égayait de son tic-tac[5] un coin de verdures folles. La **bâtisse**, faite de plâtre et de planches, semblait vieille comme le monde. Elle trempait à moitié dans la Morelle, qui arrondit à cet endroit un clair bassin.[6] Une écluse était ménagée,[7] la chute tombait de quelques mètres sur la roue du moulin, qui craquait en tournant, avec la toux **asthmatique**[8] d'une fidèle servante vieillie dans la maison. Quand on conseillait au père Merlier de la changer, il hochait la tête en disant qu'une jeune roue serait plus **paresseuse** et ne connaîtrait pas si bien le travail; et il raccommodait l'ancienne avec tout ce qui lui tombait sous la main, des douves de tonneau, des ferrures rouillées, du zinc, du plomb.[9] La roue en paraissait plus gaie, avec son **profil** devenu étrange, toute **empanachée** d'herbes et de mousses. Lorsque l'eau la battait de son flot d'argent, elle se couvrait de perles, on voyait passer son étrange **carcasse** sous une parure éclatante de colliers de nacre.[10]

*to mend, repair

La partie du moulin qui trempait ainsi dans la Morelle, avait l'air d'une arche barbare, échouée là.[11] Une bonne moitié du logis était bâtie sur des pieux. L'eau entrait sous le plancher, il y avait des trous, bien connus dans le pays pour les **anguilles** et les **écrevisses** énormes qu'on y prenait. En dessous de la chute, le bassin était limpide comme un miroir, et lorsque la roue ne le troublait pas de son écume, on apercevait des bandes de gros poissons qui nageaient avec des lenteurs d'escadre.[12] Un escalier rompu descendait à la rivière, près d'un pieu où était **amarrée** une barque. Une galerie de bois passait au-dessus de la roue. Des fenêtres s'ouvraient, percées irrégulièrement. C'était un pêle-mêle d'encoignures, de petites murailles, de constructions ajoutées après coup, de poutres et de toitures[13] qui donnaient au moulin un aspect

30

40

45

50

55

60

---

[3] **de longs rideaux… bruissantes:** *long curtains of poplars unfurl their rustling drapery*

[4] **arrosée:** mouillée (par l'eau du ruisseau) *stream

[5] **égayait de son tic-tac:** rendait gai par son bruit régulier

[6] **qui arrondit à cet endroit un clair bassin:** *which on this spot rounds out into a clear pool*

[7] **une écluse était ménagée:** *a lock was fitted into the millstream*

[8] **la toux asthmatique:** *the asthmatic cough* (La roue est assimilée à une vieille servante.) *compared to*

[9] **et il raccommodait… du plomb:** *and he patched up the old wheel with whatever he could lay his hands on, barrel staves, rusted iron fittings, zinc, lead*

[10] **sous une parure éclatante de colliers de nacre:** *under dazzling finery of mother-of-pearl necklaces*

[11] **une arche barbare, échouée là:** *a primitive ark, shipwrecked there*

[12] **avec des lenteurs d'escadre:** *aussi lentement qu'une flotte de navires de guerre*

[13] **un pêle-mêle… toitures:** *a confusion of nooks and crannies, of small walls, of superimposed structures, of beams and roofings*

d'ancienne citadelle démantelée. Mais des **lierres** avaient poussé, toutes
sortes de plantes grimpantes bouchaient les crevasses trop grandes et mettaient un manteau vert à la vieille demeure. Les demoiselles qui passaient,
65 dessinaient sur leurs albums le moulin du père Merlier.

Du côté de la route, la maison était plus solide. Un portail en pierre s'ouvrait
sur la grande cour, que bordaient à droite et à gauche **des hangars et des
écuries**. Près d'un **puits**, un **orme** immense couvrait de son ombre la moitié de
la cour. Au fond, la maison alignait les quatre fenêtres de son premier étage, sur-
70 monté d'un **colombier**. La seule coquetterie du père Merlier était de faire
badigeonner cette façade tous les dix ans. Elle venait justement d'être blanchie,
et elle éblouissait le village, lorsque le soleil l'allumait, au milieu du jour.

Depuis vingt ans, le père Merlier était maire de Rocreuse. On l'estimait
pour la fortune qu'il avait su faire. **On lui donnait quelque chose comme**
75 quatre-vingt mille francs, amassés sou à sou. Quand il avait épousé Madeleine
Guillard, qui lui apportait en dot le moulin,[14] il ne possédait guère que ses
deux bras. Mais Madeleine ne s'était jamais repentie de son choix, tant il avait
su mener gaillardement les affaires du ménage.[15] Aujourd'hui la femme était
défunte, il restait veuf avec sa fille Françoise. Sans doute, il aurait pu se
80 reposer, laisser la roue du moulin dormir dans la mousse; mais il se serait trop
ennuyé, et la maison lui aurait semblé morte. Il travaillait toujours, pour le
plaisir. Le père Merlier était alors un grand vieillard, à longue figure silencieuse, qui ne riait jamais, mais qui était tout de même très gai en dedans. On
l'avait choisi pour maire, à cause de son argent et aussi pour le bel air qu'il
85 savait prendre, lorsqu'il faisait un mariage.

Françoise Merlier venait d'avoir dix-huit ans. Elle ne passait pas pour une
des belles filles du pays, parce qu'elle était **chétive**. Jusqu'à quinze ans, elle
avait même été laide. On ne pouvait pas comprendre, à Rocreuse, comment la
fille du père et de la mère Merlier, tous deux **si bien plantés**, poussait mal et
90 d'un air de regret.[16] Mais à quinze ans, tout en restant délicate, elle prit une
petite figure, la plus jolie du monde. Elle avait des cheveux noirs, des yeux
noirs, et elle était toute rose avec ça; une bouche qui riait toujours, des trous
dans les joues, un front clair où il y avait comme une couronne de soleil.
Quoique chétive pour le pays, elle n'était pas maigre, loin de là; on voulait dire
95 simplement qu'elle n'aurait pas pu lever un sac de blé; mais elle devenait
toute **potelée**, avec l'âge elle devait finir par être ronde et friande comme une
caille.[17] Seulement, les longs silences de son père l'avaient rendue raisonnable
très jeune. Si elle riait toujours c'était pour faire plaisir aux autres. Au fond,
elle était sérieuse.
100 Naturellement, tout le pays la courtisait, plus encore pour **ses écus** que
pour sa gentillesse. Et elle avait fini par faire un choix, qui venait de
scandaliser la contrée. De l'autre côté de la Morelle, vivait un grand garçon,
que l'on nommait Dominique Penquer. Il n'était pas de Rocreuse. Dix ans

---

[14] **qui lui apportait en dot le moulin:** dont les parents contribuaient le moulin, à l'occasion du mariage

[15] **mener gaillardement les affaires du ménage:** diriger avec vigueur les affaires du couple

[16] **poussait mal et d'un air de regret:** could grow so poorly and with such reluctance

[17] **ronde et friande comme une caille:** plump and tasty as a quail

auparavant, il était arrivé de Belgique, pour hériter d'un oncle, qui possédait un petit bien, **sur la lisière même** de la forêt de Gagny, juste en face du moulin, à quelques portées de fusil.[18] Il venait pour vendre ce bien, disait-il, et retourner chez lui. Mais le pays le charma, paraît-il, car il n'en bougea plus. On le vit cultiver son bout de champ, récolter quelques légumes dont il vivait. Il pêchait, il chassait; plusieurs fois, les gardes faillirent le prendre et lui dresser des procès-verbaux.[19] Cette existence libre, dont les paysans ne s'expliquaient pas bien les ressources, avait fini par lui donner un mauvais renom. On le traitait vaguement de braconnier.[20] En tout cas, il était paresseux, car on le trouvait souvent endormi dans l'herbe, à des heures où il aurait dû travailler. La masure qu'il habitait, sous les derniers arbres de la forêt, ne semblait pas non plus la demeure d'un honnête garçon. Il aurait eu un commerce avec les loups[21] des ruines de Gagny, que cela n'aurait point surpris les vieilles femmes. Pourtant, les jeunes filles, parfois, **se hasardaient à** le défendre, car il était superbe, cet homme **louche**, souple et grand comme un peuplier, très blanc de peau, avec une barbe et des cheveux blonds qui semblaient de l'or au soleil. Or, un beau matin, Françoise avait déclaré au père Merlier qu'elle aimait Dominique et que jamais elle ne consentirait à épouser un autre garçon.

On pense quel **coup de massue** le père Merlier reçut, ce jour-là! Il ne dit rien, selon son habitude. Il avait son visage réfléchi; seulement, sa gaieté intérieure ne luisait plus dans ses yeux. On se bouda[22] pendant une semaine. Françoise, elle aussi, était toute grave. Ce qui tourmentait le père Merlier, c'était de savoir comment ce gredin de braconnier avait bien pu ensorceler sa fille.[23] Jamais Dominique n'était venu au moulin. **Le meunier guetta** et il aperçut le galant, de l'autre côté de la Morelle, couché dans l'herbe et feignant de dormir. Françoise, de sa chambre, pouvait le voir. La chose était claire, ils avaient dû s'aimer, en se faisant les doux yeux[24] par-dessus la roue du moulin.

Cependant, huit autres jours s'écoulèrent. Françoise devenait de plus en plus grave. Le père Merlier ne disait toujours rien. Puis, un soir, silencieusement, il amena lui-même Dominique. Françoise, justement, mettait la table. Elle ne parut pas étonnée, elle se contenta d'ajouter un couvert; seulement, les petits trous de ses joues venaient de se creuser de nouveau, et son rire avait reparu. Le matin, le père Merlier était allé trouver Dominique dans sa masure, sur la lisière du bois. Là, les deux hommes avaient causé pendant trois heures, les portes et les fenêtres fermées. Jamais personne n'a su ce qu'ils avaient pu se dire. Ce qu'il y a de certain, c'est que le père Merlier en sortant traitait déjà Dominique comme son fils. Sans doute, le vieillard avait trouvé le

---

[18] **à quelques portées de fusil:** *several times the range of a rifle shot*

[19] **les gardes… procès-verbaux:** *the game wardens almost seized him and wrote up summonses*

[20] **On le traitait vaguement de braconnier:** *He was alleged to be a poacher.*

[21] **Il aurait eu un commerce avec les loups:** *S'il fréquentait les loups…*

[22] **On se bouda:** *le père et sa fille ne se parlèrent pas, vexés*

[23] **comment ce gredin… fille:** *how that rogue of a poacher had managed to cast a spell over his daughter*

[24] **ils avaient dû s'aimer, en se faisant les doux yeux:** *they must have fallen in love while making eyes at each other.*

garçon qu'il était allé chercher, un **brave garçon,** dans ce paresseux qui se   *decent young man*
couchait sur l'herbe pour se faire aimer des filles.

145   Tout Rocreuse clabauda.[25] Les femmes, sur les portes, **ne tarissaient pas**   ne cessaient pas de
au sujet de la folie du père Merlier, qui introduisait ainsi chez lui un   parler
garnement. Il laissa dire. Peut-être s'était-il souvenu de son propre mariage.   mauvais garçon
Lui non plus ne possédait pas **un sou vaillant,** lorsqu'il avait épousé   *a red cent*
Madeleine et son moulin; cela pourtant ne l'avait point empêché de faire un
bon mari. D'ailleurs, Dominique coupa court aux cancans, en se mettant si
rudement à la besogne,[26] que le pays en fut émerveillé. Justement le garçon
du moulin était tombé au sort,[27] et jamais Dominique ne voulut qu'on en
engageât un autre. Il porta les sacs, conduisit la charrette, se battit avec la
vieille roue, quand elle se faisait prier pour tourner,[28] tout cela d'un tel cœur,
qu'on venait le voir par plaisir. Le père Merlier avait son rire silencieux. Il était

155   très fier d'avoir deviné ce garçon. Il n'y a rien comme l'amour pour donner du
courage aux jeunes gens.
    Au milieu de toute cette grosse besogne, Françoise et Dominique s'ado-
raient. Ils ne se parlaient guère, mais ils se regardaient avec une douceur sou-
riante. Jusque-là, le père Merlier n'avait pas dit un seul mot au sujet du

160   mariage; et tous deux respectaient ce silence, attendant la volonté du vieillard.
Enfin, un jour, vers le milieu de juillet, il avait fait mettre trois tables dans la
cour, sous le grand orme, en invitant ses amis de Rocreuse à venir le soir boire
un coup avec lui. Quand la cour fut pleine et que tout le monde eut le verre en
main, le père Merlier leva la sien très haut, en disant:

165   —C'est pour avoir le plaisir de vous annoncer que Françoise épousera ce
gaillard-là dans un mois, le jour de la Saint-Louis.[29]
    Alors, on trinqua[30] bruyamment. Tout le monde riait. Mais le père Merlier
haussant la voix, dit encore:
    —Dominique, embrasse ta promise. Ça se doit.[31]

170   Et ils s'embrassèrent, très rouges pendant que l'assistance riait plus fort.
Ce fut une vraie fête. On vida un petit **tonneau**. Puis, quand il n'y eut là que les   baril
amis intimes, on causa d'une façon calme. La nuit était tombée, une nuit
étoilée et très claire. Dominique et Françoise, assis sur un banc, l'un près de
l'autre, ne disaient rien. Un vieux paysan parlait de la guerre que l'empereur

175   avait déclarée à la Prusse.[32] Tous les gars du village étaient déjà partis. La
veille, des troupes avaient encore passé. On allait **se cogner** dur.   se battre
    —Bah! dit le père Merlier avec l'égoïsme d'un homme heureux, Dominique
est étranger, il ne partira pas. Et si les Prussiens venaient, il serait là pour
défendre sa femme.

---

[25] **clabauda:** parla de façon méchante, calomnieuse

[26] **coupa court aux cancans en se mettant si rudement à la besogne:** *put a stop to the gossip by setting himself to work with such determination*

[27] **était tombé au sort:** *had been drafted (in a lottery system)*

[28] **quand elle... tourner:** quand la roue tournait avec difficulté

[29] **la Saint-Louis:** la fête de Saint Louis, le 25 août

[30] **on trinqua:** on choqua les verres ensemble, avant de boire

[31] **Ça se doit:** Il le faut, c'est un devoir.

[32] Il s'agit de la guerre franco-prussienne (1870–1871), déclarée par Napoléon III.

Cette idée que les Prussiens pouvaient venir parut une bonne plaisanterie. 180
On allait leur flanquer une raclée soignée,[33] et ce serait vite fini.

—Je les ai déjà vus, je les ai déjà vus, répéta d'une voix sourde le vieux paysan.

Il y eut un silence. Puis on trinqua une fois encore. Françoise et Dominique n'avaient rien entendu; ils s'étaient pris doucement la main, derrière le banc, 185 sans qu'on pût les voir, et cela leur semblait si bon, qu'ils restaient là, les yeux perdus au fond des ténèbres.

Quelle nuit tiède et superbe! Le village s'endormait aux deux bords de la route blanche, dans une tranquillité d'enfant. On n'entendait plus, de loin en loin, que le chant de quelque coq éveillé trop tôt. Des grands bois voisins, 190 descendaient de longues haleines[34] qui passaient sur les toitures comme des caresses. Les prairies, avec leurs ombrages noirs, prenaient une majesté mystérieuse et recueillie, tandis que toutes les sources, toutes les eaux courantes qui jaillissaient dans l'ombre, semblaient être la respiration fraîche et rythmée de la campagne endormie. Par instants, la vieille roue du moulin, ensommeillée, 195 paraissait rêver comme ces vieux chiens de garde **qui aboient en ronflant**; elle avait des craquements, **elle causait toute seule**, bercée par la chute de la Morelle, dont **la nappe** rendait le son musical et continu d'un **tuyau d'orgues**. Jamais une paix plus large n'était descendue sur un coin plus heureux de nature.

II

🔲 Un mois plus tard, jour pour jour, juste la veille de la Saint-Louis, Rocreuse 200 était dans **l'épouvante**. Les Prussiens avaient battu l'empereur et s'avançaient à marches forcées vers le village. Depuis une semaine, des gens qui passaient sur la route annonçaient les Prussiens: «Ils sont à Lormière, ils sont à Nouvelles»; et, à entendre dire qu'ils se rapprochaient si vite, Rocreuse, chaque matin, croyait les voir descendre par les bois de Gagny. Ils ne venaient 205 point cependant, cela effrayait davantage. Bien sûr qu'ils tomberaient sur le village pendant la nuit et qu'ils **égorgeraient** tout le monde.

La nuit précédente, un peu avant le jour, il y avait eu une alerte. Les habitants s'étaient réveillés, en entendant un grand bruit d'hommes sur la route. Les femmes déjà se jetaient à genoux et faisaient des signes de croix, 210 lorsqu'on avait reconnu des pantalons rouges,[35] en entr'ouvrant prudemment les fenêtres. C'était un détachement français. Le capitaine avait tout de suite demandé le maire du pays, et il était resté au moulin, après avoir causé avec le père Merlier.

Le soleil se levait gaîment, ce jour-là. Il ferait chaud, à midi. Sur les bois, 215 une clarté blonde flottait, tandis que dans les **fonds**, au-dessus des prairies, montaient des vapeurs blanches. Le village, propre et joli, s'éveillait dans la fraîcheur, et la campagne, avec sa rivière et ses fontaines, avait des grâces mouillées de bouquet.[36] Mais cette belle journée ne faisait rire personne. On

---

[33] **leur flanquer une raclée soignée** *(pop.):* leur administrer une belle défaite

[34] **de longues haleines:** air expiré, souffle, c'est-à-dire des vents légers

[35] **des pantalons rouges:** partie de l'uniforme français

[36] **avait des grâces mouillées de bouquet:** *displayed the dewy charm of a bouquet of flowers*

venait de voir le capitaine tourner autour du moulin, regarder les maisons
voisines, passer de l'autre côté de la Morelle, et de là, étudier le pays avec une
lorgnette; le père Merlier, qui l'accompagnait, semblait donner des explica-
tions. Puis, le capitaine avait posté des soldats derrière des murs, derrière des
arbres, dans des trous. Le gros du détachement campait dans la cour du
moulin. On allait donc se battre? Et quand le père Merlier revint, on l'interro-
gea. Il fit un long signe de tête, sans parler. Oui, on allait se battre.

Françoise et Dominique étaient là, dans la cour, qui le regardaient. Il finit
par ôter sa pipe de la bouche et dit cette simple phrase:

—Ah! mes pauvres petits, ce n'est pas demain que je vous marierai!

Dominique, les lèvres serrées, avec un pli de colère au front, se haussait
parfois, restait les yeux fixés sur les bois de Gagny, comme s'il eût voulu voir
arriver les Prussiens. Françoise, très pâle, sérieuse, allait et venait, fournissant
aux soldats ce dont ils avaient besoin. Ils faisaient la soupe dans un coin de la
cour, et plaisantaient, en attendant de manger.

Cependant, le capitaine paraissait ravi. Il avait visité les chambres et la
grande salle du moulin donnant sur la rivière. Maintenant, assis près du puits,
il causait avec le père Merlier.

—Vous avez là une vraie forteresse, disait-il. Nous tiendrons bien jusqu'à
ce soir… **Les bandits** sont en retard. Ils devraient être ici.

Le meunier restait grave. Il **voyait** son moulin flamber comme une torche.
Mais il ne se plaignait pas, jugeant cela inutile. Il ouvrit seulement la bouche
pour dire:

—Vous devriez faire cacher la barque derrière la roue. Il y a là un trou où
elle tient… Peut-être qu'elle pourra servir.

Le capitaine donna un ordre. Ce capitaine était un bel homme d'une qua-
rantaine d'années, grand et de figure aimable. La vue de Françoise et de
Dominique semblait le **réjouir**. Il s'occupait d'eux, comme s'il avait oublié
la lutte prochaine. Il suivait Françoise des yeux, et son air disait clairement
qu'il la trouvait charmante. Puis, se tournant vers Dominique:

—Vous n'êtes donc pas à l'armée, mon garçon? lui demanda-t-il brusquement.

—Je suis étranger, répondit le jeune homme.

Le capitaine parut goûter médiocrement cette raison. Il cligna les yeux[37] et
sourit. Françoise était plus agréable à fréquenter que le canon. Alors, en le voyant sourire, Dominique ajouta:

—Je suis étranger, mais je loge **une balle** dans une pomme, à cinq cents
mètres… Tenez, mon fusil de chasse est là, derrière vous.

—Il pourra vous servir, répliqua simplement le capitaine.

Françoise s'était approchée, un peu tremblante. Et, sans se soucier du
monde qui était là, Dominique prit et serra dans les siennes les deux mains
qu'elle lui tendait, comme pour se mettre sous sa protection. Le capitaine
avait souri de nouveau, mais il n'ajouta pas une parole. Il demeurait assis, son
épée entre les jambes, les yeux perdus, paraissant rêver.

Il était déjà dix heures. La chaleur devenait très forte. Un lourd silence se
faisait. Dans la cour, à l'ombre des hangars, les soldats s'étaient mis à manger

field glass

*the main body

* to remove

* tight, tightened
* crease, furrow, line

* joking

* well

Les Prussiens
imaginait

amuser
le combat

un projectile (de fusil)

to care about, show
concern for

*sword
(a bit
Freudian)

---

[37] **cligna les yeux:** ferma à demi les yeux, en regardant Françoise

la soupe. Aucun bruit ne venait du village, dont les habitants avaient tous bar- 265
ricadé leurs maisons, portes et fenêtres. Un chien, resté seul sur la route,
hurlait. Des bois et des prairies voisines, pâmés[38] par la chaleur, sortait une
voix lointaine, prolongée, faite de tous **les souffles épars**. Un coucou chanta.
Puis, le silence s'élargit encore.

Et, dans cet air endormi, brusquement, **un coup de feu éclata**. Le capi- 270
taine se leva vivement, les soldats lâchèrent leurs assiettes de soupe, encore
à moitié pleines. En quelques secondes, tous furent à leur poste de combat;
de bas en haut, le moulin se trouvait occupé. Cependant, le capitaine, qui
s'était porté sur la route, n'avait rien vu; à droite, à gauche, la route s'étendait,
vide et toute blanche. Un deuxième coup de feu se fit entendre, et toujours 275
rien, pas une ombre. Mais, en se retournant, il aperçut du côté de Gagny, entre
deux arbres, un léger **flocon de fumée** qui s'envolait, pareil à un **fil de la Vierge**.
Le bois restait profond et doux.

—Les grédins se sont jetés dans la forêt, murmura-t-il. Ils nous savent ici.

Alors, la fusillade continua, de plus en plus nourrie, entre les soldats 280
français, postés autour du moulin, et les Prussiens, cachés derrière les arbres.
Les balles **sifflaient** au-dessus de la Morelle, sans causer de pertes ni d'un
côté ni de l'autre. Les coups étaient irréguliers, partaient de chaque **buisson;**
et l'on n'apercevait toujours que les petites fumées, balancées mollement par
le vent.[39] Cela dura près de deux heures. L'officier **chantonnait** d'un air indif- 285
férent. Françoise et Dominique, qui étaient restés dans la cour, se haussaient
et regardaient par-dessus une muraille basse. Ils s'intéressaient surtout à un
petit soldat, posté au bord de la Morelle, derrière la carcasse d'un vieux
bateau; il était **à plat ventre**, guettait, lâchait son coup de feu, puis se laissait
glisser dans un fossé,[40] un peu en arrière, pour recharger son fusil; et ses mou- 290
vements étaient si drôles, si rusés, si souples, qu'on se laissait aller à sourire
en le voyant. Il dut apercevoir quelque tête de Prussien, car il se leva vivement
et épaula;[41] mais, avant qu'il eût tiré, il jeta un cri, tourna sur lui-même et roula
dans le fossé, où ses jambes eurent un instant le roidissement convulsif des
pattes d'un poulet qu'on égorge.[42] Le petit soldat venait de recevoir une balle 295
en pleine poitrine. C'était le premier mort. Instinctivement, Françoise avait
saisi la main de Dominique et la lui serrait, dans une crispation nerveuse.

—Ne restez pas là, dit le capitaine. Les balles viennent jusqu'ici.

En effet, un petit coup sec s'était fait entendre dans le vieil orme, et
un bout de branche tombait en se balançant. Mais les deux jeunes gens ne 300
bougèrent pas, cloués par l'anxiété du spectacle. A la lisière du bois, un
Prussien était brusquement sorti de derrière un arbre comme d'une coulisse,[43]
battant l'air de ses bras et tombant à la renverse. Et rien ne bougea plus, les
deux morts semblaient dormir au grand soleil, on ne voyait toujours

---

[38] **pâmes:** évanouis, dans une sorte de langueur

[39] **balancées mollement par le vent:** swaying languidly in the wind

[40] **se laissait glisser dans un fossé:** let himself slide into a ditch

[41] **épaula:** appuya son fusil sur l'épaule pour viser

[42] **eurent le… égorge:** stiffened convulsively like the legs of a chicken being slaughtered

[43] **comme d'une coulisse:** comme d'un des côté d'une scène de théâtre

305 personne dans la campagne alourdie. Seule, la Morelle **chuchotait** avec son   *murmurait*
bruit clair.

Le père Merlier regarda le capitaine d'un air de surprise, comme pour lui
demander si c'était fini.

—Voilà le grand coup, murmura celui-ci. Méfiez-vous.[44] Ne restez pas là.

310 Il n'avait pas achevé qu'une décharge effroyable eut lieu. Le grand orme fut
comme **fauché**, une volée de feuilles tournoya. Les Prussiens avaient   *coupé, abattu*
heureusement tiré trop haut. Dominique entraîna, emporta presque Françoise,
tandis que le père Merlier les suivait, en criant:

—Mettez-vous dans le petit caveau, les murs sont solides.

315 Mais ils ne l'écoutèrent pas, ils entrèrent dans la grande salle, où une
dizaine de soldats attendaient en silence, les volet fermés, guettant par des
fentes.[45] Le capitaine était resté seul dans la cour, **accroupi** derrière la   *crouching*
petite muraille, pendant que des décharges furieuses continuaient. Au
dehors, les soldats qu'il avait postés, ne cédaient le terrain que pied à pied.

320 Pourtant, ils rentraient un à un en rampant,[46] quand l'ennemi les avait
délogés de leurs cachettes. Leur **consigne** était de gagner du temps, de ne   *instruction, ordre*
point se montrer, pour que les Prussiens ne puissent savoir quelles forces
ils avaient devant eux. Une heure encore s'écoula. Et, comme un sergent
arrivait, disant qu'il n'y avait plus dehors que deux ou trois hommes, l'of-

325 ficier tira sa montre, en mumurant:

—Deux heures et demie... Allons, il faut tenir quatre heures.

Il fit fermer le grand portail de la cour, et tout fut préparé pour une résistance énergique. Comme les Prussiens se trouvaient de l'autre côté de la
Morelle, un assaut immédiat n'était pas à craindre. Il y avait bien un pont à

330 deux kilomètres, mais ils ignoraient sans doute son existence, et il était peu
croyable qu'ils tenteraient de **passer à gué** la rivière. L'officier fit donc sim-   *traverser à pied*
plement surveiller la route. Tout l'effort allait porter du côté de la campagne.

La fusillade de nouveau avait cessé. Le moulin semblait mort sous le grand
soleil. Pas un volet n'était ouvert, aucun bruit ne sortait de l'intérieur. Peu à

335 peu, cependant, des Prussiens se montraient à la lisière du bois de Gagny. Ils
allongeaient la tête, s'enhardissaient.[47] Dans le moulin, plusieurs soldats
épaulaient déjà; mais le capitaine cria:

—Non, non, attendez... Laissez-les s'approcher.

Ils y mirent beaucoup de prudence, regardant le moulin d'un air **méfiant**.   *sans confiance*

340 Cette vieille demeure, silencieuse et **morne**, avec ses rideaux de lierre, les   *triste*
inquiétait. Pourtant ils avançaient. Quand ils furent une cinquantaine dans la
prairie, en face, l'officier dit un seul mot:

—Allez!

Un déchirement[48] se fit entendre, des coups isolés suivirent. Françoise,

345 agitée d'un tremblement, avait porté malgré elle les mains à ses oreilles.
Dominique, derrière les soldats, regardait; et, quand la fumée se fut un peu

---

44 **Méfiez-vous:** Faites attention, soyez prudent.

45 **les volets... fentes:** *behind closed shutters, peering out between the slats*

46 **en rampant:** en avançant à plat ventre

47 **Ils allongeaient la tête, s'enhardissaient:** *They poked their heads out, grew bolder.*

48 **déchirement:** bruit violent et soudain qui brise le silence

dissipée, il aperçut trois Prussiens étendus sur le dos au milieu du pré. Les autres s'étaient jetés derrière **les saules et les peupliers**. Et le siège commença.

Pendant plus d'une heure, le moulin fut **criblé de balles**. Elles en fouettaient les vieux murs comme une grêle.[49] Lorsqu'elles frappaient sur de la pierre, on les entendait s'écraser et retomber à l'eau. Dans le bois, elles **s'enfonçaient** avec un bruit sourd. Parfois, un craquement annonçait que la roue venait d'être touchée. Les soldats, à l'intérieur, ménageaient leurs coups,[50] ne tiraient que lorsqu'ils pouvaient viser. De temps à autre le capitaine consultait sa montre. Et, comme une balle **fendait un volet** et allait se loger dans le plafond:

—Quatre heures, murmura-t-il. Nous ne tiendrons jamais.

Peu à peu, en effet, cette fusillade terrible **ébranlait** le vieux moulin. Un volet tomba à l'eau, troué comme une dentelle,[51] et il fallut le remplacer par un matelas. Le père Merlier, à chaque instant, s'exposait pour constater **les avaries** de sa pauvre roue, dont les craquements lui allaient au cœur. Elle était bien finie, cette fois; jamais il ne pourrait la raccommoder. Dominique avait supplié Françoise de se retirer, mais elle voulait rester avec lui; elle s'était assise derrière une grande **armoire de chêne**, qui la protégeait. Une balle pourtant arriva dans l'armoire, dont les flancs rendirent un son grave. Alors, Dominique se plaça devant Françoise. Il n'avait pas encore tiré, il tenait son fusil à la main, ne pouvant approcher des fenêtres dont les soldats tenaient toute la largeur. A chaque décharge, **le plancher tressaillait**.

—Attention! attention! cria tout d'un coup le capitaine.

Il venait de voir sortir du bois toute une masse sombre. Aussitôt s'ouvrit un formidable **feu de peloton**. Ce fut comme une trombe[52] qui passa sur le moulin. Un autre volet partit, et par l'ouverture béante de la fenêtre, les balles entrèrent. Deux soldats roulèrent sur le carreau. L'un ne remua plus; on le poussa contre le mur, parce qu'il encombrait. L'autre se tordit en demandant qu'on l'achevât;[53] mais on ne l'écoutait point, les balles entraient toujours, chacun se garait[54] et tâchait de trouver une meurtrière pour riposter.[55] Un troisième soldat fut blessé; celui-là ne dit pas une parole, il se laissa couler au bord d'une table,[56] avec des yeux fixes et hagards. En face de ces morts, Françoise, prise d'horreur, avait repoussé machinalement sa chaise, pour s'asseoir à terre, contre le mur; elle se croyait là plus petite et moins en danger. Cependant, on était allé prendre tous les matelas de la maison, on avait **rebouché** à moitié la fenêtre. La salle s'emplissait de débris, d'armes rompues, de meubles éventrés.

—Cinq heures, dit le capitaine. Tenez bon… Ils vont chercher à passer l'eau.

---

[49] **Elles (les balles) en fouettaient… grêle:** *They lashed its old wall like hail.*
[50] **ménageaient leurs coups:** tiraient peu de coups de fusil
[51] **troué comme une dentelle:** *shot through like a piece of lace*
[52] **une trombe:** masse d'eau mouvante, pluie torrentielle
[53] **se tordit… l'achevât:** *writhed, asking that he be finished off*
[54] **se garait:** *took cover, got out of the way*
[55] **une meurtrière pour riposter:** *a loophole through which he could return fire*
[56] **il se laissa couler au bord d'une table:** *he slumped down alongside a table*

385   A ce moment Françoise poussa un cri. Une balle, qui avait ricoché, venait

*drops

de lui effleurer le front.[57] Quelques gouttes de sang parurent. Dominique la
regarda; puis, s'approchant de la fenêtre, il lâcha son premier coup de feu, et
il ne s'arrêta plus. Il chargeait, tirait, sans s'occuper de ce qui se passait près
de lui; de temps à autre seulement, il jetait un coup d'œil sur Françoise.   *glance

390 D'ailleurs, il ne se pressait pas, visait avec soin. Les Prussiens, longeant les   *to hurry
peupliers, tentaient le passage de la Morelle, comme le capitaine l'avait prévu;
mais, dès qu'un d'entre eux se hasardait, il tombait frappé à la tête par une   *as soon as
balle de Dominique. Le capitaine, qui suivait ce jeu, était émerveillé. Il com-
plimenta le jeune homme, en lui disant qu'il serait heureux d'avoir beaucoup

395 de tireurs de sa force. Dominique ne l'entendait pas. Une balle lui **entama**   blessa
l'épaule, une autre lui contusionna le bras. Et il tirait toujours.

*sharp-shooters

    Il y eut deux nouveaux morts. Les matelas, **déchiquetés**, ne bouchaient   déchirés, coupés en
plus les fenêtres. Une dernière décharge semblait devoir emporter le moulin.   morceaux
La position n'était plus tenable. Cependant l'officier répétait: *carry away

400   —Tenez bon… Encore une demi-heure.

    Maintenant, il comptait les minutes. Il avait promis à ses chefs d'arrêter
l'ennemi là jusqu'au soir, et il n'aurait pas reculé d'une semelle[58] avant l'heure
qu'il avait fixée pour la retraite. Il gardait son air aimable, souriait à Françoise,
afin de la rassurer. Lui-même venait de ramasser le fusil d'un soldat mort et

405 faisait le coup de feu.   *to pick up, gather

    Il n'y avait plus que quatre soldats dans la salle. Les Prussiens se mon-
traient en masse sur l'autre bord de la Morelle, et il était évident qu'ils allaient
passer la rivière d'un moment à l'autre. Quelques minutes s'écoulèrent encore.
Le capitaine **s'entêtait**, ne voulait pas donner l'ordre de la retraite, lorsqu'un   s'obstinait

410 sergent accourut, en disant: *to rush up

    —Ils sont sur la route, ils vont nous prendre par derrière.

    Les Prussiens devaient avoir trouvé le pont. Le capitaine tira sa montre.

    —Encore cinq minutes, dit-il. Ils ne seront pas ici avant cinq minutes. (a bit obsessive)

    Puis, à six heures précises, il consentit enfin à faire sortir ses hommes par

415 une petite porte qui donnait sur une ruelle. De là, ils se jetèrent dans un fossé,   *alley
ils gagnèrent la forêt de Sauval. Le capitaine avait, avant de partir, salué très   *to reach
poliment le père Merlier, en s'excusant. Et il avait même ajouté:

    —Amusez-les… Nous reviendrons.

    Cependant, Dominique était resté seul dans la salle. Il tirait toujours, n'en-

420 tendant rien, ne comprenant rien. Il n'éprouvait que le besoin de défendre
Françoise. Les soldats étaient partis, sans qu'il s'en doutât le moins du
monde.[59] Il visait et tuait son homme à chaque coup. Brusquement, il y eut un
grand bruit. Les Prussiens, par derrière, venaient d'envahir la cour. Il lâcha un
dernier coup, et ils tombèrent sur lui, comme son fusil fumait encore.

425   Quatre hommes le tenaient. D'autres vociféraient autour de lui, dans une
langue effroyable. Ils faillirent l'égorger tout de suite. Françoise s'était jetée en
avant, suppliante. Mais un officier entra et se fit remettre le prisonnier. Après

     → *to cut throat   └ *to hand over

---

[57] **venait de lui effleurer le front:** *had just grazed her forehead*

[58] **il n'aurait… semelle:** *he would not have retreated a single step*

[59] **sans qu'il… monde:** *without his noticing it in the slightest*

quelques phrases qu'il échangea en allemand avec les soldats, il se tourna vers Dominique et lui dit rudement, en très bon français:

—Vous serez fusillé dans deux heures. 430

*executed

III

C'était une règle posée par **l'état-major** allemand: tout Français n'appartenant pas à l'armée régulière et pris les armes à la main, devait être fusillé. Les compagnies franches[60] elles-mêmes n'étaient pas reconnues comme belligérantes. En faisant ainsi de terribles exemples sur les paysans qui défendaient leurs **foyers**, les Allemands voulaient empêcher **la levée en masse**, qu'ils redoutaient. 435

*gaunt   *to undergo

L'officier, un homme grand et sec, d'une cinquantaine d'années, fit subir à Dominique un bref interrogatoire. Bien qu'il parlât le français très purement, il avait une raideur toute prussienne.

—Vous êtes de ce pays? 440

—Non, je suis Belge.

—Pourquoi avez-vous pris les armes?... Tout ceci ne doit pas vous **regarder**.

Dominique ne répondit pas. A ce moment, l'officier aperçut Françoise debout et très pâle, qui écoutait; sur son front blanc, sa légère blessure mettait une barre rouge. Il regarda les jeunes gens l'un après l'autre, parut comprendre, et se contenta d'ajouter: 445

—Vous ne niez pas avoir tiré?

—J'ai tiré tant que j'ai pu, répondit tranquillement Dominique.

*stained

Cet **aveu** était inutile, car il était noir de poudre, couvert de sueur, taché de quelques gouttes de sang qui avaient coulé de l'éraflure de son épaule. 450

*graze, scratch

—C'est bien, répéta l'officier. Vous serez fusillé dans deux heures.

*speechless

Françoise ne cria pas. Elle joignit les mains et les éleva dans un geste de muet désespoir. L'officier remarqua ce geste. Deux soldats avaient emmené Dominique dans une pièce voisine, où ils devaient le garder à vue. La jeune fille était tombée sur une chaise, les jambes brisées;[61] elle ne pouvait pleurer, elle **étouffait**. Cependant, l'officier l'examinait toujours. Il finit par lui adresser la parole: 455

—Ce garçon est votre frère? demanda-t-il.

Elle dit non de la tête. Il resta raide, sans un sourire. Puis, au bout d'un silence: 460

—Il habite le pays depuis longtemps?

Elle dit oui, d'un nouveau signe.

—Alors il doit très bien connaître les bois voisins?

Cette fois, elle parla.

—Oui, monsieur, dit-elle en le regardant avec quelque surprise. 465

Il n'ajouta rien et **tourna sur ses talons**, en demandant qu'on lui amenât le maire du village. Mais Françoise s'était levée, une légère rougeur au visage, croyant avoir saisi le but de ses questions et reprise d'espoir. Ce fut elle-même qui courut pour trouver son père.

---

[60] **compagnies franches:** compagnies composées de volontaires

[61] **les jambes brisées:** les jambes affaiblies par l'angoisse et la fatigue

Margin glosses:

general staff *to belong to

domiciles / mobilisation générale

*rigidity

concerner

déclaration

respirait avec difficulté

turned on his heels

470 Le père Merlier, dès que les coups de feu avaient cessé, était vivement
descendu par la galerie de bois, pour visiter sa roue. Il adorait sa fille, il avait
une solide amitié pour Dominique, **son futur gendre**; mais sa roue tenait   *le futur époux de sa fille*
aussi une large place dans son cœur. Puisque les deux petits, comme il les
appelait, étaient sortis sains et saufs de la bagarre,[62] il songeait à son autre
475 tendresse, qui avait singulièrement souffert, celle-là. Et, penché sur la grande
carcasse de bois, il en étudiait les blessures d'un air **navré**. Cinq palettes   *désolé, attristé*
étaient en miettes, la charpente centrale était criblée.[63] Il fourrait les doigts
dans les trous des balles, pour en mesurer la profondeur; il réfléchissait à la
façon dont il pourrait réparer toutes ces avaries. Françoise le trouva qui
480 bouchait déjà des fentes avec des débris et de la mousse.
   —Père, dit-elle, ils vous demandent.
   Et elle pleura enfin, en lui contant ce qu'elle venait d'entendre. Le père
Merlier hocha la tête. On ne fusillait pas les gens comme ça. Il fallait voir.[64] Et
il rentra dans le moulin, de son air silencieux et paisible. Quand l'officier lui   *peaceful*
485 eut demandé **des vivres** pour ses hommes, il répondit que les gens de   *de la nourriture*
Rocreuse n'étaient pas habitués à être brutalisés, et qu'on n'obtiendrait rien
d'eux si l'on employait la violence. Il se chargeait de tout, mais à la condition
qu'on le laissât agir seul. L'officier parut se fâcher d'abord de ce ton tranquille;
puis, il céda, devant les paroles brèves et nettes du vieillard. Même il le rap-
490 pella, pour lui demander:
   —Ces bois-là, en face, comment les nommez-vous?
   —Les bois de Sauval.
   —Et quelle est leur étendue?
   Le meunier le regarda fixement.
495   —Je ne sais pas, répondit-il.
   Et il s'éloigna. Une heure plus tard, la contribution de guerre en vivres et en
argent, réclamée par l'officier, était dans la cour du moulin. La nuit venait.
Françoise suivait avec anxiété les mouvements des soldats. Elle ne s'éloignait
pas de la pièce dans laquelle était enfermé Dominique. Vers sept heures, elle
500 eut une émotion poignante; elle vit l'officier entrer chez le prisonnier, et, pendant un quart d'heure, elle entendit leurs voix qui s'élevaient. Un instant, l'officier reparut sur le seuil pour donner un ordre en allemand, qu'elle ne comprit
pas; mais, lorsque douze hommes furent venus se ranger dans la cour, le fusil
au bras, un tremblement la saisit, elle se sentit mourir. **C'en était donc fait**;   *Il n'y avait donc plus d'espoir.*
505 l'exécution allait avoir lieu. Les douze hommes restèrent là dix minutes, la voix
de Dominique continuait à s'élever sur un ton de refus violent. Enfin, l'officier
sortit, en fermant brutalement la porte et en disant:
   —C'est bien, réfléchissez… Je vous donne jusqu'à demain matin.
   Et d'un geste, il fit rompre les rangs aux douze hommes. Françoise restait
510 **hébétée**. Le père Merlier, qui avait continué de fumer sa pipe, en regardant le   *dans un état de stupeur*
peloton d'un air simplement curieux, vint la prendre par le bras, avec une
douceur paternelle. Il l'emmena dans sa chambre.

---

62 **étaient sortis… bagarre:** *had emerged safe and sound from the skirmish*
63 **Cinq palettes… criblée:** *Five paddles were in smithereens, the center framework was riddled with holes*
64 **Il fallait voir:** Il fallait voir si on pouvait discuter.

—Tiens-toi tranquille, lui dit-il, tâche de dormir… Demain il fera jour, et nous verrons.

En se retirant, il l'enferma par prudence. Il avait pour principe que les femmes ne sont bonnes à rien, et qu'elles **gâtent** tout, lorsqu'elles s'occupent d'une affaire sérieuse. Cependant Françoise ne se coucha pas. Elle demeura longtemps assise sur son lit, écoutant les rumeurs de la maison. Les soldats allemands, campés dans la cour, chantaient et riaient; ils durent manger et boire jusqu'à onze heures, car le **tapage** ne cessa pas un instant. Dans le moulin même, des pas lourds résonnaient de temps à autre, sans doute des sentinelles qu'on relevait. Mais, ce qui l'intéressait surtout, c'étaient les bruits qu'elle pouvait saisir dans la pièce qui se trouvait sous sa chambre. Plusieurs fois elle se coucha par terre, elle appliqua son oreille contre le plancher. Cette pièce était justement celle où l'on avait enfermé Dominique. Il devait marcher du mur à la fenêtre, car elle entendit longtemps la cadence régulière de sa promenade; puis, il se fit un grand silence, il s'était sans doute assis. D'ailleurs, les rumeurs cessaient, tout s'endormait. Quand la maison lui parut **s'assoupir**, elle ouvrit sa fenêtre le plus doucement possible, elle s'accouda.

Au dehors, la nuit avait une sérénité tiède. Le mince croissant de la lune, qui se couchait derrière les bois de Sauval, éclairait la campagne d'une lueur de **veilleuse**. L'ombre allongée des grands arbres barrait de noir les prairies, tandis que l'herbe, aux endroits découverts, prenait **une douceur de velours verdâtre**. Mais Françoise ne s'arrêtait guère au charme mystérieux de la nuit. Elle étudiait la campagne, cherchant les sentinelles que les Allemands avaient dû poster de côté. Elle voyait parfaitement leurs ombres **s'échelonner** le long de la Morelle. **Une seule** se trouvait devant le moulin, de l'autre côté de la rivière, près d'un saule dont les branches trempaient dans l'eau. Françoise la distinguait parfaitement. C'était un grand garçon qui se tenait immobile, la face tournée vers le ciel, de l'air rêveur d'un berger.

Alors, quand elle eut ainsi inspecté les lieux avec soin, elle revint s'asseoir sur son lit. Elle y resta une heure, profondément absorbée. Puis elle écouta de nouveau: la maison n'avait plus un souffle. Elle retourna à la fenêtre, jeta un coup d'œil; mais sans doute une des cornes de la lune qui apparaissait encore derrière les arbres, lui parut gênante, car elle se remit à attendre. Enfin, l'heure lui sembla venue. La nuit était toute noire, elle n'apercevait plus la sentinelle en face, la campagne s'étalait comme une mare d'encre.[65] Elle tendit l'oreille un instant et se décida. Il y avait là, passant près de la fenêtre, **une échelle de fer**, des barres scellées dans le mur, qui montait de la roue au **grenier**, et qui servait autrefois aux meuniers pour visiter certains rouages; puis, le mécanisme avait été modifié, depuis longtemps l'échelle disparaissait sous les lierres épais qui couvraient ce côté du moulin.

Françoise, bravement, **enjamba la balustrade** de sa fenêtre, saisit une des barres de fer et se trouva dans le vide. Elle commença à descendre. Ses jupons l'embarrassaient beaucoup. Brusquement, une pierre se détacha de la muraille et tomba dans la Morelle avec un rejaillissement sonore. Elle s'était arrêtée, glacée d'un frisson. Mais elle comprit que la chute d'eau, de son ronflement continu, couvrait à distance tous les bruits qu'elle pouvait faire, et elle descendit alors **plus hardiment**, tâtant le lierre du pied, s'assurant des échelons.

---

[65] **la campagne… d'encre:** *the countryside lay as dark as an inkblot*

ruinent

bruit tumultueux

s'endormir

petite lampe, bougie
the softness of green velvet

placées par intervalles
une seule sentinelle

an iron ladder
étage supérieur où sont déposés les grains

stepped over the guard rail

avec plus de confiance

515

520

525

530

535

540

545

550

555

560 Lorsqu'elle fut à la hauteur de la chambre qui servait de prison à Dominique, elle s'arrêta. Une difficulté imprévue faillit lui faire perdre tout son courage: la fenêtre de la pièce du bas n'était pas régulièrement percée au-dessous de la fenêtre de sa chambre, elle s'écartait de l'échelle,[66] et lorsqu'elle allongea la main, elle ne rencontra que la muraille. Lui faudrait-il donc remonter, sans
565 pousser son projet jusqu'au bout? Ses bras **se lassaient**, le murmure de la Morelle, au-dessous d'elle, commençait à lui donner des vertiges. Alors, elle arracha du mur de petits fragments de plâtre et les lança dans la fenêtre de Dominique. Il n'entendait pas, peut-être dormait-il. Elle émietta[67] encore la muraille, elle s'écorchait les doigts. Et elle était à bout de force, elle se sentait
570 tomber à la renverse,[68] lorsque Dominique ouvrit enfin doucement.

—C'est moi, murmura-t-elle. Prends-moi vite, je tombe.

C'était la première fois qu'elle le tutoyait. Il la saisit, en se penchant, et l'apporta dans la chambre. Là, elle eut une crise de larmes, étouffant ses sanglots,[69] pour qu'on ne l'entendît pas. Puis, par un effort suprême, elle se calma.
575 —Vous êtes gardé? demanda-t-elle à voix basse.

Dominique, encore stupéfait de la voir ainsi, fit un simple signe, en montrant sa porte. De l'autre côté, on entendait un ronflement; la sentinelle, cédant au sommeil, avait dû se coucher par terre, contre la porte, en se disant que, de cette façon, le prisonnier ne pouvait bouger.
580 —Il faut fuir, reprit-elle vivement. Je suis venue pour vous supplier de fuir et pour dire adieu.

Mais lui ne paraissait pas l'entendre. Il répétait:

—Comment, c'est vous, c'est vous…Oh! que vous m'avez fait peur! Vous pouviez vous tuer.
585 Il lui prit les mains, il les baisa.

—Que je vous aime, Françoise!…Vous êtes aussi courageuse que bonne. Je n'avais qu'une crainte, c'était de mourir sans vous avoir revue… Mais vous êtes là, et maintenant ils peuvent me fusiller. Quand j'aurai passé un quart d'heure avec vous, je serai prêt.
590 Peu à peu, il l'avait attirée à lui, et elle appuyait sa tête sur son épaule. Le danger les rapprochait. Ils oubliaient tout dans cette étreinte.[70]

—Ah! Françoise, reprit Dominique d'une voix caressante, c'est aujourd'hui la Saint-Louis, le jour si longtemps attendu de notre mariage. Rien n'a pu nous séparer, puisque nous voilà tous les deux seuls, fidèles au rendez-vous…
595 N'est-ce pas? c'est à cette heure le matin des noces.[71]

—Oui, oui, répéta-t-elle, le matin des noces.

Ils échangèrent un baiser en frissonnant. Mais, tout d'un coup, elle se dégagea, la terrible réalité se dressait devant elle.

—Il faut fuir, il faut fuir, bégaya-t-elle.[72] Ne perdons pas une minute.

---

66 **elle s'écartait de l'échelle:** la fenêtre était à une certaine distance de l'échelle

67 **émietta:** prit des petits morceaux de

68 **elle se… renverse:** elle se sentait sur le point de tomber en arrière

69 **elle eut… sanglots:** *she burst into tears, stifling her sobs*

70 **étreinte:** embrassement

71 **le matin des noces:** le matin de la cérémonie du mariage

72 **bégaya-t-elle:** dit-elle de façon confuse et agitée

Et comme il tendait les bras dans l'ombre pour la reprendre, elle le tutoya de nouveau: 600

—Oh! je t'en prie, écoute-moi… Si tu meurs, je mourrai. Dans une heure, il fera jour. Je veux que tu partes tout de suite.

Alors, rapidement, elle expliqua son plan. L'échelle de fer descendait jusqu'à la roue; là, il pourrait s'aider des palettes et entrer dans la barque qui 605 se trouvait dans un **enfoncement**. Il lui serait facile ensuite de gagner l'autre bord de la rivière et de s'échapper.

cavité (derrière la roue)

—Mais il doit y avoir des sentinelles? dit-il.

—Une seule, en face, au pied du premier saule.

—Et si elle m'aperçoit, si elle veut crier? 610

Françoise frissonna. Elle lui mit dans la main un couteau qu'elle avait descendu. Il y eut un silence.

—Et votre père, et vous? reprit Dominique. Mais non, je ne puis fuir… Quand je ne serai plus là, ces soldats vous massacreront peut-être… Vous ne les connaissez pas. Ils m'ont proposé **de me faire grâce**, si je consentais à les 615 guider dans la forêt de Sauval. Lorsqu'ils ne me trouveront plus, ils sont capables de tout.

de ne pas m'exécuter

La jeune fille ne s'arrêta pas à discuter. Elle répondit simplement à toutes les raisons qu'il donnait:

—Par amour pour moi, fuyez… Si vous m'aimez, Dominique, ne restez pas 620 ici une minute de plus.

Puis, elle promit de remonter dans sa chambre. On ne saurait pas qu'elle l'avait aidé. Elle finit par le prendre dans ses bras, par l'embrasser, pour le convaincre, avec un élan de passion extraordinaire. Lui, était vaincu. Il ne posa plus qu'une question: 625

promettez-moi / action, initiative

—**Jurez-moi** que votre père connaît votre **démarche** et qu'il me conseille la fuite?

—C'est mon père qui m'a envoyée, répondit hardiment Françoise.

ne disait pas la vérité

Elle **mentait**. Dans ce moment, elle n'avait qu'un besoin immense, le savoir en sûreté, échapper à cette abominable pensée que le soleil allait être 630 le signal de sa mort. Quand il serait loin, tous les malheurs pouvaient fondre sur elle; cela lui paraîtrait doux, **du moment où** il vivrait. L'égoïsme de sa tendresse le voulait vivant, avant toutes choses.

pourvu que, puisque

—C'est bien, dit Dominique, je ferai comme il vous plaira.

Alors, ils ne parlèrent plus. Dominique alla rouvrir la fenêtre. Mais, brusque- 635 ment, un bruit les glaça. La porte fut ébranlée, et ils crurent qu'on l'ouvrait. Evidemment, une ronde[73] avait entendu leurs voix. Et tous deux debout, serrés l'un contre l'autre, attendaient dans une angoisse indicible. La porte fut de nouveau secouée; mais elle ne s'ouvrit pas. Ils eurent chacun un soupir étouffé; ils venaient de comprendre, ce devait être le soldat couché en travers du seuil, qui 640 s'était retourné.[74] En effet, le silence se fit, les ronflements recommencèrent.

Dominique voulut absolument que Françoise remontât d'abord chez elle. Il la prit dans ses bras, il lui dit un muet adieu. Puis, il l'aida à saisir l'échelle et

---

[73] **ronde:** soldats faisant un tour, une inspection de surveillance

[74] **retourné:** tourné dans un autre sens, en dormant

se cramponna à son tour. Mais il refusa de descendre un seul échelon avant
de la savoir dans sa chambre. Quand Françoise fut rentrée, elle laissa tomber
d'une voix légère comme un souffle:

—Au revoir, je t'aime!

Elle resta accoudée, elle tâcha de suivre Dominique. La nuit était toujours
très noire. Elle chercha la sentinelle et ne l'aperçut pas; seul, le saule faisait
une tache pâle, au milieu des ténèbres. Pendant un instant, elle entendit le
frôlement[75] du corps de Dominique le long du lierre. Ensuite la roue craqua,
et il y eut un léger **clapotement** qui lui annonça que le jeune homme venait
de trouver la barque. Une minute plus tard, en effet, elle distingua la silhou-
ette sombre de la barque sur la nappe grise de la Morelle. Alors, une angoisse
terrible la reprit à la gorge. A chaque instant, elle croyait entendre le cri
d'alarme de la sentinelle; les moindres bruits, épars dans l'ombre, lui semblaient des pas précipités de soldats, des froissements d'armes, des bruits de
fusils qu'on armait. Pourtant, les secondes s'écoulaient, la campagne gardait
sa paix souveraine. Dominique devait aborder à l'autre rive. Françoise ne voyait plus rien. Le silence était majestueux. Et elle entendit un piétinement,[76]
un cri rauque, la chute sourde d'un corps. Puis, le silence se fit plus profond.
Alors, comme si elle eût senti la mort passer, elle resta toute froide, en face
de l'épaisse nuit.

IV

Dès le petit jour,[77] des éclats[78] de voix ébranlèrent le moulin. Le père
Merlier était venu ouvrir la porte de Françoise. Elle descendit dans la cour, pâle
et très calme. Mais là, elle ne put réprimer un frisson, en face du cadavre d'un
soldat prussien, qui était allongé près du puits, sur un manteau étalé.

Autour du corps, des soldats gesticulaient, criaient sur un ton de fureur.
Plusieurs d'entre eux montraient les poings au village. Cependant, l'officier
venait de faire appeler le père Merlier, comme maire de la commune.

—Voici, lui dit-il d'une voix étranglée par la colère, un de nos hommes que
l'on a trouvé assassiné sur le bord de la rivière... Il nous faut un exemple
éclatant, et je compte que vous allez nous aider à découvrir le meurtrier.

—Tout ce que vous voudrez, répondit le meunier avec son flegme.
Seulement, ce ne sera pas **commode**.

L'officier s'était baissé pour écarter un pan du manteau, qui cachait la
figure du mort. Alors apparut une horrible blessure. La sentinelle avait été
frappée à la gorge, et l'arme était restée dans la plaie. C'était un couteau de
cuisine à manche noir.

—Regardez ce couteau, dit l'officier au père Merlier, peut-être nous aidera-
t-il dans nos recherches.

Le vieillard avait eu un tressaillement. Mais il **se remit** aussitôt, il répondit, sans qu'un muscle de sa face bougeât:

---

75 **frôlement:** bruit léger causé par le frottement, la friction
76 **piétinement:** bruit de pieds qui frappent le sol
77 **le petit jour:** les premières lueurs de l'aube
78 **éclats:** bruits violents et soudains

Margin glosses
s'agrippa, saisit fermement

bruit d'eau agitée

public et frappant

facile

retrouva son flegme

—Tout le monde a des couteaux pareils, dans nos campagnes… Peut-être que votre homme s'ennuyait de se battre et qu'il se sera fait son affaire lui-même. Ça se voit. *to get bored of 685

—Taisez-vous! cria furieusement l'officier. Je ne sais ce qui me retient de mettre le feu aux quatre coins du village.

La colère heureusement l'empêchait de remarquer la profonde altération du visage de Françoise. Elle avait dû s'asseoir sur le banc de pierre, près du puits. Malgré elle, ses regards ne quittaient plus ce cadavre, étendu à terre, presque à ses pieds. C'était un grand et beau garçon, qui ressemblait à Dominique, avec des cheveux blonds et des yeux bleus. Cette ressemblance lui retournait le cœur. Elle pensait que le mort avait peut-être laissé là-bas en Allemagne, quelque amoureuse qui allait pleurer. Et elle reconnaissait son couteau dans la gorge du mort. Elle l'avait tué. *strike 690 695

Cependant, l'officier parlait de frapper Rocreuse de mesures terribles, lorsque des soldats accoururent. On venait de s'apercevoir seulement de l'évasion de Dominique. Cela causa une agitation extrême. L'officier se rendit sur les lieux,[79] regarda par la fenêtre laissée ouverte, comprit tout, et revint exaspéré. 700

ennuyé, irrité

Le père Merlier parut très **contrarié** de la fuite de Dominique.

—L'imbécile! murmura-t-il, il gâte tout. *to make worse, spoil

Françoise qui l'entendait, fut prise d'angoisse. Son père, d'ailleurs, ne soupçonnait pas sa complicité. Il hocha la tête, en lui disant à demi-voix:

—A présent, nous voilà propres![80] 705

—C'est ce gredin! c'est ce gredin! criait l'officier. Il aura gagné les bois[81]… Mais il faut qu'on nous le retrouve, ou le village payera pour lui.

Et s'adressant au meunier:

—Voyons, vous devez savoir où il se cache?

Le père Merlier eut son rire silencieux, en montrant la large étendue des coteaux boisés. 710

—Comment voulez-vous trouver un homme là-dedans? dit-il.

—Oh! il doit y avoir des trous que vous connaissez. Je vais vous donner dix hommes. Vous les guiderez.

—Je veux bien. Seulement, il nous faudra huit jours pour battre[82] tous les bois des environs. 715

La tranquillité du vieillard enrageait l'officier. Il comprenait en effet le ridicule de cette battue. Ce fut alors qu'il aperçut sur le banc Françoise pâle et tremblante. L'attitude anxieuse de la jeune fille le frappa. Il se tut un instant, examinant tour à tour le meunier et Françoise. 720

—Est-ce que cet homme, finit-il par demander brutalement au vieillard, n'est pas l'amant de votre fille?

Le père Merlier devint livide, et l'on put croire qu'il allait se jeter sur l'officier pour l'étrangler. Il se raidit, il ne répondit pas. Françoise avait mis son visage entre ses mains. stiffened 725

---

[79] **se rendit sur les lieux:** alla à la chambre de Dominique
[80] **nous voilà propres:** nous voilà dans une situation difficile, mauvaise
[81] **Il aura gagné les bois:** (Dominique) a sans doute atteint les bois.
[82] **battre:** explorer, pour faire sortir un animal (ou un homme) chassé (= faire une battue, terme de chasse)

—Oui, c'est cela, continua le Prussien, vous ou votre fille l'avez aidé à fuir. Vous êtes son complice… Une dernière fois, voulez-vous nous le livrer?

Le meunier ne répondit pas. Il s'était détourné, regardant au loin d'un air indifférent, comme si l'officier ne s'adressait pas à lui. Cela **mit le comble à** la   fit culminer
730   colère de ce dernier.

—Eh bien! déclara-t-il, vous allez être fusillé à sa place.

Et il commanda une fois encore le peloton d'exécution. Le père Merlier garda son flegme. Il eut à peine un léger haussement d'épaules, tout ce drame   shrug
lui semblait d'un goût médiocre. Sans doute il ne croyait pas qu'on fusillât un
735   homme si aisément. Puis, quand le peloton fut là, il dit avec gravité:

—Alors, c'est sérieux?… Je veux bien. S'il vous en faut un absolument, moi autant qu'un autre.   └absolution

Mais Françoise s'était levée, affolée, bégayant: *frantic *stammering

*Mercy —Grâce, monsieur, ne faites pas du mal à mon père. Tuez-moi à sa place…
740   C'est moi qui ai aidé Dominique à fuir. Moi seule suis coupable.

—Tais-toi, fillette, s'écria le père Merlier. Pourquoi mens-tu?… Elle a passé la nuit enfermée dans sa chambre, monsieur. Elle ment, je vous assure.

—Non, je ne mens pas, reprit ardemment la jeune fille. Je suis descendue par la fenêtre, j'ai poussé Dominique à s'enfuir… C'est la vérité, la seule
745   vérité…

Le vieillard était devenu très pâle. Il voyait bien dans ses yeux qu'elle ne mentait pas, et cette histoire l'épouvantait. Ah! ces enfants, avec leurs cœurs, comme ils gâtaient tout! Alors, il se fâcha.   *terrify

—Elle est folle, ne l'écoutez pas. Elle vous raconte des histoires stupides…
750   Allons, finissons-en.

Elle voulut protester encore. Elle **s'agenouilla**, elle joignit les mains.   se mit sur ses genoux
L'officier, tranquillement, assistait à cette lutte douloureuse. *painful, distressing

—Mon Dieu! finit-il par dire, je prends votre père, parce que je ne tiens plus l'autre… Tâchez de retrouver l'autre, et votre père sera libre.
755   Un moment, elle le regarda, les yeux agrandis par l'atrocité de cette proposition.   *enlarged

—C'est horrible, murmura-t-elle. Où voulez-vous que je retrouve Dominique, à cette heure? Il est parti, je ne sais plus.

—Enfin, choisissez[Lui ou votre père.]
760   —Oh! mon Dieu! est-ce que je puis choisir? Mais je saurais où est Dominique, que je ne pourrais[83] pas choisir!… C'est mon cœur que vous coupez… J'aimerais mieux mourir tout de suite. Oui, ce serait plus tôt fait. Tuez-moi, je vous en prie, tuez-moi…

Cette scène de désespoir et de larmes finissait par impatienter l'officier. Il
765   s'écria:

—En voilà assez! Je veux être bon, je consens à vous donner deux heures… Si, dans deux heures, votre amoureux n'est pas là, votre père payera pour lui.

Et il fit conduire le père Merlier dans la chambre qui avait servi de prison à Dominique. Le vieux demanda du tabac et se mit à fumer. Sur son visage
770   impassible on ne lisait aucune émotion. Seulement, quand il fut seul, tout en fumant, il pleura deux grosses larmes qui coulèrent lentement sur ses joues.

---

83 **je saurais… que je ne pourrais:** si je savais…, je ne pourrais

Sa pauvre et chère enfant, comme elle souffrait!

Françoise était restée au milieu de la cour. Des soldats prussiens passaient en riant. Certains lui jetaient des mots, des plaisanteries qu'elle ne comprenait pas. Elle regardait la porte par laquelle son père venait de disparaître. Et, d'un geste lent, elle portait la main à son front, comme pour l'empêcher d'éclater. 775

L'officier tourna sur ses talons, en répétant:

—Vous avez deux heures. Tâchez de les utiliser.

Elle avait deux heures. Cette phrase **bourdonnait** dans sa tête. Alors, machinalement, elle sortit de la cour, elle marcha devant elle. Où aller? que faire? Elle n'essayait même pas de **prendre un parti**, parce qu'elle sentait bien 780 l'inutilité de ses efforts. Pourtant, elle aurait voulu voir Dominique. Ils se seraient **entendus** tous les deux, ils auraient peut-être trouvé un expédient. Et, au milieu de la confusion de ses pensées, elle descendit au bord de la Morelle, qu'elle traversa en dessous de l'écluse, à un endroit où il y avait de grosses 785 pierres. Ses pieds la conduisirent sous le premier saule, au coin de la prairie. Comme elle se baissait, elle aperçut une mare de sang qui la fit pâlir. C'était bien là. Et elle suivit les traces de Dominique dans l'herbe foulée;[84] il avait dû courir, on voyait une ligne de grands pas coupant la prairie **de biais**. Puis, au delà, elle perdit ces traces. Mais, dans un pré voisin, elle crut les retrouver. 790 Cela la conduisit à la lisière de la forêt, où toute indication s'effaçait.

Françoise s'enfonça **quand même** sous les arbres. Cela la soulageait[85] d'être seule. Elle s'assit un instant. Puis, en songeant que l'heure s'écoulait, elle se remit debout. Depuis combien de temps avait-elle quitté le moulin? Cinq minutes? une demi-heure? Elle n'avait plus conscience du temps. Peut- 795 être Dominique était-il allé se cacher dans un **taillis** qu'elle connaissait, et où ils avaient, une après-midi, mangé des **noisettes** ensemble. Elle se rendit au taillis, le visita. Un **merle** seul s'envola, en sifflant sa phrase douce et triste. Alors, elle pensa qu'il s'était réfugié dans un creux de roches, où il se mettait parfois à l'affût;[86] mais le creux de roches était vide. A quoi bon le chercher? 800 Elle ne le trouverait pas; et peu à peu le désir de le découvrir la passionnait, elle marchait plus vite. L'idée qu'il avait dû monter dans un arbre lui vint brusquement. Elle avança dès lors, les yeux levés, et pour qu'il la sût près de lui, elle l'appelait tous les quinze à vingt pas. Des coucous répondaient, un souffle qui passait dans les branches lui faisait croire qu'il était là et qu'il 805 descendait. Une fois même, elle s'imagina le voir; elle s'arrêta, étranglée, avec l'envie de fuir. Qu'allait-elle lui dire? Venait-elle donc pour l'emmener et le faire fusiller? Oh! non, elle ne parlerait point de ces choses. Elle lui crierait de se sauver, de ne pas rester dans les environs. Puis, la pensée de son père qui l'attendait lui causa une douleur aiguë. Elle tomba sur le **gazon**, en pleurant, 810 en répétant tout haut:

—Mon Dieu! mon Dieu! pourquoi suis-je là?

Elle était folle d'être venue. Et, comme prise de peur, elle courut, elle cher- cha à sortir de la forêt. Trois fois, elle se trompa, et elle croyait qu'elle ne retrouverait plus le moulin, lorsqu'elle déboucha dans une prairie, juste en 815

---

[84] **foulée:** pressée, sur laquelle il avait marché

[85] **la soulageait:** diminuait son angoisse, sa peine

[86] **se mettait à l'affût:** se cachait pour attendre les animaux qu'il chassait

---

résonnait, persistait

se décider

compris, mis d'accord

en travers

pourtant, néanmoins

petit bois
hazelnuts
blackbird

herbe

face de Rocreuse. Dès qu'elle aperçut le village, elle s'arrêta. Est-ce qu'elle allait rentrer seule?

Elle restait debout, quand une voix l'appela doucement:

—Françoise! Françoise!

820 Et elle vit Dominique qui levait la tête, au bord d'un fossé. Juste Dieu! Elle l'avait trouvé! Le ciel voulait donc sa mort? Elle retint un cri, elle se laissa glisser dans le fossé.

—Tu me cherchais? demanda-t-il.

—Oui, répondit-elle, la tête bourdonnante, ne sachant ce qu'elle disait.

825 —Ah! que se passe-t-il?

Elle baissa les yeux, elle **balbutia**.   dit avec confusion

—Mais, rien, j'étais inquiète, je désirais te voir.

Alors, tranquillisé, il lui expliqua qu'il n'avait pas voulu s'éloigner. Il craignait pour eux. Ces gredins de Prussiens étaient très capables de se venger sur

830 les femmes et sur les vieillards. Enfin, tout allait bien, et il ajouta en riant:

—La noce sera pour dans huit jours, voilà tout. ✶ wedding

Puis, comme elle restait **bouleversée**, il redevint grave.   agitée, très émue (moved)

—Mais, qu'as-tu? Tu me caches quelque chose.

—Non, je te jure, j'ai couru pour venir.

835 Il l'embrassa, en disant que c'était imprudent pour elle et pour lui de causer davantage; et il voulut remonter le fossé, afin de rentrer dans la forêt. Elle le retint. Elle tremblait.

—Ecoute, tu ferais peut-être bien tout de même de rester là… Personne ne te cherche, tu ne crains rien.

840 —Françoise, tu me caches quelque chose, répéta-t-il.

De nouveau, elle jura qu'elle ne lui cachait rien. Seulement, elle aimait mieux le savoir près d'elle. Et elle bégaya encore d'autres raisons. Elle lui parut si singulière, que maintenant lui-même aurait refusé de s'éloigner. D'ailleurs, il croyait au retour des Français. On avait vu des troupes du côté de Sauval.

845 —Ah! qu'ils se pressent, qu'ils soient ici le plus tôt possible! murmura-t-elle avec ferveur.

A ce moment, onze heures sonnèrent au clocher de Rocreuse. Les coups arrivaient, clairs et distincts. Elle se leva, **effarée**; il y avait deux heures qu'elle   troublée, hagarde avait quitté le moulin.

850 —Ecoute, dit-elle rapidement, si nous avions besoin de toi, je monterai dans ma chambre et j'agiterai mon mouchoir. ✶handkerchief

Et elle partit en courant, pendant que Dominique, très inquiet, s'allongeait au bord du fossé, pour surveiller le moulin. Comme elle allait rentrer dans Rocreuse, Françoise rencontra un vieux mendiant, le père Bontemps, qui con-

855 naissait tout le pays. Il la salua, il venait de voir le meunier au milieu des Prussiens; puis, en faisant des signes de croix et en marmottant des mots entrecoupés,[87] il continua sa route.

—Les deux heures sont passées, dit l'officier quand Françoise parut.

Le père Merlier était là, assis sur le banc, près du puits. Il fumait toujours.

---

[87] **en marmottant des mots entrecoupés:** en parlant de façon incohérente

La jeune fille, de nouveau, supplia, pleura, s'agenouilla. Elle voulait gagner du temps. L'espoir de voir revenir les Français avait grandi en elle, et tandis qu'elle se lamentait, elle croyait entendre au loin les pas cadencés d'une armée. Oh! s'ils avaient paru, s'ils les avaient tous délivrés!

—Ecoutez, monsieur, une heure, encore une heure… Vous pouvez bien nous accorder une heure!

Mais l'officier restait inflexible. Il ordonna même à deux hommes **de s'emparer d'elle** et de l'emmener, pour qu'on procédât à l'exécution du vieux tranquillement. Alors, un combat affreux se passa dans le cœur de Françoise. Elle ne pouvait laisser ainsi assassiner son père. Non, non, elle mourrait plutôt avec Dominique; et elle s'élançait vers sa chambre, lorsque Dominique lui-même entra dans la cour.

L'officier et les soldats poussèrent un cri de triomphe. Mais lui, comme s'il n'y avait eu là que Françoise, s'avança vers elle, tranquille, un peu sévère.

—C'est mal, dit-il. Pourquoi ne m'avez-vous pas ramené? Il a fallu que le père Bontemps me contât les choses… Enfin, me voilà.

V

Il était trois heures. De grands nuages noirs avaient lentement empli le ciel, la queue de quelque orage voisin. Ce ciel jaune, ces haillons cuivrés[88] changeaient la vallée de Rocreuse, si gaie au soleil, en un **coupe-gorge** plein d'une ombre louche. L'officier prussien s'était contenté de faire enfermer Dominique, sans se prononcer sur le sort qu'il lui réservait. Depuis midi, Françoise agonisait dans une angoisse abominable. Elle ne voulait pas quitter la cour, malgré les **instances** de son père. Elle attendait les Français. Mais les heures s'écoulaient, la nuit allait venir, et elle souffrait d'autant plus que tout ce temps gagné ne paraissait pas devoir changer l'affreux **dénouement**.

Cependant, vers trois heures, les Prussiens firent leurs préparatifs de départ. Depuis un instant, l'officier s'était, comme la veille, enfermé avec Dominique. Françoise avait compris que la vie du jeune homme se décidait. Alors, elle joignit les mains, elle pria. Le père Merlier, à côté d'elle, gardait son attitude muette et rigide de vieux paysan, qui ne lutte pas contre la fatalité des faits.

—Oh! mon Dieu! oh! mon Dieu! balbutiait Françoise, ils vont le tuer…

Le meunier l'attira près de lui et la prit sur ses genoux comme un enfant.

A ce moment, l'officier sortait, tandis que, derrière lui, deux hommes amenaient Dominique.

—Jamais, jamais! criait ce dernier. Je suis prêt à mourir.

—Réfléchissez bien, reprit l'officier. Ce service que vous me refusez, un autre nous le rendra. Je vous offre la vie, je suis généreux… Il s'agit simplement de nous conduire à Montredon, à travers bois. Il doit y avoir des sentiers.

Dominique ne répondait plus.

—Alors, vous vous entêtez?

860
865
870
875
880
885
890
895
900

---

[88] **ces haillons cuivrés:** *copper-colored tatters* (= les nuages)

de la saisir

*storm
endroit sinistre, dangereux
*shifty, suspicious

recommandations, supplications

la conclusion du drame

*fate

*stammered (bégayer)

*path

*to persist, be stubborn

—Tuez-moi, et finissons-en, répondit-il.

Françoise, les mains jointes, le suppliait de loin. Elle oubliait tout, elle lui aurait conseillé une lâcheté.[89] Mais le père Merlier lui saisit les mains, pour que les Prussiens ne vissent[90] pas son geste de femme affolée.

905   —Il a raison, murmura-t-il, il vaut mieux mourir.

Le peloton d'exécution était là. L'officier attendait une faiblesse de Dominique. Il comptait toujours le décider. Il y eut un silence. Au loin, on entendait de violents coups de tonnerre. Une chaleur lourde écrasait la campagne. Et ce fut dans ce silence qu'un cri retentit:

910   —Les Français! les Français!

C'étaient eux, en effet. Sur la route de Sauval, à la lisière du bois, on distinguait la ligne des pantalons rouges. Ce fut, dans le moulin, une agitation extraordinaire. Les soldats prussiens couraient, avec des exclamations gutturales. D'ailleurs, pas un coup de feu n'avait encore été tiré.

915   —Les Français! les Français! cria Françoise en battant des mains.

Elle était comme folle. Elle venait de s'échapper de l'étreinte de son père, et elle riait, les bras en l'air. Enfin, ils arrivaient donc, et ils arrivaient à temps, puisque Dominique était encore là, debout!

Un feu de peloton terrible qui éclata comme un **coup de foudre** à ses
920 oreilles, la fit se retourner. L'officier venait de murmurer:

    —Avant tout, réglons cette affaire.

Et, poussant lui-même Dominique contre le mur d'un hangar, il avait commandé le feu. Quand Françoise se tourna, Dominique était par terre, la poitrine trouée de douze balles.

925 Elle ne pleura pas, elle resta stupide. Ses yeux devinrent fixes, et elle alla s'asseoir sous le hangar, à quelques pas du corps. Elle le regardait, elle avait par moments un geste vague et enfantin de la main. Les Prussiens s'étaient emparés du père Merlier comme d'un otage.

Ce fut un beau combat. Rapidement, l'officier avait posté ses hommes,
930 comprenant qu'il ne pouvait battre en retraite, sans se faire écraser. Autant valait-il vendre chèrement sa vie.[91] Maintenant, c'étaient les Prussiens qui défendaient le moulin, et les Français qui l'attaquaient. La fusillade commença avec une violence inouïe. Pendant une demi-heure, elle ne cessa pas. Puis un éclat sourd se fit entendre, et un boulet cassa une maîtresse branche[92]
935 de l'orme séculaire. Les Français avaient du canon. Une batterie, dressée juste au-dessus du fossé, dans lequel s'était caché Dominique, balayait[93] la grande rue de Rocreuse. La lutte, désormais, ne pouvait être longue.

Ah! le pauvre moulin! Des boulets le perçaient de part en part. Une moitié de la toiture fut enlevée. Deux murs **s'écroulèrent**. Mais c'était surtout du côté
940 de la Morelle que le désastre devint lamentable. Les lierres, arrachés des murailles ébranlées, pendaient comme des **guenilles**; la rivière emportait des débris de toutes sortes, et l'on voyait, par une brèche, la chambre de Françoise,

clap of thunder

tombèrent en ruines

vêtements déchirés

---

89 **une lâcheté:** un acte de faiblesse, sans courage

90 **vissent:** subjonctif imparfait de *voir*, nécessaire après *pour que*

91 **Autant valait-il... vie:** *One might as well give up one's life dearly.*

92 **une maîtresse branche:** une des principales branches

93 **balayait:** bombardait sur une large étendue

avec son lit, dont les rideaux blancs étaient soigneusement tirés. Coup sur coup, la vieille roue reçut deux boulets, et elle eut un **gémissement** suprême: les palettes furent charriés dans le courant, la carcasse s'écrasa. C'était l'âme du gai moulin qui venait de s'exhaler. 945

Puis, les Français donnèrent l'assaut. Il y eut un furieux combat **à l'arme blanche**. Sous le ciel couleur de **rouille**, le coupe-gorge de la vallée s'emplissait de morts. Les larges prairies semblaient farouches, avec leurs grands arbres isolés, leurs rideaux de peupliers qui les tachaient d'ombre. A droite et à gauche, les forêts étaient comme les murailles d'un cirque qui 950 enfermaient les combattants, tandis que les sources, les fontaines et les eaux courantes prenaient des bruits de sanglots, dans la panique de la campagne.

Sous le hangar, Françoise n'avait pas bougé, accroupie en face du corps de Dominique. Le père Merlier venait d'être tué raide par une balle perdue. Alors, 955 comme les Prussiens étaient exterminés et que le moulin brûlait, le capitaine français entra le premier dans la cour. Depuis le commencement de la campagne, c'était l'unique succès qu'il remportait. Aussi, tout **enflammé**, grandissant sa haute taille,[94] riait-il de son air aimable de beau cavalier. Et, apercevant Françoise imbécile entre les cadavres de son mari et de son père, au milieu des 960 ruines fumantes du moulin, il la salua galamment de son épée, en criant:

—Victoire! victoire!

Questions

1. Pourquoi le moulin du père Merlier est-il en grande fête?

2. Quelle impression se dégage de la description du moulin et de ses environs? (ll. 7–72)

3. A quoi la roue du moulin est-elle comparée? (ll. 41–50; ll. 195–196)

4. Quels sont les traits de caractère principaux du père Merlier? de Françoise? de Dominique?

5. Quelle avait été la réputation de Dominique auprès des villageois avant ses fiançailles?

6. Le père Merlier était fier d'avoir deviné Dominique. (ll. 154–156) Qu'est-ce qu'il a deviné exactement?

7. Pourquoi un détachement de soldats français occupait-il Rocreuse? Quelle mission l'officier français a-t-il l'ordre d'accomplir?

8. Qu'est-ce qui indique que personne ne prend les premières fusillades au sérieux? (ll. 285–292) Montrez comment les événements qui suivent marquent une progression du point de vue dramatique et psychologique. (ll. 292–314)

9. Jusqu'à quelle heure les Français doivent-ils «tenir» Rocreuse?

10. Pourquoi Dominique participe-t-il à la défense du moulin? Quel unique besoin éprouve-t-il? (ll. 419–421) Est-ce que cette guerre le regarde?

11. Quelle règle posée par l'état-major allemand concerne Dominique? Dans quel but cette règle a-t-elle été établie?

---

[94] **grandissant sa haute taille:** *stretching his tall frame*

12. Comparez l'officier français et l'officier prussien. L'un des deux laisse-t-il une impression plus favorable? Justifiez votre réponse en donnant des exemples.

13. Résumez brièvement les événements de la nuit où le moulin est occupé par les Prussiens.

14. Pendant la nuit d'occupation par les Prussiens, Françoise et Dominique entendent certains bruits s'élevant au-dessus du silence nocturne. Relevez le vocabulaire acoustique, dressez une liste des termes de description sonore et précisez ce qui les distingue. (ll. 515–579; ll. 635–663)

15. Qui a tué la sentinelle prussienne pendant la nuit?

16. Françoise regarde le cadavre de la sentinelle. (ll. 691–696) A qui ressemble le cadavre? Pourquoi est-ce que cette ressemblance lui retourne le cœur?

17. Pourquoi l'officier prussien menace-t-il d'exécuter le père Merlier?

18. Quel est le dilemme de Françoise? Pensez-vous que ses actions contribuent à amener le dénouement?

19. Que dit Françoise à Dominique dans la forêt? Pourquoi? Comment Dominique apprend-il la vérité?

20. Quel arrangement l'officier prussien propose-t-il à Dominique? Celui-ci accepte-t-il?

21. Relevez les passages qui montrent comment la campagne et les éléments participent à l'action de la fin (V). A quoi les nuages sont-ils assimilés et comment faut-il interpréter ces images? Relevez les passages où le décor naturel est personnifié.

22. Comment l'image décrivant l'exécution de Dominique est-elle préparée («comme un coup de foudre», ll. 919–920)?

23. Dans quel sens les troupes françaises sont-elles directement responsables de la destruction du moulin?

24. Précisez l'ironie de la conclusion.

25. Sur combien de temps s'étend l'action de L'*Attaque du moulin*, depuis le début jusqu'à la fin? Montrez comment le rythme de l'action est renforcé par le traitement de la temporalité.

Complétez les phrases suivantes (oralement ou par écrit)

I

1. On accusait Dominique de fainéantise, mais les femmes trouvaient… (ll. 4–6)

2. Ce qui fait surtout le charme de Rocreuse, c'est … (ll. 16–17)

3. Depuis vingt ans, le père Merlier était…

4. Le père Merlier n'avait pas besoin d'argent; il travaillait pour…

5. On avait choisi le père Merlier pour maire à cause de…

6. Dominique avait un mauvais renom parce que… (ll. 110–117)

7. Après sa conversation avec le père Merlier, Dominique… (ll. 149–156)

II

8. Le capitaine français est ravi de voir le moulin parce que... (ll. 235–239)

9. Dominique n'est pas à l'armée parce que...

10. Les soldats français ne veulent pas se montrer parce que... (ll. 321–323)

11. Dominique commence à tirer après...

12. Le capitaine complimente Dominique parce que...

13. Le capitaine avait promis à ses chefs d'arrêter l'ennemi...

14. Un officier prussien dit rudement à Dominique qu'il...

III

15. Les Allemands cherchaient à empêcher la levée en masse des Français par... (ll. 431–436)

16. Le père Merlier a enfermé Françoise dans sa chambre parce que...

17. Françoise va voir Dominique dans la pièce au-dessous de la sienne pour le supplier de...

18. Françoise ment à Dominique quand elle lui dit...

IV

19. Le père Merlier a eu un tressaillement à la vue du couteau dans la gorge de la sentinelle parce que...

20. Les regards de Françoise ne quittaient pas le cadavre de la sentinelle prussienne parce que... (ll. 689–696)

21. Le père Merlier est irrité de la fuite de Dominique parce que...

22. L'officier prussien renonce à l'idée de chercher Dominique dans les bois avec le père Merlier comme guide parce que...

23. Françoise aperçoit une mare de sang à l'endroit même où... (ll. 787–789)

24. Quand Françoise retrouve Dominique dans le fossé, elle explique sa venue en disant que...

25. Dominique est revenu au moulin parce que...

V

26. Dominique est fusillé parce qu'il refuse de...

27. Le père Merlier est tué par...

28. L'insensibilité du capitaine français se révèle quand...

▦▦ EXPRESSIONS A ETUDIER ▦▦

1. **tous / toutes les** + nombre + expressions de temps

   Il faisait badigeonner cette façade **tous les dix ans**. (l. 71)
   He had that facade whitewashed every ten years.

Mon cours d'histoire a lieu **tous les deux jours**, mon cours de biologie **tous les jours**.

Tous les six mois, les eaux de la Morelle inondent les prairies.

Le métro s'arrête **toutes les cinq minutes**, le train passe ici **toutes les deux heures**.

2. **à moitié**

Le moulin trempait **à moitié** dans la Morelle. (l. 40)
The mill was half immersed in the Morelle river.

Les soldats lâchèrent leurs assiettes de soupe, encore **à moitié** pleines. (ll. 271–272)
The soldiers let go of their soup bowls, still half full.

Il ne faut rien faire **à moitié**. Terminez ce que vous commencez.
Quand un verre est **à moitié** vide, on peut aussi dire qu'il est **à moitié** plein.

3. **tout seul / toute seule / tous seuls / toutes seules**

La roue causait **toute seule**. (l. 197)
The wheel babbled to itself, all by itself.

Dominique habitait **tout seul** dans la forêt.
A la fin de l'histoire, Françoise est **toute seule**.
Les villageois sont **tous seuls** à défendre Rocreuse.

4. **donner sur**

La petite porte **donnait sur** une ruelle. (l. 415)
The little door opened onto an alley.

La porte de cette salle **donne sur** un couloir (sur une esplanade, sur la rue, sur une pelouse).
Ma fenêtre **donne sur** la Morelle.

5. **d'un air** + adj. / **d'un air de** + nom

L'officier chantonnait **d'un air indifférent**. (ll. 285–286)
The officer was humming a tune with an unconcerned look.

Ils regardaient le moulin **d'un air méfiant**. (l. 339)
They were eyeing the mill suspiciously.

Il rentra dans le moulin, **de son air silencieux et paisible**. (l. 484)
He entered the mill in his silent and tranquil manner.

Le père Merlier regarda le capitaine **d'un air de surprise**. (l. 307)
Old Merlier gave the captain a look of surprise.

6. **tant que**

J'ai tiré **tant que** j'ai pu. (l. 449)
I fired as much as I could.

J'étudie **tant que** je peux pour ce cours.
Françoise essaie de sauver Dominique **tant qu'**elle peut.
Les amoureux souhaitent rester ensemble **tant qu'**ils veulent.

7. **avoir lieu**

L'exécution allait **avoir lieu**. (l. 505)
The execution was going to take place.

Une décharge effroyable **eut lieu**. (l. 310)
An awful fusillade occurred.

Les fiançailles des deux amoureux **ont eu lieu** en juillet.

8. **assister à**

L'officier, tranquillement, **assistait à** cette lutte douloureuse. (l. 752)
The officer witnessed this painful struggle unperturbed.

Françoise **a assisté au** massacre sans pouvoir rien faire.
Le week-end prochain **j'assisterai aux** noces de mon meilleur ami, au match de football et à un concert.

9. **malgré** + nom ou pronom personnel tonique
Elle avait porté **malgré elle** les mains à ses oreilles. (l. 345)
She had put her hands to her ears inadvertently, in spite of herself.

Malgré elle, ses regards ne quittaient plus ce cadavre. (ll. 691–692)
She couldn't take her eyes off the body.

La catastrophe a eu lieu **malgré Dominique** (**malgré moi, toi, lui, nous, vous, eux, elles**).
J'ai fait cela **malgré moi**.

10. **devoir** + inf. (supposition, conjecture)

Il **doit** très bien **connaître** les bois voisins. (l. 463)
He must know the neighboring woods very well.

Ils **durent manger** et **boire** jusqu'à onze heures. (ll. 519–520)
They must have eaten and drunk until eleven o'clock.

Ce **devait être** le soldat couché en travers du seuil. (ll. 640–641)
It probably was the soldier lying across the doorway.

Il **avait dû courir**. (ll. 788–789)
He must have run.

Il doit y avoir des sentinelles (l. 608), des trous que vous connaissez (l. 713), des sentiers. (l. 898)
There must be some sentries, some hiding places you know of, some trails.

Répondez

tous / toutes les + nombre + expression de temps

1. Allez-vous régulièrement chez vos parents? chez le dentiste? Quand?

2. A quels intervalles y a-t-il des examens dans votre cours de français? dans vos autres cours?

3. Vous lavez-vous les cheveux tous les jours? tous les deux mois?

4. Est-ce que vous êtes satisfait(e) de faire les choses à moitié?

5. Demandez à quelqu'un s'il (si elle) est à moitié endormi(e) ou à moitié mort(e).

6. Que faites-vous quand vous êtes à moitié déshabillé(e) (*undressed*) et que quelqu'un frappe à la porte?

7. Aimez-vous être tout(e) seul(e) dans les bois? dans une grande ville? dans un vieux moulin? dans un restaurant?

8. Habitez-vous tout(e) seul(e) ou avec quelqu'un?

9. Est-ce que vous vous parlez tout(e) seul(e) chez vous?

donner sur

10. Sur quoi donne la fenêtre de cette salle de classe? de votre chambre? de la chambre de Françoise?

11. Préférez-vous une maison qui donne sur la mer? sur les montagnes? sur une forêt? sur une rivière? sur une prairie?

d'un air + adj. / d'un air de + nom

12. Quand votre professeur vous fait passer un examen, le fait-il (elle) d'un air solennel? méchant? taquin (*teasing*)? souriant? innocent? aimable?

13. Quand vous recevez une bonne note, quittez-vous la salle d'un air de surprise? de triomphe? de satisfaction? d'incrédulité?

14. De quel air regardez-vous votre petit ami (petite amie)?

tant que

15. Travaillez-vous tant que vous pouvez pour vos cours? pour gagner de l'argent?

16. Quand vous avez faim, mangez-vous tant que vous voulez? tant que vous pouvez?

17. Dites que vous étudiez tant que vous pouvez (que vous avez étudié tant que vous avez pu).

avoir lieu

18. Quand a lieu la fête nationale française? américaine? Thanksgiving? Noël?

19. Demandez à quelqu'un quand aura lieu son anniversaire (ses fiançailles).

20. Que pensez-vous de ce qui a lieu dans cette nouvelle?

assister à

21. Combien de fois par semaine assistez-vous à ce cours? à vos autres cours?

22. Préférez-vous assister à des concerts, des pièces de théâtre ou des conférences?

23. A quels spectacles avez-vous l'intention d'assister dans le proche avenir? à quels événements extraordinaires?

malgré + nom ou pronom personnel tonique

24. Est-ce qu'il y a des choses que vous faites malgré vous? malgré vos parents? malgré votre professeur? Quoi?

25. A la fin de cette histoire, le capitaine français fait-il de l'ironie exprès (*on purpose*) ou malgré lui?

26. Dites que c'est malgré vous que vous vous trompez quelquefois (que vous n'êtes pas en vacances maintenant, que vous n'avez pas d'argent).

27. Transformez les phrases en utilisant la construction **devoir** + inf.:
    a. Le professeur n'est pas en classe; il est malade.
    b. La rue et les trottoirs sont mouillés; il a plu.
    c. Aucun Prussien n'a pu quitter Rocreuse; ils ont tous été tués.
    d. Je ne trouve pas mon livre; je l'ai oublié chez moi.

Faites le choix le plus conforme au texte

I

1. Malgré son âge, le père Merlier continue à faire tourner son moulin...
    a. parce qu'il doit gagner sa vie
    b. pour ne pas s'ennuyer
    c. pour rendre service au village
    d. pour faire plaisir à sa fille

2. La considération dont jouissent le père Merlier et sa fille dans le village s'explique surtout par...
    a. la fortune que le père Merlier a accumulée
    b. leur industrie et leur honnêteté
    c. la tradition qui s'attache à la famille Merlier
    d. le souvenir qu'a laissé Mme Merlier

3. Dominique n'a pas été mobilisé parce qu'il est...
    a. trop paresseux
    b. protégé par le père Merlier
    c. de nationalité étrangère
    d. objecteur de conscience

4. Les habitants de Rocreuse n'ont pas peur de la guerre...
    a. parce qu'ils vivent dans un cadre naturel paisible et harmonieux
    b. parce que Rocreuse ne présente aucun intérêt stratégique
    c. parce que la Lorraine bénéficie d'un statut spécial de neutralité
    d. parce qu'ils ne prennent pas les Prussiens au sérieux

II

1. Rocreuse est occupé par un détachement français parce que...
    a. le site plaît au capitaine français
    b. le capitaine français y est invité par le père Merlier
    c. Rocreuse est un objectif militaire des troupes prussiennes
    d. c'est le seul endroit possible de la région

2. Les Prussiens attaquent Rocreuse...
    a. pendant la nuit
    b. à l'aube
    c. par la route
    d. par la forêt

3. L'attaque prussienne a lieu…
   a. la veille des fiançailles
   b. le jour de la Saint-Louis, le 25 août
   c. la veille de la date fixée pour le mariage
   d. un mois après le mariage

4. Le détachement français a la mission…
   a. d'arrêter les Prussiens jusqu'au soir
   b. de défendre Rocreuse jusqu'à quatre heures
   c. de forcer les Prussiens à la retraite
   d. de disperser les troupes ennemies

III

1. L'officier prussien ordonne l'exécution de Dominique…
   a. parce que Dominique est le seul défenseur du moulin qui reste
   b. parce que Dominique est un combattant civil
   c. pour venger les soldats prussiens qu'il a tués
   d. pour l'obliger à collaborer avec les Prussiens

2. Ce qui préoccupe le plus l'officier prussien, c'est…
   a. l'évacuation éventuelle de ses troupes
   b. la relation entre Dominique et Françoise
   c. l'état de la roue du moulin
   d. la possibilité d'une contre-offensive française

3. L'exécution de Dominique est retardée au lendemain…
   a. parce que le père Merlier est intervenu
   b. en raison des supplications de Françoise
   c. pour amener Dominique à servir de guide aux Prussiens
   d. parce que l'officier prussien veut prolonger le tourment

4. Dominique s'enfuit…
   a. pour continuer le combat
   b. pour ne pas être fusillé
   c. par déférence pour le père Merlier
   d. par amour pour Françoise

IV

1. Le jeune soldat prussien dont on découvre le cadavre à l'aube a été tué par…
   a. on ne sait qui
   b. Dominique
   c. Françoise
   d. le père Merlier

2. Le matin après l'évasion de Dominique, Françoise passe… à le chercher et à lui parler.
   a. cinq minutes
   b. une demi-heure
   c. deux heures
   d. onze heures

3. Françoise va à la recherche de Dominique…
   a. pour partir avec lui
   b. pour gagner du temps
   c. pour le mettre au courant
   d. pour le faire revenir au village

4. Dominique rentre au moulin…
   a. parce qu'il a vu le signal de Françoise
   b. pour ne pas abandonner Françoise
   c. pour que le père Merlier ne soit pas fusillé
   d. parce qu'il a été capturé par les Prussiens

V

1. Ce qui précipite la mort de Dominique et du père Merlier, c'est en fin de compte…
   a. l'attaque du moulin par les Français
   b. les actions affolées de Françoise
   c. le fatalisme du père Merlier
   d. une lâcheté de Dominique

2. La conclusion du conte souligne…
   a. l'inexorable fatalité des événements
   b. l'importance de la patience et du courage en temps de guerre
   c. la cruauté des troupes prussiennes
   d. le contraste entre le point de vue civil et le point de vue militaire

Sujets de discussion ou de composition

1. C'est après une conversation de trois heures entre le père Merlier et Dominique que le vieillard autorise les fiançailles du jeune homme avec sa fille. «Jamais personne n'a su ce qu'ils avaient pu se dire», lit-on (ll. 139–140). Imaginez la conversation entre les deux hommes.

2. Le moulin et ses environs jouent un rôle important dans L'*Attaque du moulin*. Comparez la description du moulin, de la roue et du paysage au début et à la fin (ll. 938–946) de l'histoire. Soulignez le contraste. Quel est le rôle de ce contraste?

3. Le grand orme dans la cour du moulin est une sorte d'*emblème* (ou figure symbolique). Montrez comment l'orme illustre l'évolution de l'action.

4. Le rythme de l'action évolue très nettement dans cette nouvelle. Les événements principaux de l'action se déroulent surtout dans les parties II–V. Précisez la fonction de la première des cinq parties: pourquoi est-elle essentielle?

5. Supposez que vous êtes Dominique ou Françoise. Auriez-vous agi de la même façon? Justifiez votre réponse.

6. Le dénouement tragique aurait-il pu être évité? Expliquez.

7. Précisez les différentes manières dont ce conte peut être considéré comme un réquisitoire (*indictment*) contre la guerre.

8. Les ressources narratives de L'*Attaque du moulin* sont très riches. Une des techniques employées avec grande fréquence est celle désignée sous le nom de **style indirect libre**.[†] Etudiez d'abord les exemples suivants: (ll. 205–207; l. 225; l. 226; l. 412; l. 483; l. 504; ll. 747–748; ll. 787–788; l. 863; ll. 917–918). Puis relevez les passages exacts où se manifeste le style indirect libre aux ll. 779–822. Enfin indiquez et analysez l'effet de ce procédé stylistique.

9. Quels thèmes ce conte et le poème de Rimbaud *Le Dormeur du val* (p. 102) ont-ils en commun?

10. Pour bien situer ce conte de Zola (et le poème de Rimbaud, *Le Dormeur du val*), faites des recherches sur la guerre franco-prussienne de 1870. Avec les données que vous aurez rassemblées, préparez un exposé oral ou écrivez une composition sur cet épisode de l'histoire de France. Accompagnez votre présentation d'une carte de la France pour montrer les régions où s'est déroulée cette guerre.

⁞◻ Jean-Paul Sartre ◻⁞

Philosophe de formation, Jean-Paul Sartre (1905–1980) conçoit la littérature non comme un art ou comme un témoignage, mais comme un engagement. Son œuvre très diverse reflète une vision de la condition humaine sans illusion ni complaisance. Pour Sartre, la vérité première de l'existence, c'est que le monde n'a pas de sens, qu'il est donc absurde. L'homme peut cependant donner un sens à sa vie, à condition de reconnaître et d'assumer cette absurdité. Sartre plaide la cause de l'homme libre, responsable et authentique qui, sans Dieu, se définit par ses actes pour constituer son essence.

La nouvelle Le Mur (1939) s'inspire de la guerre civile d'Espagne où venaient de s'affronter depuis 1936 les partisans du général Franco, chef de l'insurrection militaire, et les défenseurs de la cause républicaine. Le narrateur Pablo a été fait prisonnier par les franquistes. Après une première interrogation, il est incarcéré dans une cellule qu'il partage avec Juan et Tom. A travers les paroles et le comportement des prisonniers, nous sommes témoins de l'angoisse qu'ils éprouvent à l'approche de la mort.

ORIENTATION This story is seen primarily through the eyes of Pablo Ibbieta, or to use modern French critical terminology, Pablo is the principal *focalisateur*. He is also the narrator of the story. One important question to ask of a first-person narrative is whether the narrator is capable of seeing himself or herself with complete objectivity. In *Le Mur*, for example, think about ways in which Pablo may not completely understand himself, how he may not "see" himself objectively. Look for ways in which Sartre enables the reader to see Pablo more objectively than Pablo sees himself. For example, analyze the role of the *médecin belge*. Ask yourself what you, the reader, notice about Pablo that Pablo himself doesn't notice as he tells his story.

Mots apparentés / faux amis

Donnez l'équivalent anglais du mot français. S'il s'agit d'un faux ami (*), donnez aussi l'équivalent français du faux ami anglais.

rejoindre (l. 5)   _____

l'interrogatoire (*m.*) (l. 40)   _____

la cellule (l. 44)   _____

les courants (*m. pl.*) d'air (l. 46)   _____

reprocher (l. 60)   _____

surveiller (ll. 68–69)   _____

condamner (l. 105)   _____

tenter (l. 140)   _____

le crâne (l. 192)   _____

rouler (l. 219)   _____

la colère (l. 223)   _____

effacer (l. 223)   _____

rassurer (l. 234)   _____

le morceau (l. 250)   _____

scintiller (ll. 255–256) _____

(être) privé(e) (de) (l. 352) _____

bouger (l. 509)   _____

*distrait (l. 200)   _____

_____   *distracted* (upset)

*la figure (l. 214)   _____

_____   *figure*

*blesser (l. 326)   _____

_____   *to bless*

Le Mur

On nous poussa dans une grande salle blanche, et mes yeux se mirent à **cligner** parce que la lumière leur faisait mal. Ensuite, je vis une table et qua-tre **types** derrière la table, des civils, qui regardaient des papiers. On avait massé les autres prisonniers dans le fond et il nous fallut traverser toute la

5 pièce pour les rejoindre. Il y en avait plusieurs que je connaissais et d'autres qui **devaient être étrangers**. Les deux qui étaient devant moi étaient blonds avec des **crânes** ronds; ils se ressemblaient: des Français, j'imagine. Le plus petit remontait tout le temps son pantalon; c'était nerveux.[1]

Où se trouve Pablo (le narrateur)?

Pourquoi ses yeux se mirent-ils à cligner?

Que faisaient les quatre hommes derrière la table?

Pourquoi avait-il fallu traverser toute la pièce?

Décrivez les prisonniers que voit Pablo.

Que faisait le petit devant lui? Pourquoi?

Ça dura près de trois heures; j'étais **abruti** et j'avais la tête vide; mais la

10 pièce était bien chauffée et je trouvais ça plutôt agréable; depuis vingt-quatre heures, nous n'avions pas cessé de **grelotter**. Les gardiens amenaient les prisonniers l'un après l'autre devant la table. Les quatre types leur demandaient alors leur nom et leur profession. La plupart du temps ils n'al-laient pas plus loin—ou bien alors ils posaient une question par-ci, par-là:

15 «As-tu pris part au sabotage des munitions?» Ou bien: «Où étais-tu le matin

se fermer à demi
hommes (*fam.*)

*must have been
foreigners* / têtes

en état de stupeur

trembler de froid

---

[1] **c'était nerveux:** c'était un geste nerveux

du 9 et que faisais-tu?» Ils n'écoutaient pas les réponses ou du moins ils n'en avaient pas l'air: ils se taisaient un moment et regardaient droit devant eux puis ils se mettaient à écrire. Ils demandèrent à Tom si c'était vrai qu'il servait dans la Brigade internationale: Tom ne pouvait pas dire le contraire à cause des papiers qu'on avait trouvés dans sa veste. A Juan ils ne demandèrent rien, mais après qu'il eut dit son nom, ils écrivirent longtemps. 20

Combien de temps Pablo est-il resté dans la grande salle?

Comment se sentait-il?

Pourquoi trouvait-il la salle plutôt agréable?

Quelles questions les quatre «civils» posaient-ils le plus souvent?

Qu'est-ce qui donne l'impression qu'ils ne s'intéressent pas aux réponses?

Pourquoi Tom ne peut-il pas dire qu'il ne servait pas dans la Brigade internationale?

Qu'ont fait les «civils» après avoir entendu le nom de Juan?

—C'est mon frère José qui est anarchiste, dit Juan. Vous savez bien qu'il n'est plus ici. Moi je ne suis d'aucun parti, je n'ai jamais fait de politique.

Ils ne répondirent pas. Juan dit encore:

—Je n'ai rien fait. Je ne veux pas payer pour les autres. 25

Ses lèvres tremblaient. Un gardien le fit taire et l'emmena. C'était mon tour:

—Vous vous appelez Pablo Ibbieta?

Je dis que oui.

Le type regarda ses papiers et me dit: 30

—Où est Ramon Gris?

—Je ne sais pas.

—Vous l'avez caché dans votre maison du 6 au 19.

—Non.

Ils écrivirent un moment et les gardiens me firent sortir. Dans le couloir 35 Tom et Juan attendaient entre deux gardiens. Nous nous mîmes en marche.[2] Tom demanda à un des gardiens:

—Et alors?

—Quoi? dit le gardien.

—C'est un interrogatoire ou un jugement? 40

—C'était le jugement, dit le gardien.

—Eh bien? Qu'est-ce qu'ils vont faire de nous?

Le gardien répondit sèchement:

—On vous communiquera la sentence dans vos cellules.

En fait, ce qui nous servait de cellule c'était une des caves de l'hôpital. Il y 45 faisait terriblement froid à cause des courants d'air. Toute la nuit nous avions grelotté et pendant la journée ça n'avait guère mieux été.[3] Les cinq jours précédents je les avais passés dans un cachot de l'archevêché,[4] une espèce d'oubliette[5] qui **devait dater du** moyen âge: comme il y avait beaucoup de

must have gone back to

---

[2] **Nous nous mîmes en marche:** Nous commençâmes à marcher.

[3] **ça n'avait guère mieux été:** il faisait presque aussi froid

[4] **un cachot de l'archevêché:** une cellule obscure dans la résidence de l'archevêque

[5] **oubliette:** cachot destiné aux condamnés à perpétuité (où ils sont parfois oubliés)

50 prisonniers et peu de place, on les **casait** n'importe où. Je ne regrettais pas mon cachot: je n'y avais pas souffert du froid mais j'y étais seul; à la longue c'est irritant. Dans la cave j'avais de la compagnie. Juan ne parlait guère: il avait peur et puis il était trop jeune pour avoir son mot à dire. Mais Tom était beau parleur et il savait très bien l'espagnol.

logeait

55 Dans la cave il y avait un banc et quatre **paillasses**. Quand ils nous eurent ramenés, nous nous assîmes et nous attendîmes en silence. Tom dit, au bout d'un moment:

straw mattresses

—Nous sommes **foutus**.

perdus (pop.)

—Je le pense aussi, dis-je, mais je crois qu'ils ne feront rien au petit.

60 —Ils n'ont rien à lui reprocher, dit Tom. C'est le frère d'un militant, voilà tout.

Je regardai Juan: il n'avait pas l'air d'entendre. Tom reprit.

—Tu sais ce qu'ils font à Saragosse? Ils couchent les types sur la route et ils leur passent dessus avec des camions. C'est un Marocain déserteur qui
65 nous l'a dit. Ils disent que c'est pour économiser les munitions.

—Ça n'économise pas l'essence, dis-je.

J'étais irrité contre Tom: il n'aurait pas dû dire ça.

—Il y a des officiers qui se promènent sur la route, poursuivit-il, et qui sur-veillent ça, les mains dans les poches, en fumant des cigarettes. Tu crois qu'ils
70 **achèveraient** les types? Je t'en fous. Ils les laissent gueuler.[6] Des fois pendant une heure. Le Marocain disait que, la première fois, **il a manqué dégueuler**.

tueraient

il a presque vomi

—Je ne crois pas qu'ils fassent ça ici, dis-je. A moins qu'ils ne manquent vraiment de munitions.

Le jour entrait par quatre soupiraux[7] et par une ouverture ronde qu'on avait
75 **pratiquée** au plafond, sur la gauche, et qui donnait sur le ciel. C'est par ce trou rond ordinairement fermé par une trappe, qu'on déchargeait le charbon dans la cave. Juste au-dessous du trou, il y avait un gros **tas de poussier**; il avait été destiné à chauffer l'hôpital, mais dès le début de la guerre, on avait évacué les malades et le charbon restait là, inutilisé; il pleuvait même dessus, à l'occa-
80 sion, parce qu'on avait oublié de baisser la trappe.

faite

heap of coal dust

Tom se mit à grelotter.

—Sacré nom de Dieu, je grelotte, dit-il, voilà que ça recommence.

Il se leva et se mit à faire de la gymnastique. A chaque mouvement sa chemise s'ouvrait sur sa poitrine blanche et **velue**. Il **s'étendit** sur le dos, leva
85 les jambes en l'air et fit les ciseaux:[8] je voyais trembler sa grosse **croupe**. Tom était **costaud** mais il avait trop de graisse.[9] Je pensais que des balles de fusil ou des pointes de baïonnettes allaient bientôt s'enfoncer dans cette masse de chair tendre comme dans **une motte de beurre**. Ça ne me faisait pas le même effet que s'il avait été maigre.

hairy / se coucha

derrière

robuste, fort

a mound of butter

90 Je n'avais pas exactement froid, mais je ne sentais plus mes épaules ni mes bras. De temps en temps, j'avais l'impression qu'**il me manquait quelque chose**

I was missing something

---

[6] **Je t'en fous. Ils les laissent gueuler:** *Hell no. They let them cry out in pain.*

[7] **soupiraux:** ouvertures dans une cave pour donner de l'air, du jour

[8] **fit les ciseaux:** fit un exercice où les jambes s'écartent et puis se rapprochent, comme des ciseaux

[9] **il avait trop de graisse:** il était trop gras, corpulent

et je commençais à chercher ma veste autour de moi, et puis je me rappelais brusquement qu'ils ne m'avaient pas donné de veste. C'était plutôt **pénible**. Ils avaient pris nos vêtements pour les donner à leurs soldats et ils ne nous avaient laissé que nos chemises—et ces pantalons de toile que les malades hospitalisés portaient **au gros de l'été**. Au bout d'un moment, Tom se releva et s'assit près de moi en **soufflant**. 95

—Tu es réchauffé?

—Sacré nom de Dieu, non. Mais je suis essoufflé.

Vers huit heures du soir, un commandant entra avec deux phalangistes.[10] Il avait une feuille de papier à la main. Il demanda au gardien: 100

—Comment s'appellent-ils, ces trois-là?

—Steinbock, Ibbieta et Mirbal, dit le gardien.

Le commandant mit ses lorgnons et regarda sa liste:

—Steinbock… Steinbock… Voilà. Vous êtes condamné à mort. Vous serez **fusillé** demain matin. 105

Il regarda encore:

—Les deux autres aussi, dit-il.

—C'est pas possible, dit Juan. Pas moi.

Le commandant le regarda d'un air étonné: 110

—Comment vous appelez-vous?

—Juan Mirbal, dit-il.

—Eh bien, votre nom est là, dit le commandant, vous êtes condamné.

—J'ai rien fait, dit Juan.

Le commandant haussa les épaules et se tourna vers Tom et vers moi. 115

—Vous êtes Basques?

—Personne n'est Basque.

Il eut l'air **agacé**.

—On m'a dit qu'il y avait trois Basques. Je ne vais pas perdre mon temps à leur courir après. Alors naturellement vous ne voulez pas de prêtre? 120

Nous ne répondîmes même pas. Il dit:

—Un médecin belge viendra tout à l'heure. Il a l'autorisation de passer la nuit avec vous.

Il fit le salut militaire et sortit.

—Qu'est-ce que je te disais, dit Tom. **On est bons**. 125

—Oui, dis-je, c'est **vache** pour le petit.

Je disais ça pour être juste mais je n'aimais pas le petit. Il avait un visage trop **fin** et la peur, la souffrance l'avaient défiguré, elles avaient **tordu** tous ses traits. Trois jours auparavant, c'était un môme dans le genre mièvre,[11] ça peut plaire; mais maintenant il avait l'air d'une vieille **tapette**, et je pensais qu'il ne redeviendrait plus jamais jeune, même si on le **relâchait**. Ça n'aurait pas été mauvais d'avoir un peu de pitié à lui offrir, mais la pitié me dégoûte, il me faisait plutôt horreur. 130

Il n'avait plus rien dit mais il était devenu gris: son visage et ses mains étaient gris. Il se rassit et regarda le **sol** avec des yeux ronds. Tom était une 135

désagréable

au milieu de l'été
respirant avec peine

exécuté

irrité

We've had it. (pop.)
cruel, pénible

délicat / déformé

homosexuel
libérait

ground

---

[10] **phalangistes:** membres de la Phalange, parti politique fasciste d'Espagne

[11] **un môme… mièvre:** *a kid with somewhat affected, coy manners*

bonne âme, il voulut lui prendre le bras, mais le petit se dégagea violemment en faisant une grimace.

—Laisse-le, dis-je à voix basse, tu vois bien qu'il va se mettre à **chialer**.

pleurer (*pop.*)

Tom obéit à regret; il aurait aimé consoler le petit; ça l'aurait occupé et il
140 n'aurait pas été tenté de penser à lui-même. Mais ça m'agaçait: je n'avais jamais pensé à la mort parce que l'occasion ne s'en était pas présentée, mais maintenant l'occasion était là et il n'y avait pas autre chose à faire que de penser à ça.

Tom se mit à parler:
145 —Tu as **bousillé** des types, toi? me demanda-t-il.

tué (*fam.*)

Je ne répondis pas. Il commença à m'expliquer qu'il en avait bousillé six depuis le début du mois d'août; il ne se rendait pas compte de la situation, et je voyais bien qu'il ne voulait pas s'en rendre compte. Moi-même je ne réalisais pas encore tout à fait, je me demandais si on souffrait beaucoup, je pen-
150 sais aux balles, j'imaginais leur grêle[12] brûlante à travers mon corps. Tout ça c'était en dehors de la véritable question; mais j'étais tranquille; nous avions toute la nuit pour comprendre. Au bout d'un moment Tom cessa de parler et je le regardai du coin de l'œil; je vis qu'il était devenu gris, lui aussi, et qu'il avait l'air misérable, je me dis: «Ça commence.» Il faisait presque nuit, une
155 lueur **terne** filtrait à travers les soupiraux et le tas de charbon, et faisait une grosse tache sous le ciel; par le trou du plafond je voyais déjà une étoile; la nuit serait pure et glacée.

pâle

La porte s'ouvrit, et deux gardiens entrèrent. Ils étaient suivis d'un homme blond qui portait un uniforme belge. Il nous salua:
160 «Je suis médecin, dit-il. J'ai l'autorisation de vous assister en ces pénibles circonstances.»

Il avait une voix agréable et distinguée. Je lui dis:
—Qu'est-ce que vous venez faire ici?
—Je me mets à votre disposition. Je ferai tout mon possible pour que ces
165 quelques heures vous soient moins lourdes.
—Pourquoi êtes-vous venu chez nous? Il y a d'autres types, l'hôpital en est plein.
—On m'a envoyé ici, répondit-il, d'un air vague.

«Ah! vous aimeriez fumer, hein? ajouta-t-il précipitamment. J'ai des ciga-
170 rettes et même des cigares.»

Il nous offrit des cigarettes anglaises et des **puros**, mais nous refusâmes. Je le regardai dans les yeux, et il parut **gêné**. Je lui dis:

genre de cigares
embarrassé

—Vous ne venez pas ici par compassion. D'ailleurs je vous connais. Je vous ai vu avec des fascistes dans la cour de la **caserne**, le jour où on m'a arrêté.
175 J'allais continuer, mais tout d'un coup il m'arriva quelque chose[13] qui me surprit: la présence de ce médecin cessa brusquement de m'intéresser. D'ordinaire, quand je suis sur un homme je ne le lâche pas.[14] Et pourtant l'envie de parler me quitta; je haussai les épaules et je détournai les yeux. Un peu plus tard, je levai la tête: il m'observait d'un air curieux. Les gardiens s'étaient

bâtiment où logent
des soldats

---

[12] **grêle**: *hail* (l'image désigne un contact multiple et répété)

[13] **il m'arriva quelque chose**: *something happened to me*

[14] **quand... pas**: quand j'ai affaire à quelqu'un je ne le quitte pas, je persiste

assis sur une paillasse. Pedro, le grand maigre, se tournait les pouces, l'autre   180
agitait de temps en temps la tête pour s'empêcher de dormir.

    —Voulez-vous de la lumière? dit soudain Pedro au médecin. L'autre fit
«oui» de la tête: je pense qu'il avait à peu près autant d'intelligence qu'une
bûche, mais sans doute n'était-il pas méchant. A regarder ses gros yeux bleus
et froids, il me sembla qu'il péchait surtout par défaut d'imagination. Pedro   185
sortit et revint avec une lampe à pétrole qu'il posa sur le coin du banc. Elle
éclairait mal, mais c'était mieux que rien: la veille on nous avait laissés dans
le noir. Je regardai un bon moment le rond de lumière que la lampe faisait au
plafond. J'étais fasciné. Et puis, brusquement, je me réveillai, le rond de
lumière **s'effaça**, et je me sentis **écrasé** sous un poids énorme. Ce n'était pas   190
la pensée de la mort, ni la crainte: c'était anonyme. Les **pommettes** me
brûlaient et j'avais mal au crâne.

    Je me secouai[15] et regardai mes deux compagnons. Tom avait **enfoui** sa tête
dans ses mains, je ne voyais que sa nuque grasse et blanche. Le petit Juan était
de beaucoup le plus **mal en point**, il avait la bouche ouverte et ses **narines**   195
tremblaient. Le médecin s'approcha de lui et lui posa la main sur l'épaule
comme pour le réconforter: mais ses yeux restaient froids. Puis je vis la main
du Belge descendre **sournoisement** le long du bras de Juan jusqu'au poignet.[16]
Juan se laissait faire avec indifférence. Le Belge lui prit le poignet entre trois
doigts, avec un air distrait, en même temps il **recula** un peu et s'arrangea pour   200
me tourner le dos. Mais je me penchai en arrière et je le vis tirer sa montre et
la consulter un instant sans lâcher le poignet du petit. Au bout d'un moment, il
laissa retomber la main inerte et alla **s'adosser** au mur, puis, comme s'il se rappelait soudain quelque chose de très important qu'il fallait noter **sur-le-champ**,
il prit un carnet dans sa poche et y inscrivit quelques lignes. «Le salaud,   205
pensai-je avec colère, qu'il ne vienne pas me tâter le pouls, je lui enverrai mon
poing dans sa sale gueule.»[17]

    Il ne vint pas, mais je sentis qu'il me regardait. Je levai la tête et lui rendis
son regard. Il me dit d'une voix impersonnelle:

    —Vous ne trouvez pas qu'on grelotte ici?   210

    Il avait l'air d'avoir froid; il était violet.

    —Je n'ai pas froid, lui répondis-je.

    Il ne cessait pas de me regarder, d'un œil dur. Brusquement je compris et
je portai mes mains à ma figure: j'étais **trempé** de sueur. Dans cette cave, au
gros de l'hiver, en plein courant d'air, je suais. Je passai les doigts dans mes   215
cheveux qui étaient **feutrés** par la transpiration; en même temps, je m'aperçus
que ma chemise était humide et **collait** à ma peau: je **ruisselais** depuis une
heure au moins et je n'avais rien senti. Mais ça n'avait pas échappé au cochon
de Belge; il avait vu les gouttes rouler sur mes joues et il avait pensé: c'est la
manifestation d'un état de terreur quasi pathologique; et il s'était senti   220
normal et fier de l'être, parce qu'il avait froid. Je voulus me lever pour aller
lui casser la figure, mais à peine avais-je **ébauché** un geste que ma honte et
ma colère furent effacées; je retombai sur le banc avec indifférence.

---

[15] **Je me secouai:** J'ai fait un effort sur moi-même.

[16] **poignet:** partie du bras entre la main et l'avant-bras

[17] **«Le salaud… sale gueule»:** The bastard, I thought angrily. He'd better not feel my pulse
or I'll sock him in the jaw.

Marginal glosses (left column):

morceau de bois

disparut / *crushed*
cheekbones

plongé

malade / *nostrils*

furtivement

fit un mouvement en
arrière

mettre le dos contre
immédiatement

soaked

matted
adhérait / transpirais
beaucoup

le frapper au visage /
commencé à faire

Je me contentai de me frictionner le cou avec mon mouchoir parce que, maintenant, je sentais la sueur qui gouttait de mes cheveux sur ma nuque et c'était désagréable. Je renonçai d'ailleurs bientôt à me frictionner, c'était inutile: déjà mon mouchoir était **bon à tordre**, et je suais toujours. Je suais aussi **des fesses** et mon pantalon humide adhérait au banc.

Le petit Juan parla tout à coup.

—Vous êtes médecin.

—Oui, dit le Belge.

Est-ce qu'on souffre... longtemps?

—Oh! Quand... ? Mais non, dit le Belge d'une voix paternelle, c'est vite fini.

Il avait l'air de rassurer un malade payant.

—Mais je... on m'avait dit... qu'il fallait souvent deux salves.[18]

—Quelquefois, dit le Belge **en hochant la tête**. Il peut se faire que la première salve n'atteigne aucun des organes vitaux.

—Alors il faut qu'ils rechargent les fusils et qu'ils **visent** de nouveau?

Il réfléchit et ajouta d'une voix **enrouée**.

—Ça prend du temps!

Il avait une peur affreuse de souffrir, il ne pensait qu'à ça: **c'était de son âge**. Moi je n'y pensais plus beaucoup et ce n'était pas la crainte de souffrir qui me faisait transpirer.

Je me levai et je marchai jusqu'au tas de poussier. Tom sursauta et me jeta un regard **haineux**: je l'agaçais parce que mes souliers craquaient. Je me demandais si j'avais le visage aussi **terreux** que lui: je vis qu'il suait aussi. Le ciel était superbe, aucune lumière ne se glissait dans ce coin sombre, et je n'avais qu'à lever la tête pour apercevoir **la grande Ourse**. Mais ça n'était plus comme auparavant: l'avant-veille, de mon cachot de l'archevêché, je pouvais voir un grand morceau de ciel et chaque heure du jour me rappelait un souvenir différent. Le matin quand le ciel était d'un bleu dur et léger, je pensais à des plages au bord de l'Atlantique; à midi je voyais le soleil et je me rappelais un bar de Séville où je buvais du manzanilla en mangeant des anchois et des olives; l'après-midi j'étais à l'ombre et je pensais à l'ombre profonde qui s'étend sur la moitié des arènes pendant que l'autre moitié scintille au soleil: c'était vraiment pénible de voir ainsi toute la terre se refléter dans le ciel. Mais à présent je pouvais regarder en l'air tant que je voulais, le ciel ne m'évoquait plus rien. J'aimais mieux ça. Je revins m'asseoir près de Tom. Un long moment passa.

Tom se mit à parler, d'une voix basse. Il fallait toujours qu'il parlât, sans ça il ne se reconnaissait pas bien dans ses pensées.[19] Je pense que c'était à moi qu'il s'adressait, mais il ne me regardait pas. Sans doute avait-il peur de me voir comme j'étais, gris et suant: nous étions pareils et pires que des miroirs l'un pour l'autre. Il regardait le Belge, le vivant.

—Tu comprends, toi, disait-il. Moi, je comprends pas.

Je me mis aussi à parler à voix basse. Je regardais le Belge.

—Quoi, qu'est-ce qu'il y a?

—Il va nous arriver quelque chose que je ne peux pas comprendre.

Marginal glosses:
- complètement trempé / du derrière
- *shaking his head*
- pointent leurs armes / *hoarse*
- c'était normal pour son âge
- hostile / couleur de terre
- *the Big Dipper*

---

[18] **salves:** décharge simultanée d'armes

[19] **sans... pensées:** *otherwise he couldn't think things out in his own mind*

Il y avait une étrange odeur autour de Tom. Il me sembla que j'étais plus
sensible aux odeurs qu'à l'ordinaire. Je **ricanai**:   270

—Tu comprendras tout à l'heure.

—Ça n'est pas clair, dit-il d'un air obstiné. Je veux bien avoir du courage,
mais il faudrait au moins que je sache... Ecoute, on va nous amener dans la
cour. Les types vont **se ranger** devant nous. Combien seront-ils?

—Je ne sais pas. Cinq ou huit. Pas plus.   275

—Ça va. Ils seront huit. On leur criera: «**En joue**», et je verrai les huit fusils
braqués sur moi. Je pense que je voudrai rentrer dans le mur, je pousserai le
mur avec le dos de toutes mes forces, et le mur résistera, comme dans les
cauchemars. Tout ça je peux me l'imaginer.

—Ça va! lui dis-je, je me l'imagine aussi.   280

—Ça doit faire un mal de chien.[20] Tu sais qu'ils visent les yeux et la bouche
pour défigurer, ajouta-t-il méchamment. Je sens déjà les blessures; depuis une
heure j'ai des douleurs dans la tête et dans le cou. Pas de vraies douleurs; c'est
pire: ce sont les douleurs que je sentirai demain matin. Mais après?

Je comprenais très bien ce qu'il voulait dire, mais je ne voulais pas en avoir   285
l'air. Quant aux douleurs, moi aussi je les portais dans mon corps, comme une
foule de petites balafres.[21] Je ne pouvais pas **m'y faire**, mais j'étais comme lui,
je n'y attachais pas d'importance.

—Après, dis-je rudement, **tu boufferas du pissenlit**.

Il se mit à parler pour lui seul; il ne lâchait pas des yeux le Belge.[22]   290

Celui-ci n'avait pas l'air d'écouter. Je savais ce qu'il était venu faire; ce que
nous pensions ne l'intéressait pas; il était venu regarder nos corps, des corps
qui agonisaient tout vifs.

—C'est comme dans le cauchemar, disait Tom. On veut penser à quelque
chose, on a tout le temps l'impression que **ça y est**, qu'on va comprendre et   295
puis ça glisse, ça vous échappe et **ça retombe**. Je me dis: après, il n'y aura plus
rien. Mais je ne comprends pas ce que ça veut dire. Il y a des moments où j'y
arrive presque... et puis ça retombe, je recommence à penser aux douleurs,
aux balles, aux détonations. Je suis matérialiste, je te le jure; je ne deviens pas
fou. Mais il y a quelque chose qui ne va pas. Je vois mon cadavre: ça n'est pas   300
difficile, mais c'est moi qui le vois, avec mes yeux. Il faudrait que j'arrive à
penser... à penser que je ne verrai plus rien, que je n'entendrai plus rien et que
le monde continuera pour les autres. On n'est pas faits pour penser ça, Pablo.
Tu peux me croire: ça m'est déjà arrivé de veiller toute une nuit en attendant
quelque chose. Mais cette chose-là, ça n'est pas pareil: ça nous prendra par-   305
derrière, Pablo, et nous n'aurons pas pu nous y préparer.

—La ferme,[23] lui dis-je, veux-tu que j'appelle un confesseur?

Il ne répondit pas. J'avais déjà remarqué qu'il avait tendance à **faire le
prophète** et à m'appeler Pablo en parlant d'une **voix blanche**. Je n'aimais pas
beaucoup ça; mais il paraît que tous les Irlandais sont ainsi. J'avais l'impres-   310
sion vague qu'il sentait l'urine. Au fond je n'avais pas beaucoup de sympathie

---

[20] **faire un mal de chien:** faire très mal, être très douloureux
[21] **une foule de petites balafres:** *a great number of little scars*
[22] **il ne lâchait pas des yeux le Belge:** il regardait le Belge fixement
[23] **La ferme:** Tais-toi (= Ferme ta gueule).

pour Tom et je ne voyais pas pourquoi, sous prétexte que nous allions mourir ensemble, j'aurais dû en avoir davantage. Il y a des types avec qui ç'aurait été différent. Avec Ramon Gris, par exemple. Mais entre Tom et Juan, je me sentais
315 seul. D'ailleurs, j'aimais mieux ça: avec Ramon je me serais peut-être attendri. Mais j'étais terriblement dur, à ce moment-là, et je voulais rester dur.

Il continua à **mâchonner** des mots, avec une espèce de distraction. Il par- | mal articuler
lait sûrement pour s'empêcher de penser. Il sentait l'urine à plein nez comme
les vieux prostatiques.[24] Naturellement j'étais de son avis, tout ce qu'il disait
320 j'aurais pu le dire: ça n'est pas *naturel* de mourir. Et, depuis que j'allais mourir,
plus rien ne me semblait naturel, ni ce tas de poussier, ni le banc, ni la sale
gueule de Pedro. Seulement, ça me déplaisait de penser les mêmes choses
que Tom. Et je savais bien que, tout au long de la nuit, **à cinq minutes près**, | *give or take five*
nous continuerions à penser les choses en même temps. à suer ou à frisson- | *minutes*
325 ner en même temps. Je le regardai de côté, et, pour la première fois, il me parut
étrange… il portait sa mort sur sa figure. J'étais blessé dans mon **orgueil**: pen- | fierté, vanité
dant vingt-quatre heures, j'avais vécu aux côtés de Tom, je l'avais écouté, je lui
avais parlé, et je savais que nous n'avions rien de commun. Et maintenant
nous nous ressemblions comme des **frères jumeaux**, simplement parce que | frères nés ensemble
330 nous allions **crever** ensemble. Tom me prit la main sans me regarder: | mourir (*fam.*)
—Pablo, je me demande… je me demande si c'est bien vrai qu'on **s'anéantit**. | disparaît complètement
Je dégageai ma main, je lui dis:
—Regarde entre tes pieds, salaud.
Il y avait une **flaque** entre ses pieds, et des gouttes tombaient de son pantalon. | une flaque d'urine
335 —Qu'est-ce que c'est? dit-il avec **effarement**. | étonnement
—Tu pisses dans ta culotte, lui dis-je.
—C'est pas vrai, dit-il furieux, je ne pisse pas, je ne sens rien.
Le Belge s'était approché. Il demanda avec une fausse sollicitude:
—Vous vous sentez souffrant?
340 Tom ne répondit pas. Le Belge regarda la flaque sans rien dire.
—Je ne sais pas ce que c'est, dit Tom d'un ton **farouche**, mais je n'ai pas | défiant, féroce
peur. Je vous jure que je n'ai pas peur.
Le Belge ne répondit pas. Tom se leva et alla pisser dans un coin. Il revint
en boutonnant sa braguette, se rassit et ne souffla pas mot. Le Belge prenait
345 des notes.
Nous le regardions tous les trois, parce qu'il était vivant. Il avait les gestes
d'un vivant, les soucis d'un vivant; il grelottait dans cette cave, comme
devaient grelotter les vivants; il avait un corps obéissant et bien nourri. Nous
autres nous ne sentions plus guère nos corps—plus de la même façon, en tout
350 cas. J'avais envie de **tâter** mon pantalon, entre mes jambes, mais je n'osais | toucher
pas; je regardais le Belge, arqué sur ses jambes, maître de ses muscles—et qui
pouvait penser à demain. Nous étions là, trois ombres privées de sang; nous
le regardions et nous sucions sa vie comme des vampires.
Il finit par s'approcher du petit Juan. Voulut-il lui tâter la nuque pour
355 quelque motif professionnel ou bien obéit-il à une impulsion charitable? S'il
agit par charité ce fut la seule et unique fois de toute la nuit. Il caressa le crâne
et le cou du petit Juan. Le petit se laissait faire, sans le quitter des yeux, puis,

---

[24] **Il sentait… prostatiques:** *He stank of urine like an old man afflicted with a prostate condition.*

tout à coup, il lui saisit la main et la regarda d'un drôle d'air. Il tenait la main du Belge entre les deux siennes, et elles n'avaient rien de plaisant, les deux **pinces** grises qui serraient cette main grasse et rougeaude. Je me doutais bien de ce qui allait arriver et Tom devait s'en douter aussi: mais le Belge **n'y voyait que du feu**, il souriait paternellement. Au bout d'un moment, le petit porta la grosse patte rouge à sa bouche et **voulut la mordre**. Le Belge se dégagea vivement et recula jusqu'au mur en **trébuchant**. Pendant une seconde il nous regarda avec horreur, il devait comprendre tout d'un coup que nous n'étions pas des hommes comme lui. Je me mis à rire, et l'un des gardiens sursauta. L'autre s'était endormi, ses yeux, grands ouverts, étaient blancs. 360 365

Je me sentais **las** et surexcité, à la fois. Je ne voulais plus penser à ce qui arriverait à l'aube, à la mort. Ça ne rimait à rien,[25] je ne rencontrais que des mots ou du vide. Mais dès que j'essayais de penser à autre chose, je voyais des canons de fusil braqués sur moi. J'ai peut-être vécu vingt fois de suite mon exécution; une fois même, j'ai cru que ça y était pour de bon:[26] j'avais dû m'endormir une minute. Ils me **traînaient** vers le mur, et je me débattais; je leur demandais pardon. Je me réveillai en sursaut et je regardai le Belge: j'avais peur d'avoir crié dans mon sommeil. Mais il **se lissait** la moustache, il n'avait rien remarqué. Si j'avais voulu, je crois que j'aurais pu dormir un moment: je veillais depuis quarante-huit heures, j'étais **à bout**. Mais je n'avais pas envie de perdre deux heures de vie: ils seraient venus me réveiller à l'aube, je les aurais suivis, **hébété** de sommeil, et **j'aurais clamecé** sans faire «ouf»; je ne voulais pas de ça, je ne voulais pas mourir comme une bête, je voulais comprendre. Et puis je craignais d'avoir des cauchemars. Je me levai, je me promenai de long en large et, pour me changer les idées, je me mis à penser à ma vie passée. Une foule de souvenirs me revinrent, pêle-mêle. Il y en avait de bons et de mauvais—ou du moins je les appelais comme ça avant. Il y avait des visages et des histoires. Je revis le visage d'un petit **novillero** qui s'était fait encorner[27] à Valence pendant la **Feria**, celui d'un de mes oncles, celui de Ramon Gris. Je me rappelai des histoires: comment j'avais **chômé** pendant trois mois en 1926, comment j'avais manqué crever de faim. Je me souvins d'une nuit que j'avais passée sur un banc à Grenade: je n'avais pas mangé depuis trois jours, j'étais enragé, je ne voulais pas crever. Ça me fit sourire. Avec quelle **âpreté**, je courais après le bonheur, après les femmes, après la liberté. Pour quoi faire? J'avais voulu libérer l'Espagne, j'admirais Pi y Margall,[28] j'avais adhéré au mouvement anarchiste, j'avais parlé dans des réunions publiques: je prenais tout au sérieux, comme si j'avais été immortel. 370 375 380 385 390

A ce moment-là j'eus l'impression que je tenais toute ma vie devant moi et je pensais: «C'est **un sacré mensonge**». Elle ne valait rien puisqu'elle était finie. Je me demandai comment j'avais pu me promener, **rigoler** avec des filles: je n'aurais pas remué le petit doigt si seulement j'avais imaginé que je mourrais comme ça. Ma vie était devant moi, close, fermée, comme un sac, et 395

---

[25] **Ça ne rimait à rien:** Cela n'avait aucun sens.

[26] **ça y était pour de bon:** ça se passait réellement

[27] **encorner:** blesser par les cornes d'un taureau

[28] **Pi y Margall:** républicain et fédéraliste espagnol (1824–1901)

400 pourtant tout ce qu'il y avait dedans était inachevé. Un instant, j'essayai de la
juger. J'aurais voulu me dire: c'est une belle vie. Mais on ne pouvait pas porter
de jugement sur elle, c'est une **ébauche**; j'avais passé mon temps à tirer des   chose incomplète
traites pour l'éternité,[29] je n'avais rien compris. Je ne regrettais rien; il y avait
des tas de choses que j'aurais pu regretter, le goût du manzanilla ou bien les
405 bains que je prenais en été dans une petite **crique** près de Cadix: mais la mort   *cove*
avait tout désenchanté.

Le Belge eut une fameuse idée, soudain.

—Mes amis, nous dit-il, je puis me charger—sous réserve que l'administration militaire y consentira—de porter un mot de vous, un souvenir aux gens
410 qui vous aiment...

Tom **grogna**:   murmura

—J'ai personne.

Je ne répondis rien. Tom attendit un instant, puis me considéra avec
curiosité:

415 —Tu ne fais rien dire à Concha?

—Non.

Je détestais cette complicité tendre: c'était ma faute, j'avais parlé de
Concha la nuit précédente, j'aurais dû me retenir. J'étais avec elle depuis un an.
La veille encore, je me serais coupé un bras à coups de hache pour la revoir
420 cinq minutes. C'est pour ça que j'en avais parlé, c'était plus fort que moi. A
présent, je n'avais plus envie de la revoir, je n'avais plus rien à lui dire. Je n'aurais même pas voulu la serrer dans mes bras: j'avais horreur de mon corps,
parce qu'il était devenu gris et qu'il suait—et je n'étais pas sûr de ne pas avoir
horreur du sien. Concha pleurerait quand elle apprendrait ma mort; pendant
425 des mois, elle n'aurait plus de goût à vivre. Mais tout de même c'était moi qui
allais mourir. Je pensai à ses beaux yeux tendres. Quand elle me regardait,
quelque chose passait d'elle à moi. Mais je pensai que c'était fini: si elle me
regardait à présent son regard resterait dans ses yeux, il n'irait pas jusqu'à moi.
J'étais seul.

430 Tom aussi était seul, mais pas de la même manière. Il s'était assis
à califourchon et il s'était mis à regarder le banc avec une espèce de sourire, il   *astride the bench*
avait l'air étonné. Il avança la main et toucha le bois avec précaution, comme
s'il avait peur de casser quelque chose, ensuite il retira vivement sa main et
frissonna. Je ne me serais pas amusé à toucher le banc, si j'avais été Tom;   trembla
435 c'était encore de la comédie d'Irlandais, mais je trouvais aussi que les objets
avaient un drôle d'air; ils étaient plus **effacés**, moins denses qu'à l'ordinaire. Il   ternes, irréels
suffisait que je regarde le banc, la lampe, le tas de poussier, pour que je sente
que j'allais mourir. Naturellement, je ne pouvais pas clairement penser ma
mort, mais je la voyais partout, sur les choses, dans la façon dont les choses
440 avaient reculé et se tenaient à distance, discrètement comme des gens qui parlent bas au chevet d'un mourant.[30] C'était sa mort que Tom venait de toucher
sur le banc.

---

[29] **à tirer... l'éternité:** *in cashing in on the future*

[30] **au chevet d'un mourant:** auprès du lit d'une personne qui meurt

Dans l'état où j'étais, si l'on était venu m'annoncer que je pouvais rentrer tranquillement chez moi, qu'on me laissait la vie sauve, ça m'aurait laissé froid: quelques heures ou quelques années d'attente c'est tout pareil, quand on a perdu l'illusion d'être éternel. **Je ne tenais plus à rien**, en un sens j'étais calme. Mais c'était un calme horrible à cause de mon corps: mon corps, je voyais avec ses yeux, j'entendais avec ses oreilles, mais ça n'était plus moi; il suait et tremblait tout seul, et je ne le reconnaissais plus. J'étais obligé de le toucher et de le regarder pour savoir ce qu'il devenait, comme si ç'avait été le corps d'un autre. Par moments, je le sentais encore, je sentais des glissements, des espèces de dégringolades,[31] comme lorsqu'on est dans un avion **qui pique du nez**, ou bien je sentais battre mon cœur. Mais ça ne me rassurait pas: tout ce qui venait de mon corps avait un sale air louche.[32] La plupart du temps, il se taisait, il se tenait coi,[33] et je ne sentais plus rien qu'une espèce de **pesanteur**, une présence **immonde** contre moi; j'avais l'impression d'être lié à une vermine énorme. A un moment, je tâtai mon pantalon et je sentis qu'il était humide; je ne savais pas s'il était mouillé de sueur ou d'urine, mais j'allai pisser sur le tas de charbon, par précaution.

Le Belge tira sa montre et la regarda. Il dit:

—Il est trois heures et demie.

Le salaud! Il avait dû le faire **exprès**. Tom sauta en l'air: nous ne nous étions pas encore aperçus que le temps s'écoulait; la nuit nous entourait comme une masse informe et sombre, je ne me rappelais même plus qu'elle avait commencé.

Le petit Juan se mit à crier. Il se tordait les mains, il suppliait:

—Je ne veux pas mourir, je ne veux pas mourir.

Il courut à travers toute la cave en levant les bras en l'air puis il **s'abattit** sur une des paillasses et sanglota. Tom le regardait avec des yeux **mornes** et n'avait même plus envie de le consoler. Par le fait ce n'était pas la peine: le petit faisait plus de bruit que nous, mais il était moins atteint: il était comme un malade qui se défend contre son mal par de la fièvre. Quand il n'y a même plus de fièvre, c'est beaucoup plus grave.

Il pleurait: je voyais bien qu'il avait pitié de lui-même; il ne pensait pas à la mort. Une seconde, une seule seconde, j'eus envie de pleurer moi aussi, de pleurer de pitié sur moi. Mais ce fut le contraire qui arriva; je jetai un coup d'œil sur le petit, je vis ses maigres épaules sanglotantes et je me sentis inhumain: je ne pouvais avoir pitié ni des autres ni de moi-même. Je me dis: «Je veux mourir proprement».

Tom s'était levé, il se plaça juste en dessous de l'ouverture ronde et se mit à **guetter** le jour. Moi j'étais **buté**, je voulais mourir proprement et je ne pensais qu'à ça. Mais, **par en dessous**, depuis que le médecin nous avait dit l'heure, je sentais le temps qui filait, qui coulait goutte à goutte.

Il faisait encore noir quand j'entendis la voix de Tom:

—Tu les entends.

---

[31] **je sentais… dégringolades:** *I felt myself sort of tumbling down*

[32] **avait un sale air louche:** laissait une désagréable impression de fausseté

[33] **il se tenait coi:** (mon corps) ne bougeait pas, restait tranquille

—Oui.

Des types marchaient dans la cour.

—Qu'est-ce qu'ils viennent **foutre**? Ils ne peuvent pourtant pas tirer dans le noir.

faire (*pop.*)

490 Au bout d'un moment nous n'entendîmes plus rien. Je dis à Tom:

—Voilà le jour.

Pedro se leva en bâillant et vint souffler la lampe. Il dit à son **copain**:

—**Mince de froid.**

camarade
Qu'il fait froid. (*pop.*)

La cave était devenue toute grise. Nous entendîmes des coups de feu dans

495 le lointain.

—Ça commence, dis-je à Tom, ils doivent faire ça dans la cour de derrière.

Tom demanda au médecin de lui donner une cigarette. Moi je n'en voulais pas; je ne voulais ni cigarettes ni alcool. A partir de cet instant, ils ne cessèrent pas de tirer.

500 —Tu te rends compte? dit Tom.

Il voulait ajouter quelque chose mais il se tut, il regardait la porte. La porte s'ouvrit, et un lieutenant entra avec quatre soldats. Tom laissa tomber sa cigarette.

—Steinbock?

505 Tom ne répondit pas. Ce fut Pedro qui le désigna.

—Juan Mirbal?

—C'est lui qui est sur la paillasse.

—Levez-vous, dit le lieutenant.

Juan ne bougea pas. Deux soldats le prirent aux aisselles et le mirent sur

510 ses pieds. Mais dès qu'ils l'eurent **lâché** il retomba.

laissé sans support

Les soldats hésitèrent.

—Ce n'est pas le premier qui se trouve mal,[34] dit le lieutenant, vous n'avez qu'à le porter, vous deux; on s'arrangera là-bas.[35]

Il se tourna vers Tom:

515 —Allons, venez.

Tom sortit entre deux soldats. Deux autres soldats suivaient, ils portaient le petit par les aisselles et par les jarrets. Il n'était pas évanoui; il avait les yeux grands ouverts, et des larmes coulaient le long de ses joues. Quand je voulus sortir, le lieutenant m'arrêta:

520 —C'est vous, Ibbieta?

—Oui.

—Vous allez attendre ici: on viendra vous chercher tout à l'heure.

Ils sortirent. Le Belge et les deux geôliers sortirent aussi, je restai seul. Je ne comprenais pas ce qui m'arrivait, mais j'aurais mieux aimé qu'ils en finis-

525 sent tout de suite. J'entendais les salves à intervalles presque réguliers; à chacune d'elles je **tressaillais**. J'avais envie de hurler et de m'arracher les cheveux.[36] Mais je serrais les dents et j'enfonçais les mains dans mes poches, parce que je voulais rester propre.

gave a start, shuddered

---

[34] **se trouve mal:** s'évanouit, perd connaissance

[35] **on s'arrangera là-bas:** *we'll work things out over there (i.e., on the execution site)*

[36] **J'avais... cheveux:** *I felt like screaming and tearing my hair out.*

Au bout d'une heure, on vint me chercher et on me conduisit au premier étage, dans une petite pièce qui sentait le cigare et dont la chaleur me parut suffocante. Il y avait là deux officiers qui fumaient assis dans des fauteuils, avec des papiers sur leurs genoux.

—Tu t'appelles Ibbieta?

—Oui.

—Où est Ramon Gris?

—Je ne sais pas.

Celui qui m'interrogeait était petit et gros. Il avait des yeux durs derrière ses lorgnons. Il me dit:

—Approche.

Je m'approchai. Il se leva et me prit par les bras en me regardant d'un air à me faire rentrer sous terre.[37] En même temps, il me pinçait les biceps de toutes ses forces. Ça n'était pas pour me faire mal, c'était le grand jeu: il voulait me dominer. Il jugeait nécessaire aussi de m'envoyer son souffle **pourri** en pleine figure. Nous restâmes un moment comme ça, moi ça me donnait plutôt envie de rire. Il en faut beaucoup plus pour intimider un homme qui va mourir; ça ne prenait pas. Il me repoussa violemment et se rassit. Il dit:

—C'est ta vie contre la sienne. On te laisse la vie sauve si tu nous dis où il est.

Ces deux types chamarrés avec leurs cravaches[38] et leurs bottes, c'étaient tout de même des hommes qui allaient mourir. Un peu plus tard que moi, mais pas beaucoup plus. Et ils s'occupaient à chercher des noms sur leurs **paperasses**, ils couraient après d'autres hommes pour les emprisonner ou les supprimer; ils avaient des opinions sur l'avenir de l'Espagne et sur d'autres sujets. Leurs petites activités me paraissaient choquantes et burlesques: je n'arrivais plus à me mettre à leur place, il me semblait qu'ils étaient fous.

Le petit gros me regardait toujours, en **fouettant** ses bottes de sa cravache. Tous ses gestes étaient calculés pour lui donner l'allure d'une bête vive et féroce.

—Alors? C'est compris?

—Je ne sais pas où est Gris, répondis-je. Je croyais qu'il était à Madrid.

L'autre officier leva sa main pâle avec indolence. Cette indolence aussi était calculée. Je voyais tous leurs petits **manèges** et j'étais stupéfait qu'il se trouvât des hommes pour s'amuser à ça.

—Vous avez un quart d'heure pour réfléchir, dit-il lentement. Emmenez-le à la lingerie, vous le ramènerez dans un quart d'heure. S'il persiste à refuser, on l'exécutera sur-le-champ.

Ils savaient ce qu'ils faisaient: j'avais passé la nuit dans l'attente; après ça, ils m'avaient encore fait attendre une heure dans la cave pendant qu'on fusillait Tom et Juan, et maintenant ils m'enfermaient dans la lingerie; ils avaient dû préparer leur **coup** depuis la veille. Ils se disaient que les nerfs **s'usent à la longue** et ils espéraient m'avoir comme ça.

infect, désagréable

papiers inutiles

frappant

intrigues, artifices

stratagème / wear out in the long run

---

[37] **d'un air à me faire rentrer sous terre:** *with a look that made me want to disappear, burrow underground*

[38] **chamarrés avec leurs cravaches:** *with their gold braid and their riding whips*

Ils se trompaient bien. Dans la lingerie, je m'assis sur un escabeau, parce que je me sentais très faible et je me mis à réfléchir. Mais pas à leur proposition. Naturellement je savais où était Gris: il se cachait chez ses cousins, à quatre kilomètres de la ville. Je savais aussi que je ne révélerais pas sa cachette, sauf s'ils me torturaient (mais ils n'avaient pas l'air d'y songer). Tout cela était parfaitement réglé, définitif et ne m'intéressait nullement. Seulement j'aurais voulu comprendre les raisons de ma conduite. Je préférais plutôt crever que de livrer Gris. Pourquoi? Je n'aimais plus Ramon Gris. Mon amitié pour lui était morte un peu avant l'aube en même temps que mon amour pour Concha, en même temps que mon désir de vivre. Sans doute je l'estimais toujours; c'était un dur.[39] Mais ça n'était pas pour cette raison que j'acceptais de mourir à sa place; sa vie n'avait pas plus de valeur que la mienne; aucune vie n'avait de valeur. On allait **coller** un homme contre un mur et lui tirer dessus jusqu'à ce qu'il crève: que ce fût moi ou Gris ou un autre c'était pareil.[40] Je savais bien qu'il était plus utile que moi à la cause de l'Espagne, mais je me foutais de l'Espagne et de l'anarchie: rien n'avait plus d'importance. Et pourtant j'étais là, je pouvais sauver ma peau en livrant Gris et je me refusais à le faire. Je trouvais ça plutôt comique: c'était de l'obstination. Je pensai: «**Faut-il être têtu**.» Et une drôle de gaieté m'envahit.

Ils vinrent me chercher et me ramenèrent auprès des deux officiers. Un rat partit sous nos pieds et ça m'amusa. Je me tournai vers un des phalangistes et je lui dis:

—Vous avez vu le rat?

Il ne répondit pas. Il était sombre, il se prenait au sérieux. Moi j'avais envie de rire mais je me retenais, parce que j'avais peur, si je commençais, de ne plus pouvoir m'arrêter. Le phalangiste portait des moustaches. Je lui dis encore:

—Il faut couper tes moustaches, **ballot**.

Je trouvais drôle qu'il laissât de son vivant[41] les poils envahir sa figure. Il me donna un coup de pied sans grande conviction, et je me tus.

—Eh bien, dit le gros officier, tu as réfléchi?

Je les regardai avec curiosité comme des insectes d'une espèce très rare. Je leur dis:

—Je sais où il est. Il est caché dans le cimetière. Dans un caveau ou dans la cabane des fossoyeurs.[42]

C'était pour leur faire une farce. Je voulais les voir se lever, **boucler leurs ceinturons** et donner des ordres d'un air affairé.

Ils sautèrent sur leurs pieds.

—Allons-y. Moles, allez demander quinze hommes au lieutenant Lopez. Toi, me dit le gros, si tu as dit la vérité, je n'ai qu'une parole. Mais tu le paieras cher si tu t'es **fichu** de nous.

Ils partirent dans un **brouhaha**, et j'attendis paisiblement sous la garde des phalangistes. De temps en temps, je souriais parce que je pensais à la tête

mettre, adosser

Comme je suis obstiné!

idiot, imbécile

buckle their waist-belts

moqué, joué
bruit de voix confus

---

[39] **un dur:** un homme courageux et stoïque
[40] **que ce fût moi... c'était pareil:** *whether it was to be me . . . made no difference*
[41] **de son vivant:** pendant qu'il était en vie
[42] **Dans... fossoyeurs:** *In a burial vault or in the gravediggers' shack.*

qu'ils allaient faire.[43] Je me sentais abruti et malicieux. Je les imaginais, soulevant les pierres tombales, ouvrant une à une les portes des caveaux. Je me représentais la situation comme si j'avais été un autre: ce prisonnier obstiné à faire le héros, ces graves phalangistes avec leurs moustaches et ces hommes en uniforme qui couraient entre les tombes; c'était d'un comique irrésistible. [615]

Au bout d'une demi-heure le petit gros revint seul. Je pensai qu'il venait donner l'ordre de m'exécuter. Les autres devaient être restés au cimetière. [620]

embarrassé, déconfit

L'officier me regarda. Il n'avait pas du tout l'air **penaud**. A la fin des opérations militaires, un tribunal régulier décidera de son sort.

Je crus que je n'avais pas compris. Je lui demandai:

—Alors on ne me… fusillera pas?…

—Pas maintenant en tout cas. Après, ça ne me regarde plus.[44] [625]

Je ne comprenais toujours pas. Je lui dis:

—Mais pourquoi?

Il haussa les épaules sans répondre, et les soldats m'emmenèrent. Dans la grande cour il y avait une centaine de prisonniers, des femmes, des enfants, quelques vieillards. Je me mis à tourner autour de la pelouse centrale, j'étais [630] hébété. A midi, on nous fit manger au réfectoire.[45] Deux ou trois types m'interpellèrent. Je devais les connaître, mais je ne leur répondis pas: je ne savais même plus où j'étais.

Vers le soir, on poussa dans la cour une dizaine de prisonniers nouveaux. Je reconnus Garcia, le boulanger. Il me dit: [635]

—Sacré veinard.[46] Je ne pensais pas te revoir vivant.

—Ils m'avaient condamné à mort, dis-je, et puis ils ont changé d'idée. Je ne sais pas pourquoi.

—Ils m'ont arrêté à deux heures, dit Garcia.

—Pourquoi? [640]

Garcia ne faisait pas de politique.

—Je ne sais pas, dit-il. Ils arrêtent tous ceux qui ne pensent pas comme eux. Il baissa la voix.

—Ils ont eu Gris.

Je me mis à trembler. [645]

—Quand?

agi stupidement

—Ce matin. Il avait **fait le con**. Il a quitté son cousin mardi, parce qu'ils avaient eu des mots. Il ne manquait pas de types qui l'auraient caché, mais il ne voulait plus rien devoir à personne. Il a dit: «Je me serais caché chez Ibbieta, mais puisqu'ils l'ont pris j'irai me cacher au cimetière». [650]

—Au cimetière?

—Oui. C'était con. Naturellement, ils y ont passé ce matin, ça devait arriver. Ils l'ont trouvé dans la cabane des fossoyeurs. Il leur a tiré dessus, et ils l'ont descendu.

—Au cimetière! [655]

Tout se mit à tourner et je me retrouvai assis par terre: je riais si fort que les larmes me vinrent aux yeux.

Jean-Paul Sartre, tiré de *Le Mur*, © Editions Gallimard.

---

[43] **la tête qu'ils allaient faire:** la surprise qui se montrerait sur leur visage

[44] **ça ne me regarde plus:** *it's not my business any more, it's out of my hands*

[45] **réfectoire:** grande salle où les repas sont servis en commun

[46] **veinard:** homme qui a de la chance

Questions

1. Résumez la situation au début de cette histoire.
2. Pourquoi Juan parle-t-il de son frère José?
3. A qui demande-t-on «Où est Ramon Gris?» Pourquoi?
4. Qu'est-ce qui sert de cellule? Pourquoi fait-il très froid dans la cellule? (l. 46)
5. Que fait Tom pour se réchauffer? Décrivez Tom.
6. Pourquoi a-t-on pris les vêtements aux prisonniers? (l. 94)
7. Qu'est-ce que le commandant vient annoncer aux prisonniers?
8. Qui a l'autorisation de passer la nuit avec eux?
9. Pourquoi Pablo n'aime-t-il pas le petit (Juan)?
10. Pourquoi Tom aurait-il bien aimé consoler le petit?
11. Sous quel prétexte le médecin belge rejoint-il les prisonniers?
12. Quelle opinion Pablo semble-t-il avoir du Belge? Comment expliquez-vous que la présence du Belge cesse de l'intéresser?
13. Pourquoi le Belge s'intéresse-t-il à Juan? Qu'est-ce qu'il écrit dans son carnet? Pourquoi s'intéresse-t-il ensuite à Pablo?
14. Pourquoi Pablo agace-t-il Tom quand il marche? (l. 245)
15. Comment expliquez-vous que Pablo se sente seul entre Tom et Juan? Comment se sentirait-il avec Ramon? Pourquoi? Pourquoi est-ce que ça déplaît à Pablo de penser les mêmes choses que Tom?
16. Comment Tom manifeste-t-il sa peur?
17. Pourquoi Pablo ne veut-il pas dormir? (ll. 377–385)
18. Quels sont les souvenirs de Pablo? Pourquoi pense-t-il que sa vie ne valait rien? Est-ce qu'il aurait fait différemment s'il avait su qu'il allait mourir? Expliquez.
19. Qui est Concha? Comment l'attitude de Pablo vis-à-vis de Concha a-t-elle changé depuis la veille? Pourquoi?
20. Quelle impression Pablo a-t-il des choses? de son corps? Pourquoi?
21. Quand Pablo dit: «Je veux mourir proprement», qu'est-ce qu'il veut dire?
22. Qui est-ce que les soldats viennent chercher? Un peu plus tard, où conduit-on Pablo? Pourquoi?
23. Comment expliquez-vous que Pablo préfère mourir que de livrer Ramon Gris? (ll. 578–590)
24. Pourquoi Pablo dit-il que Ramon est caché dans le cimetière? Qu'est-ce qu'il est étonné d'apprendre? Comment réagit-il?

Complétez les phrases suivantes (oralement ou par écrit)

1. Il fait froid dans la cellule à cause de…
2. Juan parle très peu parce que…
3. Quand Tom fait de la gymnastique Pablo remarque que… (ll. 83–89)
4. Le médecin belge paraît gêné quand Pablo… (ll. 171–172)

5. Le médecin belge tire sa montre pour... (ll. 196–207)

6. Juan a peur de souffrir; Pablo pense que la raison est...

7. Le ciel n'évoque plus rien à Pablo parce que... (ll. 246–258)

8. Les trois prisonniers deviennent... (*couleur*)

9. Tom a des douleurs dans la tête et dans le cou parce que... (ll. 281–284)

10. Pablo se serait peut-être attendri avec Ramon Gris parce que...

11. Tom et Pablo se ressemblent parce que...

12. Pablo ne regrette plus les plaisirs de sa vie passée parce que... (ll. 395–406)

13. Pablo refuse de prendre des cigarettes et de l'alcool...

14. Les officiers mettent Pablo dans la lingerie pour...

15. Pablo se met à trembler quand il apprend...

▦▦ EXPRESSIONS A ETUDIER ▦▦

1. **avoir l'air** + adj. / **avoir l'air de** + nom / **avoir l'air de** + inf.

   Il n'avait pas l'air d'entendre. (l. 62)

   He *didn't seem to hear.*

   Il eut l'air agacé. (l. 118)

   He *looked annoyed.*

   Il avait l'air de rassurer un malade. (l. 234)

   He *seemed to be reassuring a patient.*

   Il n'avait pas du tout **l'air penaud.** (l. 621)

   He *didn't look embarrassed at all.*

   Cette salle de classe **a l'air d'une prison.**

2. **par** + nom

   Par un trou du plafond je voyais déjà une étoile. (l. 156)

   Through a hole in the ceiling I *could already see a star.*

   Nous sommes venus **par la forêt**, c'est plus court.
   Pour aller à Honolulu, je suis passé(e) **par San Francisco**.
   Il y a trois moyens d'accéder à mon appartement: **par l'escalier, par la fenêtre**, ou **par la cheminée**.

3. **se mettre à la disposition de qq'un; mettre qqch. à la disposition de; être à la disposition de qq'un**

   Je me mets à votre disposition. (l. 164)

   I *am putting myself at your disposal.*

   Monsieur, **je suis à votre disposition**: dites-moi ce que je dois faire.
   Peu de gens **se mettent** volontairement **à la disposition des** pelotons d'exécution.

4. **avoir tendance à** + inf.

   Il avait tendance à faire le prophète. (ll. 308–309)
   He had a tendency to talk on and on like a prophet.

   Le médecin belge **a tendance à irriter** Pablo.
   J'ai tendance à manger trop de sucreries.

5. **être de l'avis de qq'un; changer d'avis; à mon (ton, son,** etc.**) avis**

   Naturellement **j'étais de son avis.** (l. 319)
   Of course I shared his opinion, I agreed with him.

   A mon avis, le médecin belge ne s'intéresse pas vraiment aux condamnés.
   Mon ami Ramon **est** toujours **du même avis que moi,** mais Tom, lui,
   change souvent **d'avis.**

6. **être à bout; pousser à bout**

   J'étais à bout. (l. 377)
   I was exhausted, at the end of my rope.

   Les forces et la patience des prisonniers **sont à bout.**
   Les étudiants **poussèrent** leur professeur **à bout** avec leurs questions
   (et vice versa).

7. **faire qqch. exprès**

   Il avait dû le **faire exprès**. (l. 462)
   He must have done it on purpose.

   Le médecin **est venu exprès** pour observer les prisonniers.
   Admirez mon nouveau chapeau. Il **a été fait exprès** pour moi.

Répondez

avoir l'air + adj. / **avoir l'air de** + nom / **avoir l'air de** + inf.

1. Est-ce qu'un étudiant (une étudiante) de la classe a l'air fatigué (malade, content, furieux, penaud)?

2. Demandez à quelqu'un si vous avez l'air de vouloir dormir (de vous ennuyer, de ne pas comprendre, d'avoir faim).

3. Avant un examen, avez-vous l'air d'un condamné à mort (d'un anarchiste, d'un prisonnier, d'un lâche)?

par + nom

4. Que voyez-vous par la fenêtre de votre salle de classe?

5. Pour aller de New York à Houston, faut-il passer par Chicago? (Paris, Atlanta, Washington)?

6. Quelles idées bizarres vous passent quelquefois par la tête?

se mettre à la disposition de qq'un; mettre qqch. à la disposition de; être à la disposition de qq'un

7. Dites que vous êtes à ma disposition (que vous êtes à la disposition de votre voisin, que vous n'êtes à la disposition de personne).

8. Est-ce que vos parents mettent leur voiture à votre disposition?

9. Mettez-vous vos possessions à la disposition de vos amis? des étrangers?

avoir tendance à + inf.

10. Avez-vous tendance à faire le prophète (à faire des farces, à avoir peur de tout, à parler avant de penser, à engraisser, à ne pas faire attention en classe)?

11. Demandez à un ami s'il (à une amie si elle) a tendance à dormir tard.

12. Dites que vous avez tendance à suivre des cours faciles.

être de l'avis de qq'un; changer d'avis; à mon (ton) avis

13. Dites qu'à votre avis la situation est grave (que nous serons tous fusillés à l'aube).

14. Etes-vous généralement du même avis que vos parents? que vous amis?

15. Changez-vous souvent d'avis? Est-il naturel de changer d'avis?

être à bout; pousser à bout

16. A la fin de la semaine, êtes-vous à bout? Pourquoi?

17. Dites ce qui pousse le plus à bout votre patience.

18. Demandez à quelqu'un si votre question le pousse à bout.

faire qqch. exprès

19. Dites que vous ne faites pas exprès d'arriver en retard (d'oublier votre livre, de vous endormir en classe).

20. Etes-vous venu(e) en classe exprès pour lire Sartre? pour parler de la lecture? pour répondre à des questions?

21. Demandez à votre voisin (voisine) s'il (si elle) fait exprès de vous marcher sur les pieds (d'être si désagréable, si têtu(e), si abruti[e]).

22. Portez-vous une chemise (une robe) faite exprès pour vous? Portez-vous un pantalon (un manteau) fait exprès pour vous?

Faites le choix le plus conforme au texte

1. Pablo est accusé par les quatre civils qui l'interrogent...
   a. d'avoir pris part à un sabotage de munitions
   b. d'être le frère d'un anarchiste
   c. d'avoir caché Ramon Gris chez lui pendant plusieurs jours
   d. de servir dans la Brigade Internationale

2. Le narrateur Pablo semble être particulièrement sensible aux conditions matérielles et aussi...
   a. au sort de Concha
   b. aux actes subversifs commis par les républicains
   c. à la ferveur révolutionnaire des prisonniers
   d. aux réactions physiques qu'il observe chez les autres

3. Le médecin belge passe la nuit dans la cellule des trois condamnés…
   a. pour étudier leur comportement
   b. pour qu'ils ne tombent pas malades
   c. pour leur remonter le moral
   d. pour obtenir d'eux des renseignements

4. En attendant la mort, Pablo…
   a. se désintéresse de la vie
   b. aimerait revivre sa jeunesse
   c. se révolte de ne pas être libre
   d. regrette de ne pas revoir Concha

5. L'illusion que Pablo a perdue, c'est d'être…
   a. aimé
   b. seul
   c. courageux
   d. éternel

6. Le sentiment qui dégoûte Pablo le plus, c'est…
   a. la cruauté
   b. l'espoir
   c. la pitié
   d. la peur

7. Quand Pablo dit qu'il veut «rester propre», il veut dire…
   a. qu'il a horreur de la saleté de sa cellule et de ses occupants
   b. qu'il veut mourir avec dignité, sans céder à la lâcheté
   c. qu'il est décidé à ne pas trahir ses compagnons
   d. qu'il compte rester fidèle à son idéal républicain

8. Pourquoi Pablo pense-t-il que la scène des soldats phalangistes recherchant Ramon Gris au cimetière (ll. 613–618) est comique? Parce qu'il…
   a. est convaincu que leur action sera futile
   b. n'aime plus Ramon Gris
   c. veut que les soldats s'en aillent
   d. prévoit le dénouement de l'histoire

9. Ramon Gris est abattu par les phalangistes…
   a. après avoir été suivi et capturé
   b. parce qu'il a été dénoncé par Pablo
   c. après s'être rendu aux soldats
   d. par suite d'un concours de circonstances

10. Le *Mur* produit chez le lecteur un effet qui provient surtout…
    a. d'un style recherché
    b. d'un réalisme parfois pénible
    c. de dialogues suprenants
    d. du récit à la première personne

Sujets de discussion ou de composition

1. En supposant que les soldats ne trouvent pas Ramon Gris au cimetière, imaginez une autre conclusion.

2. Vous apprenez que vous êtes condamné(e) à mort et que vous serez exécuté(e) dans quelques heures. Précisez les circonstances et décrivez vos sentiments et votre comportement.

3. Selon vous, quelle est la question principale soulevée dans *Le Mur*? Et la réponse?

4. Expliquez le titre de cette histoire.

5. En quoi ce conte illustre-t-il la notion de l'absurde? En quoi consiste l'absurdité de la situation représentée ou des actes commis?

6. Dans un récit à la première personne, il faut parfois avoir recours à une autre perspective sur les événements quand le narrateur lui-même ne voit pas tout. La présence du médecin belge fournit un autre regard qui observe la scène. Précisez exactement ce que voit le médecin belge—mais non Pablo—et expliquez en quoi sa présence est nécessaire à la compréhension de la psychologie inconsciente de Pablo.

7. Faites des recherches sur l'épisode historique qui constitue le cadre de ce conte—la guerre civile d'Espagne. Quelle a été la part des combattants non espagnols dans cette guerre? Faites une présentation écrite ou orale sur cette guerre civile et sur sa dimension internationale.

⫶⬤⫶ Albert Camus ⬤⫶

Né en Algérie, Albert Camus (1913–1960) est l'auteur de plusieurs romans et essais qui illustrent la nécessité de surmonter la nature arbitraire ou absurde de l'existence par la solidarité et la fraternité humaines. Si la personne humaine commence par être solitaire, elle peut néanmoins affirmer son humanité et sa dignité par l'action commune accomplie pour la justice et le bonheur de tous.

L'Hôte est tiré d'un recueil publié en 1957, L'Exil et le royaume. Les six contes et nouvelles qui composent cet ouvrage illustrent chacun les deux thèmes indiqués par le titre: l'exil, c'est l'isolement ou l'aliénation de l'individu; le royaume, c'est la réconciliation et l'union de tous les hommes. L'action du conte a lieu pendant l'époque qui précède immédiatement la guerre d'Algérie (1954). L'Algérie, alors administrée par la France, était habitée par une majorité arabe et par une importante minorité d'origine européenne. Daru, le protagoniste de L'Hôte, est français par son ethnie, sa culture et sa fonction, mais l'Algérie, sa terre natale, est aussi le seul pays qu'il connaisse. La situation de Daru est donc précisément celle d'un exilé dans son propre «royaume».

[handwritten: Pudnoir (Français né en Algérie)]

[handwritten: → l'utilitanianisme]

ORIENTATION   L'Hôte is told from a third-person point of view. Daru is the main character, the *focalisateur* through whose eyes we see the events of the story. The reader should also be aware of an authorial narrator telling the story. For example, in the first paragraph, the sentence «L'un des hommes, au moins, connaissait le pays» suggests the thought of Daru, not Camus. But in the second paragraph we find detailed descriptions and more formal syntax, which suggest the presence of an authorial narrator setting the stage and establishing the *décor*. This *décor* is an important part of the story. As you read, pay particular attention to the description of the plateau. Try to define its essential characteristics and to explain Daru's love for it.

Mots apparentés / faux amis

Donnez l'équivalent anglais du mot français. S'il s'agit d'un faux ami (*), donnez aussi l'équivalent français du faux ami anglais.

encombrer (l. 36)	*to clutter (up); to obstruct (encombrant: cumbersome, burdensome)*
la nourriture (l. 52)	*food*
poser (l. 92)	*to put/lay/set down; to stand*
livrer l. 99)	*to deliver*
régner (l. 121)	*to reign, rule, prevail*
dénoncer (l. 178)	*denounce, to expose*
nier (l. 180)	*to deny*
surgir (l. 192)	*to appear suddenly; crop up, to arise (difficultés)*
propice (l. 210)	*favorable; auspicious; propitious*
se congeler (l. 288)	*to freeze*

la communauté (l. 302) *community*

le sol (l. 311) *sun; ground*

bondir (l. 408) *to leap/spring up; to bounce; to leap about*
*rude (l. 50) *rough, harsh; tough (climate)*
_____ *rude*

*le front (l. 59) *forehead*
_____ *front (of building)*

*se dresser (l. 312) *to stand (up), to tower*
_____ *to get dressed*

▰▰▰▰▰▰▰▰▰▰

L'Hôte[1]

schoolteacher

 L'**instituteur** regardait les deux hommes monter vers lui. L'un était à cheval, *commencer* *to work hard, toil*
l'autre à pied. Ils n'avaient pas encore entamé le raidillon abrupt[2] qui menait *(to lead to)*
à l'école, bâtie au flanc d'une colline. Ils peinaient,[3] progressant lentement

(expanse) *side*
surface, espace
stumbled = trébucher
une bûche (= log)

dans la neige, entre les pierres, sur l'immense **étendue** du haut plateau désert.
De temps en temps, le cheval **bronchait** *(whinnied)* visiblement. On ne l'entendait pas 5
encore, mais on voyait le jet de vapeur qui sortait alors de ses naseaux. L'un

chemin
layer (of snow)

des hommes, au moins, connaissait le pays. Ils suivaient la **piste** qui avait
pourtant disparu depuis plusieurs jours sous une **couche** blanche et sale. *le trafic humain*
L'instituteur calcula qu'ils ne seraient pas sur la colline avant une demi-heure.
Il faisait froid; il rentra dans l'école pour chercher un chandail. 10

jersey or thick sweater (un pull-over)

Qui est-ce que l'instituteur voit arriver?

Comment ces deux hommes arrivent-ils?

Où se situe l'école?

En quelle saison de l'année est-on?

Comment les deux hommes progressaient-ils?

Selon vous, pourquoi le cheval bronchait-il?

Pourquoi a-t-on conclu que l'un des hommes connaissait le pays?

D'après les calculs de l'instituteur, quand est-ce que les deux hommes seraient sur la colline?

Pourquoi l'instituteur est-il rentré dans l'école? *frozen, freezing*

une chose / ironique

Il traversa la salle de classe, vide et glacée. Sur le tableau noir les quatre
fleuves de France,[4] dessinés avec quatre craies de couleurs différentes,
coulaient vers leur estuaire depuis trois jours. La neige était tombée brutalement à la mi-octobre, après huit mois de sécheresse, sans que la pluie eût

le PQP du subjonctif

_____

1 **hôte:** personne qui donne l'hospitalité; aussi, personne qui reçoit l'hospitalité
2 **ils n'avaient… abrupt:** *they had not yet started climbing the steep path*
3 **peinaient:** se donnaient de la peine, du mal
4 c'est-à-dire la Seine, la Loire, la Garonne et le Rhône

apporté une transition[5] et la vingtaine d'élèves qui habitaient dans les villages disséminés sur le plateau ne venaient plus. Il fallait attendre le beau temps. Daru ne chauffait plus que l'unique pièce qui constituait son logement, **attenant à** la classe, et ouvrant aussi sur le plateau à l'est. Une fenêtre donnait encore, comme celles de la classe, sur le midi.[6] De ce côté, l'école se trouvait à quelques kilomètres de l'endroit où le plateau commençait à descendre vers le sud. Par temps clair, on pouvait apercevoir les masses violettes du contrefort montagneux où s'ouvrait la porte du désert.

Pourquoi est-ce que la salle de classe était vide et glacée?

Qu'est-ce qui était dessiné sur le tableau noir?

Qu'est-ce qui a précédé la chute de neige à la mi-octobre?

Combien d'élèves venaient à cette école? Pourquoi ne venaient-ils plus?

Quand reviendront-ils?

Combien de pièces Daru chauffait-il?

Sur quoi donnaient les fenêtres de la salle de classe?

Par temps clair, qu'est-ce qu'on pouvait voir?

Un peu réchauffé, Daru retourna à la fenêtre d'où il avait, pour la première fois, aperçu les deux hommes. On ne les voyait plus. Ils avaient donc attaqué le **raidillon**. Le ciel était moins **foncé**: dans la nuit, la neige avait cessé de tomber. Le matin s'était levé sur une lumière sale qui s'était à peine renforcée à mesure que le plafond de nuages remontait.[7] A deux heures de l'après-midi, **on eût dit** que la journée commençait seulement. Mais cela valait mieux que ces trois jours où l'épaisse neige tombait au milieu des ténèbres incessantes, avec de petites sautes de vent qui venaient secouer la double porte de la classe. Daru **patientait** alors de longues heures dans sa chambre dont il ne sortait que pour aller sous l'appentis,[8] soigner les **poules** et puiser dans la provision de charbon. Heureusement, la camionnette de Tadjid, le village le plus proche au nord, avait apporté le **ravitaillement** deux jours avant la **tourmente**. Elle reviendrait dans quarante-huit heures.

Il y avait d'ailleurs de quoi soutenir un siège, avec les sacs de blé qui encombraient la petite chambre et que l'administration lui laissait en réserve pour distribuer à ceux de ses élèves dont les familles avaient été victimes de la sécheresse. En réalité, le malheur les avait tous atteints puisque tous étaient pauvres. Chaque jour, Daru distribuait une ration aux petits. Elle leur avait manqué,[9] il le savait bien, pendant ces mauvais jours. Peut-être un des pères ou des grands frères viendrait ce soir et il pourrait les ravitailler en grains. Il fallait **faire la soudure avec** la prochaine récolte, voilà tout. Des navires de blé arrivaient maintenant de France, le plus dur était passé. Mais il serait difficile d'oublier cette misère, cette armée de fantômes haillonneux[10]

---

[5] **transition:** entre la sécheresse de l'été et la neige de l'hiver

[6] **donnait… midi:** avait vue sur le sud, comme les fenêtres de la classe

[7] **une lumière… remontait:** *a murky light that had hardly grown stronger as the cloud cover had risen*

[8] **appentis:** petit bâtiment placé contre un plus grand

[9] **Elle leur avait manqué:** *They had been short on rations*

[10] **haillonneux:** couverts de vieux vêtements déchirés

shriveled
grillée, rôtie

like a monk

rough-cast / well
de chaque semaine
warning
didn't help

terrasse, surface plane

tied

raw, undyed wool

bristly
bronzé / wrinkles
bridle, rein

was squatting /
heater, stove
smooth, glossy
obstiné
sunbaked

wrists

errant dans le soleil, les plateaux calcinés mois après mois, la terre **recro-** **quevillée** peu à peu, littéralement **torréfiée**, chaque pierre éclatant en pous- sière sous le pied. Les moutons mouraient alors par milliers et quelques hommes, çà et là, sans qu'on puisse toujours le savoir.

Devant cette misère, lui qui vivait presque **en moine** dans son école perdue, content d'ailleurs du peu qu'il avait, et de cette vie rude, s'était senti un seigneur, avec ses murs **crépis**, son divan étroit, ses étagères de bois blanc, son **puits**, et son ravitaillement **hebdomadaire** en eau et en nourriture. Et, tout d'un coup, cette neige, sans **avertissement**, sans la détente de la pluie. Le pays était ainsi, cruel à vivre, même sans les hommes, qui, pourtant, **n'arrangeaient rien.** Mais Daru y était né. Partout ailleurs, il se sentait exilé.

Il sortit et avança sur le **terre-plein** devant l'école. Les deux hommes étaient maintenant à mi-pente. Il reconnut dans le cavalier, Balducci, le vieux gendarme qu'il connaissait depuis longtemps. Balducci tenait au bout d'une corde un Arabe qui avançait derrière lui, les mains **liées**, le front baissé. Le gen- darme fit un geste de salutation auquel Daru ne répondit pas, tout entier occupé à regarder l'Arabe vêtu d'une djellabah[11] autrefois bleue, les pieds dans des sandales, mais couverts de chaussettes en grosse **laine grège**, la tête coiffée d'un chèche[12] étroit et court. Ils approchaient. Balducci maintenait sa bête au pas pour ne pas blesser l'Arabe et le groupe avançait lentement.

A portée de voix, Balducci cria: «Une heure pour faire les trois kilomètres d'El Ameur ici!» Daru ne répondit pas. Court et carré dans son chandail épais, il les regardait monter. Pas une seule fois, l'Arabe n'avait levé la tête. «Salut,» dit Daru, quand ils débouchèrent sur le terre-plein. «Entrez vous réchauffer.» Balducci descendit péniblement de sa bête, sans lâcher la corde. Il sourit à l'in- stituteur sous ses moustaches **hérissées**. Ses petits yeux sombres, très enfon- cés sous le front **basané**, et sa bouche entourée de **rides**, lui donnaient un air attentif et appliqué. Daru prit la **bride**, conduisit la bête vers l'appentis, et revint vers les deux hommes qui l'attendaient maintenant dans l'école. Il les fit pénétrer dans sa chambre.[13] «Je vais chauffer la salle de classe, dit-il. Nous y serons plus à l'aise.» Quand il entra de nouveau dans la chambre, Balducci était sur le divan. Il avait dénoué la corde qui le liait à l'Arabe et celui-ci **s'était accroupi** près du **poêle**. Les mains toujours liées, le chèche maintenant poussé en arrière, il regardait vers la fenêtre. Daru ne vit d'abord que ses énormes lèvres, pleines, **lisses**, presque négroïdes; le nez cependant était droit, les yeux sombres, pleins de fièvre. Le chèche découvrait un front **buté**, sous la peau **recuite** mais un peu décolorée par le froid, tout le visage avait un air à la fois inquiet et rebelle qui frappa Daru quand l'Arabe, tournant son visage vers lui, le regarda droit dans les yeux. «Passez à côté, dit l'instituteur, je vais vous faire du thé à la menthe. —Merci, dit Balducci. Quelle corvée! Vivement la retraite.»[14] Et s'adressant en arabe à son prisonnier: «Viens, toi.» L'Arabe se leva et, lentement, tenant ses **poignets** joints devant lui, passa dans l'école.

---

[11] **djellabah:** longue robe portée en Afrique du Nord

[12] **chèche:** *scarf rolled into turban-like headpiece*

[13] **Il les fit... chambre:** *He led them into his room.*

[14] **Quelle corvée... retraite:** Quel travail difficile et sans profit! J'attends ma retraite avec impatience.

Avec le thé, Daru apporta une chaise. Mais Balducci trônait déjà sur la première table d'élève et l'Arabe s'était accroupi contre l'estrade[15] du maître, face
au poêle qui se trouvait entre le bureau et la fenêtre. Quand il tendit le verre
90 de thé au prisonnier, Daru hésita devant ses mains liées. «On peut le délier,
peut-être. —Sûr, dit Balducci. C'était pour le voyage.» Il **fit mine de** se lever.
Mais Daru, posant le verre sur le sol, s'était agenouillé près de l'Arabe. Celui-ci,
sans rien dire, le regardait faire de ses yeux fiévreux. Les mains libres, il frotta
l'un contre l'autre ses poignets gonflés, prit le verre de thé et aspira le liquide
95 brûlant, à **petites gorgées** rapides.

    —Bon, dit Daru. Et comme ça, où allez-vous?

Balducci retira sa moustache du thé: «Ici, fils.»

    —Drôles d'élèves![16] Vous couchez ici?

    —Non. Je vais retourner à El Ameur. Et toi, tu livreras le camarade à
100 Tinguit. On l'attend à la commune mixte.[17]

Balducci regardait Daru avec un petit sourire d'amitié.

    —Qu'est-ce que tu racontes, dit l'instituteur. Tu te fous de moi?[18]

    —Non, fils. Ce sont les ordres.

    —Les ordres? Je ne suis pas… Daru hésita; il ne voulait pas peiner le vieux
105 Corse. Enfin, ce n'est pas mon métier.[19]

    —Eh! Qu'est-ce que ça veut dire? A la guerre, on fait tous les métiers.

    —Alors, j'attendrai la déclaration de guerre!

Balducci approuva de la tête.

    —Bon. Mais les ordres sont là et ils te concernent aussi. Ça bouge, paraît-
110 il.[20] On parle de révolte prochaine. Nous sommes mobilisés, dans un sens.

    Daru gardait son air buté.

    —Ecoute, fils, dit Balducci. Je t'aime bien, il faut comprendre. Nous
sommes une douzaine à El Ameur pour patrouiller dans le territoire d'un petit
département et je dois rentrer. On m'a dit de te confier ce **zèbre** et de rentrer
115 sans tarder. On ne pouvait pas le garder là-bas. Son village s'agitait, ils
voulaient le reprendre. Tu dois le mener à Tinguit dans la journée de demain.
Ce n'est pas une vingtaine de kilomètres qui font peur à un **costaud** comme
toi. Après, ce sera fini. Tu retrouveras tes élèves et la bonne vie.

    Derrière le mur, on entendit le cheval **s'ébrouer** et frapper du sabot. Daru
120 regardait par la fenêtre. Le temps se levait décidément, la lumière s'élargissait
sur le plateau neigeux. Quand toute la neige serait fondue, le soleil régnerait
de nouveau et brûlerait une fois de plus les champs de pierre. Pendant des
jours, encore, le ciel inaltérable déverserait sa lumière sèche sur l'étendue
solitaire où rien ne rappelait l'homme.[21]

125 «Enfin, dit-il en se retournant vers Balducci, qu'est-ce qu'il a fait?» Et il
demanda, avant que le gendarme ait ouvert la bouche: «Il parle français?»

    —Non, pas un mot. On le recherchait depuis un mois, mais ils le cachaient.

---

[15] **estrade:** surface horizontale, élevée

[16] **Drôles d'élèves!** *Strange students you are!*

[17] Division territoriale administrée par les Arabes et les Européens

[18] **Tu te fous de moi?** (*fam.*): Tu te moques de moi?

[19] **mon métier:** ma profession (= je ne suis pas gendarme)

[20] **Ça bouge, paraît-il!** *The natives are restless, from the looks of things.*

[21] **rien ne rappelait l'homme:** *nothing reminded you of man, nothing was on a human scale*

Il a tué son cousin.

—Il est contre nous?

—Je ne crois pas. Mais on ne peut jamais savoir.   130

—Pourquoi a-t-il tué?

—Des affaires de famille, je crois. L'un devait du grain à l'autre, paraît-il. Ça n'est pas clair. Enfin, bref, il a tué le cousin d'un coup de serpe.[22] Tu sais, comme au mouton, zic!…

blade
soudaine   *drawn, attracted*

Balducci fit le geste de passer une **lame** sur sa gorge et l'Arabe, son atten-   135
tion attirée, le regardait avec une sorte d'inquiétude. Une colère **subite** vint à Daru contre cet homme, contre tous les hommes et leur sale méchanceté,

interminables / their bloodthirsty ways   *hate*

leurs haines **inlassables**, **leur folie du sang.**   *nastiness, wickedness, spite*

Mais la bouilloire chantait sur le poêle. Il resservit du thé à Balducci, hési-   *stove*   140
ta, puis servit à nouveau l'Arabe qui, une seconde fois, but avec avidité. Ses

ouvraient un peu

bras soulevés **entrebâillaient** maintenant la djellabah et l'instituteur aperçut sa poitrine maigre et musclée.

je m'en vais, je pars

—Merci, petit, dit Balducci. Et maintenant, **je file.**

Il se leva et se dirigea vers l'Arabe, en tirant une cordelette de sa poche.

—Qu'est-ce que tu fais? demanda sèchement Daru.   145

perplexe
Don't bother.

Balducci, **interdit**, lui montra la corde.

—**Ce n'est pas la peine.**

Le vieux gendarme hésita:

—Comme tu voudras. Naturellement, tu es armé?

—J'ai mon fusil de chasse.   150

—Où?

—Dans la malle.   *trunk*

—Tu devrais l'avoir près de ton lit.

—Pourquoi? Je n'ai rien à craindre.

no one is sheltered

fou   *cracked*

—Tu es **sonné**, fils. S'ils se soulèvent, personne n'est à l'abri, nous sommes   155
tous dans le même sac.[23]

—Je me défendrai. J'ai le temps de les voir arriver.

Balducci se mit à rire, puis la moustache vint soudain recouvrir les dents encore blanches.

—Tu as le temps? Bon. C'est ce que je disais. Tu as toujours été un peu   160

fou

fêlé. C'est pour ça que je t'aime bien, mon fils était comme ça.

Il tirait en même temps son revolver et le posait sur le bureau.

—Garde-le, je n'ai pas besoin de deux armes d'ci El Ameur.

Le revolver brillait sur la peinture noire de la table. Quand le gendarme se retourna vers lui, l'instituteur sentit son odeur de cuir et de cheval.   *leather*   165

—Ecoute, Balducci, dit Daru soudainement, tout ça me dégoûte, et ton gars le premier. Mais je ne le livrerai pas.[24] Me battre, oui, s'il le faut. Mais pas ça.   *guy, lad*

Le vieux gendarme se tenait devant lui et le regardait avec sévérité.

---

22 **serpe:** *billhook (machete-like instrument for cutting wood)*

23 **S'ils se soulèvent... sac:** *Si les Arabes se révoltent, personne n'est en sécurité, la situation est la même pour tous.*

24 **je ne le livrerai pas:** *je n'amènerai pas le prisonnier aux autorités*

—Tu fais des bêtises, dit-il lentement. Moi non plus, je n'aime pas ça.
Mettre une corde à un homme, malgré les années, on ne s'y habitue pas et
même, oui, on a honte. Mais on ne peut pas les laisser faire.[25]

—Je ne le livrerai pas, répéta Daru.

—C'est un ordre, fils. Je te le répète.

—C'est ça. Répète-leur ce que je t'ai dit: je ne le livrerai pas.

Balducci faisait un visible effort de réflexion. Il regardait l'Arabe et Daru. Il
se décida enfin.

—Non. Je ne leur dirai rien. Si tu veux nous lâcher, à ton aise,[26] je ne te
dénoncerai pas. J'ai l'ordre de livrer le prisonnier: je le fais. Tu vas maintenant
me signer le papier.

—C'est inutile. Je ne nierai pas que tu me l'as laissé.

—Ne sois pas méchant avec moi. Je sais que tu diras la vérité. Tu es d'ici,
tu es un homme. Mais tu dois signer, c'est la règle.

Daru ouvrit son tiroir, tira une petite bouteille carrée d'encre violette, le
porte-plume de bois rouge avec la **plume sergent-major** qui lui servait à tracer
les modèles d'écriture et il signa. Le gendarme plia soigneusement le papier
et le mit dans son portefeuille. Puis il se dirigea vers la porte.

—Je vais t'accompagner, dit Daru.

—Non, dit Balducci. Ce n'est pas la peine d'être poli. Tu m'as fait un
affront.

Il regarda l'Arabe, immobile, à la même place, renifla d'un air chagrin et se
détourna vers la porte: «Adieu, fils», dit-il. La porte battit derrière lui. Balducci
surgit devant la fenêtre puis disparut. Ses pas étaient étouffés par la neige. Le
cheval s'agita derrière la **cloison**, des poules **s'effarèrent**. Un moment après,
Balducci repassa devant la fenêtre tirant le cheval par la bride. Il avançait vers
le raidillon sans se retourner, disparut le premier et le cheval le suivit. On
entendit une grosse pierre rouler mollement. Daru revint vers le prisonnier qui
n'avait pas bougé, mais ne le quittait pas des yeux. «Attends», dit l'instituteur
en arabe, et il se dirigea vers la chambre. Au moment de passer le seuil, il
se ravisa, alla au bureau, prit le revolver, et le fourra dans sa poche. Puis, sans
se retourner, il entra dans sa chambre.

Longtemps, il resta étendu sur son divan à regarder le ciel se fermer peu à
peu, à écouter le silence. C'était ce silence qui lui avait paru **pénible** les premiers jours de son arrivée, après la guerre. Il avait demandé un poste dans la
petite ville au pied des **contreforts** qui séparent du désert les hauts plateaux.
Là, des murailles rocheuses, vertes et noires au nord, roses ou mauves au sud,
marquaient la frontière de l'éternel été. On l'avait nommé à un poste plus au
nord, sur le plateau même. Au début, la solitude et le silence lui avaient été
durs sur ces terres ingrates, habitées seulement par des pierres. Parfois, des
sillons faisaient croire à des cultures,[27] mais ils avaient été creusés pour mettre au jour une certaine pierre, propice à la construction. On ne labourait ici
que pour récolter des **cailloux**. D'autres fois, on grattait quelques **copeaux** de
terre, accumulée dans des creux, dont on engraisserait les maigres jardins des

---

[25] **on ne peut… faire:** *they can't be allowed to do just anything*

[26] **Si tu veux… aise:** *Tu es libre de ne plus collaborer avec nous.*

[27] **des sillons… cultures:** *furrows made it look as if the earth had been tilled to grow crops*

villages. C'était ainsi, le caillou seul couvrait les trois quarts de ce pays. Les villes y naissaient, brillaient, puis disparaissaient; les hommes y passaient, s'aimaient ou se mordaient à la gorge,[28] puis mouraient. Dans ce désert, personne, ni lui ni son hôte n'étaient rien. Et pourtant, hors de ce désert, ni l'un ni l'autre, Daru le savait, n'auraient pu vivre vraiment.

Quand il se leva, aucun bruit ne venait de la salle de classe. Il s'étonna de cette joie franche qui lui venait à la seule pensée que l'Arabe avait pu fuir et qu'il allait se retrouver seul sans avoir rien à décider. Mais le prisonnier était là. Il s'était seulement couché de tout son long entre le poêle et le bureau. Les yeux ouverts, il regardait le plafond. Dans cette position, on voyait surtout ses lèvres épaisses qui lui donnaient un air **boudeur**. «Viens,» dit Daru. L'Arabe se leva et le suivit. Dans la chambre, l'instituteur lui montra une chaise près de la table, sous la fenêtre. L'Arabe prit place sans cesser de regarder Daru.

—Tu as faim?

—Oui, dit le prisonnier.

Daru installa deux couverts. Il prit de la farine et de l'huile, pétrit dans un plat une **galette** et alluma le petit fourneau à butagaz. Pendant que la galette cuisait, il sortit pour ramener de l'appentis du fromage, des œufs, des dattes et du lait condensé. Quand la galette fut cuite, il la mit à refroidir sur le rebord de la fenêtre, fit chauffer du lait condensé étendu d'eau et, pour finir, battit les œufs en omelette. Dans un de ses mouvements, il heurta le revolver enfoncé dans sa poche droite. Il posa le bol, passa dans la salle de classe et mit le revolver dans le tiroir de son bureau. Quand il revint dans la chambre, la nuit tombait. Il donna de la lumière et servit l'Arabe: «Mange,» dit-il. L'autre prit un morceau de galette, le porta vivement à sa bouche et s'arrêta.

—Et toi? dit-il.

—Après toi. Je mangerai aussi.

Les grosses lèvres s'ouvrirent un peu, l'Arabe hésita, puis il mordit résolument dans la galette.

Le repas fini, l'Arabe regardait l'instituteur.

—C'est toi le juge?

—Non, je te garde jusqu'à demain.

—Pourquoi tu manges avec moi?

—J'ai faim.

L'autre se tut.[29] Daru se leva et sortit. Il ramena un lit de camp de l'appentis, l'étendit entre la table et le poêle, perpendiculairement à son propre lit. D'une grande valise qui, debout dans un coin, servait d'**étagère à dossiers**, il tira deux couvertures qu'il disposa sur le lit de camp. Puis il s'arrêta, se sentit **oisif**, s'assit sur son lit. Il n'y avait plus rien à faire ni à préparer. Il fallait regarder cet homme. Il le regardait donc, essayant d'imaginer ce visage emporté de fureur. Il **n'y parvenait pas**. Il voyait seulement le regard à la fois sombre et brillant, et la bouche animale.

—Pourquoi tu l'as tué? dit-il d'une voix dont l'hostilité le surprit.

L'Arabe détourna son regard.

—Il **s'est sauvé**. J'ai couru derrière lui.

215

220

225

230

235

240

245

250

255

file shelf

inoccupé

n'y réussissait pas

a fui, est parti

mécontent

sorte de gâteau plat

---

[28] **se mordaient... gorge:** *went at each other's throats*
[29] **se tut (se taire):** garda le silence

Il releva les yeux sur Daru et ils étaient pleins d'une sorte d'interrogation malheureuse.

questioning

260 —Maintenant, qu'est-ce qu'on va me faire?

—Tu as peur? *to stiffen*

L'autre se raidit, en détournant les yeux.

—Tu regrettes?

L'Arabe le regarda, bouche ouverte. Visiblement, il ne comprenait pas.
265 L'irritation gagnait Daru.[30] En même temps, il se sentait gauche et emprunté[31] dans son gros corps, **coincé** entre les deux lits.   immobilisé

—Couche-toi là, dit-il avec impatience. C'est ton lit.

L'Arabe ne bougeait pas. Il appela Daru:

—Dis!

270 L'instituteur le regarda.

—Le gendarme revient demain?

—Je ne sais pas.

—Tu viens avec nous?

—Je ne sais pas. Pourquoi?

275 Le prisonnier se leva et s'étendit **à même** les couvertures, les pieds vers la   sur
fenêtre. La lumière de l'ampoule électrique lui tombait droit dans les yeux qu'il ferma aussitôt.

—Pourquoi? répéta Daru, planté devant le lit.

L'Arabe ouvrit les yeux sous la lumière aveuglante et le regarda en s'ef-
280 forçant de ne pas battre les paupières.[32]   *blinding, dazzling*

—Viens avec nous, dit-il.

Au milieu de la nuit, Daru ne dormait toujours pas. Il s'était mis au lit après   *still*   } *l'isolation*
s'être complètement déshabillé: il couchait nu habituellement. Mais quand il se trouva sans vêtements dans la chambre, il hésita. Il se sentait vulnérable, la ten-
285 tation lui vint de se rhabiller. Puis il haussa les épaules; il en avait vu d'autres[33]   *raised*
et, s'il le fallait, il casserait en deux son adversaire. De son lit, il pouvait l'observer, étendu sur le dos, toujours immobile et les yeux fermés sous la lumière
violente. Quand Daru éteignit, les ténèbres semblèrent se congeler d'un coup.   *darkness, gloom*
Peu à peu, la nuit redevint vivante dans la fenêtre où le ciel sans étoiles remuait
290 doucement. L'instituteur distingua bientôt le corps étendu devant lui. L'Arabe ne
bougeait toujours pas, mais ses yeux semblaient ouverts. Un léger vent rôdait   *roam, wander about*
autour de l'école. Il chasserait peut-être les nuages et le soleil reviendrait.   *themselves (to wear out?)*

Dans la nuit, le vent grandit. Les poules s'agitèrent un peu, puis se turent.
L'Arabe se retourna sur le côté, présentant le dos à Daru et celui-ci crut l'enten-
295 dre **gémir**. Il **guetta** ensuite sa respiration, devenue plus forte et plus régulière.   *moan / écouta attentivement*
Il écoutait ce souffle si proche et rêvait sans pouvoir s'endormir. Dans la cham-
bre où, depuis un an, il dormait seul, cette présence le **gênait**. Mais elle le gênait   dérangeait
aussi parce qu'elle lui imposait une sorte de fraternité qu'il refusait dans les cir-   ✓
constances présentes et qu'il connaissait bien: les hommes, qui partagent les
300 mêmes chambres, soldats ou prisonniers, contractent un lien étrange comme si,   *l'homosocialité*

---

30 **L'irritation gagnait Daru:** Daru se fâchait peu à peu

31 **emprunté:** mal à l'aise, embarrassé

32 **battre les paupières:** refermer les yeux fréquemment

33 **il en… d'autres:** cette situation n'avait rien de surprenant pour lui

leurs armures quittées avec les vêtements,[34] ils se rejoignaient chaque soir, par-dessus leurs différences, dans la vieille communauté du **songe** et de la fatigue. Mais Daru se secouait,[35] il n'aimait pas ces bêtises, il fallait dormir.

Un peu plus tard pourtant, quand l'Arabe bougea imperceptiblement, l'instituteur ne dormait toujours pas. Au deuxième mouvement du prisonnier, il se raidit, en alerte. L'Arabe se soulevait lentement sur les bras, d'un mouve-ment presque somnambulique. Assis sur le lit, il attendit, immobile, sans tourner la tête vers Daru, comme s'il écoutait de toute son attention. Daru ne bougea pas: il venait de penser que le revolver était resté dans le tiroir de son bureau. Il valait mieux agir tout de suite. Il continua cependant d'observer le prisonnier qui, du même mouvement **huilé**, posait ses pieds sur le sol, attendait encore, puis commençait à se dresser lentement. Daru allait l'inter-peller quand l'Arabe se mit en marche, d'une allure naturelle cette fois, mais extraordinairement silencieuse. Il allait vers la porte du fond qui donnait sur l'appentis. Il **fit jouer le loquet** avec précaution et sortit en repoussant la porte derrière lui, sans la refermer. Daru n'avait pas bougé: «Il fuit, pensait-il seule-ment. Bon débarras!» Il tendit pourtant l'oreille. Les poules ne bougeaient pas: l'autre était donc sur le plateau. Un faible bruit d'eau lui **parvint** alors dont il ne comprit ce qu'il était qu'au moment où l'Arabe s'encastra de nou-veau dans la porte,[36] la referma avec soin, et vint se recoucher sans un bruit. Alors Daru lui tourna le dos et s'endormit. Plus tard encore, il lui sembla entendre, du fond de son sommeil, des pas furtifs autour de l'école. «Je rêve, je rêve!» se répétait-il. Et il dormait.

Quand il se réveilla, le ciel était découvert; par la fenêtre mal jointe entrait un air froid et pur. L'Arabe dormait, **recroquevillé** maintenant sous les couvertures, la bouche ouverte, totalement abandonné. Mais quand Daru le secoua, il eut un **sursaut** terrible, regardant Daru sans le reconnaître avec des yeux fous et une expression si apeurée que l'instituteur fit un pas en arrière. «N'aie pas peur. C'est moi. Il faut manger.» L'Arabe secoua la tête et dit oui. Le calme était revenu sur son visage, mais son expression restait absente et distraite.

Le café était prêt. Ils le burent, assis tous les deux sur le lit de camp, en mordant leurs morceaux de galette. Puis Daru mena l'Arabe sous l'appentis et lui montra le **robinet** où il faisait sa toilette. Il rentra dans la chambre, plia les couvertures et le lit de camp, fit son propre lit et mit la pièce en ordre. Il sor-tit alors sur le terre-plein en passant par l'école. Le soleil montait déjà dans le ciel bleu; une lumière tendre et vive inondait le plateau désert. Sur le raidillon, la neige fondait par endroits. Les pierres allaient apparaître de nouveau. Accroupi au bord du plateau, l'instituteur contemplait l'étendue déserte. Il pensait à Balducci. Il lui avait fait de la peine, il l'avait renvoyé, d'une certaine manière, comme s'il ne voulait pas être dans le même sac. Il entendait encore l'adieu du gendarme et, sans savoir pourquoi, il se sentait étrangement vide et vulnérable. A ce moment, de l'autre côté de l'école, le prisonnier **toussa**. Daru l'écouta, presque malgré lui, puis, furieux, jeta un **caillou** qui siffla dans l'air

305
310
315
320
325
330
335
340

---

[34] **leurs armures… vêtements:** *stripped of their armor (their defenses) as well as their clothing*
[35] **se secouait:** *shrugged off such thoughts*
[36] **s'encastra… porte:** *reappeared in the doorway*

Margin glosses:
rêve — *over
*stiffened
quiet and smooth
*to call out, shout out
slid the latch open
arriva à ses oreilles
puis cet essai (test?)
curled up
start — *to shake
faucet
*to melt
*squatting
coughed
pebble

avant de s'enfoncer dans la neige. Le crime imbécile de cet homme le révoltait,
mais le livrer était contraire à l'honneur d'y penser seulement le rendait fou
d'humiliation. Et il maudissait à la fois les siens [37] qui lui envoyaient cet Arabe
et celui-ci qui avait osé tuer et n'avait pas su s'enfuir.[38] Daru se leva, tourna en
rond sur le terre-plein, attendit, immobile, puis entra dans l'école.
      L'Arabe, penché sur le sol cimenté de l'appentis, se lavait les dents avec
deux doigts. Daru le regarda, puis: «Viens,» dit-il. Il rentra dans sa chambre,
devant le prisonnier. Il **enfila** une veste de chasse sur son chandail et chaussa
des souliers de marche. Il attendit **debout** que l'Arabe eût remis son chèche et
ses sandales. Ils passèrent dans l'école et l'instituteur montra la sortie à son
compagnon. «Va,» dit-il. L'autre ne bougea pas. «Je viens,» dit Daru. L'Arabe
sortit. Daru rentra dans la chambre et fit un paquet avec des biscottes, des
dattes et du sucre. Dans la salle de classe, avant de sortir, il hésita une seconde
devant son bureau, puis il franchit le seuil de l'école et **boucla** la porte. «C'est
par là,» dit-il. Il prit la direction de l'est, suivi par le prisonnier. Mais, à une
faible distance de l'école, il lui sembla entendre un léger bruit derrière lui. Il
revint sur ses pas, inspecta les alentours de la maison: il n'y avait personne.
L'Arabe le regardait faire, sans paraître comprendre. «Allons,» dit Daru.
      Ils marchèrent une heure et se reposèrent auprès d'une sorte d'aiguille cal-
caire.[39] La neige fondait de plus en plus vite, le soleil pompait aussitôt les
flaques,[40] nettoyait à toute allure le plateau qui, peu à peu, devenait sec et
vibrait comme l'air lui-même. Quand ils reprirent la route, le sol résonnait sous
leurs pas. De loin en loin, un oiseau **fendait** l'espace devant eux avec un cri
joyeux. Daru buvait, à profondes aspirations, la lumière fraîche. Une sorte
d'exaltation naissait en lui devant le grand espace familier, presque entièrement jaune maintenant, sous sa **calotte** de ciel bleu. Ils marchèrent encore une
heure, en descendant vers le sud. Ils arrivèrent à une sorte d'éminence aplatie,
faite de rochers friables.[41] A partir de là, le plateau dévalait, à l'est, vers une
plaine basse où l'on pouvait distinguer quelques arbres maigres et, au sud, vers
des amas rocheux qui donnaient au paysage un aspect tourmenté.
      Daru inspecta les deux directions. Il n'y avait que le ciel à l'horizon, pas un
homme ne se montrait. Il se tourna vers l'Arabe, qui le regardait sans comprendre. Daru lui tendit un paquet: «Prends, dit-il. Ce sont des dattes, du pain,
du sucre. Tu peux tenir deux jours. Voilà mille francs aussi.» L'Arabe prit le
paquet et l'argent, mais il gardait ses mains pleines à hauteur de la poitrine,
comme s'il ne savait que faire de ce qu'on lui donnait. «Regarde maintenant,»
dit l'instituteur, et il lui montrait la direction de l'est, «voilà la route de Tinguit.
Tu as deux heures de marche. A Tinguit, il y a l'administration et la police. Ils
t'attendent.» L'Arabe regardait vers l'est, retenant toujours contre lui le paquet
et l'argent. Daru lui prit le bras et lui fit faire, sans douceur, un quart de tour
vers le sud. Au pied de la hauteur où ils se trouvaient, on devinait un chemin
à peine dessiné. «Ça, c'est la piste qui traverse le plateau. A un jour de marche

---

[37] **il maudissait... les siens:** il condamnait en même temps les Européens
[38] **n'avait pas su s'enfuir:** *had not thought of fleeing*
[39] **aiguille calcaire:** *needle-shaped limestone rock*
[40] **pompait... flaques:** *sucked up the puddles at once*
[41] **une sorte... friables:** *a kind of mesa made of brittle rocks*

*pastures
*to welcome

d'ici, tu trouveras les pâturages et les premiers nomades. Ils t'accueilleront et t'abriteront,[42] selon leur loi.» L'Arabe s'était retourné maintenant vers Daru et une sorte de panique se levait sur son visage: «Ecoute,» dit-il. Daru secoua la tête: «Non, tais-toi. Maintenant, je te laisse.» Il lui tourna le dos, fit deux grands pas dans la direction de l'école, regarda d'un air indécis l'Arabe immobile et repartit. Pendant quelques minutes, il n'entendit plus que son propre pas, sonore sur la terre froide, et il ne détourna pas la tête. Au bout d'un moment, pourtant, il se retourna. L'Arabe était toujours là, au bord de la colline, les bras pendants maintenant, et il regardait l'instituteur. Daru sentit sa gorge se nouer. Mais il jura d'impatience, fit un grand signe, et repartit. Il était déjà loin quand il s'arrêta de nouveau et regarda. Il n'y avait plus personne sur la colline.

la mystère du parole non-parlé

*to have a lump in

*to swear

Daru hésita. Le soleil était maintenant assez haut dans le ciel et commençait de lui dévorer le front. L'instituteur revint sur ses pas, d'abord un peu incertain, puis avec décision. Quand il parvint à la petite colline, il ruisselait de sueur.[43] Il la gravit à toute allure et s'arrêta, **essoufflé**, sur le sommet. Les champs de roche, au sud, se dessinaient nettement sur le ciel bleu, mais sur la plaine, à l'est, une **buée** de chaleur montait déjà. Et dans cette brume légère, Daru, le cœur serré, découvrit l'Arabe qui cheminait lentement sur la route de la prison.

*parvenir : to reach
out of breath
*to climb
vapeur

*anguished
*to leap/spring up
*fog

Un peu plus tard, planté devant la fenêtre de la salle de classe, l'instituteur regardait sans la voir la jeune lumière bondir des hauteurs du ciel sur toute la surface du plateau. Derrière lui, sur le tableau noir, entre les méandres des fleuves français s'étalait, tracée à la craie par une main malhabile, l'inscription qu'il venait de lire: «Tu as livré notre frère. Tu paieras.» Daru regardait le ciel, le plateau et, au-delà, les terres invisibles qui s'étendaient jusqu'à la mer. Dans ce vaste pays qu'il avait tant aimé, il était seul.

*twists + turns
*awkward, clumsy

Albert Camus, tiré de *L'Exil et le royaume*, © Editions Gallimard.

Questions

1. Où se passe cette histoire?
2. Comment Daru passe-t-il son temps quand il fait mauvais?
3. Expliquez la présence des sacs de blé à l'école.
4. Quelle évidence de la sécheresse trouve-t-on dans le pays?
5. Précisez l'attitude de Daru vis-à-vis de ce pays.
6. Pourquoi Balducci tient-il l'Arabe au bout d'une corde?
7. Décrivez l'Arabe.
8. Qu'est-ce que Daru fait pour l'Arabe? (ll. 90–93)
9. Qu'est-ce que Balducci veut que Daru fasse? Daru veut-il le faire? Expliquez sa réaction.
10. Pourquoi ne pouvait-on pas garder l'Arabe à El Ameur?
11. Quel crime l'Arabe a-t-il commis?
12. Pourquoi le gendarme dit-il à Daru: «Tu es sonné»? (l. 155)

---

[42] **t'abriteront:** te protègeront, t'offriront un refuge
[43] **il ruisselait de sueur:** *he was sweating profusely*

13. Quel affront Daru a-t-il fait à Balducci?

14. A son arrivée, comment Daru avait-il trouvé le plateau? (ll. 207–213)

15. Expliquez cette pensée de Daru: «Dans ce désert, personne, ni lui ni son hôte n'étaient rien. Et pourtant hors de ce désert, ni l'un ni l'autre, Daru le savait, n'auraient pu vivre vraiment.» (ll. 215–217)

16. Quel espoir remplit Daru de joie? (ll. 218–220)

17. Selon l'Arabe, pourquoi a-t-il tué son cousin?

18. Quelle question l'Arabe ne comprend-il pas?

19. Quelle invitation l'Arabe semble-t-il faire à Daru? En quoi sa demande est-elle ambiguë? Expliquez.

20. Pourquoi la présence de l'Arabe dans la chambre gêne-t-elle Daru?

21. Qu'est-ce que Daru voit avant de s'endormir? Plus tard, qu'est-ce qu'il lui semble entendre?

22. Quel paquet Daru fait-il avant de quitter l'école? A une courte distance de l'école, quel bruit est-ce qu'il croit entendre? Selon vous, quel est ce bruit? Pensez-vous que l'Arabe comprenne ce qui se passe?

23. Qu'est-ce que Daru donne à l'Arabe? Quel choix lui offre-t-il?

24. Quelle route l'Arabe prend-il finalement? Pourquoi?

25. Si l'Arabe n'était pas allé à Tinguit, quelle aurait été la conséquence pour Daru?

26. A l'école, qu'est-ce que Daru trouve écrit sur le tableau noir? Est-il symbolique que le message soit tracé entre les méandres des fleuves français?

Complétez les phrases suivantes (oralement ou par écrit)

1. Au début de l'histoire, Daru a cherché un chandail parce qu'il…

2. Depuis le début de l'hiver, Daru distribuait chaque jour…

3. A cause de la sécheresse… (ll. 35–48)

4. Après l'arrivée de Balducci et l'Arabe, Daru chauffe la salle de classe pour que…

5. Daru a été frappé par le visage de l'Arabe qui avait un air…

6. Daru délie l'Arabe pour qu'il…

7. Daru garde son fusil de chasse dans la malle parce qu'il…

8. Quand il part, Balducci ne veut pas que Daru l'accompagne parce que…

9. Daru est joyeux à la pensée que…

10. Avant de préparer le repas, Daru a installé…

11. L'Arabe ne comprend pas la question «tu regrettes?» parce que…

12. La présence de l'Arabe dans la chambre gênait Daru parce que…

13. Le léger bruit (l. 360) qu'entend Daru derrière lui est peut-être causé par…

14. La panique sur le visage de l'Arabe (l. 389) est due à…

1. **par temps** + adj. / **par temps de** + nom

   Par temps clair, on pouvait apercevoir les masses violettes du contrefort montagneux. (ll. 21–22)
   In good weather, one could see the violet mass of the foothills.

   Par temps de brume (*fog*) ou **de pluie**, il est difficile de voir loin.
   Je compte partir demain matin **par beau** ou **par mauvais temps**.

2. **faire mine de**

   Il **fit mine de** se lever. (l. 91)
   He acted like, made as if, he was going to get up.

   Elle **fait mine d'**être fâchée quand on ne fait pas ce qu'elle veut.
   Nous **faisons** toujours **mine de** comprendre notre professeur même quand ce n'est pas vrai.

3. **à l'abri (de)**

   S'ils se soulèvent, personne n'est **à l'abri**. (l. 155)
   If they rise in rebellion, no one is safe.

   On se met **à l'abri** de la pluie (de la neige, du froid, du vent, du danger).

4. **la tentation (l'idée, etc.) me (te, etc.) vient de** + inf.

   Il se sentait vulnérable, **la tentation lui vint de** se rhabiller. (ll. 284–285)
   He felt vulnerable, he was tempted to get dressed again.

   Une colère subite **vint à Daru**. (ll. 136–137)
   Daru was suddenly overcome by anger.

   Le désir me vient quelquefois **de** manger des dattes.
   L'idée m'est venue à l'esprit **de** faire un voyage en Algérie.

5. **guetter**

   Il **guetta** ensuite sa respiration, devenue plus forte et plus régulière. (l. 295)
   He then listened closely to his breathing, which had become louder and more regular.

   Le prisonnier **guettait** chaque mouvement de Daru.
   Si on veut s'échapper de prison, il faut en **guetter** l'occasion.

6. **il vaut mieux**

   Il valait mieux agir tout de suite. (l. 310)
   It was better to act at once.

   «**Il vaut mieux** pleurer moins et boire davantage.» (Rabelais)
   Il vaudrait peut-être **mieux** boire moins et étudier davantage.

7. **à partir de**

A partir de là, le plateau dévalait à l'est. (l. 372)
From that point on, beyond that spot, the plateau sloped down toward the east.

A partir du mois d'octobre il commence à faire froid.
A partir de ce moment (d'aujourd'hui, de demain), je ferai de mon mieux en classe.

Répondez

par temps + adj. / **par temps de** + nom

1. Que faites-vous par temps clair et chaud? par mauvais temps? par temps froid? par temps très chaud?

2. Par quel temps préférez-vous faire une promenade? faire du ski? faire de la voile (*sailing*)? faire un pique-nique?

3. Demandez à quelqu'un ce qu'il (elle) fait par temps de pluie.

faire mine de

4. Quelle mine faites-vous quand vous voulez quitter la salle de classe? quand vous ne comprenez pas? quand vous êtes en présence d'une personne dont vous ne parlez pas la langue?

5. Quand est-ce que je fais mine d'être fâché(e)? impatient(e)? satisfait(e)?

à l'abri (de)

6. Dites que je ne suis pas à l'abri si les étudiants se soulèvent.

7. Est-ce que vous vous considérez à l'abri du danger? des caprices du professeur?

8. Si vous êtes sur un plateau désert pendant un orage, où vous mettrez-vous à l'abri?

la tentation (l'idée, etc.**) me (te,** etc.**) vient de** + inf.

9. Est-ce que la tentation vous vient de vous enfuir dans le désert? de vivre sur un plateau isolé? de tuer quelqu'un?

10. Demandez-moi si l'envie (*the urge*) me vient d'habiter dans un autre pays.

11. Le matin, quelle est la première pensée qui vous vient à l'esprit?

12. Quand vous voyez une belle fille ou un beau garçon, quelle idée vous vient à l'esprit?

guetter

13. Est-ce que votre professeur guette chaque mouvement des étudiants?

14. Est-ce que vous guettez l'heure pendant vos cours?

15. A la fin de *L'Hôte*, par qui Daru a-t-il été guetté?

il vaut mieux + inf.

16. Valait-il mieux refuser de livrer l'Arabe ou obéir?

17. Selon vous, vaut-il mieux habiter seul sur un plateau aride ou dans une grande ville?

18. Demandez à un(e) autre étudiant(e) s'il vaudrait mieux apprendre le français en France.

à partir de

19. A partir de quand commence-t-il à faire chaud?

20. A partir d'où s'étend le Mexique?

21. A partir d'où coule le Mississippi?

22. A partir d'où commence le désert? (ll. 21–22)

23. A partir de quelle date irez-vous en vacances? avez-vous vos examens?

Faites le choix le plus conforme au texte

1. Dès le commencement de cette histoire, on comprend que le lieu où se trouve l'école de Daru est...
   a. difficile d'accès
   b. assez dangereux
   c. aride et chaud
   d. sans attrait

2. Balducci a pour Daru...
   a. une certaine suspicion
   b. une attitude condescendente
   c. une affection paternelle
   d. une jalousie secrète

3. Le rôle de Daru dans la région est celui d'instituteur et...
   a. de gendarme
   b. d'administrateur
   c. de juge
   d. d'assistant social

4. Le thème de la «folie» qui apparaît aux ll. 128–161 de *L'Hôte* reflète surtout des...
   a. variations du climat
   b. différences culturelles
   c. conflits idéologiques
   d. rivalités régionales

5. Daru traite l'Arabe comme un...
   a. prisonnier
   b. ami
   c. traître
   d. égal

6. Daru refuse de livrer l'Arabe parce qu'il...
   a. ne veut pas quitter son école
   b. le croit innocent
   c. ne pense pas en avoir le droit
   d. a peur des conséquences

7. L'Arabe choisit de se diriger vers la prison…
    a. on ne sait exactement pourquoi
    b. pour obéir à Daru
    c. parce qu'il se sait coupable
    d. pour ne pas rentrer chez les siens
8. La conclusion du conte est telle que le lecteur éprouve…
    a. une légère déception
    b. une certaine angoisse
    c. un sentiment de délivrance
    d. une sorte d'exaltation

Sujets de discussion ou de composition

1. Précisez la double signification du titre de cette nouvelle. En quoi est-il doublement justifié? Répondez en vous référant à l'intrigue de l'histoire.

2. Caractérisez Daru. Camus veut-il que nous éprouvions de la sympathie ou non pour lui? Justifiez votre réponse.

3. Quels sont les rapports entre Daru et l'Arabe? Ces rapports subissent-ils une certaine évolution? Quelle est l'attitude de Daru envers son «prisonnier» au commencement? à la fin?

4. Dans quelle mesure peut-on dire que Daru est lui-même prisonnier? De quoi? Expliquez.

5. Auriez-vous agi comme Daru, si vous étiez à sa place? Justifiez votre réponse.

6. Imaginez quelles sont les pensées de l'Arabe à partir du moment où Daru le quitte sur le plateau.

7. Quelle est l'ironie du dénouement? Pouvez-vous concevoir un autre dénouement? Lequel? Expliquez.

8. Expliquez la dernière phrase du conte («il était seul»).

9. Précisez la manière dont le cadre naturel—le paysage—est représenté dans ce conte. Quelle en est l'importance? Quelle impression produit-il sur Daru? sur le lecteur? (On pourra distinguer entre une impression objective et une impression subjective.) Qu'est-ce que la description du paysage fait ressortir?

10. Faites des recherches sur l'Algérie et son histoire, notamment depuis le dix-neuvième siècle. Puis faites une présentation écrite ou orale sur ce que vous avez appris.

:8: Annie Ernaux :8:

Née en Normandie en 1940, Annie Ernaux a enseigné dans la région parisienne. A travers ses romans—le premier date de 1974, le quatrième, La Place, obtint le Prix Renaudot en 1984—, elle exprime avec beaucoup de vérité le point de vue de l'adolescente, de la femme, du milieu ouvrier. Elle sait analyser le vécu humain et la difficulté d'être de ses personnages dans leur rapports avec autrui—père ou mère, famille ou familiers, amant. Les passages suivants sont extraits de Passion simple (1991). Ernaux donne une tournure moderne à son récit à la première personne d'une passion amoureuse obsessionnelle, thème qui s'inscrit dans une longue tradition de la littérature française remontant jusqu'au Moyen Age.

ORIENTATION In *Passion simple* the first-person narrator describes her obsessive passion for a man identified by the initial A. As you read, note the contribution of imagination and superstition to the delineation of her passion. Is there any evidence that the narrator has control over her emotions? Does she *want* to have control over them? Do you find her behavior understandable? excusable? deplorable? After you have completed the reading, think about who the implied readers of this narrative might be. Would a man read this narrative differently from a woman? Could a man have an equally absorbing and addictive obsession of his own?

Mots *apparentés* / *faux amis*

Donnez l'équivalent anglais du mot français. S'il s'agit d'un faux ami (*), donnez aussi l'équivalent français du faux ami anglais.

factice (l. 10)	_____
percer (l. 22)	_____
légitimer (l. 78)	_____
le comportement (l. 124)	_____
l'étranger (*m.*) (l. 134)	_____
la carrière (l. 145)	_____
rassurer (l. 169)	_____
le dégoût (l. 215)	_____
*la déception (l. 32)	_____
_____	*deception*
*retirer (ll. 67–68)	_____
_____	*to retire (old person)*
_____	*to retire (go to bed)*
*fixer (ll. 63, 86)	_____
_____	*to fix*

*le désagrément (l. 93)   _____
_____   *disagreement*

*supporter (l. 160)   _____
_____   *to support*

▰▰▰▰▰▰▰▰▰▰

Passion simple

◪ A partir du mois de septembre l'année dernière, je n'ai plus rien fait d'autre qu'attendre un homme: qu'il me téléphone et qu'il vienne chez moi. J'allais au supermarché, au cinéma, je portais des vêtements au pressing, je lisais, je corrigeais des copies, j'agissais exactement comme avant, mais sans une longue

5 **accoutumance** de ces actes, cela m'aurait été impossible, sauf au prix d'un effort effrayant. C'est surtout en parlant que j'avais l'impression de vivre **sur ma lancée**. Les mots et les phrases, le rire même se formaient dans ma bouche sans participation réelle de ma réflexion ou de ma volonté. Je n'ai plus d'ailleurs qu'un souvenir vague de mes activités, des films que j'ai vus, des

10 gens que j'ai rencontrés. L'ensemble de ma conduite était **factice**. Les seules actions où j'engageais ma volonté, mon désir et quelque chose qui doit être l'intelligence humaine (prévoir, évaluer le pour et le contre, les conséquences) avaient toutes un lien avec cet homme:

     lire dans le journal les articles sur son pays (il était étranger)

15   choisir des toilettes et des **maquillages**

     lui écrire des lettres

     changer les draps du lit et mettre des fleurs dans la chambre

     noter ce que je ne devais pas oublier de lui dire, la prochaine fois, qui était susceptible de[1] l'intéresser

20   acheter du whisky, des fruits, diverses petites nourritures pour la soirée ensemble

     Dans les conversations, les seuls sujets qui perçaient mon indifférence avaient un rapport avec cet homme, sa fonction, le pays d'où il venait, les endroits où il était allé.

Que faisait la narratrice en attendant qu'un homme lui téléphone et qu'il vienne chez elle?

Qu'est-ce qui lui aurait été impossible?

Quel était le rapport entre les mots et les phrases qu'elle prononçait et sa volonté?

De quoi n'a-t-elle plus qu'un souvenir vague?

Quelles étaient les seules actions où elle engageait sa volonté?

Quels étaient les seuls sujets qui perçaient son indifférence dans les conversations?

25 Je n'avais pas d'autre avenir que le prochain coup de téléphone fixant un rendez-vous. J'essayais de sortir le moins possible en dehors de mes obligations professionnelles—dont il avait **les horaires**—, craignant toujours de manquer

---
[1] **qui était susceptible de:** qui pouvait

Glossary (right margin):
- (l. 5) *habitude*
- (l. 6–7) *on my own momentum*
- (l. 10) *artificielle, anormale*
- (l. 15) *makeup*
- (l. 27) *l'emploi du temps heure par heure*

vacuum cleaner

un appel de lui pendant mon absence. J'évitais aussi d'utiliser l'**aspirateur** ou le sèche-cheveux qui m'auraient empêchée d'entendre la sonnerie. Celle-ci me ravageait d'un espoir qui ne durait souvent que le temps de saisir lentement l'appareil et de dire allô. En découvrant que ce n'était pas lui, je tombais dans une telle déception que je prenais en horreur la personne au bout du fil. Dès que j'entendais la voix de A., mon attente indéfinie, douloureuse, jalouse évidemment, **se néantisait** si vite que j'avais l'impression d'avoir été folle et de redevenir subitement normale. J'étais frappée par l'insignifiance, au fond, de cette voix et l'importance démesurée qu'elle avait dans ma vie.

disparaissait

S'il m'annonçait qu'il arrivait dans une heure—une «opportunité», c'est-à-dire un prétexte pour être en retard sans donner de soupçons à sa femme—, j'entrais dans une autre attente, sans pensée, sans désir même,... remplie d'une énergie fébrile pour des tâches que je ne parvenais pas à ordonner: prendre une douche, sortir des verres, **vernir mes ongles**, passer la **serpillière**. Je ne savais plus qui j'attendais. J'étais seulement **happée** par cet instant—dont l'approche m'a toujours saisie d'une terreur sans nom—où j'entendrais la voiture **freiner**, la portière claquer, ses pas sur le seuil de **béton**.

put on nail varnish / mop / prise, attrapée

s'arrêter / concrete

Quand il me laissait un intervalle plus long, trois ou quatre jours entre son appel et sa venue, **je me représentais** avec dégoût tout le travail que je devrais faire, les repas d'amis où je devrais aller, avant de le revoir. J'aurais voulu n'avoir rien d'autre à faire que l'attendre. Et je vivais dans une hantise croissante qu'il survienne n'importe quoi[2] empêchant notre rendez-vous. Un après-midi, alors que je rentrais chez moi en voiture et qu'il devait arriver une demi-heure plus tard, j'ai eu la pensée rapide que je pourrais avoir un **accrochage**. Aussitôt: «Je ne sais pas si je m'arrêterais.»

je pensais à, j'imaginais

léger choc avec une autre voiture

Une fois prête, maquillée, coiffée, la maison rangée, j'étais, s'il me restait du temps, incapable de lire ou de corriger des copies. D'une certaine façon, aussi, je ne voulais pas détourner mon esprit vers autre chose que l'attente de A.: ne pas gâcher celle-ci. Souvent, j'écrivais sur une feuille la date, l'heure, et «il va venir» avec d'autres phrases, des craintes, qu'il ne vienne pas, qu'il ait moins de désir. Le soir, je reprenais cette feuille, «il est venu», notant en désordre des détails de cette rencontre. Puis, je regardais, **hébétée**, la feuille **gribouillée**, avec les deux paragraphes écrits avant et après, qui se lisaient à la suite, sans rupture. Entre les deux, il y avait eu des paroles, des gestes, qui rendaient tout le reste dérisoire, y compris l'écriture par laquelle j'essayais de les fixer. Un espace de temps délimité par deux bruits de voiture, sa R 25[3] freinant, **redémarrant**, où j'étais sûre qu'il n'y avait jamais rien eu de plus important dans ma vie, ni avoir des enfants, ni réussir des concours, ni voyager loin, que cela, être avec cet homme au milieu de l'après-midi.

dans une stupeur
écrite avec hâte, à peine lisible

repartant

Cela ne durait que quelques heures. Je ne portais pas ma montre, la retirant juste avant son arrivée. Il conservait la sienne et j'appréhendais le moment où il la consulterait discrètement. Quand j'allais dans la cuisine chercher des glaçons, je levais les yeux vers la pendule accrochée au-dessus de la porte, «plus que deux heures», «une heure», ou «dans une heure je serai là et il sera reparti». Je me demandais avec stupeur: «Où est le présent?»...

---

[2] **qu'il survienne n'importe quoi:** que quelque chose arrive (il = sujet impersonnel)

[3] **R 25:** modèle de voiture Renault haut de gamme

$$\bullet \quad \bullet \quad \bullet$$

Durant cette période, je n'ai pas écouté une seule fois de la musique classique, je préférais les chansons. Les plus sentimentales, auxquelles je ne prêtais
75 aucune attention avant, me bouleversaient. Elles disaient sans détour ni distance
l'absolu de la passion et aussi son universalité. En entendant Sylvie Vartan
chanter alors «c'est fatal, animal», j'étais sûre de ne pas être la seule à éprouver
cela. Les chansons accompagnaient et légitimaient ce que j'étais en train de vivre.

dans les journaux féminins je lisais d'abord l'horoscope.
80 il me prenait l'envie de voir sans délai tel film dont j'étais persuadée
qu'il contenait mon histoire, très déçue si, lorsqu'il était ancien, on ne le jouait
nulle part, comme L'*empire des sens* d'Oshima.

je donnais de l'argent aux hommes et aux femmes assis dans les
couloirs du métro en faisant le vœu qu'il m'appelle le soir au téléphone. Je
85 promettais d'envoyer 200 francs au Secours populaire s'il venait me voir avant
une date que je fixais. Contrairement à ma façon habituelle de vivre, je jetais
facilement l'argent par les fenêtres. Cela me semblait faire partie d'une
dépense générale, nécessaire, inséparable de ma passion pour A….

un après-midi où il était là, j'ai brûlé le tapis du living jusqu'à la trame
90 en posant dessus une cafetière bouillante. Cela m'était indifférent. Même, à
chaque fois que j'apercevais cette marque, j'étais heureuse en me rappelant
cet après-midi avec lui.

les désagréments de la vie quotidienne ne m'irritaient pas. Je ne me
suis pas souciée d'une **grève** de deux mois dans la distribution du courrier | cessation de travail
95 puisque A. ne m'envoyait pas de lettres (sans doute par prudence d'homme
marié). J'attendais tranquillement dans les **embouteillages**, à un guichet de | arrêts de la circulation
banque, et ne **m'agaçais** pas de l'accueil **rechigné** d'un employé. Rien ne | automobile / m'irritais /
m'impatientait. J'éprouvais à l'égard des gens un mélange de compassion, de | désagréable
douleur et de fraternité. Je comprenais les **marginaux** allongés sur les bancs, | street people
100 les clients des prostituées, une voyageuse plongée dans un Harlequin[4] (mais
je n'aurais pas su dire ce qu'il y avait en moi qui leur ressemblait)….

Tout ce temps, j'ai eu l'impression de vivre ma passion sur le mode
romanesque, mais je ne sais pas, maintenant, sur quel mode je l'écris, si c'est
celui du **témoignage**, **voire** de la confidence telle qu'elle se pratique dans les | first-hand account /
105 journaux féminins, celui du manifeste ou du **procès-verbal**, ou même du com- | même / minutes,
mentaire de texte. | transcript (of meeting)

Je ne fais pas le récit d'une liaison, je ne raconte pas une histoire (qui
m'échappe pour la moitié) avec une chronologie précise, «il vint le 11 novembre», ou approximative, «des semaines passèrent». Il n'y en avait pas pour moi
110 dans cette relation, je ne connaissais que la présence ou l'absence. J'accumule
seulement les signes d'une passion, oscillant sans cesse entre «toujours» et «un
jour», comme si cet inventaire allait me permettre d'atteindre la réalité de cette
passion. Il n'y a naturellement ici, dans l'énumération et la description des faits,
ni ironie ni dérision, qui sont des façons de raconter les choses aux autres ou à
115 soi-même après les avoir vécues, non de les éprouver sur le moment.

---

[4] **un Harlequin:** roman d'amour dans une collection de ce nom

Quant à l'origine de ma passion, je n'ai pas l'intention de la chercher dans mon histoire lointaine, celle que me ferait reconstituer un psychanalyste, ou récente, ni dans les modèles culturels du sentiment qui m'ont influencée depuis l'enfance (*Autant en emporte le vent*, *Phèdre* ou les chansons de Piaf[5] sont aussi décisifs que le complexe d'Œdipe). Je ne veux pas expliquer ma passion—cela reviendrait à la considérer comme une erreur ou un désordre dont il faut se justifier—mais simplement l'exposer.... 120

Qu'il soit étranger rendait encore plus improbable toute interprétation de son comportement, modelé par une culture dont je ne connaissais que l'aspect touristique, les clichés. J'avais d'abord été découragée par ces limites évidentes à la compréhension mutuelle, renforcées par le fait que, **s'il s'exprimait** assez bien en français, je ne parlais pas sa langue. Puis j'ai admis que cette situation m'**épargnait** l'illusion de croire à une parfaite communication, voire fusion, entre nous. Dans le léger **décalage** de son français par rapport à l'usage habituel, dans l'hésitation que j'éprouvais quelquefois sur le sens qu'il attribuait à un mot, je mesurais à chaque instant l'**à-peu-près** des échanges de paroles. J'avais le privilège de vivre depuis le début, constamment, en toute conscience, ce qu'on finit toujours par découvrir dans la stupeur et le désarroi: l'homme qu'on aime est un étranger. 125 130

Quelquefois, je me disais qu'il passait peut-être toute une journée sans penser une seconde à moi. Je le voyais se lever, prendre son café, parler, rire, comme si je n'existais pas. Ce décalage avec ma propre obsession me remplissait d'étonnement. Comment était-ce possible. Mais lui-même aurait été stupéfait d'apprendre qu'il ne quittait pas ma tête du matin au soir. Il n'y avait pas de raison de trouver plus juste mon attitude ou la sienne. En un sens, j'avais plus de chance que lui. 135 140

Quand je marchais dans Paris, en voyant défiler sur les boulevards de grosses voitures conduites par un homme seul, à l'allure de cadre supérieur affairé,[6] je me rendais compte que A. n'était ni plus ni moins que l'un d'entre eux, d'abord soucieux de sa carrière, avec des accès d'érotisme, peut-être d'amour, pour une femme nouvelle tous les deux ou trois ans. Cette découverte me délivrait. Je décidais de ne plus le voir. J'étais sûre qu'il m'était devenu aussi anonyme et sans intérêt que ces occupants clean de BMW ou R 25. Mais tout en marchant, je regardais dans les vitrines les robes et la lingerie comme en prévision d'un prochain rendez-vous. 145 150

Ces moments de distanciation, éphémères, venaient de l'extérieur, je ne les recherchais pas. Au contraire, j'évitais les occasions qui pouvaient m'arracher à mon obsession, lectures, sorties et toute activité dont j'avais le goût avant. J'aspirais au **désœuvrement** complet. J'ai refusé avec violence une charge supplémentaire de travail que mon directeur me réclamait, l'insultant presque au téléphone. Il me semblait que j'étais dans mon bon droit en m'opposant à ce qui m'empêchait de m'adonner sans limites aux sensations et aux récits imaginaires de ma passion.... 155

---

[5] ***Autant en emporte le vent***: titre français de *Gone With the Wind*; **Phèdre**: tragédie classique de Jean Racine (1639–1699); **Edith Piaf**, célèbre chanteuse française d'après-guerre. Ces trois références ont en commun le thème de l'amour-passion tragique.

[6] **à l'allure de cadre supérieur affairé**: *looking/acting like a busy executive*

bien qu'il s'exprimât

spared
écart, différence

le manque de précision

inaction

Je fuyais les occasions de le rencontrer à l'extérieur au milieu de gens,
160 ne supportant pas de le voir pour seulement le voir. Ainsi je ne suis pas allée
à une inauguration où il était invité, obsédée cependant toute la soirée par
cette image de lui, souriant et **empressé auprès d'**une femme, de la même   très attentif à
manière qu'il l'avait été avec moi quand nous avions fait connaissance.
Ensuite quelqu'un m'avait dit qu'à cette soirée il y avait **trois pelés un tondu**.   peu de monde
165 J'étais **soulagée**, me répétant cette expression avec plaisir.…   *relieved*

Je cherchais à être au courant de ses loisirs et de ses sorties pendant le
week-end. Je pensais «en ce moment il est dans la forêt de Fontainebleau, il
fait du jogging—il est sur la route de Deauville—sur la plage à côté de sa
femme», etc. Savoir me rassurait, j'avais l'impression que de pouvoir le situer
170 dans tel endroit, à tel moment, me **prémunissait** contre une infidélité.   garantissait,
(Croyance que je rapproche de celle, aussi tenace, qui consiste à imaginer que   protégeait
de connaître le lieu de la **boum** ou des vacances de mes fils suffit à les garantir   surprise-partie
d'un accident, de la drogue ou de la **noyade**.)…   *drowning*

Il est parti de France et retourné dans son pays il y a six mois. Je ne le rever-
175 rai sans doute jamais. Au début, quand je me réveillais à deux heures du
matin, cela m'était égal de vivre ou de mourir. Le corps entier me faisait mal.
J'aurais voulu arracher la douleur mais elle était partout. Je désirais qu'un
voleur entre dans ma chambre et me tue. Dans la journée, j'essayais d'être
constamment occupée, de ne pas rester assise sans rien faire, sous peine
180 d'être perdue (sens vague alors de ce mot, **sombrer dans** la dépression, me   succomber à
mettre à boire, etc.). Dans le même but, je m'efforçais de m'habiller et de me
maquiller correctement, de porter mes **lentilles** au lieu de mes lunettes, en   *contact lenses*
dépit du courage que me réclamait cette manipulation. Je ne pouvais pas
regarder la télévision ni feuilleter des magazines, toutes les publicités pour
185 parfums ou fours à micro-ondes ne montrent que ceci: une femme attend un
homme. Je détournais la tête en passant devant les boutiques de lingerie.

Quand j'allais vraiment très mal, j'éprouvais le désir violent de consulter
une cartomancienne,[7] il me semblait que c'était la seule chose vitale que je
puisse faire. Un jour, j'ai cherché des noms de voyantes sur le minitel.[8] La liste
190 était longue. L'une spécifiait qu'elle avait prédit le tremblement de terre de
San Francisco et la mort de Dalida.[9] Tout le temps que j'ai relevé des noms et
des numéros de téléphone, j'étais dans la même jubilation qu'en essayant, le
mois d'avant, une nouvelle robe pour A., comme si je faisais encore quelque
chose pour lui. Après, je n'ai appelé aucune voyante, j'avais peur qu'elle me
195 prédise qu'il ne reviendrait jamais.…

Je calculais toujours «il y a deux semaines, cinq semaines, qu'il est parti»,
et «l'année dernière, à cette date, j'étais là, je faisais ça». A propos de n'importe quoi, l'ouverture d'un centre commercial, la visite de Gorbatchev à
Paris, la victoire de Chang à Roland-Garros,[10] immédiatement: «C'était quand

---

[7] **cartomancienne:** voyante, *fortune teller*
[8] **minitel:** terminal de consultation électronique à domicile
[9] **Dalida:** chanteuse populaire
[10] **Chang à Roland-Garros:** Michael Chang, joueur de tennis américain et vainqueur en
1989 de la Coupe de France qui se tient en juin dans le stade Roland-Garros à Paris.

il était là.» Je revoyais des moments de cette époque, qui n'avaient rien de particulier—je suis dans la salle des **fichiers** de la Sorbonne, je marche boulevard Voltaire, j'essaie une jupe dans un magasin Benetton—, avec une telle sensation d'y être encore que je me demandais pourquoi il était impossible de *passer* dans ce jour-là, ce moment-là, de la même façon qu'on passe d'une chambre à une autre.... 205

card catalogs

Mais je continuais à vivre. C'est-à-dire qu'écrire ne m'empêchait pas, à la minute où j'arrêtais, de sentir le manque de l'homme dont je n'entendais plus la voix, l'accent étranger, ne touchais plus la peau, qui menait dans une ville froide une existence impossible à me représenter—de l'homme réel, plus **hors de portée** que l'homme écrit, désigné par l'initiale A. Donc je continuais d'utiliser tous les moyens qui aident à supporter le chagrin, donnent de l'espérance quand, raisonnablement, il n'y en a pas: **faire des réussites**, mettre dix francs dans le gobelet d'un mendiant à **Auber** avec un vœu, «qu'il téléphone, qu'il revienne», etc. (Et peut-être, au fond, l'écriture fait partie de ces moyens.) 210

out of reach

playing solitaire
station de métro

Malgré mon dégoût de rencontrer des gens, j'ai accepté de participer à un colloque à Copenhague parce que ce serait l'occasion de lui envoyer un signe de vie discret, une carte postale à laquelle je me persuadais qu'il devrait forcément répondre. Dès mon arrivée à Copenhague, je n'ai pensé qu'à cela, acheter une carte, recopier les quelques phrases que j'avais composées soigneusement avant de partir, trouver une boîte aux lettres. Dans l'avion du retour, je me disais que je n'étais venue au Danemark que pour envoyer une carte postale à un homme. 215

220

J'avais envie de relire l'un ou l'autre des livres que j'avais lus si vaguement quand A. était là. L'impression que l'attente, les rêves de ce temps-là y étaient déposés et que je retrouverais ma passion pareille à ce que je vivais alors. Pourtant je ne me décidais pas à le faire, reculant superstitieusement au moment de les ouvrir, comme si *Anna Karénine*[11] était l'un de ces ouvrages ésotériques où il est stipulé qu'on ne doit pas tourner telle page sous peine de malheur.... 225

Maintenant, c'est avril. Le matin, il m'arrive de me réveiller sans que la pensée de A. me vienne aussitôt. L'idée de jouir à nouveau «des petits plaisirs de la vie»—parler avec des amis, aller au cinéma, bien dîner—me cause moins d'horreur. Je suis toujours dans le temps de la passion (puisqu'un jour je ne constaterai plus que je n'ai pas pensé à A. en me réveillant) mais ce n'est plus le même, il a cessé d'être continu. 230

Annie Ernaux, tiré de *Passion simple*, © Editions Gallimard.

Questions

1. Pourquoi la narratrice sortait-elle le moins possible?
2. Pourquoi évitait-elle d'utiliser l'aspirateur ou le sèche-cheveux?
3. Quelle réaction éprouvait-elle si elle découvrait que la voix de la personne au bout du fil n'était pas celle de A.? Et si c'était la voix de A.?
4. Comment la narratrice réagissait-elle quand A. annonçait qu'il allait arriver dans une heure? Comment s'explique la terreur qu'elle ressentait au bruit de la voiture de A.?

---

11 **Anna Karénine:** célèbre roman (1873–1876) de l'écrivain russe Tolstoï.

5. Si l'intervalle entre appel et venue durait plus de trois ou quatre jours, que se représentait-elle avec dégoût? A quoi cette «hantise croissante» (ll. 48–49) dont elle parle était-elle due?

6. La narratrice imagine qu'elle pourrait avoir un accrochage une demi-heure avant l'arrivée de A. Expliquez pourquoi elle n'est pas sûre si elle s'arrêterait ou non.

7. Avant l'arrivée de A., et après son départ, la narratrice note certains détails sur une feuille. Qu'est-ce qui rendait cette écriture dérisoire?

8. Selon vous, pourquoi retirait-elle sa montre juste avant l'arrivé de A.? Est-il significatif que A. conservait la sienne? Pourquoi se demandait-elle «Où est le présent?» (l. 72)

9. Quelle musique préférait-elle durant cette période? Pourquoi? Que lisait-elle d'abord dans les journaux? Pourquoi? Quels genres de films l'intéressaient?

10. Pour quelle raison donnait-elle de l'argent aux hommes et aux femmes assis dans les couloirs du métro? Quel autre exemple trouvez-vous de sa conduite superstitieuse?

11. Expliquez l'impression qu'a eue la narratrice de vivre sa passion sur le mode romanesque. Au moment où elle écrit, qu'est-ce qu'elle ignore?

12. Dans quel but accumule-t-elle les signes de cette passion? Pourquoi n'y a-t-il ni ironie ni dérision dans l'énumération et la description des faits?

13. Où n'a-t-elle pas l'intention de chercher l'origine de sa passion? Pourquoi se refuse-t-elle à expliquer sa passion?

14. Quel «décalage» (ll. 137–138) la remplissait d'étonnement? Dans quel sens avait-elle plus de chance que A.?

15. Quelle découverte «délivrait» la narratrice (ll. 146–147)?

16. Quelle expression répétait-elle avec plaisir (ll. 164–165)? Pourquoi?

17. Pourquoi est-elle rassurée de pouvoir situer A. dans tel endroit, à tel moment?

18. Quel changement s'est produit dans les rapports entre la narratrice et A.? La nuit, au début, comment allait-elle et que désirait-elle?

19. Dans la journée, qu'est-ce qu'elle essayait de faire? Pourquoi? Pourquoi ne pouvait-elle pas regarder la télé?

20. Qu'avait-elle envie de faire quand elle allait vraiment mal?

21. Pourquoi éprouvait-elle de la jubilation tout le temps qu'elle a cherché des noms de voyantes sur le minitel? Pourquoi n'a-t-elle appelé aucune voyante?

22. Après le départ de A., qu'est-ce que la narratrice calculait? Que se demandait-elle au sujet des «moments» de l'époque où A. n'était pas encore parti?

23. Pourquoi continuait-elle d'utiliser tous les moyens qui aident à supporter le chagrin et qui donnent de l'espérance?

24. Pourquoi a-t-elle accepté de participer à un colloque à Copenhague? Qu'avait-elle fait avant de partir?

25. Pourquoi a-t-elle décidé de ne pas relire l'un ou l'autre des livres lus quand A. était là?

26. Que lui est-il arrivé pour la première fois un matin en avril? Est-ce que cet «événement» vous surprend? Expliquez.

Complétez les phrases suivantes (oralement ou par écrit)

1. A partir du mois de septembre la narratrice agissait exactement comme avant, mais sans… (ll. 4–5)
2. Dans les conversations la narratrice est indifférente à tout sauf… (ll. 22–24)
3. Si la personne au bout du fil n'était pas A., la narratrice… (ll. 31–32)
4. Elle aurait voulu attendre A. plutôt que de… (ll. 47–48)
5. Etre avec cet homme au milieu de l'après-midi était plus important que de… (ll. 64–66)
6. Selon la narratrice, l'absolu et l'universalité de la passion s'expriment dans… (ll. 75–76)
7. Elle était contente d'apercevoir la brûlure sur le tapis du living parce que… (ll. 90–92)
8. Elle ne s'est pas souciée d'une grève dans la distribution du courrier puisque… (ll. 95–96)
9. L'illusion de croire à une parfaite communication entre elle et A. était impossible parce que… (l. 127)
10. Elle a refusé avec violence une charge supplémentaire de travail parce que… (ll. 152–154)
11. Après le départ de A., dès qu'elle cessait d'écrire, elle sentait… (l. 207)

▦▦ EXPRESSIONS A ETUDIER ▦▦

1. **au bout de**

   Je prenais en horreur la personne **au bout du** fil. (l. 32)
   I *took a dislike to the person on the (telephone) line.*

   Ma chambre est **au bout du** couloir à gauche.
   Au bout de deux ans, leur liaison prit fin.
   Arthur est arrivé **au bout de** sa carrière, il pense se retirer à Copenhague.

2. **au fond**

   J'étais frappée par l'insignifiance, **au fond**, de cette voix. (l. 35)
   I *was struck by the insignificance, really (in point of fact, deep down), of his voice.*

   Au fond, la narratrice aime l'amour encore plus que son amant.
   (Voir p. 296, maxime no. 10 de La Rochefoucauld.)
   La vérité, **au fond**, c'est que tu ne m'aimes pas! —Mais si, je t'aime. Passionnément.
   Il a été très critiqué, mais **au fond**, il avait raison.
   Ce projet n'a pas fait pas bonne impression à première vue, mais **au fond**, il est excellent.

3. **éprouver**

J'étais sûre de ne pas être la seule à **éprouver** cela. (ll. 77–78)
I *was certain that I wasn't alone in having that experience.*

J'éprouvais à l'égard des gens un mélange de compassion, de douleur et de fraternité. (ll. 98–99)
I *felt a mixture of compassion, pain, and fraternity towards people.*

Ce sont des façons de raconter les choses aux autres ou à soi-même après les avoir vécues, non de les **éprouver** sur le moment. (ll. 114–115)
They are ways of telling things to others or to oneself after having lived through them, different from experiencing them at the time.

J'éprouvais quelquefois une hésitation sur le sens qu'il attribuait à un mot. (ll. 130–131)
I *sometimes felt some hesitation about the meaning he ascribed to a word.*

J'éprouvais le désir violent de consulter une cartomancienne. (ll. 187–188)
I *experienced a violent desire to consult a fortune teller.*

Depuis son accrochage l'autre jour, **elle éprouve** une sensation désagréable au côté droit.

4. **soucieux(-euse) de** + nom / **soucieux(-euse) de** + inf.

Il était d'abord **soucieux de** sa carrière. (l. 145)
His *first concern was his career.*

La narratrice est **soucieuse de** revoir son amant.
Claude est plus **soucieux de** sa voiture que de sa famille, plus **soucieux de** réussir que de jouir de la vie. Moi, c'est le contraire.
Etant très **soucieux de** sa ligne (*waistline*), il mange peu, ne fume pas, et fait du jogging.

5. **faire mal à** qq'un / **se faire mal**

Le corps entier **me faisait mal**. (l. 176)
My *whole body ached, hurt.*

Aïe! Arrête, tu **me fais mal**!
Elle est tombée et **s'est fait mal** au genou et au coude.
Ça **lui fait mal au** cœur d'attendre A. si longtemps.

6. **sous peine de** + nom / **sous peine de** + inf.

J'essayais d'être constamment occupée, **sous peine d'**être perdue. (ll. 178–180)
I *tried to keep constantly busy, for fear of (on pain of) losing myself.*

On ne doit pas tourner telle page **sous peine de** malheur. (l. 228)
One can't turn such or such a page without risking a terrible misfortune.

Dans la société décrite dans le roman 1984, il est défendu d'aimer **sous peine d'**emprisonnement et de mort.
Défense d'aimer **sous peine d'**être heureux.
J'écris tout ce que je dois faire **sous peine d'**oublier quelque chose.

7. **n'importe quoi**

Je vivais dans une hantise croissante qu'il survienne **n'importe quoi** empêchant notre rendez-vous. (l. 49)
I *was living in the growing fear that anything might happen to prevent us from meeting.*

A propos de **n'importe quoi**, l'ouverture d'un centre commercial, la visite de Gorbatchev à Paris, je me disais: «C'était quand il était là.» (ll. 197–198)
On the occasion of anything at all—the opening of a shopping center, Gorbachev's visit to Paris—I would say to myself, "That happened while he was here."

Quand tu reviendras de ton voyage, rapporte-moi un petit cadeau, **n'importe quoi**!
S'il téléphone, dis-lui **n'importe quoi**, mais surtout pas que je suis là!

8. **forcément**

Je lui enverrais une carte postale à laquelle il devrait **forcément** répondre. (l. 218)
I would send him a postcard that he would necessarily have to answer.

Vous savez, ce qu'il dit n'est pas **forcément** ce qu'il pense.
Ce n'est pas parce qu'une personne est intelligente et instruite qu'elle a **forcément** raison.
Tu as fait tes devoirs? —Oui, **forcément**, j'ai un examen demain.

Répondez ou complétez

au bout de

1. Qu'y a-t-il au bout de la salle?
2. Quand serez-vous au bout de vos études?
3. Dites que vous avez quelqu'un au bout du fil. Qui est-ce?

au fond

4. Je croyais que tu avais tort, mais…
5. Elle s'inquiétait de ne plus le voir, mais…
6. Il a l'air froid et distant, mais…

éprouver

7. Quels sentiments éprouvez-vous en présence de votre petit(e) ami(e)? de votre ex-petit(e) ami(e)? de vos frères et sœurs? de vos professeurs? de quelqu'un qui vous insulte? d'un agent de police qui vous arrête pour excès de vitesse?
8. Demandez à un(e) camarade quelles sensations il (elle) éprouve quand il (elle) se baigne dans une piscine, prend un bain de soleil sur la plage, mange son plat préféré, boit sa boisson préférée, a trop mangé, a trop bu.
9. Quelle sensation ou quelle émotion éprouve-t-on en hiver? en été? pendant un orage ou une tempête? devant un coucher de soleil? devant un site naturel que vous aimiez et qui a été transformé en centre commercial? tout de suite après un accrochage de voitures?

soucieux(-euse) de + nom / soucieux(-euse) de + inf.

10. Est-ce que vous êtes soucieux (soucieuse) de réussir? A quoi? Est-ce que vous êtes soucieux (soucieuse) d'éviter les grandes passions? de vivre une grande passion? de mener une vie saine et raisonnable?
11. Demandez à un(e) camarade de quoi il (elle) est soucieux(-euse): de son avenir? de sa carrière? de ses notes de cours? de la situation internationale? politique? économique? de l'environnement? de ce que les gens pensent de vous?

faire mal à qq'un / **se faire mal**

12. Est-ce que quelque chose vous fait mal? Quoi?

13. Dites que vous vous êtes fait mal hier en tombant dans l'escalier, en vous cognant (*knocking against*) la tête contre un mur, en marchant sur du verre, en accrochant votre vélo ou votre voiture, etc.

14. Vous apercevez un(e) ami(e) ou un parent qui a le visage couvert de pansements (*bandages*): que lui demandez-vous?

sous peine de + nom / **sous peine de** + inf.

15. Dites que vous devez étudier pour vos cours sous peine de.... Dites que si vous n'étudiez pas / êtes absent(e) / ne pensez qu'à votre petit(e) ami(e), c'est sous peine de…

16. On commet un crime sous peine de…

17. Défense de… sous peine de…

n'importe quoi

18. Est-ce que vous répondez n'importe quoi aux questions qu'on vous pose? Et le professeur, accepte-t-il n'importe quoi comme réponse?

19. Demandez à un(e) camarade de vous dire quelque chose—n'importe quoi. Ensuite répondez-lui qu'en général il vaut mieux ne pas dire n'importe quoi.

20. Vous avez très faim et très soif: dites au serveur de vous apporter… , et vite, sans quoi vous allez mourir.

forcément

21. Vous répondez aux questions qu'on vous pose en classe? —Oui, … , il faut bien.

22. Que fait la narratrice chaque fois que le téléphone sonne? —Elle… , …

23. Si on lance un objet en l'air, que fait-il? Il retombe, …

24. Avec qui préféreriez-vous faire un voyage? avec un(e) ami(e) ou avec un(e) inconnu(e)? —Avec… , …

Faites le choix le plus conforme au texte

1. La passion que vit la narratrice se mesure surtout…
   a. par les mois du calendrier
   b. par la fréquence (ou l'espacement) des visites d'A.
   c. par la correspondance et les coups de téléphone des amants
   d. par référence aux événements contemporains

2. La narratrice agit de façon superstitieuse…
   a. dans le désir de conjurer la fatalité
   b. pour partager son bonheur avec les autres
   c. pour avoir bonne conscience
   d. dans l'espoir de revoir son amant

3. A travers son récit, la narratrice indique clairement…
   a. qu'elle connaît et comprend très bien A. quoiqu'il soit étranger
   b. qu'il y a un décalage entre elle et A. parce qu'il est étranger
   c. qu'elle ne considère pas A. vraiment comme un étranger
   d. que c'est elle qui se sent étrangère par rapport à A.

4. A propos de son récit à la première personne, la narratrice dit…
   a. qu'elle décrit sa passion sans chercher à l'analyser.
   b. qu'elle écrit un roman basé sur sa vie sentimentale.
   c. qu'elle met en relief certains épisodes pour les expliquer.
   d. qu'elle essaie de comprendre l'origine de sa passion.

5. Ce que ce récit met nettement en évidence, c'est que…
   a. la narratrice éprouve un certain embarras vis-à-vis de ses amis
   b. A., l'amant de la narratrice, est aussi passionné qu'elle
   c. la narratrice vit au jour le jour en ne pensant qu'à A.
   d. l'amour vécu par la narratrice n'a plus d'importance à présent

6. Pendant sa liaison, la narratrice éprouve tous les sentiments suivants SAUF…
   a. la déception
   b. l'espoir
   c. la colère
   d. l'anxiété

7. Quand la narratrice réalise qu'elle ne verra plus A., elle oscille entre…
   a. le désespoir et le désir de continuer
   b. l'indifférence et la dépression
   c. la sérénité et des accès de jalousie
   d. la superstition et la coquetterie

Sujets de discussion ou de composition

1. Une obsession—amoureuse ou autre—est vécue comme une nécessité. Commentez l'obsession décrite dans ce texte. Peut-on porter un jugement sur la narratrice? Son obsession présente-t-elle des aspects négatifs? Y a-t-il une différence entre une *passion* et une *obsession*?

2. Vous êtes un(e) ami(e) de la narratrice. Vous lui écrivez une lettre pour lui offrir des conseils, pour lui raconter l'histoire de votre liaison à vous, etc. Composez cette lettre.

3. Montrez dans ce texte de quelle manière le mode de vie et l'état d'esprit de la narratrice sont bouleversés par rapport à ses habitudes antérieures, à sa vie «normale».

4. Composez le récit d'une obsession vécue par vous-même ou par quelqu'un que vous connaissez (obsession amoureuse, alimentaire; jeux; culture physique; collections d'objets; désir d'acquérir, de posséder quelque chose, etc.)

5. En quoi est-il significatif que l'homme (A.) est à peine décrit dans ce récit? Que savons-nous de lui, au juste? Quelle conclusion tirer à propos de la narratrice? de l'homme?

6. Il semble que c'est l'*absence* d'A., plutôt que sa présence, qui préoccupe la narratrice. Montrez combien l'*attente* a plus d'importance pour la narratrice que les moments passés avec A.

꞉᤺ Marguerite Duras ᤺꞉

Née en 1914, c'est à partir de 1958, date de la parution de son roman Moderato cantabile, *et surtout avec son ciné-roman* Hiroshima mon amour (1959) *que Marguerite Duras (1914–1996) a acquis sa réputation. Ce qui compose ses romans-dialogues et romans-poèmes, ses scénarios et pièces de théâtre, ce ne sont pas des événements, mais plutôt des pensées, des souvenirs et des sentiments qui cherchent patiemment et douloureusement à s'exprimer. Les personnages de Duras sont moins des acteurs que des voix; ils agissent moins qu'ils ne parlent. A travers leurs paroles souvent obliques et leurs silences, ils expriment le désir de connaître ou de revivre le bonheur, c'est-à-dire l'amour. Seul l'amour transcende l'aliénation et l'ennui d'une société figée dans ses habitudes.*

*Les passages ci-dessous accompagnent en appendice le scénario d'*Hiroshima mon amour *(réalisé par Alain Resnais). Ils exposent* **l'arrière-plan** *de l'action, le souvenir d'un amour vécu par une jeune Française et un soldat allemand sous l'Occupation. Pour la plus grande partie, l'action d'* Hiroshima mon amour, *qui a lieu à Hiroshima en 1957, se présente sous la forme d'un dialogue entre «elle» (Riva) et «lui», un Japonais avec qui Riva connaît un amour de rencontre. Hiroshima, c'est le lieu par excellence du sacrilège, «comme si le désastre d'une femme tondue[1] à Nevers et le désastre de Hiroshima se répondaient exactement».*

background

ORIENTATION As you read this first-person narrative about a young French girl who falls in love with a German soldier during World War II, pay special attention to the style. For example, note the short paragraphs, the repetitions of certain words, and the changes in tense. Note also that this narrative contains no direct discourse. Try to determine why the author might have wished to avoid direct discourse, and what precise effects are achieved by its absence.

Mots apparentés / faux amis

Donnez l'équivalent anglais du mot français. S'il s'agit d'un faux ami (*), donnez aussi l'équivalent français du faux ami anglais.

tortueux(euse) (l.24)   _____

le couvre-feu (l. 48)   _____

la lassitude (l. 79)   _____

saisir (l. 115)   _____

le convoi (l. 128)   _____

libérer (l. 155)   _____

les ciseaux (*m. pl.*) (l. 158)   _____

---

[1] **femme tondue:** Après l'Occupation, on punissait les femmes qui avaient fréquenté les soldats allemands en leur coupant les cheveux ou en leur rasant le crâne.

conseiller (l. 165)   _____

*ignorer (l. 109)   _____

_____   _to ignore_

*la cave (l. 170)   _____

_____   _cave_

■■■■■■■■■■■■■
•••••••••••••••••••••••••

Hiroshima mon amour

Un Nevers[1] imaginaire

Nevers où je suis née, dans mon souvenir, est indistinct de moi-même.
C'est une ville dont un enfant peut faire le tour.

Délimitée d'une part par la Loire, d'autre part par les Remparts.
Au-delà des Remparts il y a la forêt.
Nevers peut être mesurée au pas d'un enfant.   5

Nevers «se passe» entre les Remparts, le fleuve, la forêt, la campagne. Les
Remparts sont imposants. Le fleuve est le plus large de France, le plus renommé, le plus beau.

Nevers est donc délimitée comme une capitale.

Quand j'étais une petite fille et que j'en faisais le tour je la croyais 10
immense. Son ombre, dans la Loire, tremblait, l'agrandissant encore.

Cette illusion sur l'immensité de Nevers je l'ai gardée longtemps, jusqu'au
moment où j'ai atteint l'âge d'une jeune fille.

Alors Nevers s'est fermée sur elle-même. Elle a grandi comme on grandit.

mesure, dimension   Je ne savais rien des autres villes. J'avais besoin d'une ville à la **taille** de 15
l'amour même. Je l'ai trouvée dans Nevers même.

De qui le souvenir de Nevers est-il indistinct?

Par quoi la ville est-elle délimitée?

A quoi la ville peut-elle être mesurée?

Décrivez le fleuve (la Loire).

Quand et pourquoi la narratrice croyait-elle Nevers immense?

Jusqu'à quel moment a-t-elle gardé cette illusion?

Dire de Nevers qu'elle est une petite ville est une erreur du cœur et de
l'esprit. Nevers fut immense pour moi.

wheat / barn owls   Le **blé** est à ses portes. La forêt est à ses fenêtres. La nuit, des **chouettes**
en arrivent jusque dans les jardins. Aussi faut-il s'y défendre d'y avoir peur.[2] 20

---

[1] **Nevers:** ville du centre de la France, à 228 km au sud de Paris

[2] **Aussi... peur:** Il faut faire un effort pour ne pas avoir peur.

L'amour y est surveillé comme nulle part ailleurs.

Des gens seuls y attendent leur mort. Aucune autre aventure que celle-là ne pourra faire dévier leur attente.

Dans ces rues tortueuses se vit donc la ligne droite de l'attente de la mort.

25 L'amour y est impardonnable. La faute, à Nevers, est d'amour. Le crime, à Nevers, est le bonheur. L'ennui y est une vertu tolérée.

Des fous circulent dans ses faubourgs. Des bohémiens. Des chiens. Et l'amour.

Dire du mal de Nevers serait également une erreur de l'esprit et du cœur.

Riva[3] *raconte elle-même sa vie à Nevers*

30 A sept heures du soir, la cathédrale Saint-Lazare sonnait l'heure. La pharmacie fermait.

Elevée dans la guerre je ne prenais pas tellement garde à celle-ci[4] malgré mon père qui m'en **entretenait** chaque soir.   *parlait*

J'aidais mon père dans la pharmacie. J'étais préparatrice. Je venais de finir
35 mes études. Ma mère vivait dans un département du sud. Je la retrouvais plusieurs fois par an, aux vacances.

A sept heures du soir, été comme hiver, dans la nuit noire de l'occupation, ou dans les journées ensoleillées de juin, la pharmacie fermait. C'était toujours trop tôt pour moi. Nous montions dans les pièces du premier étage.
40 Tous les films étaient allemands ou presque. Le cinéma m'était interdit. Le **Champ-de-Mars**, sous les fenêtres de ma chambre, la nuit, s'agrandissait encore.   *place publique*

L'**hôtel de ville** était sans drapeau. Il fallait que je me rappelle ma petite   *mairie*
enfance pour me souvenir de **lampadaires** allumés.   *lamp posts*
45 La ligne de démarcation fut franchie.[5]

L'ennemi arriva. Des hommes allemands traversaient la place du Champ-de-Mars en chantant, à heures fixes. Parfois l'un d'eux venait à la pharmacie.

Le **couvre-feu** arriva aussi.   *curfew*

Puis Stalingrad.[6]
50 Le long des remparts des hommes furent fusillés.

D'autres hommes furent déportés. D'autres s'enfuirent pour rejoindre la Résistance. Certains restèrent là, dans **l'épouvante** et la richesse. Le marché   *l'angoisse, la terreur*
noir **battit son plein**. Les enfants du faubourg ouvrier de St-... crevaient de   *était très actif*
faim tandis qu'au «Grand Cerf» on mangeait du foie gras.
55 Mon père donnait des médicaments aux enfants de St-... Je les leur portais deux fois par semaine, en allant prendre ma leçon de piano, une fois la

---

3 **Riva:** personnage principal d'*Hiroshima mon amour*, d'après le nom de l'actrice Emmanuelle Riva qui tient le rôle dans le film

4 **je ne... celle-ci:** je ne faisais pas très attention à la guerre

5 Le 11 novembre 1942, les Allemands occupèrent la zone libre de la France, au sud de la Loire.

6 **Stalingrad:** site d'une défaite allemande, sur le front russe (fin 1942)

pharmacie fermée. Quelquefois je rentrais en retard. Mon père me guettait derrière les **volets**. Parfois, le soir, mon père demandait de lui jouer du piano.

Après que j'ai joué, mon père devenait silencieux, et son désespoir s'affirmait encore. Il pensait à ma mère. 60

Après que j'ai joué, le soir, ainsi, dans l'épouvante de l'ennemi, ma jeunesse me sautait à la gorge.[7] Je n'en disais rien à mon père. Il me disait que j'étais sa seule consolation.

Les seuls hommes de la ville étaient allemands. J'avais dix-sept ans.

La guerre était interminable. Ma jeunesse était interminable. Je n'arrivais à 65 sortir, ni de la guerre, ni de ma jeunesse.

Les morales d'ordre divers **brouillaient** mon esprit, déjà.

Le dimanche était pour moi jour de fête. Je **dévalais** toute la ville à bicyclette pour aller à Ezy chercher le beurre nécessaire à ma croissance.[8] Je longeais la Nièvre.[9] Parfois je m'arrêtais sous un arbre et je m'impatientais de la longueur 70 de la guerre. Cependant que je grandissais **envers et contre** l'occupant. Envers et contre cette guerre. La rivière me faisait toujours bien plaisir à voir.

Un jour, un soldat allemand vint à la pharmacie **se faire panser** sa main brûlée. Nous étions seuls tous deux dans la pharmacie. Je lui pansais sa main comme on m'avait appris, dans la **haine**. L'ennemi remercia. 75

Il revint. Mon père était là et me demanda de m'en occuper.

Je pansais sa main une nouvelle fois en présence de mon père. Je ne levais pas les yeux sur lui, comme on m'avait appris.

Cependant, le soir de ce jour, une **lassitude** particulière me vint de la guerre. Je le dis à mon père. Il ne me répondit pas. 80

Je jouai du piano. Puis nous avons éteint. Il m'a demandé de fermer les volets.

Sur la place, un jeune Allemand à la main pansée était adossé à un arbre.

Je le reconnus dans le noir à cause de la tache blanche que faisait sa main dans l'ombre. Ce fut mon père qui referma la fenêtre. Je sus qu'un homme 85 m'avait écouté jouer du piano pour la première fois de ma vie.

Cet homme revint le lendemain. Alors je vis son visage. Comment m'en empêcher encore? Mon père vint vers nous. Il **m'écarta** et annonça à cet ennemi que sa main ne nécessitait plus aucun soin.

Le soir de ce jour mon père me demanda expressément de ne pas jouer de 90 piano. Il but du vin beaucoup plus que de coutume, à table. J'obéis à mon père. Je le crus devenu un peu fou. Je le crus ivre ou fou.

Mon père aimait ma mère d'amour, follement. Il l'aimait toujours. Il souffrait beaucoup de sa séparation avec elle. Depuis qu'elle n'était plus là, mon père s'était mis à boire. 95

Quelquefois, il partait la revoir et me confiait la pharmacie.

Il partit le lendemain de ce jour, sans me reparler de la scène de la veille.

Le lendemain de ce jour était un dimanche. Il pleuvait. J'allais à la ferme de Ezy. Je m'arrêtai, comme d'habitude, sous un peuplier, le long de la rivière.

L'ennemi arriva peu après moi sous ce même peuplier. Il était également à 100 bicyclette. Sa main était **guérie**.

---

[7] **ma jeunesse... gorge:** j'étouffais de rester si jeune, de ne pas mûrir assez vite
[8] **beurre... croissance:** *butter required for my growth*
[9] **la Nièvre:** nom d'une rivière qui se jette dans la Loire, à Nevers

shutters

rendaient confus
descendais vite

malgré, en dépit de

to have... dressed, bandaged
hostilité, répugnance

fatigue, découragement

m'éloigna, me mit de côté

rétablie de sa blessure

Il ne partait pas. La pluie tombait, drue. Puis le soleil arriva, dans la pluie. Il cessa de me regarder, il sourit, et il m'a demandé de remarquer comment parfois le soleil et la pluie pouvaient être ensemble, l'été.

105 Je n'ai rien dit. **Quand même** j'ai regardé la pluie. pourtant

Il m'a dit alors qu'il m'avait suivie jusque-là. Qu'il ne partirait pas.

Je suis repartie. Il m'a suivie.

Un mois durant, il m'a suivie. Je ne me suis plus arrêtée le long de la rivière. Jamais. Mais il y était posté là, chaque dimanche. Comment ignorer qu'il était
110 là pour moi.

Je n'en dis rien à mon père.

Je me mis à rêver à un ennemi, la nuit, le jour.

Et dans mes rêves l'immoralité et la morale se mélangèrent de façon telle que l'une ne fut bientôt plus discernable de l'autre. J'eus vingt ans.

115 Un soir, faubourg St-… , alors que je tournais une rue, quelqu'un me saisit par les épaules. Je ne l'avais pas vu arriver. C'était la nuit, huit heures et demie du soir, en juillet. C'était l'ennemi.

On s'est rencontrés dans les bois. Dans les **granges**. Dans les ruines. Et *barns*
puis, dans des chambres.

120 Un jour, une lettre anonyme arrivait à mon père. La débâcle[10] commençait. Nous étions en juillet 1944. J'ai nié.

C'est encore sous les peupliers qui bordent la rivière qu'il m'a annoncé son départ. Il partait le lendemain matin pour Paris, en camion. Il était heureux parce que c'était la fin de la guerre. Il me parla de la Bavière où je devais le
125 retrouver. Où nous devions nous marier.

Déjà il y avait des **coups de feu** dans la ville. Les gens arrachaient les *shots*
rideaux noirs.[11] Les radios marchaient nuit et jour. A quatre-vingts kilomètres
de là, déjà, des convois allemands **gisaient** dans des ravins. étaient renversés,
tombés

J'exceptais cet ennemi-ci de tous les autres.

130 C'était mon premier amour.

Je ne pouvais plus entrevoir la moindre différence entre son corps et le mien. Je ne pouvais plus voir entre son corps et le mien qu'une similitude
hurlante. criante, flagrante

Son corps était devenu le mien, je n'arrivais plus à l'en discerner. J'étais
135 devenue la négation vivante de la raison. Et toutes les raisons qu'on aurait pu opposer à ce manque de raison, je les aurais **balayées**, et comment, comme éliminées, supprimées
châteaux de cartes, et comme, justement, des raisons purement imaginaires. Que ceux qui n'ont jamais connu d'être ainsi dépossédés d'eux-mêmes me jettent la première pierre. Je n'avais plus de patrie que l'amour même.

140 J'avais laissé un mot à mon père. Je lui disais que la lettre anonyme avait dit vrai: que j'aimais un soldat allemand depuis six mois. Que je voulais le suivre en Allemagne.

Déjà, à Nevers, la Résistance **côtoyait** l'ennemi. Il n'y avait plus de police. était à proximité de
Ma mère revint.

---

[10] **La débâcle:** la retraite de l'armée d'occupation allemande
[11] Les rideaux noirs aux fenêtres symbolisaient l'opposition à l'Occupation.

Il partait le lendemain. Il était entendu qu'il me prendrait dans son camion, sous des bâches de camouflage. Nous nous imaginions que nous pourrions ne plus nous quitter jamais. ¹⁴⁵

logement

On est encore allés à l'hôtel, une fois. Il est parti à l'aube rejoindre son **cantonnement**, vers Saint-Lazare.

Nous devions nous retrouver à midi, sur le quai de la Loire. Lorsque je suis arrivée, à midi, sur le quai de la Loire, il n'était pas encore tout à fait mort. On avait tiré d'un jardin du quai. ¹⁵⁰

Je suis restée couchée sur son corps tout le jour et toute la nuit suivante.

Le lendemain on est venu le ramasser et on l'a mis dans un camion. C'est pendant cette nuit-là que la ville fut libérée. Les cloches de Saint-Lazare emplirent la ville. Je crois bien, oui, avoir entendu. ¹⁵⁵

opinion / scissors

On m'a mise dans un dépôt du Champ-de-Mars. Là, certains ont dit qu'il fallait me tondre.[12] Je n'avais pas d'**avis**. Le bruit des **ciseaux** sur la tête me laissa dans une totale indifférence. Quand ce fut fait, une homme d'une trentaine d'années m'emmena dans les rues. Ils furent six à m'entourer. Ils chantaient. Je n'éprouvais rien. ¹⁶⁰

Mon père, derrière les volets, a dû me voir. La pharmacie était fermée pour cause de déshonneur.

On me ramena au dépôt du Champ-de-Mars. On me demanda ce que je voulais faire. Je dis que je n'avais pas d'avis. Alors on me conseilla de rentrer. ¹⁶⁵

C'était minuit. J'ai escaladé le mur du jardin. Il faisait beau. Je me suis étendue afin de mourir sur l'herbe. Mais je ne suis pas morte. J'ai eu froid.

J'ai appelé Maman très longtemps… Vers deux heures du matin les volets se sont éclairés.

On me fit passer pour morte.[13] Et j'ai vécu dans la cave de la pharmacie. Je pouvais voir les pieds des gens, et la nuit, la grande courbe de la place du Champ-de-Mars. ¹⁷⁰

spite, nastiness / spit

Je devins folle. De **méchanceté**. Je **crachais**, paraît-il, au visage de ma mère. Je n'ai que peu de souvenirs de cette période pendant laquelle mes cheveux ont repoussé. Sauf celui-ci que je crachais au visage de ma mère. ¹⁷⁵

Puis, peu à peu, j'ai perçu la différence du jour et de la nuit. Que l'ombre gagnait l'angle des murs de la cave vers quatre heures et demie et que l'hiver, une fois, se termina.

couverte d'un capuchon

La nuit, tard, parfois, on me permit de sortir **encapuchonnée**. Et seule. A bicyclette. ¹⁸⁰

Mes cheveux ont mis un an à repousser. Je pense encore que si les gens qui m'ont tondue s'étaient souvenus du temps qu'il faut pour que les cheveux repoussent ils auraient hésité à me tondre. C'est par faute d'imagination des hommes que je fus déshonorée.

Un jour, ma mère est arrivée pour me nourrir, comme elle faisait d'habitude. Elle m'a annoncé que le moment était venu de m'en aller. Elle m'a donné de l'argent. ¹⁸⁵

Je suis partie pour Paris à bicyclette. La route était longue mais il faisait chaud. L'été. Quand je suis arrivée à Paris, le surlendemain matin, le mot

---

12 **tondre:** couper les cheveux jusqu'au crâne
13 **On… morte:** On fit croire que j'étais morte.

190 Hiroshima était sur tous les journaux. C'était une nouvelle sensationnelle. Mes cheveux avaient atteint une longueur décente. Personne ne fut tondu.

Marguerite Duras, tiré de *Hiroshima mon amour*, © Editions Gallimard.

Questions

1. Décrivez les environs de Nevers. Pourquoi faut-il faire un effort pour ne pas avoir peur?

2. Quelle est «la faute» à Nevers? Pourquoi? Et «le crime»? Pourquoi? Pourquoi l'ennui y est-il une vertu tolérée?

3. Expliquez le paragraphe suivant (ll. 27–28): «Des fous circulent dans ses faubourgs. Des bohémiens. Des chiens. Et l'amour.»

4. Comment s'explique le fait que Riva ne prenait pas tellement garde à la guerre?

5. Que faisait Riva dans la pharmacie? Où est sa mère?

6. Quelle est l'évidence de la présence de l'occupation allemande? Est-ce que tout le monde souffre également? Expliquez.

7. Après que Riva a joué du piano, quelle émotion son père éprouve-t-il? Et Riva?

8. Riva dit que la guerre était interminable et sa jeunesse l'était aussi. Y a-t-il un rapport entre l'état interminable de sa jeunesse et la guerre?

9. Que faisait Riva le dimanche? Qu'est-ce qui lui faisait plaisir à voir?

10. Pour quelle raison un soldat allemand est-il venu à la pharmacie un jour? Comment Riva s'est-elle conduite envers lui?

11. Le soir où Riva pansait la main du soldat une nouvelle fois, elle a éprouvé une lassitude particulière de la guerre. Comment s'explique cette lassitude?

12. Quand et pourquoi le père de Riva lui a-t-il demandé de ne pas jouer de piano? Quelle est la réaction de Riva à cette demande? Quand son père s'était-il mis à boire?

13. Le jour où «l'ennemi» a suivi Riva jusqu'à la rivière, quel temps faisait-il? Quelle observation l'Allemand a-t-il faite au sujet du temps? Est-ce que cette observation a un sens symbolique?

14. Pendant combien de temps l'Allemand a-t-il suivi Riva? Pourquoi n'en a-t-elle rien dit à son père?

15. Précisez la signification des rêves de Riva. Quel âge a-t-elle maintenant?

16. Riva décrit la nuit en juillet où elle a cédé à son amour. Elle continue à décrire son amant comme «l'ennemi». Dans quels sens différents est-il considéré comme ennemi?

17. Quel était le contenu de la lettre anonyme?

18. Expliquez cette remarque de Riva (ll. 134–135): «J'étais devenue la négation vivante de la raison.»

19. Où le soldat et Riva devaient-ils se retrouver et comment allaient-ils partir? Qu'est-ce qui est arrivé?

20. Pourquoi Riva n'avait-elle pas d'avis au sujet de sa tonsure (*shaving*)? Pourquoi n'éprouvait-elle rien après?

21. Où Riva a-t-elle vécu après la tonsure? Quel souvenir a-t-elle gardé de cette période de sa vie?

22. Combien de temps a-t-il fallu pour que ses cheveux repoussent?

23. En quelle saison de l'année est-ce que Riva est partie pour Paris? A son arrivée, quel était le mot sur tous les journaux? Expliquez la signification de ce mot.

Complétez les phrases suivantes (oralement ou par écrit)

1. Le fleuve le plus large de France est…

2. Pour Riva, la ville de Nevers n'était pas petite, mais…

3. Le soir, la pharmacie fermait à…

4. Riva retrouvait sa mère (ll. 35–36)…

5. L'hôtel de ville était sans drapeau parce que…

6. Deux fois par semaine Riva portait…

7. Riva était la seule consolation de…

8. Un soir, le jeune Allemand écoute…

9. Avant de partir le jeune Allemand était heureux parce que…

10. Riva n'avait plus de patrie que…

11. La pharmacie était fermée le jour où…

12. Les cheveux de Riva ont mis un an à…

⌗⌗⌗ EXPRESSIONS A ETUDIER ⌗⌗⌗

1. **prendre garde à**

   Elevée dans la guerre **je** ne **prenais** pas tellement **garde à** celle-ci. (l. 32)
   Bought up in the war, I paid little attention to it.

   Prenez garde à la peinture et **aux** marches en sortant!
   Vous connaissez cet étranger qui visite la pharmacie? **Prenez garde à** lui!

2. **battre son plein**

   Le marché noir **battit son plein**. (l. 53)
   The black market reached peak activity.

   Tandis que dehors la tempête **battait son plein**, la fête **battait son plein** dedans.

3. **interdire à** + nom + **de** + inf.

   Le cinéma **m'était interdit**. (l. 40)
   The movies were off limits to me.

   Je vous interdis de me parler sur ce ton.
   Mon médecin **m'a interdit de** fumer et **de** boire.

4. **(ne…) nulle part**

L'amour y est surveillé comme **nulle part** ailleurs. (l. 21)
Love is scrutinized there like nowhere else.

L'univers est une sphère infinie dont le centre est partout, la circon-
férence **nulle part**. (Blaise Pascal)
Avez-vous vu Louise quelque part? —Non, je **ne** l'ai vue **nulle part**
[Non, **nulle part**].

Répondez

prendre garde à

1. Vous visitez une maison de campagne. Prenez-vous garde au chien?

2. Vous vous promenez en plein été dans le désert (en plein hiver dans
   la neige). A quoi faut-il prendre garde?

battre son plein

3. A quel moment de l'année les examens battent-ils leur plein?

4. Pendant quels mois la saison de ski (des vacances) bat-elle son plein?

interdire à + nom + de + inf.

5. Est-ce qu'on vous interdit de faire quelque chose? Qui, et quoi?

6. Dites-moi que vous m'interdisez de vous tondre la tête (de parler anglais
   en classe; de vous promener la nuit)

nulle part

7. Allez-vous quelque part ce soir? —Non,… —Et le week-end prochain?

8. Peut-on trouver le bonheur absolu quelque part?

Faites le choix le plus conforme au texte

1. Comment peut-on expliquer le titre du premier passage? «Un Nevers
   imaginaire», c'est…
   a. la ville imaginée par l'auteur
   b. un Nevers qui n'a jamais existé
   c. le point de vue de Riva enfant
   d. la ville imaginée par le lecteur

2. Pour Riva, l'amour, c'est l'absence de raison et aussi un signe…
   a. qu'on n'est plus enfant
   b. de déshonneur
   c. de révolte
   d. que le bonheur passe

3. Avant d'être tondue et après, Riva dit qu'elle «n'a pas d'avis». Cela
   veut dire…
   a. que rien ne compte sauf son amour
   b. qu'elle déteste ceux qui la tondent
   c. qu'elle ne sait pas ce qui se passe
   d. que l'immoralité et la morale se confondent

4. Comment peut-on interpréter la dernière phrase du texte? «Personne ne fut tondu» pour…
    a. avoir aimé un ennemi
    b. le meurtre d'un soldat allemand
    c. la destruction d'Hiroshima
    d. avoir participé à la Résistance

Sujets de discussion ou de composition

1. Combien de temps s'écoule dans cette histoire? (Quel âge Riva a-t-elle au début—et à la fin?) Est-ce que l'âge de Riva nous permet de mieux comprendre les émotions qu'elle éprouve? Expliquez.

2. Le soldat allemand reste anonyme. Pourquoi? Comment Riva se réfère-t-elle à lui? Quelle importance attachez-vous à ces dénominations?

3. Dans quel(s) sens est-ce que Nevers est «imaginaire»?

4. Analysez le premier passage (*Un Nevers imaginaire*). Quel est l'objectif de cette première partie? Comment est-ce que l'histoire aurait été différente si elle avait commencé par *Riva raconte elle-même sa vie à Nevers*?

5. Faites une analyse du style dans *Hiroshima mon amour*. Par exemple, étudiez la longueur des phrases et des paragraphes, et l'emploi des temps des verbes. Quelles répétitions trouvez-vous et en quoi consiste leur effet?

6. Est-ce que l'absence de la mère de Riva joue un rôle important dans l'histoire? Expliquez.

7. Quelle est la fonction de la description du temps et des saisons dans cette histoire? Quelle valeur symbolique le temps et les saisons ont-ils?

8. Faites une narration à la première personne où vous décrivez un événement important dans votre vie passée.

9. Faites des recherches sur l'Occupation allemande (1940–1944) pour ensuite faire une présentation écrite ou orale sur cette époque. (Le texte de Philippe Labro, pp. 82–87, a pour fond la même époque.)

:B: Colette :B:

Sidonie Gabrielle Colette (1873–1954) est une observatrice remarquable de la nature dans les deux sens du terme. De la nature physique d'abord: les nombreuses pages qu'elle a consacrées aux règnes animal et végétal sont empreintes de ce qu'on pourrait appeler l'intelligence du cœur; elle sait en effet évoquer le monde des plantes et des bêtes—surtout celui de sa Bourgogne natale—avec amour et poésie. Elle réserve pourtant son regard le plus aigu pour la nature humaine, et tout particulièrement pour les rapports entre les sexes, depuis l'adolescence jusqu'à la vieillesse. Dans des romans tels que Chéri *(1920),* Le Blé en herbe *(1923),* La Fin de Chéri *(1926),* La Naissance du jour *(1928), elle observe l'homme et la femme dans leur situation d'éternelle alternance entre l'amour et la discorde, sans complaisance ni illusion. Le texte ci-après date de 1913–1914 et a été publié dans le journal* Le Matin *dont Henri de Jouvenel, son deuxième mari, était le rédacteur en chef. Voir les pages 92–93 pour un autre texte de cet auteur.*

ORIENTATION The husband and wife in U*n Couple*, who are filled with suspicion and hatred of each other, are seen from different perspectives. In the first and last paragraphs, which frame the narrative, an authorial *nous* surveys the scene and comments on it. In the paragraph beginning on line 13, it is the husband who observes the wife, then the wife who observes the husband. In this way Colette draws us closer to the two characters, and the animosity between them is rendered more intense.

Mots apparentés / faux amis

Donnez l'équivalent anglais du mot français. S'il s'agit d'un faux ami (*), donnez aussi l'équivalent français du faux ami anglais.

téméraire (l. 1) _____

échanger (l. 14) _____

*attendre (l. 19) _____

_____   *to attend*

Un Couple

:B: Ces messieur et dame[1] seront très bien ici. La téméraire légèreté du maître d'hôtel l'affirme, mais nous n'en pouvons rien croire. Où seraient-ils bien, les

---

[1] **Ces messieur et dame:** Ce monsieur et cette dame (formule de politesse dite ici par le maître d'hôtel au couple)

ciel
antipathie, hostilité
habillement
de tous les jours

trouble
crutch

observe attentivement

splashed

fish bones

eau minérale

«messieur et dame» qui viennent de s'asseoir à la table voisine? Sous quel **azur**, sous quelles palmes heureuses quitteraient-ils, l'un et l'autre, leur air d'ennui légitime et de conjugale **inimitié**? 5

Le chic terne[2] de leur **mise**, l'élégance des gestes contenus ne masquent pas l'expression d'une haine **quotidienne**, qui n'a rien de commun avec la mauvaise humeur, avec la «brouille»[3] des amants ou des époux. Ils ne sont pas fâchés, ils sont ennemis. Chacun d'eux manifeste, avec l'aisance de la longue habitude, une aversion solide, éprouvée, qui gouverne leurs gestes, mais ne 10 les **gêne** plus. Ils se sont accommodés de l'incompatibilité comme l'amputé de sa **béquille**, le goîtreux de son goître.[4]

Il y a bien longtemps qu'ils ont dépassé l'impolitesse et même l'insulte— ils échangent, avec le sel et le pain, des «pardon» et des «je vous prie». Mais le regard de l'homme, qui ne croise jamais celui de sa compagne, **épie** ses 15 mains, suit, de biais, les mouvements du chapeau et de l'aigrette.[5] Elle, qui semble distraite, écoute férocement manger l'homme; elle indique, par un arrêt imperceptible de sa fourchette, qu'elle a vu la gouttelette de vin qui a **giclé** sur la cravate, et elle attend, pour recommencer à manger, que l'homme ait essuyé sur sa moustache, une trace d'œuf. 20

Il mange une omelette, elle a choisi une sole. Il surveille les **arêtes** qu'elle retire délicatement de sa bouche et les lui compte pour autant de crimes.

Parce qu'ils ont prononcé quelques mots:

—Qu'est-ce que vous faites aujourd'hui?

—Et vous?… 25

Nous rêvons à ce que signifient, pour un tel couple, la promenade, le voyage… Nous rêvons à leur vie d'oisifs,[6] secrètement occupée, remplie, variée par une animosité qu'ils maîtrisent ou déchaînent à leur gré[7]… Rêverie romanesque, faciles variations sur un thème imaginé?… Non, car il y a devant les assiettes de nos voisins, comme si chacun d'eux craignait le poison versé 30 par la main de l'autre, deux demi-bouteilles d'**eau d'Evian**.

Questions

1. Où se trouve le couple dans cette histoire?

2. Quelle réponse donnez-vous à la question posée dans le premier paragraphe: «Où seraient-ils bien, les «messieur et dame» qui viennent de s'asseoir à la table voisine?»

3. Caractérisez les rapports entre ce couple. Qu'est-ce que Colette veut suggérer en comparant leur accommodement à celui de l'amputé et sa béquille, et du goîtreux et son goître?

---

[2] **terne:** sans éclat, conventionnel

[3] **brouille:** désunion, rupture, dispute

[4] **goître:** maladie de la glande thyroïde

[5] **aigrette:** plume, ornement sur un chapeau

[6] **oisifs:** personnes qui ont beaucoup de temps libre

[7] **à leur gré:** quand cela leur convient

4. Comment expliquez-vous que l'homme et la femme sont très polis l'un envers l'autre? Qu'est-ce qui trahit leur haine l'un de l'autre?

5. Qu'y a-t-il de remarquable dans le fait qu'il y a deux demi-bouteilles d'eau d'Evian sur la table?

Complétez les phrases suivantes (oralement ou par écrit)

1. Le monsieur et la dame manifestent une aversion solide qui ne les gêne plus parce que…

2. L'homme regarde… ; la femme écoute…

3. Ils ne partagent pas une seule bouteille d'eau d'Evian parce que…

▦ EXPRESSION A ETUDIER ▦

s'accommoder de + nom
Ils se sont accommodés de l'incompatibilité comme l'amputé de sa béquille. (ll. 11–12)
They have adapted to their incompatibility as the amputee to his crutch.

Il faut **s'accommoder des** nombreuses déceptions qu'apporte la vie.
Pour moi, c'est une situation impossible. —Moi, je **m'en accommode**.

Répondez

s'accommoder de + nom

1. Vous êtes-vous accommodé(e) de votre vie d'étudiant(e)? des notes que vous recevez dans ce cours? des caprices de votre camarade de chambre?

2. Demandez-moi si je m'accommode des absences de certains étudiants (des erreurs de grammaire, de votre prononciation).

3. Dites-moi que vous ne pouvez pas vous accommoder de ces exercices.

Sujet de discussion ou de composition

Au troisième paragraphe d'*Un Couple*, Colette constate que l'attitude et les gestes de ce couple n'ont rien de commun avec la «brouille» des amants. Décrivez une «brouille» d'amants en quelques paragraphes.

¦¦ Clément Marot ¦¦

Né en 1496 dans le Midi de la France, Clément Marot devint en 1527 valet de chambre du roi François 1er. Les troubles religieux qui agitaient la France touchèrent Marot qui, suspect de sympathie pour la Réforme, et donc d'hérésie, dut s'exiler à plusieurs reprises. Il mourut en 1544. Le poème suivant, le célèbre «dizain† de neige» adressé à Anne d'Alençon, nièce de sa protectrice la duchesse d'Alençon, appartient à la tradition littéraire dite «galante», c'est-à-dire ayant pour thème une relation amoureuse exprimée en termes pleins d'esprit et de grâce.

ORIENTATION *D'Anne qui lui jeta de la neige* is an epigram, a short poem characterized by an element of verbal ingenuity, of wit. Note how the opposing images of snow and fire culminate in a final, unexpected twist. Although the snow-fire antithesis is not original with Marot, this epigram is remarkable for its particular charm, not to mention its technical mastery. To find out how the fair lady, having aroused a fire in her admirer by playfully throwing snow at him, can best douse her suitor's ardor, read on.

D'Anne qui lui jeta de la neige

Anne par **jeu** me jeta de la neige,	*amusement*
Que je croyais froide, certainement:	
Mais c'était feu, l'expérience en ai-je,[1]	
Car **embrasé** je fus soudainement.	*mis en feu*
5 Puisque le feu loge secrètement	
Dedans la neige, où trouverai-je place	
Pour n'**ardre** point? Anne, ta seule grâce[2]	*brûler (arch.)*
Eteindre peut[3] le feu que je sens bien,	
Non point par eau, par neige, ni par glace,	
10 Mais par sentir[4] un feu pareil au mien.	

vers 1–4 —Marot commence son poème par une anecdote qui situe les personnes et désigne l'une d'elles par son nom. Ce poème va-t-il rester anecdotique dans le fond? Le poème s'ouvre par un nom propre, celui d'Anne: quelle est la portée de cette ouverture?

---

[1] **l'expérience en ai-je:** *(inversion)* j'en ai l'expérience
[2] **ta seule grâce:** ta grâce seule
[3] **Eteindre peut:** *(inversion)* peut éteindre
[4] **par sentir:** *(tournure arch.)* en sentant

—Notez la rime intérieure *jeu* (v. 1)—*feu* (v. 3).

—Quelle est l'antithèse[†] sur laquelle se fonde toute la dynamique du poème?

—Lancer une boule de neige sur quelqu'un peut effectivement être— comme ici—un jeu. Ce peut être aussi une sorte de provocation, de taquinerie (*teasing*), de coquetterie. Pareille action suffit-elle pour «embraser» une passion?

2   Précisez comment ce détail banal prépare les deux vers qui suivent. L'observation que fait ici le poète renferme-t-elle une ambiguïté?

4   Quel est ce «feu» dont le poète est embrasé?

5–7   C'est-à-dire: puisque la neige est partout et que le feu y loge, comment faire pour ne plus brûler? S'agit-il d'une véritable question, c'est-à-dire d'une question demandant une réponse? A qui la question est-elle adressée?

7   Comparez les deux vers où Anne est nommée (v. 1 et 7).

7–10   —Le vers 7 se termine avec le mot «grâce», sujet (et donc commencement) d'une phrase qui constitue le finale du poème. Est-ce que le mot «grâce» est mis en valeur par sa position culminante à la fin du vers?

—Notez l'inversion au vers 8 (qui met en valeur le verbe «éteindre») et la relation antithétique d'«éteindre» par rapport à «ardre» (v. 7).

—Notez que le poète invite Anne à partager le sentiment qu'il éprouve en répétant le même verbe: «sentir» (v. 8 et 10).

—Quel mot est répété dans les vers 9–10? Combien de fois?

—Expliquez comment le vers 9 a pour effet de retarder et donc de mieux préparer le vers 10. (Notez que les vers 2 et 9 qui ont une action de retardement sont en position symétrique.)

—Les vers 7–10 constituent-ils une réponse à la question des vers 5–7? Qui répond à la question? Cette réponse n'est-elle pas plutôt un souhait, un vœu, une invitation? A qui s'adressait vraiment la question?

10   —Combien de fois le mot «feu» est-il répété dans le poème? Quels autres mots désignent l'action du feu?

—La neige et le froid sont des phénomènes externes. Et le feu?

Questions de synthèse et sujets de réflexion

1. Quelle stratégie le poète adopte-t-il pour persuader la dame? Son ardeur est-elle véritable? S'adresse-t-il aux sentiments, à l'intelligence, ou aux deux à la fois? Cherche-t-il à séduire l'esprit ou le cœur? Expliquez.

2. Supposez que vous êtes la personne à qui s'adresse ce poème. Comment le lisez-vous, l'interprétez-vous? Quelle réaction le poème suscite-t-il en vous?

3. La structure de cette épigramme suit un strict schéma. Remarquez par exemple la séquence symétrique des rimes (a b a b b c c d c d) et la versification régulière (chaque vers a 10 syllabes, le poème est composé de 10 vers). Comparez ce poème au suivant, de création récente (*La neige chaude* de Marie Savard). Quelles observations, quelles conclusions pouvez-vous tirer de cette comparaison?

Marie Savard

Née à Québec en 1936, Marie Savard à fait des études en sciences sociales à l'université Laval. Auteur et réalisatrice de récits, de poèmes, d'œuvres dramatiques, elle a enregistré plusieurs disques de chansons et de poèmes, notamment Québekiss (1971). En 1974 elle a fondé à Montréal une maison d'édition spécialisée dans la publication d'ouvrages d'écrivaines[1] canadiennes françaises. Parmi ses ouvrages, un essai-roman, Le Journal d'une folle (1975), le poème dramatique Sur l'air d'Iphigénie (1984), Les Chroniques d'une seconde à l'autre (1988), et Chansons et poèmes (1992).

ORIENTATION This intensely lyrical love poem, one of several "poé-sons" (a combination of *poème* + *chanson*) that Savard set to music and recorded herself, derives much of its charm from its simplicity but also from its elemental imagery, which is at once chaste and sensuous. Note the wintry setting—not unexpected of a Canadian writer— and especially how it is transformed into something magical, inviting, and… warm.

La Neige chaude

Quand nous roulerons
nos têtes dans la neige chaude
nos yeux ne seront plus
que des cristaux de nuit

5   et nos cheveux mouillés
feront des **étincelles**   *sparks*

tu verseras sur ma bouche
tout le **miel** des étoiles   *honey*

Et nous irons muets
10 mourir au **creux** des dunes   concavité, dépression
près du fleuve cassé
en crêtes de cristal

et nous ne **ferons** plus   serons, constituerons
qu'une fleur d'eau **gelée**   *frozen*

15 Ah… **que** je t'aimerai   comme
nos têtes dans la neige chaude

---

[1] **écrivaine:** forme féminine employée au Québec

vers 1-2	Que sait-on de «nous»? Ce «nous» est-il précisé plus bas?
2	Commentez l'image de la «neige chaude». Qu'est-ce qui confère à la neige sa «chaleur»? (On désigne une image apparemment contradictoire de ce genre un oxymore.)† Quelles autres images à travers le texte suggèrent la chaleur plutôt que le froid?
4	Expliquez comment l'image des «cristaux de nuit» est amenée par celle de la neige.
5-6	—Commentez cette image des cheveux mouillés qui produisent des étincelles.
	—Y a-t-il une analogie entre des cristaux (v. 4) et des étincelles (v. 6)?
7	Qui est désigné ici pour la première fois?
8	Commentez cette image.
10	Comment interprétez-vous (en fonction du contexte) le fait qu'ils vont «mourir»? Selon vous, s'agit-il d'une mort réelle?
11	Expliquez cette image du «fleuve cassé en crêtes de cristal». Qu'est-ce qui est ainsi désigné? Quel effet produisent les sonorités (allitérations) en / k / (**c**assé, **c**rêtes, **c**ristal)?
13-14	Le couple («nous») «au creux des dunes» (v. 10) et «près du fleuve cassé» (v. 11) deviendra «*une* fleur d'eau gelée». Interprétez cette image: le fait qu'elle soit au singulier est-il significatif?
15	Précisez l'importance de ce vers par rapport aux vers qui précèdent.
16	Commentez cette reprise du vers 2. Syntaxiquement, cette phrase fait-elle partie du vers précédent?

Questions de synthèse et sujets de réflexion

1. Quelles sont les connotations† de la neige, c'est-à-dire les sensations (principalement visuelles et tactiles) qui s'y associent? Relevez toutes les images qui contrastent avec celle de la neige, puis commentez cette opposition.

2. Quel est le temps (*tense*) des verbes de ce poème? Commentez l'effet de ce temps du verbe. Le poème produirait-il le même effet s'il était au présent ou au passé? Précisez.

3. Contrastez ce poème avec l'épigramme de Marot à la page 206. Par exemple, dans lequel des deux poèmes l'amour est-il partagé? Dans lequel ne l'est-il pas? Cette distinction permet-elle de préciser le caractère particulier de chacun des deux poèmes, sans pour cela négliger leurs similarités? Lequel des deux poèmes s'adresse surtout à l'intelligence?

4. Quel est l'effet du manque de ponctuation et du choix de vers libres (sans rimes) sur la qualité lyrique du poème?

FANTAISIE ET FANTASTIQUE

:8 Paul Eluard 8:

Le poète Paul Eluard (1895–1952) fut un des principaux animateurs du Surréalisme,[†] mouvement d'une importance considérable pour la vie littéraire et artistique entre les deux guerres mondiales. La poésie d'Eluard est surréaliste parce qu'elle privilégie l'imagination et parce qu'elle se fonde sur le magnétisme des mots, c'est-à-dire sur les significations multiples et implicites que les mots possèdent individuellement et en relation les uns avec les autres. La libre association des images est chez lui le principe créateur par excellence. Parmi les thèmes les plus fréquents chez Eluard, on retiendra ceux du regard et du rêve, que l'on retrouve dans le poème suivant, tiré du recueil Capitale de la douleur (1926). Voir les pages 100, 308–309 pour d'autres textes de cet auteur.

ORIENTATION   The following poem is particularly representative of surrealist poetry. Disconcerting at first reading, it starts making sense when the usual expectations are forgotten and when the imagination is free to follow its course. The poem evokes a child's pristine view of things, its ability to project itself outside of its own physical constraints and identify with what it sees. Because the child is in touch with the surreal (defined as everything that has not been dulled by force of habit or screened out by reason and logic), it exemplifies the surrealist vision.

Le Plus Jeune

Au plafond de la **libellule**   *dragonfly*
Un enfant fou s'est pendu,
Fixement regarde l'herbe,
Confiant lève les yeux:
5   Le **brouillard** léger se lèche comme un chat   *fog*
Qui **se dépouille** de ses rêves.   se défait, se débarrasse
L'enfant sait que le monde commence à peine:
Tout est transparent,
C'est la lune qui est au centre de la terre,
10   C'est la verdure qui couvre le ciel
Et c'est dans les yeux de l'enfant,
Dans ses yeux sombres et profonds
Comme les nuits blanches[1]
Que naît la lumière.

Paul Eluard, tiré de *Nouveaux Poèmes*, © Editions Gallimard.

---

[1] **les nuits blanches:** au sens figuré usuel, nuits sans sommeil

| vers 1–4 | L'enfant «confiant lève les yeux», se suspend par le regard à la libellule qui plane au-dessus de lui, s'identifie à elle, se confondant ainsi avec elle. C'est-à-dire qu'il s'imagine planant comme une libellule. Du «plafond de la libellule», il regarde l'herbe au-dessous. Dans cette ouverture comme dans son développement et sa conclusion, le poème va déjouer toutes les expectatives habituelles, toutes les idées préconçues sur les relations entre les choses—le haut et le bas, la pesanteur, l'extérieur et l'intérieur, le jour et la nuit, etc. |

2 L'enfant n'est pas «fou» au sens ordinaire. Le mot «fou» doit être compris ici de façon non péjorative, dans le sens de «fantasque», d'«extravagant», de «libre». Est-ce que l'enfant s'est «pendu» physiquement ou suspendu mentalement?

3 Expliquez comment le regard de l'enfant-libellule est fixe. (Comment une libellule vole-t-elle, regarde-t-elle?)

4 L'enfant est «confiant» parce qu'il n'a pas peur de s'assimiler à la libellule et de planer comme elle.

5–6 —Image surréaliste typique, composée d'éléments tout à fait disparates. Quel mot (v. 6) justifie cette vision insolite des choses?

—Un chat qui se dépouille de ses rêves se… (*complétez*)

—Distinguez les assonances† et les allitérations† présentes dans ces deux vers.

7 De quel moment de la journée semble-t-il s'agir? Y a-t-il une relation implicite entre ce vers et l'image du vers précédent?

8 En tenant compte des vers suivants, comment faut-il comprendre le mot «transparent» ici? (Pensez à d'autres mots ayant le même préfixe: «transfiguré», «transformé», «transposé», par exemple.)

9–10 —Remarquez l'interversion des éléments: normalement, on associerait lune avec ciel, verdure avec terre; or ici, on associe lune avec terre, verdure avec ciel.

—Commentez ces deux images non réalistes. Notez qu'elles se présentent comme des affirmations simples, des vérités évidentes (de même que les vers 11 et 14). A quel principe obéissent-elles? Si la raison ne les justifie pas, qu'est-ce qui les justifie?

11–12 —Quel mot important est répété ici? Où paraît-il la première fois? Qu'est-ce qu'on peut dire à propos de la place de ce mot dans le poème?

—Pourquoi les yeux de l'enfant sont-ils «sombres et profonds»? En quoi ce détail prépare-t-il le finale du poème?

13 —Voilà une image inattendue, déconcertante, fondée sur une antithèse. Quelle antithèse?

—Quelle image antérieure prépare celle-ci? Expliquez.

—L'image des «nuits blanches» peut s'interpréter littéralement et figurativement. (Voir la note 1.) Comment l'interprétez-vous?

14 Interprétez cette image de la lumière qui naît dans les «yeux sombres et profonds» de l'enfant. Le mot «lumière» a-t-il plus d'un sens ici? Précisez.

Questions de synthèse et sujets de réflexion

1. A mesure que nous acquérons l'expérience de la vie, nous sommes sujets à une sorte de conditionnement. Ce poème déjoue toutes les expectatives habituelles, toutes les perceptions auxquelles nous sommes accoutumés. Expliquez comment s'effectue ce processus d'une image à l'autre du poème.

2. Ce poème célèbre la liberté de l'imagination chez l'enfant. Eluard va jusqu'à donner au regard de l'enfant le pouvoir de créer la lumière. En quoi l'enfant possède-t-il une vision créatrice, d'après ce poème? Etes-vous d'accord?

3. A l'exception du vers 2, le poème est entièrement au présent. Précisez l'importance de ce détail.

4. En combien de parties se divise ce poème? Qu'est-ce qui marque la division? Caractérisez chacune des parties, et la relation entre elles.

5. Eluard se borne-t-il dans ce poème à évoquer la puissance visionnaire de l'enfant seulement? Quelle vérité universelle cherche-t-il à énoncer? Quelle vision cherche-t-il à représenter, à communiquer?

6. Comparez ce poème à celui de Bernard Dadié, *Dans tes yeux* (pp. 95–96). Le regard est-il le même dans les deux textes? Expliquez et commentez.

❊❊ Charles Baudelaire ❊❊

Charles Baudelaire (1821–1867) est un des poètes les plus originaux du dix-neuvième siècle. Son recueil de poésies, Les Fleurs du mal (1857), *atteste à la fois l'influence du romantisme† et une esthétique résolument moderne. Comme l'indique le titre de son chef-d'œuvre, l'ambition de Baudelaire consiste à «extraire la beauté du Mal». Pour lui, la réalité première de l'existence, c'est l'imperfection et le péché. La conscience du Mal, ainsi que la nostalgie de l'idéal, suscitent l'angoisse, ce que Baudelaire appelle le Spleen ou l'Ennui. Seule l'imagination, et surtout l'Art, offrent la possibilité de surmonter la disparité entre la réalité et l'idéal pour transcender le Temps et la Mort. Le privilège d'un poème, comme de toute œuvre d'art, c'est de créer, à partir de la réalité que nous connaissons, un monde nouveau dont la vérité est ressentie comme profonde et essentielle.*

ORIENTATION L'*Invitation au voyage* is a particularly musical evocation of an earthly paradise as it is imagined in the poet's mind. This setting offers many sensual, or rather sensuous, pleasures; yet the intimate relationship suggested between the lover and his beloved is an entirely chaste one. Though rich in sensations, the scene represented is far removed from everyday reality. The elements of this "voyage" blend into what is called a *paysage d'âme*, a "soulscape." Ponder the full meaning of the title: is this an "invitation"—or a "voyage"—in the conventional sense? Each of the three stanzas has its distinctive tone and *ambiance*, but all three share a common thread: the refrain, one of the most famous in French poetry.

L'Invitation au voyage

Mon enfant, ma sœur,
Songe à la douceur   — Rêve à, Imagine
D'aller là-bas vivre ensemble!
Aimer **à loisir**   — à volonté, sans hâte
5   Aimer et mourir
Au pays qui te ressemble!
Les soleils **mouillés**   — humides, enveloppés
De ces ciels **brouillés**   — de vapeur / troublés, flous, couverts
Pour mon esprit ont les charmes
10   Si mystérieux
De tes traîtres yeux,
Brillant à travers leurs larmes.

Là, tout n'est qu'ordre et beauté,
Luxe, calme et volupté.

15 Des meubles **luisants**   qui luisent, brillent
Polis par les ans,
Décoreraient notre chambre;
Les plus rares fleurs
Mêlant leurs odeurs
20 Aux vagues senteurs de l'**ambre**,   ambre gris
Les **riches plafonds**,   *richly decorated*
Les miroirs profonds,   *ceilings*
La splendeur orientale,
Tout y parlerait
25 A l'âme en secret
Sa douce langue natale.

Là, tout n'est qu'ordre et beauté,
Luxe, calme et volupté.

Vois sur ces canaux
30 Dormir ces vaisseaux
Dont l'humeur est vagabonde;
C'est pour **assouvir**   satisfaire pleinement
Ton moindre désir
Qu'ils viennent du bout du monde.
35 —Les soleils couchants
Revêtent les champs,   Couvrent, Habillent
Les canaux, la ville entière,
D'hyacinthe[1] et d'or;
Le monde s'endort
40 Dans une chaude lumière.

Là, tout n'est qu'ordre et beauté,
Luxe, calme et volupté.

vers 1 La personne apostrophée est-elle réellement l'enfant, la sœur du poète?
Quelle est l'ambiance produite par une invitation adressée de cette façon?

2–3 De quelle sorte d'invitation s'agit-il? Quel est le mot révélateur qui permet de
répondre à cette question? Peut-on définir «là-bas»?

5 Ces deux verbes sont-ils antithétiques ou complémentaires? Evoquent-ils
deux actions ou deux états successifs? un seul état? Expliquez.

6 Quelle correspondance est établie ici? Le «là-bas» du vers 3 se précise-t-il?

11–12 Le poète semble adresser un léger reproche à sa compagne, qui a les larmes
aux yeux. On ne connaît pourtant pas la cause de ce reproche, ni de ces
larmes. Mais ces détails confèrent une certaine ambiance: laquelle?

7–12 Ces vers évoquent un tableau. Notez que ce tableau est flou, estompé, c'est-à-
dire que les choses représentées ont des contours imprécis, comme à travers
une vapeur. Ce qui caractérise ce tableau, c'est, à travers le pays imaginaire et
la femme apostrophée, une atmosphère qui symbolise la féminité.

---

[1] **hyacinthe:** pierre précieuse d'un jaune rougeâtre (sorte de zircon)

13 Les cinq éléments harmoniques du refrain—ordre et beauté, luxe, calme et volupté—définissent un pays imaginaire, idéalisé. «Là-bas» (v. 3), «Là» (v. 13) suggèrent donc surtout une vision d'idéal et un état d'âme.

17, 24 Quel est le temps des verbes (*décoreraient, parlerait*) dans ces deux vers? Pourquoi ce temps est-il employé? Contribue-t-il à l'idéalisation de la scène évoquée? Notez la position de ces deux verbes dans la strophe: que remarquez-vous?

24–26 Peut-on définir cette «douce langue natale» de l'âme? De quelle sorte de langage s'agit-il? Que signifie-t-il?

29 Quel mot dans la première strophe a une fonction parallèle à «Vois»? Quel rapport ces mots présentent-ils avec le titre du poème?

30–31 Les vaisseaux dont l'humeur est vagabonde dorment: s'agit-il d'une contradiction? Parle-t-on normalement de l'humeur d'un vaisseau? Comment s'appelle ce procédé par lequel un trait humain est attribué à une chose?

30–34 Définissez et analysez ce que ces vers contribuent au thème du voyage. Qu'y a-t-il de nouveau par rapport aux autres scènes de voyage dans ce poème?

35 L'image des «soleils couchants» rappelle une image antérieure, qu'elle complémente: laquelle? Quelle position ces deux images ont-elles dans le texte? Quelle importance ce détail a-t-il pour la structure du poème?

30, 39 Quel parallélisme nouveau remarquez-vous dans ces vers? S'agit-il d'une somnolence ordinaire?

35–40 Cette dernière scène, d'apparence assez simple, est d'une richesse étonnante. Analysez-la et caractérisez l'impression qu'elle suscite.

Questions de synthèse et sujets de réflexion

1. Relevez tout ce qui donne à ce poème une ambiance
   a. imprécise et floue
   b. intime
   c. sensuelle

2. Etes-vous séduit par le «voyage» évoqué dans ce poème? Aimeriez-vous vivre dans un pays comme celui-ci? Pourquoi?

3. Un voyage connote généralement le déplacement, le mouvement ou un départ. Est-ce le cas de L'*Invitation au voyage*? En quoi consiste ce «voyage»? Justifiez votre réponse.

4. Relevez tous les pluriels dans ce poème. Combien en comptez-vous? Quel est l'effet cumulatif de cette pluralité?

5. Le «pays» évoqué dans ce poème existe en dehors du temps et de l'espace réels. Montrez comment les scènes qui le composent suggèrent l'infini et l'atemporalité. Quelles autres particularités contribuent à produire cet effet? (Cf. la question 4 ci-dessus.)

6. On peut définir les choses et les êtres par leurs propriétés (ce qu'on y trouve), mais aussi par ce qui en est absent (ce qu'on n'y trouve pas). Qu'est-ce qui est *absent* du monde imaginaire évoqué dans ce poème?

7. Qu'est-ce qu'une berceuse?[†] Ce poème est-il semblable à une berceuse? Pourquoi?

8. Dans quelle mesure l'auteur est-il présent dans ce poème? Et la jeune femme apostrophée? Pourrait-on dire que le poète s'adresse, non à une autre personne, mais en quelque sorte à lui-même? Justifiez cette interprétation.

9. Chacune des trois strophes évoque un tableau distinct, mais qui complémente les deux autres. Comparez ces trois tableaux. Quel est le caractère particulier de chacun? Qu'ont-ils en commun? Quelle strophe se distingue le plus des deux autres? Pourquoi?

10. Commentez les cinq termes qui composent le refrain: «ordre et beauté, luxe, calme et volupté.» Est-ce que ce sont des concepts tout à fait distincts, ou bien possèdent-ils quelque chose en commun? Relevez les éléments qui, dans les trois strophes, correspondent à chaque terme du refrain. Que définissent les cinq termes ensemble?

11. Relevez tous les parallélismes structuraux dans ce poème. Que signifient ces symétries multiples? Dans quelle mesure peut-on dire que le poème entier est composé d'effets de réflexion et de miroir? Justifiez.

ORIENTATION *Enivrez-vous*, a well-known prose poem (1864), also evokes a transcendental theme. As you read this text, ask yourself why it remains a poem, though written in prose. Just as he invited us to a voyage of the imagination into the realm of the ideal through the evocative power of poetry, Baudelaire urges us to escape the heavy burden of Time by becoming intoxicated. How? By means of wine, poetry, or virtue. The first is certainly expected. Poetry, as the previous poem demonstrates, can create paradises. But how does one become intoxicated with virtue? Try to interpret *ivresse* in connection with all three concepts, remembering that in human terms Time implies Death.

Enivrez-vous

charge, poids / *shoulders* / incline / sans arrêt / comme vous voulez

trench, ditch
triste, sombre
wave / clock
moans, weeps

Il faut être toujours ivre. Tout est là: c'est l'unique question. Pour ne pas sentir l'horrible **fardeau** du Temps qui brise vos **épaules** et vous **penche** vers la terre, il faut vous enivrer **sans trêve**.

Mais de quoi? De vin, de poésie, ou de vertu, **à votre guise**. Mais enivrez-vous. 5

Et si quelquefois, sur les marches d'un palais, sur l'herbe verte d'un **fossé**, dans la solitude **morne** de votre chambre, vous vous réveillez, l'ivresse déjà diminuée, demandez au vent, à la **vague**, à l'étoile, à l'oiseau, à l'**horloge**, à tout ce qui fuit, à tout ce qui **gémit**, à tout ce qui roule, à tout ce qui chante, à tout ce qui parle, demandez quelle heure il est; et le vent, la vague, l'étoile, 10 l'oiseau, l'horloge, vous répondront: «il est l'heure de s'enivrer! Pour ne pas être les esclaves martyrisés du temps, enivrez-vous sans cesse! De vin, de poésie, ou de vertu, à votre guise.»

2   Pourquoi «Temps» avec majuscule? Quelle nuance y a-t-il entre «temps» et «Temps»?

2–3   Interprétez et commentez cette image du Temps qui «vous penche vers la terre».

6–7   Y a-t-il une progression et même une certaine symétrie entre ces trois lieux?

8–10   Pourquoi le vent, la vague, l'étoile, l'oiseau, l'horloge? Qu'est-ce que ces cinq interlocuteurs ont en commun? Sont-ils tous comparables? Les cinq objets évoqués sont suivis de cinq verbes. La correspondance entre eux est-elle évidente? approximative? négligeable?

11–13   La réponse du vent, de la vague, de l'étoile, de l'oiseau, de l'horloge est rapportée en discours direct. Commentez la similarité de ces paroles aux premières lignes du texte. (ll. 1–5)

Questions de synthèse et sujets de réflexion

1. Dans ce texte, Baudelaire nous propose trois moyens de s'enivrer. Y en a-t-il d'autres, à votre avis?

2. L'ivresse, c'est l'intoxication (produite par l'alcool, etc.), et aussi un état d'euphorie, de ravissement, d'exaltation lyrique. Comment faut-il comprendre l'exhortation de Baudelaire à s'enivrer de poésie? de vertu? Définissez l'ivresse qu'apportent la poésie et la vertu et donnez des exemples.

3. Quels sont les trois lieux où on peut se réveiller une fois l'ivresse diminuée? (ll. 6–7) Justifiez le choix de ces trois lieux.

4. Justifiez le désir d'échapper au Temps. En quittant le règne du Temps, qu'est-ce qu'on espère atteindre?

5. Qu'est-ce qui fait de ce texte un «poème» en prose? Quels aspects du style (syntaxiques et structuraux) justifient cette désignation? Précisez.

6. *Enivrez-vous* n'est-il pas aussi une invitation? Montrez comment *Enivrez-vous* et L'*Invitation au voyage* sont des appels à l'évasion.[†]

7. Composez un texte sur le même modèle dans lequel vous défendez le point de vue opposé, la sobriété. Autre sujet possible: opposez la vie réelle et la vie de l'imagination; évaluez le pour et le contre.

:8: Guy de Maupassant :8:

Guy de Maupassant est né en 1850 dans un château en Normandie. Son expérience de la guerre franco-prussienne lui fournit la matière de plusieurs histoires. Son talent littéraire s'affirme grâce aux encouragements de Gustave Flaubert et à sa collaboration avec un groupe d'écrivains dits «naturalistes» dont le chef est Emile Zola. A partir de 1880, Maupassant souffre de troubles nerveux, puis devient sujet à des hallucinations et à des cauchemars. Admis dans une maison de santé, il meurt en 1893.

En écrivant Le Horla (dont la première version de 1886 est donnée ici), Maupassant s'est en partie inspiré de sa propre expérience. Le sujet fantastique de ce conte fait contraste avec la manière méthodique du récit et la lucidité du narrateur. Auteur de romans, Maupassant est un des maîtres du conte et de la nouvelle—il en écrivit environ trois cents—genres qui exigent une grande économie de moyens et le don* de maintenir sans relâche l'attention du lecteur.

*the gift, talent

ORIENTATION The central part of this story is told from the first-person point of view, an appropriate angle of vision for a tale of the fantastic. When the person who has witnessed or experienced unusual occurrences is the same person who tells about them, these experiences are rendered more acceptable and believable. This tale is also framed—that is to say, Dr. Marrande introduces the patient-narrator to his colleagues, leaves the narrative, and then returns to comment on the story after his patient has finished telling it. This framing device also contributes to the authentication of the strange events. Finally, as you read, notice as well how precisely the patient documents everything that has happened to him. This documentation is still another factor that helps to lend credibility to his story.

Mots apparentés / faux amis

Donnez l'équivalent anglais du mot français. S'il s'agit d'un faux ami (*), donnez aussi l'équivalent français du faux ami anglais.

illustre (l. 1)	illustrious, renowned
soumettre (l. 6)	to subject, to subdue, subjugate, put down; to submit
sain (l. 17)	healthy, sound, sane, wholesome, good
suffisant (l. 22)	sufficient, satisfactory
respirer (l. 54)	to breathe; to glow w/, emanate, exude
l'angoisse (f.)(l. 72)	anguish, fear
le recours (l. 83)	resort, recourse, appeal
envelopper (l. 95)	to wrap up; envelop, shroud
immaculé(e) (l. 100)	spotless, immaculate
redoutable (l. 104)	fearsome, formidable

*envelopper sa pensée: to veil one's thoughts

*immaculé(e) d'un blanc spotlessly white

saisir (l. 124) *to take/catch hold of; to seize/grab*

hanter (l. 134) *to haunt*

la preuve (l. 136) *proof*

découvrir (l. 180) *to discover, find out, unearth*

(faire) semblant (de) (l. 191) *to pretend*

poursuivre (l. 260) *to pursue, hunt down, chase after; to hound, haunt*

l'*office (*m.*)(l. 145) *office, function; church service, prayers / pantry*

office

*ignorer (l. 227) *not to know (ne pas connaître)*

to ignore

*prétendre (l. 260) *to claim, maintain, assert (affirmer)*

to pretend

▰▰▰▰▰▰▰▰▰
●●●●●●●●●

Le Horla[1]

Q? (pour les titres)   *collègue   beaucoup de superlatifs*

⊠ Le Dr. Marrande, le plus illustre et le plus éminent des aliénistes,[2] avait prié *had requested, begged*
trois de ses confrères et quatre savants, s'occupant de sciences naturelles, de
venir passer une heure chez lui, dans la maison de santé qu'il dirigeait, pour
leur montrer un de ses malades. *scientist, scholar*

aliéné: an insane person, a lunatic

Qui est le Dr. Marrande?
Qui a-t-il prié de venir chez lui? Pourquoi?

5 *le subjonctif avec superlatif* Aussitôt que ses amis furent réunis, il leur dit:
—Je vais vous soumettre le cas le plus bizarre et le plus inquiétant[3] que
* j'aie jamais rencontré. D'ailleurs je n'ai rien à vous dire de mon client. Il parlera
lui-même. *→ besides, moreover, btw (entre parenthèses)*   *→Q: greatly, most, highly*

Le docteur alors sonna. Un domestique fit entrer un homme. Il était fort) *servant*
10 maigre, d'une maigreur de cadavre, comme sont maigres certains fous que
thin, lean ronge une pensée,[4] car la pensée malade dévore la chair du corps plus que la
fièvre ou la **phtisie**.   *the flesh*   consumption, tuberculose
to eat away at, gnaw at; to eat into

Comment le docteur décrit-il le cas qu'il veut soumettre à ses amis?
Décrivez le malade. Qu'est-ce qui explique sa maigreur?

Ayant salué et s'étant assis, il dit:
—Messieurs, je sais pourquoi on vous a réunis ici et je suis prêt à vous
15 raconter mon histoire, comme m'en a prié mon ami le Dr. Marrande. Pendant

---

[1] **Horla:** Nom donné à l'être invisible qui hante le narrateur. Séparé en deux mots—**hors-là**—il peut suggérer le mystère, le lointain. L'adjectif «horrible» est suggéré par la première syllabe. Cf. un **hors-la-loi:** *an outlaw.*

[2] **aliénistes:** médecins qui se spécialisent dans le traitement des fous

[3] **inquiétant:** troublant, effrayant, angoissant

[4] **que ronge une pensée:** qui sont obsédés par une seule idée, une seule passion

longtemps, il m'a cru fou. Aujourd'hui il doute. Dans quelque temps, vous saurez tous que j'ai l'esprit aussi sain, aussi lucide, aussi clairvoyant que les vôtres, malheureusement pour moi, et pour vous, et pour l'humanité tout entière.

Quelle introduction!

> Comment le docteur a-t-il changé d'avis?
> Qu'est-ce que le malade espère prouver aux messieurs qui l'écoutent?

Mais je veux commencer par les faits eux-mêmes, par les faits tout simples. Les voici: 20

J'ai quarante-deux ans. Je ne suis pas marié, ma fortune est suffisante pour vivre avec un certain luxe. Donc j'habitais une propriété sur les bords de la Seine, à Biessard, auprès de Rouen. J'aime la chasse et la pêche. Or j'avais derrière moi, au-dessus des grands rochers qui dominaient ma maison, une des plus belles forêts de France, celle de Roumare, et devant moi un des plus beaux fleuves du monde. 25

Ma demeure est vaste, peinte en blanc à l'extérieur, jolie, ancienne, au milieu d'un grand jardin planté d'arbres magnifiques et qui monte jusqu'à la forêt, en escaladant les énormes rochers dont je vous parlais tout à l'heure. 30

Mon personnel se compose, ou plutôt se composait d'un cocher,[5] un jardinier, un valet de chambre, une cuisinière et une **lingère**, qui était en même temps une espèce de femme de charge.[6] Tout ce monde habitait chez moi depuis dix à seize ans, me connaissait, connaissait ma demeure, le pays, tout l'entourage de ma vie. C'étaient de bons et tranquilles serviteurs. Cela importe pour ce que je vais dire. 35

J'ajoute que la Seine, qui longe mon jardin, est navigable jusqu'à Rouen, comme vous le savez sans doute; et que je voyais passer chaque jour de grands **navires** soit à voiles, soit à vapeur, venant de tous les coins du monde.

Donc, il y a eu un an l'automne dernier, je fus pris tout à coup de **malaises** bizarres et inexplicables. Ce fut d'abord une sorte d'inquiétude nerveuse qui **me tenait en éveil** des nuits entières, une telle surexcitation que le moindre bruit me **faisait tressaillir**. Mon humeur s'**aigrit**. J'avais des colères **subites**, inexplicables. J'appelai un médecin qui m'ordonna du **bromure de potassium** et des **douches**. 40 45

Je me fis donc doucher matin et soir, et je me mis à boire du bromure. Bientôt, en effet, je recommençai à dormir, mais d'un sommeil plus affreux que l'insomnie. **A peine** couché, je fermais les yeux et **je m'anéantissais**. Oui, je tombais dans le **néant**, dans un néant absolu, dans une mort de l'être entier dont j'étais tiré brusquement, horriblement, par l'**épouvantable** sensation d'un poids **écrasant** sur ma poitrine, et d'une bouche qui mangeait ma vie, sur ma bouche. Oh! ces **secousses-là**! je ne sais rien de plus épouvantable. 50

Figurez-vous un homme qui dort, qu'on assassine, et qui se réveille avec un couteau dans la gorge; et qui râle[7] couvert de sang, et qui ne peut plus respirer, et qui va mourir, et qui ne comprend pas—voilà! 55

Je maigrissais d'une façon inquiétante, continue; et je m'aperçus soudain que mon cocher, qui était fort gros, commençait à maigrir comme moi.

---

[5] **cocher:** celui qui conduit une voiture à cheval
[6] **femme de charge:** domestique chargée de surveiller une maison
[7] **râle:** respire en faisant le bruit d'un homme sur le point de mourir

Je lui demandai enfin:

—Qu'avez-vous donc, Jean? Vous êtes malade.

60 Il répondit:

—Je crois bien que j'ai gagné la même maladie que Monsieur. C'est mes nuits qui perdent mes jours.[8] *une expression archaïque (+ reflectide of dans* owing to

Je pensais donc qu'il y avait dans la maison une influence fiévreuse due au *neighborhood* voisinage du fleuve et j'allais m'en aller pour deux ou trois mois, bien que

65 nous fussions en pleine saison de chasse, quand un petit fait très bizarre, observé par hasard, amena pour moi une telle suite de découvertes invraisemblables, fantastiques, effrayantes, que je restai. *frightening, fearsome, frightful*

Ayant soif un soir, je bus un demi-verre d'eau et je remarquai que ma carafe, posée sur la commode en face de mon lit, était pleine jusqu'au bou-

70 chon de cristal. *lit my candle* *chest of drawers*

J'eus, pendant la nuit, un de ces sommeils affreux, dont je viens de vous parler. J'allumai ma bougie, **en proie à** une épouvantable angoisse, et comme je voulus boire de nouveau, je m'aperçus avec stupeur que ma carafe était vide. Je n'en pouvais croire mes yeux. Ou bien on était entré dans ma chambre ou

75 bien j'étais somnambule.[9]

Le soir suivant, je voulus faire la même **épreuve**. Je fermai donc ma porte à clef pour être certain que personne ne pourrait pénétrer chez moi. Je m'endormis et je me réveillai comme chaque nuit. On avait bu toute l'eau que j'avais vue deux heures plus tôt.

80 Qui avait bu cette eau? Moi, sans doute, et pourtant je me croyais sûr, absolument sûr, de n'avoir pas fait un mouvement dans mon sommeil profond et douloureux.

Alors, j'eus recours à des ruses pour me convaincre que je n'accomplissais point ces actes inconscients. Je plaçai un soir, à côté de la carafe, une bouteille

85 de vieux bordeaux, une tasse de lait, dont j'ai horreur, et des gâteaux au chocolat que j'adore.

Le vin et les gâteaux demeurèrent intacts. Le lait et l'eau disparurent. Ainsi, *milk or milk-based product* chaque jour, je changeai les boissons et les nourritures. Jamais on ne toucha aux choses solides, compactes, et on ne but, **en fait de liquide**, que du laitage

90 frais et de l'eau surtout. *as regard), in the way of*

Mais un doute poignant restait dans mon âme. N'était-ce pas moi qui me levais sans en avoir conscience et qui buvais même les choses détestées, car *numb* mes sens **engourdis** par le sommeil somnambulique pouvaient être modifiés, avoir perdu leurs répugnances ordinaires et acquis des goûts différents.

95 Je me servis alors d'une ruse nouvelle contre moi-même. J'enveloppai tous les objets auxquels il fallait infailliblement toucher avec des bandelettes de *inevitably, in fall by* mousseline blanche et je les recouvris avec une serviette de batiste.[10]

Puis, au moment de me mettre au lit, je me barbouillais les mains, les lèvres, et les moustaches, **avec la mine de plomb**. *smear*

Margin glosses:
- →d'insomnie
- victime de
- essai, expérience
- en ce qui concerne les liquides
- privés de sensation
- avec le graphite d'un crayon

---

[8] **C'est mes nuits qui perdent mes jours:** Mes nuits d'insomnie me rendent incapable de travailler le jour.

[9] **somnambule:** personne qui parle ou qui agit dans son sommeil

[10] **J'enveloppai… serviette de batiste:** *I wrapped all the things I had to touch with muslin bandages and I covered them with a cambric napkin.*

A mon réveil, tous les objets étaient demeurés immaculés, bien qu'on y eût touché, car la serviette n'était point posée comme je l'avais mise; et de plus, on avait bu de l'eau et du lait. Or ma porte fermée avec des clefs de sûreté et mes volets cadenassés par prudence n'avaient pu laisser pénétrer personne.

Alors je me posai cette redoutable question. Qui donc était là, toutes les nuits, près de moi?

Je sens, messieurs, que je vous raconte cela trop vite. Vous souriez, votre opinion est déjà faite: «C'est un fou.» J'aurais dû vous décrire longuement cette émotion d'un homme qui, enfermé chez lui, l'esprit sain, regarde, **à travers** le verre d'une carafe, un peu d'eau disparue pendant qu'il a dormi. J'aurais dû vous faire comprendre cette torture, **renouvelée** chaque soir et chaque matin, et cet invincible sommeil, et ces réveils plus épouvantables encore.

Mais je continue.

Tout à coup, le miracle cessa. On ne touchait plus à rien dans ma chambre. C'était fini. J'allais mieux, d'ailleurs. La gaieté me revenait, quand j'appris qu'un de mes voisins, M. Degile, se trouvait exactement dans l'état où j'avais été moi-même. Je crus de nouveau à une influence fiévreuse dans le pays. Mon cocher m'avait quitté depuis un mois, fort malade.

L'hiver était passé, le printemps commençait. Or, un matin, comme je me promenais près de mon parterre de rosiers,[11] je vis distinctement, tout près de moi, la tige d'une des plus belles roses se casser comme si une main invisible **l'eût cueillie**, puis la fleur suivit la **courbe** qu'aurait décrite un bras en la portant vers une bouche, et resta suspendue dans l'air transparent, toute seule, immobile, effrayante, à trois pas de mes yeux.

Saisi d'une épouvante folle, je me jetai sur elle pour la saisir. Je ne trouvai rien. Elle avait disparu. Alors je fus pris d'une colère furieuse contre moi-même. Il n'est pas permis à un homme raisonnable et sérieux d'avoir de pareilles hallucinations.

Mais était-ce bien une hallucination? Je cherchai la tige. Je la retrouvai immédiatement sur **l'arbuste**, fraîchement cassée, entre deux autres roses demeurées sur la branche; car elles étaient trois que j'avais vues parfaitement.

Alors, je rentrai chez moi, l'âme **bouleversée**. Messieurs, écoutez-moi, je suis calme; je ne croyais pas au surnaturel, je n'y crois même pas aujourd'hui, mais, à partir de ce moment-là je fus certain comme du jour et de la nuit, qu'il existait près de moi un être invisible qui m'avait hanté, puis m'avait quitté, et qui revenait.

Un peu plus tard, j'en eus la **preuve**.

Entre mes domestiques d'abord **éclataient** tous les jours des querelles furieuses pour mille causes futiles en apparence, mais pleines de sens pour moi **désormais**.

Un verre, un beau verre de Venise se brisa tout seul, sur le dressoir de ma salle à manger, en plein jour.

Le valet de chambre accusa la cuisinière, qui accusa la lingère, qui accusa je ne sais qui.

Des portes fermées le soir étaient ouvertes le matin. On volait du lait, chaque nuit, dans l'office.[12] Ah!

---

[11] **parterre de rosiers:** partie d'un jardin où on cultive des roses

[12] **office:** pièce près de la cuisine où on prépare le service de la table

Marginal glosses:

dans

recommencée

c'est-à-dire, le rosier

perturbée, troublée

confirmation
broke out

à partir de ce moment

Quel était-il? De quelle nature? Une curiosité **énervée**, mêlée de colère et   nerveuse
d'épouvante, me tenait jour et nuit dans un état d'extrême agitation.

Mais la maison redevint calme encore une fois; et je croyais de nouveau à
des rêves quand se passa la chose suivante:

150 C'était le 20 juillet, à neuf heures du soir. Il faisait très chaud; j'avais laissé
ma fenêtre toute grande ouverte, ma lampe allumée sur une table, éclairant un
volume de Musset ouvert à la *Nuit de mai*;[13] et **je m'étais étendu** dans un grand   je m'étais allongé,
fauteuil où je m'endormis.   couché

Or, ayant dormi environ quarante minutes, je rouvris les yeux, sans faire un
155 mouvement, réveillé par je ne sais quelle émotion confuse et bizarre. Je ne vis
rien d'abord, puis tout à coup il me sembla qu'une page du livre venait de
tourner toute seule. Aucun souffle d'air n'était entré par la fenêtre. Je fus surpris; et j'attendis. **Au bout de** quatre minutes environ, je vis, je vis, oui, je vis,   Après
messieurs, de mes yeux, une autre page **se soulever** et **se rabattre** sur la précé-   retomber
160 dente, comme si un doigt **l'eût feuilletée**. Mon fauteuil semblait vide, mais je   l'eût tournée
compris qu'il était là, **lui**! je traversai ma chambre d'un bond pour le prendre,
pour le toucher, pour le saisir, si cela se pouvait... Mais mon **siège, avant que**   chaise, fauteuil /
je l'eusse atteint, se renversa comme si on eût fui devant moi; ma lampe aussi   avant que j'y fusse
tomba et **s'éteignit**, le verre brisé; et ma fenêtre, brusquement poussée comme   arrivé / cessa de brûler
165 si un **malfaiteur** l'eût saisi en se sauvant, **alla frapper sur son arrêt**... Ah!...   brigand, criminel /
Je me jetai sur la sonnette et j'appelai. Quand un valet de chambre parut,   *banged against its*
je lui dis: *catch*

—J'ai tout renversé et tout brisé. Donnez-moi de la lumière.

Je ne dormis plus cette nuit-là. Et cependant j'avais pu encore être le **jouet**   victime
170 d'une illusion. Au réveil les sens demeurent troubles. N'était-ce pas moi qui
avais jeté bas mon fauteuil et ma lumière en me **précipitant** comme un fou?   en courant, me hâtant

Non, ce n'était pas moi! Je le savais à n'en point douter une seconde. Et
cependant je le voulais croire.

Attendez. L'Etre! Comment le **nommerai-je**? L'Invisible. Non, cela ne suffit
175 pas. Je l'ai baptisé le Horla. Pourquoi? Je ne sais point. Donc le Horla ne me
quittait plus guère. J'avais jour et nuit la sensation, la certitude de la présence
de cet **insaisissable voisin**, et la certitude aussi qu'il **prenait ma vie**, heure par   fuyant, impalpable
heure, minute par minute.

L'impossibilité de le voir m'exaspérait et j'allumais toutes les lampes de
180 mon appartement; comme si j'eusse pu,[14] dans cette clarté, le découvrir.

Je le vis enfin.

Vous ne me croyez pas. Je l'ai vu cependant.

J'étais assis devant **un livre quelconque**, ne lisant pas, mais **guettant**, avec   *some book or other* /
tous mes organes surexcités, guettant celui que je sentais près de moi. Certes,   observant, faisant
185 il était là. Mais où? Que faisait-il? Comment l'atteindre?   attention

En face de moi, mon lit, un vieux **lit de chêne à colonnes**. A droite, ma   *four-poster oak bed*
cheminée. A gauche, ma porte, que j'avais fermée avec soin. Derrière moi, une
très grande armoire à glace, qui me servait chaque jour, pour me raser, pour
m'habiller, où j'avais coutume de me regarder de la tête aux pieds chaque fois
190 que je passais devant.

---

13 **Nuit de mai:** poème célèbre d'Alfred de Musset, auteur du 19e siècle.

14 **comme si j'eusse pu:** comme si j'avais pu (*sens conditionnel*)

Donc, **je faisais semblant de lire** pour le tromper, car il m'épiait[15] lui aussi et soudain je sentis, je fus certain qu'il lisait par-dessus mon épaule, qu'il était là, **frôlant** mon oreille.

Je me dressai, en me tournant si vite que **je faillis tomber**. Et bien!… on y voyait comme en plein jour… et je ne me vis pas dans ma glace! Elle était vide, claire, pleine de lumière. Mon image n'était pas dedans… Et j'étais en face… Je voyais le grand verre, limpide de haut en bas! Et je regardais cela avec des yeux affolés, et je n'osais plus avancer, sentant bien qu'il m'échapperait encore, mais que son corps imperceptible avait absorbé mon reflet. 195

Comme j'eus peur! Puis voilà que tout à coup je commençai à m'apercevoir 200 dans une brume au fond du miroir, dans une brume comme à travers une **nappe d'eau**, et il me semblait que cette eau glissait de gauche à droite, lentement, rendant plus précise mon image de seconde en seconde. C'était comme la fin d'une éclipse. Ce qui me cachait ne paraissait point posséder de contours **nettement arrêtés**, mais une sorte de transparence opaque s'éclair- 205 cissant peu à peu.

Je pus enfin me distinguer complètement ainsi que je fais chaque jour en me regardant.

Je l'avais vu. L'épouvante m'en est restée qui me fait encore **frissonner**.

Le lendemain, j'étais ici, où je priai qu'on me gardât. 210
Maintenant, messieurs, je conclus.

Le Dr. Marrande, après avoir longtemps douté, se décida à faire, seul, un voyage dans mon pays.

Trois de mes voisins, à présent, **sont atteints** comme je l'étais. Est-ce vrai?
Le médecin répondit: 215
—C'est vrai!

—Vous leur avez conseillé de laisser de l'eau et du lait chaque nuit dans leur chambre pour voir si ces liquides disparaîtraient. Ils l'ont fait. Ces liquides ont-ils disparu comme chez moi?

Le médecin répondit avec une gravité solennelle: 220
—Ils ont disparu.

—Donc, messieurs, un être nouveau, qui sans doute se multipliera bientôt comme nous nous sommes multipliés, vient d'apparaître sur la terre.

Ah! vous souriez! Pourquoi? Parce que cet être demeure invisible. Mais notre œil, messieurs, est un organe tellement élémentaire qu'il peut dis- 225 tinguer à peine ce qui est indispensable à notre existence. Ce qui est trop petit lui échappe, ce qui est trop grand lui échappe. Il **ignore** les milliards de petites bêtes qui vivent dans une goutte d'eau. Il ignore les habitants, les plantes et le sol des étoiles voisines; il ne voit pas même le transparent.

Placez devant lui une glace sans tain parfaite, il ne la distinguera pas et 230 nous jettera dessus comme l'oiseau pris dans une maison, qui se casse la tête aux vitres.[16] Donc il ne voit pas les corps solides et transparents qui existent pourtant; il ne voit pas l'air dont nous nous nourrissons, ne voit pas le vent, qui est la plus grande force de la nature, qui renverse les hommes, abat les

---

[15] **il m'épiait:** il m'observait attentivement, secrètement
[16] **vitres:** panneaux de verre d'une fenêtre

235 édifices, déracine les arbres,[17] soulève la mer en montagnes d'eau qui **font crouler** les falaises de granit.

Quoi d'étonnant à ce qu'il[18] ne voit pas un corps nouveau, à qui manque sans doute la seule propriété d'arrêter les rayons lumineux?

Apercevez-vous l'électricité? Et cependant elle existe!

240 Cet être, que j'ai nommé le Horla, existe aussi.

Qui est-ce? Messieurs, c'est celui que la terre attend, après l'Homme! Celui qui vient nous détrôner, nous asservir, nous **dompter**, et se nourrir de nous, peut-être comme nous nous nourrissons des bœufs et des **sangliers**.

Depuis des siècles, on le **pressent**, on le redoute et on l'annonce! La peur
245 de l'Invisible a toujours hanté nos pères.

Il est venu.

Toutes les légendes des fées, des gnomes, des **rôdeurs** de l'air insaisis-sables et malfaisants, c'était de lui qu'elles parlaient, de lui pressenti par l'Homme inquiet et tremblant déjà.

250 Et tout ce que vous faites vous-mêmes, messieurs, depuis quelques ans, ce que vous appelez l'hypnotisme, la suggestion, le magnétisme—c'est lui que vous annoncez, que vous prophétisez!

Je vous dis qu'il est venu. Il rôde inquiet lui-même, comme les premiers hommes, ignorant encore sa force et sa puissance, qu'il connaîtra bientôt,
255 trop tôt.

Et voici, messieurs, pour finir, un fragment de journal qui m'est tombé sous la main et qui vient de Rio de Janeiro. Je lis: «Une sorte d'épidémie de folie semble sévir[19] depuis quelque temps dans la province de San-Paulo. Les habi-tants de plusieurs villages se sont sauvés, abandonnant leurs terres et leurs
260 maisons et **se prétendant** poursuivis et mangés par des vampires invisibles qui se nourrissent de leur souffle pendant leur sommeil et qui ne boiraient, **en outre**, que de l'eau, et quelquefois du lait!»

J'ajoute: «Quelques jours avant la première atteinte du mal dont j'ai failli mourir, je me rappelle parfaitement avoir vu passer un grand trois-mâts
265 brésilien avec son **pavillon** déployé… Je vous ai dit que ma maison est au bord de l'eau… Toute blanche… Il était caché sur ce bateau sans doute…

Je n'ai plus rien à ajouter, messieurs.»

Le Dr. Marrande se leva et murmura:

—Moi non plus. Je ne sais si cet homme est fou ou si nous le sommes tous
270 les deux… ou si… si notre successeur est réellement arrivé.

Questions

1. Pourquoi le Dr. Marrande veut-il réunir trois de ses confrères et quatre savants?

2. Décrivez l'ancienne demeure du malade.

3. De quoi se compose son personnel?

---

[17] **renverse les hommes, les édifices, déracine les arbres:** *knocks down men and buildings, and uproots trees*

[18] **Quoi d'étonnant à ce qu'il:** *What is so surprising about the fact that it (the eye)*

[19] **sévir… dans:** *ravager*

Margin glosses:

démolissent

maîtriser

porcs sauvages

perçoit vaguement, soupçonne

vagabonds

se déclarant

de plus, en plus de cela

4. Pourquoi la présence de serviteurs bons et tranquilles est-elle importante?

5. Qu'est-ce qui longe le jardin? Qu'est-ce qu'on y voit passer chaque jour? (ll. 37–39)

6. Quels sont les premiers symptômes de la maladie?

7. Que fait cet homme pour remédier à sa maladie?

8. Le malade interrompt son récit pour adresser la parole à ses auditeurs. (ll. 106–111) Précisez la fonction et l'importance de cette interruption.

9. Qu'est-ce qui lui fait penser qu'il existe une «influence fiévreuse» dans le pays? (ll. 114–117)

10. Quelles sont les ruses auxquelles il a recours pour vérifier la présence d'un être invisible?

11. Au printemps, qu'est-ce qui se passe dans le jardin? De quoi le malade est-il sûr? Quelle preuve en a-t-il?

12. Qu'est-ce qui se passe le soir du 10 juillet?

13. Décrivez la scène où le malade se regarde dans la glace. Quelle en est l'importance? Que fait le malade le lendemain?

14. Selon le malade, pourquoi cela n'a-t-il aucune importance pour la crédibilité de son histoire que le Horla soit invisible?

15. Quel genre de preuve le malade avance-t-il pour affirmer qu'un être nouveau est venu pour se nourrir non seulement de lui, mais de tout le monde?

16. D'où le Horla est-il venu, selon le malade?

17. On ne donne pas de nom au client du Dr. Marrande. Comment expliquez-vous ce manque de précision?

Complétez les phrases suivantes (oralement ou par écrit)

1. Le Dr. Marrande dirigeait…

2. Le client était très maigre parce que…

3. Il habitait une propriété… (ll. 23–24)

4. Devant sa demeure se trouvait… et derrière…

5. Chaque jour il voyait passer…

6. Après s'être mis à boire du bromure, il dormait très mal; il avait la sensation… (ll. 46–52)

7. Il a décidé de ne pas s'en aller pour deux ou trois mois parce que… (ll. 63–67)

8. Il avait besoin de se servir d'une ruse nouvelle contre lui-même parce que… (ll. 91–97)

9. Il croyait de nouveau à une influence fiévreuse dans le pays quand il a appris…

10. Il a obtenu la preuve certaine de l'existence d'un être invisible quand… (ll. 136–145)

11. Son image ne se reflétait pas dans la glace parce que... (ll. 194–199)

12. Il n'est pas étonnant que l'œil humain ne distingue pas cet être invisible parce que...

▦▦ EXPRESSIONS A ETUDIER ▦▦

1. **j'aurais (tu aurais**, etc.**) dû** + inf.

   J'aurais dû vous décrire longuement cette émotion. (ll. 107–108)
   I should have described this emotion for you at length.

   J'aurais dû vous faire comprendre cette torture. (ll. 109–110)
   I should have made you understand this torture.

   On aurait dû essayer de supprimer le Horla.
   Vous n'**auriez** pas **dû** lire ce conte avant de vous endormir.
   Je n'**aurais** pas **dû** rester dans cette maison de fous!

2. **aucun(e)... ne**

   Aucun souffle d'air **n'**était entré par la fenêtre. (l. 157)
   Not a breath of air had come in through the window.

   Aucun cas **n'**est aussi curieux que celui du Horla.
   Aucun être invisible **ne** m'a jamais frôlé.
   Aucun lecteur **ne** restera insensible à cette histoire.

3. **dedans**

   Mon image n'était pas **dedans**. (l. 196)
   My image wasn't in it.

   Voici mon verre. Il n'y a plus de vin **dedans**.
   Voyez-vous cette poche? Toute ma fortune est **dedans**.
   Ne restons plus **dedans**. Il ne pleut plus, nous pouvons aller dehors.

4. **conseiller à qq'un de** + inf.

   Vous leur avez conseillé de laisser de l'eau et du lait chaque nuit. (l. 217)
   You advised them to leave water and milk out every night.

   Je vous conseille de boire beaucoup de vin.
   Le médecin **m'a conseillé de** ne plus étudier.
   On a conseillé de ne pas croire à cette histoire invraisemblable.

5. **à partir de**

   A partir de ce moment-là, je fus certain qu'il existait près de moi un être invisible. (ll. 133–135)
   From that moment on, I was sure there was an invisible being near me.

   A partir de onze heures du soir, ne me dérangez pas, car je suis couché(e).
   A partir d'aujourd'hui, je ne vais plus lire d'histoires de fous.
   Le narrateur a eu des hallucinations **à partir de** sa quarante-et-unième année.

6. **depuis**

Depuis des siècles, on le pressent, on le redoute et on l'annonce! (l. 244)
For centuries, it has been sensed, feared, and predicted!

Tout ce monde habitait chez moi **depuis** dix à seize ans. (ll. 33–34)
All these people had been living in my house for ten to sixteen years.

Je suis sujet aux hallucinations **depuis** mon enfance.
Le Horla est présent ici **depuis** quelques minutes.
Depuis longtemps, les objets disparaissent mystérieusement chez moi.

7. **moi (toi, lui,** etc.**) non plus**

Je n'ai plus rien à ajouter. —**Moi non plus**. (ll. 267–269)
I have nothing else to add. —Neither do I.

Mon personnel n'a plus rien à faire. —**Moi** (toi, lui, elle, nous, vous, eux, elles) **non plus**.
Les serviteurs ne sont pas tranquilles. Le narrateur **non plus**.
Je n'étudierai pas samedi. Dimanche **non plus**, d'ailleurs.

Répondez

j'aurais (tu aurais, etc.**) dû** + inf.

1. Est-ce que vous auriez dû étudier davantage pour ce cours?
2. Pensez-vous que j'aurais dû consulter un aliéniste? supprimer les examens dans ce cours?
3. Demandez à quelqu'un si vous auriez dû entrer dans une maison de santé la semaine dernière.
4. Est-ce que nous aurions dû lire une histoire plus rassurante?

aucun(e)... ne

5. Un être mystérieux est-il passé devant vous tout à l'heure? —Non,...
6. Y a-t-il une personne aussi clairvoyante que vous dans cette classe? —Non,...
7. Demandez à quelqu'un si un être comme le Horla existe vraiment.
8. Les faits sont-ils simples quand il s'agit du surnaturel? —Non,...

dedans

9. Dites que cet endroit est hanté parce que le Horla est dans cette salle.
10. Avez-vous écrit quelque chose dans votre cahier?
11. Demandez à quelqu'un s'il (si elle) préfère étudier dehors ou dedans.
12. Y a-t-il un être invisible dans votre maison ou dehors?

conseiller à qq'un de + inf.

13. Me conseillez-vous de me regarder dans la glace?
14. Vos parents vous conseillent-ils de dépenser moins d'argent?
15. Est-ce que je vous ai conseillé de boire du bromure de potassium?
16. Demandez au professeur s'il vous conseille de consulter un aliéniste.

17. Qu'est-ce que vous conseillez à un(e) ami(e) qui se croit poursuivi(e) par des vampires?

à partir de

18. A partir de quand le Horla hante-t-il le narrateur?
19. Dites-moi ce que vous faites d'habitude à partir de neuf heures du soir.
20. A partir de quelle date Maupassant a-t-il eu des troubles nerveux?

depuis

21. Depuis combien de temps redoutez-vous votre professeur?
22. Demandez-moi depuis combien de temps je suis dans cette salle de classe.
23. Avez-vous l'impression d'être ici depuis des siècles?
24. Depuis combien de temps avez-vous cette maigreur de cadavre?
25. Croyez-vous au surnaturel depuis longtemps?
26. Depuis combien de temps êtes-vous certain(e) qu'un être invisible vous hante?

moi (toi, lui, etc.) non plus

27. Je n'ai plus d'argent. Et vous?
28. Le professeur ne croit pas au Horla. Et les étudiants?
29. Nous n'avons jamais rencontré un cas si bizarre. Et le Dr. Marrande?
30. Le jardinier n'a rien remarqué. Et la cuisinière?
31. Vous n'êtes pas invisible (fou [folle], clairvoyant[e], tranquille, maigre). Et moi?

Faites le choix le plus conforme au texte

1. La description que fait le narrateur du lieu et des conditions de son existence aux ll. 22–39 indique que celle-ci…
   a. est hantée
   b. n'a rien d'exceptionnel
   c. n'est pas rassurante
   d. est ennuyeuse

2. Ce qui contribue à donner à ce conte son réalisme, c'est le récit à la première personne et aussi les détails…
   a. matériels
   b. historiques
   c. médicaux
   d. géographiques

3. Les querelles qui éclatent entre les domestiques (ll. 137–145) ont lieu à cause…
   a. de leurs jalousies
   b. du comportement de leur maître
   c. des perturbations dans la maison
   d. de la fièvre qui les gagne

4. La conduite du narrateur montre qu'il exerce toute sa…
   a. science
   b. fantaisie
   c. persuasion
   d. raison

5. Ce que le récit du patient et le point de vue du Dr. Marrande semblent attester, c'est qu'il n'est pas toujours facile de distinguer entre…
   a. le sommeil et le rêve
   b. la réalité et l'illusion
   c. le visible et l'invisible
   d. l'humain et l'inhumain

6. D'après le point de vue présenté dans ce conte, le surnaturel réside dans…
   a. la folie
   b. l'imagination
   c. l'invisible
   d. les cauchemars

7. La circonstance indépendante de l'expérience vécue par le narrateur et qui tend à confirmer l'existence d'un être étrange, c'est…
   a. un événement rapporté dans le journal
   b. le témoignage du Dr. Marrande
   c. des incidents survenus dans la maison de santé
   d. l'existence de légendes anciennes

Sujets de discussion ou de composition

1. Caractérisez le Horla, ses goûts, ses habitudes.

2. Dans quelle mesure êtes-vous convaincu(e) par l'explication donnée des événements? Pourquoi?

3. Racontez une expérience bizarre et inquiétante que vous avez eue.

4. Imaginez une brève histoire où figure un être surnaturel.

5. Imaginez la réaction des trois confrères du Dr. Marrande et des quatre savants à ce qu'ils viennent d'entendre. (Par exemple, quelles précisions demanderaient-ils? Quelle questions voudraient-ils poser au Dr. Marrande?)

6. Faites des recherches sur l'histoire et la géographie de la vallée de la Seine dans sa partie normande. (Par exemple, la forêt de Roumare et la ville de Rouen existent-elles vraiment, ou est-ce que ce sont des noms fictifs?) Faites une présentation écrite ou orale sur cette région, cartes et—si possible—photos à l'appui.

:8: Marcel Aymé :8:

Il y a toujours eu en France une tradition littéraire opposée aux orthodoxies, aux idées reçues et au conformisme, une sorte d'anti-tradition dont Rabelais surtout et Voltaire jusqu'à un certain point, sont les plus illustres porte-parole. Les écrivains de cette lignée contestataire et parfois subversive ont plusieurs traits en commun: le mépris de l'intellectualisme dogmatique ou raffiné, une forte sympathie pour l'individualisme, un réalisme vigoureux et une riche imagination alliée à un humour irrévérencieux. L'œuvre de Marcel Aymé (1902–1967) possède certaines de ces caractéristiques. Sa verve satirique pleine de drôlerie s'exerce dans le roman, le conte, le théâtre, l'essai. Mais c'est surtout grâce à son talent de conteur que son œuvre est assurée de permanence. Parmi ses recueils de nouvelles, il faut citer Le Passe-Muraille (1934), Le Vin de Paris (1947), En Arrière (1950), et la série des Contes du chat perché (1934–1958).

La marque la plus attachante de l'œuvre de Marcel Aymé est sans doute sa fantaisie débridée, d'autant plus amusante qu'elle complémente une vision toujours réaliste des hommes. Dans Oscar et Erick, comme ailleurs, Aymé couvre de ridicule le conservatisme—qu'il soit bourgeois ou artistique. Voir les pages 42–52 pour un autre texte de cet auteur.

*[handwritten annotations: → philistine; *spokespeople/ spokesperson; mouthpiece; *contempt, scorn (la méprise: mistake, error); *refined, polished, sophisticated; *to practice; *books, collection; *unbridled; *increased accordingly/ in proportion; showers/ *covers conservatism w/ ridicule]*

ORIENTATION *Oscar et Erick* is a fablelike story which conveys a moral lesson about the importance of freedom of artistic expression. It is also a story that is critical of a fickle artistic public that demands that the artist paint something (or by extension create something) with which his or her audience is already familiar. There is substantial authorial summary in this story, the first major example occurring at the beginning, when events covering many years are summarized in a few paragraphs. Pay particular attention to the points at which dialogue appears. The characters speak at critical moments in the story. Try to determine why these are critical moments and why dialogue is an especially effective way to draw our attention to them.

Mots apparentés / faux amis

[handwritten: soulever beaucoup de questions (raise?)]

Donnez l'équivalent anglais du mot français. S'il s'agit d'un faux ami (*), donnez aussi l'équivalent du faux ami anglais.

la frontière (ll. 3–4) *frontier, border*

la carrière (l. 10) *① sandpit, quarry; ② career ("faire ~ dans la banque": to make banking one's career)*

épouser (l. 12) *(person) to marry; (idea) to embrace, take up*

engendrer (l. 13) *to father; to generate; to breed*

le zèle (l. 42) *zeal ("faire du ~": to be overzealous, overdo it); zélé, e ("zealous")*

sonder (l. 45) *(Naut) to sound; (Méd) to probe; (terrain) to bore, drill; (personne) to sound out*

la plaisanterie (l. 59) *joke*

la retraite (l. 64) *retreat*

muet(te) (l. 78) — dumb, mute, silent

corrompre (l. 100) — to bribe, corrupt; (langage) to debase; (aliments) to taint → corrompu,e : corrupt (adj)

la proue (l. 137) — bow, bows, prow

apaiser (l. 152) — to calm down, to pacify; to assuage, to appease, to soothe, to allay

*rumeur (l. 136) — murmur, murmurings, rumor, rumblings

■■■■■■■■■■
··············

Oscar et Erick

nom fictif · une île = Ooklan

*to cross, to overstep

- un petit pays hostile

🔳 Il y a trois cents ans, au pays d'**Ooklan**, vivait une famille de peintres qui portaient le nom d'Olgerson et ne peignaient que des chefs-d'œuvre. Tous étaient célèbres et vénérés et si leur renommée n'avait pas franchi les fron-tières, c'est que le royaume d'Ooklan, isolé en plein Nord, ne communiquait avec aucun autre. Ses navires ne prenaient la mer que pour la pêche ou la 5 chasse, et ceux qui avaient cherché un passage vers le Sud s'étaient tous brisés sur des lignes de récifs.[1] *(Personne ne peut pas en sortir.)*

renommée: reputed, fame / *royaume: kingdom, realm* / *navires: vessels* / *brisés: to break, ruin, wreck*

Dans quel pays se passe cette histoire?

Pourquoi les Olgerson sont-ils tous célèbres?

Pourquoi est-ce que leur renommée n'a pas franchi les frontières?

Pour quelle raison est-ce que les navires de ce pays prenaient la mer?

Quel accident est arrivé aux navires qui avaient cherché un passage vers le Sud?

aimés, cajolés · *gifted*
irrité · *old man*
bears

être aux petits soins pour = choyé

Le vieil Olgerson, premier peintre du nom, avait eu onze filles et sept garçons, tous également doués pour la peinture. Ces dix-huit Olgerson firent de très belles carrières, vécurent pensionnés, **choyés**, décorés, mais aucun 10 n'eut d'enfants. Le vieillard, **froissé** de voir ainsi s'éteindre une postérité pour laquelle il avait tant fait, épousa la fille d'un chasseur d'**ours** et, à l'âge de quatre-vingt-cinq ans, engendra un fils qu'il prénomma Hans. Après quoi, il mourut tranquille.

pensionnés: pampered, spoiled / *froissé: in this way, thus* / *s'éteindre: extinguish* / *prénomma: to name, call* / *Après quoi: after which; afterwards*

Combien d'enfants a eu le premier Olgerson?

Quelles carrières ces enfants ont-ils faites?

Pourquoi le vieil Olgerson était-il froissé?

Pourquoi est-il mort tranquille?

suivant l'exemple de
peintre de paysages /
*fir trees / birches /
meadows* · *canvas*

l'arrogance de l'art

Hans, **formé à l'école de** ses dix-huit frères et sœurs, devint un admirable 15 **paysagiste**. Il peignait les **sapins**, les **bouleaux**, les **prés**, les neiges, les lacs, les cascades, et avec tant de vérité qu'ils étaient sur la toile comme Dieu les avait faits dans la nature. Devant ses paysages de neige, on ne pouvait pas s'empêcher d'avoir froid aux pieds. Il arriva même qu'un jeune ours, mis en présence d'un de ses tableaux qui représentait un sapin, s'y trompa si bien 20 qu'il essaya de grimper dans les branches.

cold feet · *to climb*

[1] **récifs:** chaînes de rochers dans la mer qui montent jusqu'à la surface de l'eau

Hans Olgerson se maria et eut deux fils. Erick, l'aîné, ne manifestait aucun don artistique. Il ne rêvait que chasse à l'ours, au **phoque**, à la **baleine** et s'intéressait passionnément à la navigation. Aussi faisait-il le désespoir de la famille et surtout du père qui le traitait de **cancrelat** et de tête de **morse**. Au contraire, Oscar, qui avait un an de moins que son frère, se révéla dès le jeune âge un extraordinaire artiste, d'une sensibilité et d'une sûreté de main incomparables. À douze ans, il brossait déjà des paysages à rendre jaloux tous les Olgerson. Ses sapins et ses bouleaux étaient encore plus vrais que ceux du père et coûtaient déjà un prix fou.

Ayant des goûts si opposés, les deux frères ne s'en aimaient pas moins tendrement. Lorsqu'ils n'étaient pas à la pêche ou à la chasse, Erick ne quittait pas l'atelier[2] de son frère et Oscar ne se sentait jamais pleinement heureux qu'avec lui. Les deux frères étaient si unis qu'il n'était pour l'un ni joie ni peine que l'autre ne ressentît comme siennes.[3]

A dix-huit ans, Erick était déjà un très bon marin et participait à toutes les grandes expéditions de pêche. Son rêve était de franchir les lignes de récifs qui lui eussent ouvert[4] les mers du Sud. Il en parlait souvent à son frère dont la tendresse s'alarmait à l'idée des périls d'une telle entreprise. Quoiqu'il n'eût encore que dix-sept ans, Oscar était devenu un maître. Son père déclarait avec orgueil n'avoir plus rien à lui apprendre. Or, le jeune maître, tout à coup, parut montrer un zèle moins vif pour la peinture. Au lieu de peindre des paysages sublimes, il se contentait de griffonner des croquis[5] sur des feuilles volantes qu'il déchirait aussitôt. Alertés, les Olgerson, qui étaient encore au nombre de quinze, se réunirent pour le sonder. Parlant au nom de tous, le père demanda:

—Est-ce, mon doux fils, que vous seriez dégoûté de la peinture?

—Oh! non, mon père, je l'aime plus que jamais.

—Allons, voilà qui est bien. J'y pense, ce ne serait pas **des fois** ce **grand dadais** d'Erick qui vous détournerait de peindre? Ah! bon Dieu, si je le savais!

Oscar s'indigna qu'on pût ainsi soupçonner son frère et protesta qu'il ne peignait jamais mieux qu'en sa présence.

—Alors? Vous avez sans doute un amour en tête?

—Pardonnez-moi, père, répondit Oscar en baissant les yeux. Et vous, mes tantes, et vous, mes oncles, pardonnez-moi. Mais nous sommes entre artistes. Je vous dirai que je vois beaucoup de femmes, mais qu'aucune encore n'a su me retenir.

Les quinze Olgerson **s'esclaffèrent** et échangèrent à haute voix de ces plaisanteries grivoises qui étaient de tradition chez les peintres d'Ooklan.

—**Revenons à nos moutons**, dit le père. Parlez, Oscar, et dites-nous s'il manque quelque chose à votre repos. Et si vous avez un désir, ne nous cachez rien.

—Eh bien, mon père, je vous demanderai de m'abandonner pour un an votre maison des montagnes du R'han. Je voudrais y faire une retraite. Il me

---

[2] **l'atelier**: lieu où travaille un artiste ou un ouvrier

[3] **qu'il n'était... comme siennes**: chacun ressentait les joies et les peines de l'autre comme si elles étaient les siennes

[4] **eussent ouvert**: would have opened up, given access to

[5] **griffonner des croquis**: faire des dessins rapides et schématiques

semble que j'y travaillerais bien, surtout si vous autorisiez mon frère à m'ac- 65
compagner dans ces solitudes.

Le père accepta de bonne grâce et, le lendemain même, Oscar et Erick partaient **en traîneau** pour les montagnes du R'han. Pendant l'année qui s'écoula,
les Olgerson parlèrent beaucoup des absents et principalement d'Oscar. «Vous
verrez, disait le père, vous verrez les merveilles qu'il rapportera. Je suis sûr qu'il 70
avait une idée en tête.» Un an jour pour jour après le départ de ses fils, il prit
lui-même la route et après un voyage d'une semaine arriva dans sa maison des
montagnes du R'han. Oscar et Erick, qui l'avaient vu venir de loin, l'attendaient
sur le seuil, portant traditionnellement, l'un la robe de chambre fourrée en
peau de loup, l'autre un plat fumant de mou de veau marin.[6] Mais le père prit 75
à peine le temps de manger son mou, tant il était pressé de se repaître des[7]
paysages d'Oscar.

En entrant dans l'atelier, il demeura d'abord muet d'horreur. Sur toutes les
toiles s'étalaient des objets d'une forme absurde, monstrueuse, auxquels leur
couleur verte semblait vouloir conférer la qualité de végétal. Certains de ces 80
monstres étaient constitués par un assemblage d'énormes oreilles d'ours,
vertes, **hérissées de piquants**. D'autres ressemblaient à des **cierges** et à des
chandeliers à plusieurs branches. Les moins inquiétants malgré leur absurdité, étaient peut-être ces chandelles **écailleuses**, qui paraissaient démesurément hautes et s'épanouissaient en un bouquet de feuilles dont chacune était 85
longue au moins comme les deux bras.

—Qu'est-ce que c'est que **ces saloperies-là**? rugit le père.

—Mais, mon père, répondit Oscar, ce sont des arbres.

—Quoi? des arbres, ça?

—A vrai dire, je redoutais l'instant de vous montrer ma peinture et je com- 90
prends qu'elle vous surprenne un peu. Mais telle est maintenant ma vision de
la nature et ni vous ni moi **n'y pouvons rien**.

—C'est ce que nous verrons! Ainsi, c'était pour vous livrer à ces dépravations
que vous avez voulu vous retirer dans la montagne? Vous allez me faire le plaisir
de rentrer à la maison. Quant à vous, Erick, c'est une autre paire de manches![8] 95

Une semaine plus tard, les deux garçons étaient de retour avec leur père.
Les quinze Olgerson furent conviés à voir la nouvelle production d'Oscar. Deux
d'entre eux moururent de saisissement et les autres tombèrent d'accord qu'il
convenait de prendre des mesures énergiques. A l'égard d'Erick, soupçonné de
corrompre le goût de son frère, il fut décidé de l'éloigner pendant deux ans. Le 100
jeune homme arma un bâtiment[9] avec lequel il projeta de franchir les récifs
pour explorer les mers d'au delà. Sur le quai d'embarquement, après de tendres adieux où il mêla ses larmes aux larmes de son frère, Erick lui dit:

—Mon absence durera sans doute de longues années, mais ayez confiance
et n'oubliez jamais que vous êtes le terme de mon voyage. 105

Pour Oscar, les Olgerson avaient décidé de le tenir prisonnier dans son atelier, jusqu'à ce qu'il eût retrouvé le goût de peindre "honnêtement." Il accueillit

---

[6] **robe de chambre fourrée en peau de loup… plat fumant de mou de veau marin:**
dressing-gown lined with wolf's fur… steaming platter of seal lungs

[7] **se repaître de:** se nourrir , se délecter de (visuellement)

[8] **c'est une autre paire de manches:** c'est une autre histoire, une affaire différente

[9] **arma un bâtiment:** équipa un navire pour un voyage

ces dispositions sans récriminer, mais le premier paysage qu'il exécuta fut un
buisson d'oreilles d'ours, et le deuxième une perspective de chandeliers sur
fond de sable. Loin de revenir à une vision plus saine de la nature, il s'enfonçait
chaque jour davantage dans l'absurde, et le mal paraissait sans remède.

—Voyons, lui dit un jour son père, comprenez donc une bonne fois que vos
tableaux sont un **attentat** à la peinture. On n'a pas le droit de peindre autre
chose que ce qu'on voit.

115 —Mais, répondit Oscar, si Dieu n'avait créé que ce qu'il voyait, il n'aurait
jamais rien créé.

—Ah! il ne vous manquait plus que de philosopher![10] Petit malheureux,
dire que vous n'avez jamais eu que de bons exemples sous les yeux! Enfin,
Oscar, quand vous me voyez peindre un bouleau, un sapin. Au fait, qu'est-ce
120 que vous pensez de ma peinture?

—Excusez-moi, mon père.

—Mais, non, parlez-moi franchement.

—Eh bien, franchement, je la trouve bonne à flanquer au feu.

Hans Olgerson fit bonne contenance, mais quelques jours plus tard, sous
125 prétexte que son fils dépensait trop de bois pour se chauffer, il le chassait de
sa maison sans lui donner un sou. Avec le peu d'argent qu'il avait sur lui, Oscar
loua une **bicoque** sur le port et s'y installa avec sa boîte de couleurs. Dès lors
commença pour lui une existence misérable. Pour subsister, il travaillait à
décharger les bateaux et, à ses moments perdus,[11] continuait à peindre des
130 oreilles d'ours, des chandeliers et des plumeaux. Non seulement sa peinture
ne se vendait pas, mais elle était un objet de dérision. L'absurdité de ses
tableaux était devenue proverbiale. La misère s'aggravait à mesure que
s'écoulaient les années. On l'appelait Oscar le fou. Les enfants **lui crachaient
dans le dos**, les vieillards lui jetaient des pierres et les filles du port se sig-
135 naient sur son passage.[12]

Un jour de quatorze juillet, une grande rumeur se propagea dans le port et
dans la ville. Un navire de haut bord, à la proue dorée et aux voiles de pour-
pre, venait d'être signalé par le veilleur de la tour. On n'avait jamais rien vu de
pareil en Ooklan. Etant allées à sa rencontre, les autorités de la ville apprirent
140 que le vaisseau était celui d'Erick revenant d'un voyage autour du monde après
une absence de dix années. Aussitôt informés, les Olgerson se frayèrent un
chemin à travers la foule jusqu'au quai de débarquement. Vêtu d'une culotte
de satin bleu, d'un habit brodé d'or et coiffé d'un tricorne, Erick mit pied à terre
en face des Olgerson et fronça les sourcils.

145 —Je ne vois pas mon frère Oscar, dit-il à son père qui s'avançait pour l'embrasser. Où est Oscar?

—Je ne sais pas, répondit le père en rougissant. Nous nous sommes
brouillés.

Cependant, un homme vêtu de loques, au visage décharné, parvenait à sor-
150 tir de la foule.

—Erick, dit-il, je suis votre frère Oscar.

---

[10] **il ne vous... de philosopher:** après tout le reste, voilà que vous philosophez maintenant
(Tournure qui exprime l'impatience et la désapprobation.)

[11] **à ses moments perdus:** quand il n'avait rien d'autre à faire

[12] **se signaient sur son passage:** *crossed themselves when he passed by*

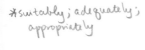
*to embrace

Erick l'étreignit en pleurant et, lorsque son émotion fut un peu apaisée, il se retourna aux Olgerson avec un visage dur.

—Vieux birbes, il n'a pas tenu à vous que mon frère ne meure de faim et de misère.[13]   155

—Que voulez-vous, dirent les Olgerson, c'était à lui à peindre convenablement. Nous lui avions mis un solide métier dans les mains et il s'est obstiné à ne peindre que des paysages absurdes et ridicules.

—Taisez-vous, birbes, et sachez qu'il n'est pas de plus grand peintre qu'Oscar.   160

Les birbes se mirent à ricaner méchamment. Erick, s'adressant aux matelots demeurés sur le navire, commanda:

—Amenez ici les cactus, les dattiers, les ravenalas, les alluandias, les bananiers, les pilocères![14]

Et à la stupéfaction de la foule, les matelots déposèrent sur le quai des   165
arbres plantés dans des caisses, qui étaient les modèles très exacts de ceux que peignait Oscar. Les birbes roulaient des yeux ronds et ils y en avait plusieurs qui pleuraient de rage et de dépit. La foule était tombée à genoux et demandait pardon à Oscar de l'avoir appelé Oscar le fou. Du jour au lendemain, la peinture des vieux Olgerson fut entièrement déconsidérée. Les gens   170
de goût ne voulaient plus que des cactus et autres arbres exotiques. Les deux frères se firent construire une très belle maison où vivre ensemble. Ils se marièrent et, malgré leurs femmes, continuèrent à s'aimer tendrement. Oscar peignait des arbres de plus en plus étranges, des arbres encore inconnus et qui n'existaient peut-être nulle part.   175

Marcel Aymé, tiré d'*En arrière*, © Editions Gallimard.

Annotations (left margin):
*suitably; adequately; appropriately

Il s'avère que = It turns out that...

*rage, fury
*pique, vexation
*discredited
*in spite of; despite

(inline margin notes): *thanks to   *occupation; craft; profession   *to snigger, giggle   *nastily, wickedly   *remain, stay   *sailors, seamen   *box

Questions

1. Où se trouve le pays d'Ooklan? A quels pays réels ressemble-t-il?
2. Qu'est-ce que Hans Olgerson peint le mieux? Quels effets produisent ses toiles sur les gens? Sur les bêtes?
3. Quelles sont les différences de caractère entre Oscar et Erick? Quels rapports ont-ils l'un envers l'autre?
4. Quel est le passe-temps favori d'Erick à dix-huit ans? Qu'est-ce qu'il rêve de faire?
5. De quelle manière le style d'Oscar change-t-il?
6. Quels soupçons les Olgerson ont-ils pour expliquer ce changement?
7. Où Oscar veut-il faire une retraite? Avec qui?
8. Pendant combien de temps les deux frères sont-ils absents?
9. Pourquoi le père Olgerson va-t-il retrouver ses fils? Quelle est sa réaction devant les toiles d'Oscar!
10. Décrivez les toiles d'Oscar.
11. En voyant la nouvelle production d'Oscar, quelles sont les réactions des quinze Olgerson? Quelles décisions prennent-ils?

[13] **Vieux birbes, il n'a pas tenu... de misère:** *You old fuddy-duddies, if my brother didn't die of hunger and poverty, it's not thanks to you.*

[14] **les cactus... les pilocères:** nom d'arbres exotiques, la plupart tropicaux

12. Qu'est-ce qu'Erick projette de faire? Que dit-il à Oscar avant de partir?

13. Selon le père Olgerson, quel est le devoir du peintre? Quel argument Oscar donne-t-il en réponse?

14. Que pense Oscar de la peinture de son père? Quelle est la conséquence de cette opinion?

15. Décrivez brièvement l'existence d'Oscar après qu'il a été chassé de la maison de son père.

16. Comment juge-t-on la peinture d'Oscar? Comment appelle-t-on Oscar?

17. Quand Erick revient-il à Ooklan? Décrivez son retour. Est-il significatif qu'Erick revienne le 14 juillet?

18. Quelle est la première remarque d'Erick à son père? Que répond le père?

19. Qu'est-ce qu'Erick fait amener sur le quai? De quoi ces objets sont-il les modèles exacts?

20. Qu'est-ce qui arrive à Oscar après le retour d'Erick? aux autres Olgerson? Pourquoi?

21. Que font Oscar et Erick à la fin de l'histoire? Que peint Oscar?

22. Définissez le caractère d'Oscar et celui de son père.

23. Que représentent en réalité les «buissons d'oreilles d'ours»? et les «chandelles écailleuses démesurément hautes qui s'épanouissent en un bouquet de longues feuilles»?

24. Distinguez l'usage de l'imparfait et du passé simple dans ce texte. Comment sont décrites les actions précises et isolées? Comment est rendu le passage du temps? la description d'un état? Analysez les paragraphes 4–6 (ll. 22–45) et 14 (ll. 124–135) à la lumière de ces questions.

Complétez les phrases suivantes (oralement ou par écrit)

1. La renommée de la famille Olgerson n'avait pas franchi les frontières d'Ooklan parce que…

2. Le père d'Oscar et d'Erick peignait des…

3. Erick s'intéressait surtout à…

4. Tout à coup, Oscar… (ll. 41–44)

5. Oscar et Erick s'en vont… (ll. 67–68)

6. Les arbres que peignait Oscar ressemblaient à…

7. La famille Olgerson a décidé d'éloigner Erick pendant deux ans parce que… (ll. 99–100)

8. Le père d'Oscar pense que les tableaux de son fils sont un outrage parce que…

9. Oscar trouve que la peinture de son père est…

10. Le jour où Erick est revenu, la foule demande pardon à Oscar parce que…

1. **il y a** + expression du temps

   Il y a trois cents ans, vivait une famille de peintres. (l. 1)
   Three hundred years ago, there lived a family of painters.

   Il y a quelques jours (minutes, semaines), j'ai vu Oscar et Erick sortir d'une classe d'art.
   Nous avons fait un voyage au pays d'Ooklan **il y a un mois**.

2. **au lieu de** + inf.

   Au lieu de peindre des paysages sublimes, il griffonnait des croquis. (ll. 42–44)
   Instead of painting sublime landscapes, he would make rough sketches.

   Au lieu de critiquer Oscar, le vieux Olgerson aurait dû l'encourager.
   Le semaine dernière, **au lieu de** venir en classe, je suis allé(e) dans les montagnes du R'han.

3. **à haute voix, à voix basse**

   Les Olgerson échangèrent **à haute voix** des plaisanteries grivoises. (ll. 58–59)
   The Olgersons loudly told each other some off-color jokes.

   Dans une bibliothèque il faut ne pas parler **à haute voix**, mais **à voix basse**.
   Quand on dit un secret à quelqu'un, on le dit généralement **à voix basse**.

4. **quant à**

   Quant à vous, c'est une autre paire de manches! (l. 95)
   As for you, that's quite another matter!

   Je vais peindre, dit Oscar. —**Quant à** moi, je vais à la chasse, dit Erick.
   Hans Olgerson aime peindre ce qu'il voit. **Quant à** son fils Oscar, il préfère les sujets imaginaires.

5. **au fait**

   Au fait, qu'est-ce que vous pensez de ma peinture? (ll. 119–120)
   By the way, what do you think of my painting?

   Me voici, dit Erick à son retour. **Au fait**, où est Oscar?
   Nous avons presque fini de lire ce conte. **Au fait**, quelle heure est-il?

6. **se brouiller**

   Nous nous sommes brouillés, dit le père. (ll. 147–148)
   We had a falling out, we're no longer on speaking terms, we quarreled, said the father.

   Malgré leurs goûts différents, les deux frères ne **se sont** jamais **brouillés**.
   On se brouille avec quelqu'un par obstination, par incompréhension ou par incompatibilité.

Répondez

il y a + expressions de temps

1. Où habitiez-vous il y a un an (trois, cinq, dix ans)?
2. Demandez à quelqu'un quand il (elle) est arrivé(e) en classe.
3. Combien de temps y a-t-il qu'Erick est parti en voyage?

au lieu de + inf.

4. Hier soir, avez-vous regardé la télé au lieu de faire vos devoirs?
5. Que voudriez-vous faire au lieu de venir en classe?
6. Dites au professeur d'aller à la pêche au lieu de vous poser tant de questions.

à haute voix, à voix basse

7. Comment faut-il parler pour être compris(e) par toute la classe?
8. Quand vous dites des plaisanteries, comment les dites-vous?
9. Si vous êtes à un match de football, parlez-vous à voix basse?
10. Et au restaurant? au théâtre? dans un hôpital? Et si vous êtes un acteur ou une actrice?

quant à

11. Dites que votre camarade de chambre aime la peinture abstraite et que vous préférez la peinture réaliste.
12. Je vais passer mes vacances à Ooklan. Et vous?
13. Oscar est peintre. Et Erick?

au fait

14. Je commence à m'ennuyer. ... quelle heure est-il?
15. Ma voiture est au garage et je dois rentrer. ... comment rentrez-vous?
16. Je n'ai pas de devoirs pour demain et je veux sortir. ... que faites-vous ce soir?

se brouiller

17. Est-ce que vous vous brouillez souvent avec vos amis (vos amies)?
18. Pourquoi le père Olgerson et son fils Oscar se sont-ils brouillés?
19. Demandez à un autre étudiant s'il s'est brouillé (une autre étudiante si elle s'est brouillée) avec quelqu'un. Avec qui?

Faites le choix le plus conforme au texte

1. Une des caractéristiques de la peinture des Olgerson, c'est...
   a. l'imitation exacte de la réalité
   b. la variété extraordinaire des sujets
   c. la perfection des paysages marins
   d. l'emploi de certaines couleurs

2. Par sa personnalité, Erick représente surtout…
   a. la richesse de l'imagination
   b. l'esprit de rébellion
   c. le goût de l'exploration
   d. l'affection inconditionnelle

3. Pour justifier son art, Oscar cite l'exemple…
   a. d'Erick
   b. de Dieu
   c. d'autres peintres
   d. de son grand-père

4. Les toiles d'Oscar représentent des sujets à la fois…
   a. sublimes et abstraits
   b. traditionnels et exotiques
   c. naturels et imaginaires
   d. symboliques et nouveaux

5. On remarque dans ce conte la place négligeable qu'y occupe…
   a. la ville
   b. l'amour
   c. le dialogue
   d. la femme

Sujets de discussion ou de composition

1. En quoi ce conte est-il comique? sérieux? Donnez des exemples tirés du texte pour justifier votre opinion.

2. Commentez l'affirmation de Hans Olgerson: «On n'a pas le droit de peindre autre chose que ce qu'on voit.» Connaissez-vous des peintres contemporains qui peignent comme Hans Olgerson? Comme Oscar?

3. Que pensez-vous de la peinture réaliste? abstraite? fantastique?

4. En vous référant à la question 2 ci-dessus, commentez les deux attitudes envers l'art que représentent Oscar et son père.

5. Pourquoi Aymé a-t-il inventé un pays fictif? Le pays d'Ooklan est très isolé. Quelle est l'importance symbolique de ce détail?

6. Quelle signification symbolique y a-t-il dans le fait que dans le pays d'Ooklan les navires qui avaient cherché un passage vers le Sud s'étaient tous brisés sur les lignes de récifs? Dans ce contexte, quelle est l'importance du voyage d'Erick?

7. Dans le dernier paragraphe de l'histoire, les assistants sont décrits comme des «birbes» (l. 167). A qui faut-il attribuer ce jugement? Trouvez d'autres endroits dans l'histoire où des jugements de valeur sont exprimés (par exemple, ll. 80–81, «ces monstres»), et déterminez à qui il faut les attribuer. Précisez l'importance de ces jugements et les intentions de l'auteur.

8. Précisez la fonction d'Erick dans ce conte.

9. Ecrivez une fable. Commencez par formuler une leçon morale; ensuite, inventez une histoire qui l'illustre.

:8: Cheikh Sow :8:

Né à Saint-Louis du Sénégal en 1946, fixé à Dakar depuis 1960, Cheikh Sow a mené des enquêtes socio-économiques pour divers organismes africains. Ayant pris goût à l'écriture alors qu'il était étudiant, Sow est devenu un praticien du genre qu'il reconnaît lui convenir le mieux— le conte et la nouvelle. Le métier de Sow a servi son talent d'écrivain, son inspiration venant en grande partie de la réalité vécue par ses compatriotes comme aussi de la tradition orale. L'extrait ci-dessous est tiré de Cycle de sécheresse *(1983). Chacune des nouvelles de ce recueil tourne autour de l'élucidation d'un secret. L'épisode conté dans ce passage est à situer dans le contexte géographique et climatique de la région du Sahel, dans la partie nord du Sénégal, région souffrant d'une désertification irréversible sous l'effet de la sécheresse prolongée. Ce contexte a pour effet de souligner d'autant plus vivement l'aspect insolite raconté dans ce passage.*

ORIENTATION The episode described here occurs in a small village in the Senegalese bush during a severe drought. N'Goné, a curious and hungry little girl, notices that neighbors have fresh fish to cook, and in the hope of discovering the source of this unusual bounty, decides to follow *la mère Codou* into the woods. Try to identify the elements in this narrative that help make what she observes appear both magical and real.

Mots apparentés / faux amis

Donnez l'équivalent anglais du mot français. S'il s'agit d'un faux ami (*), donnez aussi l'équivalent français du faux ami anglais.

revigorant (l. 4) _____

astucieux (l. 6) _____

tortueux (l. 6) _____

coupable (l. 23) _____

la moquerie (l. 34) _____

brandir (l. 45) _____

*le trouble (l. 29) _____

_____   *trouble*

*le sable (l. 65) _____

_____   *sable (fur, animal)*

Cycle de sécheresse

Comment les poissons tombent du ciel

▨ Ce soir-là, N'Goné, que personne ne croyait, s'allongea sur sa natte, les larmes aux yeux. Dans son sommeil, elle revit des poissons **frétillants**; quand elle s'éveilla, la faim la reprit aussitôt, mais elle avait en elle une idée revigorante. Elle avait remarqué que la vieille Codou était la seule de la famille Diop à sortir, chaque après-midi, du village. Sa première **filature** ne donna rien, car l'astucieuse vieille avait fait un parcours tortueux et N'Goné l'avait perdue de vue. Cela la réconforta cependant d'une certaine manière, car si la femme **brouillait** ainsi son itinéraire, c'est parce qu'elle avait quelque chose à cacher. Le lendemain, plus décidée, N'Goné reprit son **manège** et, plus vigilante, ne perdit pas cette fois la trace de la Codou. 10

Pourquoi N'Goné avait-elle les larmes aux yeux en se couchant?

Que revoyait-elle dans son sommeil?

Quelle idée revigorante avait-elle?

Pourquoi a-t-elle perdu la vieille Codou de vue?

Pourquoi est-ce que le fait de la perdre de vue l'a réconfortée?

La mère Codou maintenant était comme **à l'affût**; elle s'approchait silencieusement d'un gros **bouquet** d'arbres secs et N'Goné admira ce vieux corps courbé, tendu, dont l'attitude n'avait rien à envier à[1] celle d'un jeune chasseur.

La jeune fille fit un détour et entra, elle aussi, sous le couvert des arbres dont l'épaisseur faisait un peu d'ombre et de fraîcheur. La plupart des arbres 15 étaient morts, desséchés; d'autres portaient de rares feuilles jaunies comme les tristes vestiges des temps plus cléments. Elle finit par distinguer la vieille et, l'imitant, **s'accroupit** derrière une grosse **souche**.

N'Goné était de plus en plus étonnée par la situation: qu'était venue faire Codou ici, à l'endroit où il y avait certainement le moins de chance de trouver 20 du poisson? Et elle-même, qu'espérait-elle vraiment trouver? Une inquiétude la gagna: et si derrière tout ça, il y avait une pratique magique? La vieille allait-elle faire une chose coupable? parler aux diables, les invoquer? Ce poisson serait-il un don **maudit**, une nourriture de l'enfer? Il ne serait plus question alors de le manger, pour des musulmans comme eux. Pourtant la vieille n'était 25 pas connue comme **jeteuse de sorts**, ni sa famille comme un clan de sorciers.

Son anxieuse réflexion l'absorba un long moment et elle en fut soudain extraite par un bruit **insolite** venu du dessus des arbres. Elle leva les yeux, s'attendant, dans son trouble, à voir des créatures infernales **déferler** sur elle. Cependant, ce qu'elle découvrit la rassura: avec de lents et amples battements 30 d'ailes, une nuée de gros pélicans blancs s'abattait sur la petite forêt desséchée. Elle se rassura car elle connaissait ces oiseaux caquetants mais calmes, prudents et qui s'enfuyaient toujours à l'approche de l'homme avec une curieuse expression de moquerie au coin du bec.

---

[1] **n'avait rien à envier à:** était semblable à, n'avait rien d'inférieur à

wriggling

shadowing, tailing (of someone)

rendait confus, compliquait / sa manœuvre

stalking, on the lookout / clump

squatted, crouched / tree stump

cursed, hexed

person who casts spells
étrange, bizarre
arriver, se déployer

35   Les centaines de gros becs envahirent les arbres dans un désordre **ravissant**, dégageant une impression de gaieté, revivifiant presque la forêt morte de leurs bruits d'ailes et de leurs caquètements moqueurs.

merveilleux, captivant

    Aussitôt installés sur les hautes branches, les pélicans semblèrent **s'affairer**. Levant la tête, N'Goné, au risque de se faire voir de la Codou tou-
40 jours accroupie, se mit à observer la curieuse manœuvre de l'assemblée ailée. Quelque chose brilla entre les pattes d'un gros pélican, juste au-dessus de N'Goné et, dans un étonnement total, celle-ci reconnut un poisson. L'esprit enchanté de la fille n'avait pas encore réalisé le miracle de la nature que[2] la vieille Codou, à quelques pas de là, se mit à pousser des cris perçants. N'Goné
45 se tourna vers elle et la vit, debout, brandissant **une** longue **gaule**. Aussitôt un bruit précipité d'ailes agitées se fit entendre en haut des arbres ainsi que le **choc mat** d'objets tombant sur le sol sableux. La vieille poussa encore quelques cris et **remua** en l'air sa branche vers les derniers oiseaux qui s'enfuirent, toujours comiques, comme appréciant une plaisanterie, en laissant
50 **choir** les gros poissons qu'ils n'avaient pas eu le temps de **réingurgiter**.

agir avec intensité

un bâton

thud
agita

tomber / to swallow down again / était indescriptible / se produire, s'accomplir

    L'enchantement de N'Goné **n'avait plus de nom** et avait amené des larmes dans ses yeux. Par quel miracle, se demandait-elle, ce fait pouvait-il **se dérouler**? De la lointaine mer ou d'un lac inconnu et encore vivant, les merveilleux oiseaux pêcheurs ramenaient leurs poissons dans leur **gorge en sac**
55 et c'est dans cette forêt mourante qu'ils venaient, après un long vol, les **déguster**. Dégorgeant alors leurs **prises**, ils les découpaient de leurs longs becs comme des cuisiniers experts avant de les **avaler**, pour de bon cette fois, et de continuer leur voyage aérien. Et c'était là aussi que la vieille Codou faisait son astucieuse pêche; une étonnante pêche, loin de toute eau. Et N'Goné,
60 émerveillée, se disait, en entendant le rire des pélicans qui s'éloignaient, que peut-être ces oiseaux savaient très bien ce qu'ils faisaient, qu'ils jouaient une mascarade à la vieille et que c'était bien un **cadeau** qu'ils lui faisaient chaque jour, aux mêmes heures, à leur retour de l'eau nourricière.

bag-shaped throats

manger avec plaisir / catch / swallow

gift

    La vieille maintenant ramassait sa pêche toute fraîche et la déposait sur un
65 **pagne** qu'elle avait **étalé** d'un geste sur le sable. Soudain elle se tourna en direction de l'endroit où se trouvait encore N'Goné et, de sa voix perçante et assurée, lui lança:

loin cloth, wrap / spread out

    «Eh! N'Goné M'Baye, fille de M'Backé, sors de ta **cachette**, je t'ai vue me suivre et m'épier; tu as compris maintenant, curieuse? Allons, viens ramasser
70 le don de Dieu. Ce soir, toi et les gourmands de M'Baye, vous mangerez du poisson frais à la sauce claire. Savais-tu que le ciel, royaume des oiseaux, n'est que le reflet des eaux?».

hiding place

Questions

1. Pour quelle raison N'Goné a-t-elle admiré le vieux corps courbé de la mère Codou?

2. Quels dommages la sécheresse a-t-elle causés à la petite forêt?

3. Qu'a fait N'Goné pour se cacher à la Codou?

---

[2] **n'avait pas encore réalisé... que:** *hadn't yet realized the miracle she was witnessing when*

4. Pourquoi est-ce que N'Goné était de plus en plus étonnée par la situation? Pourquoi est-ce qu'une inquiétude l'a gagnée? Pourquoi s'est-elle demandé s'il s'agissait d'une pratique magique?

5. Quelle était la source du bruit venu du dessus des arbres? Pourquoi N'Goné s'est-elle rassurée?

6. Pourquoi est-ce que le désordre dans les arbres était «ravissant»?

7. Qu'est-ce qui a brillé entre les pattes d'un gros pélican?

8. Qu'a fait la Codou pour que les pélicans laissent tomber leur proie?

9. Pourquoi ce fait était-il un «miracle»?

10. Comment N'Goné interprète-t-elle le rire des pélicans?

11. Quelle autre surprise attendait N'Goné?

Complétez les phrases suivantes (oralement ou par écrit)

1. Dans son sommeil N'Goné a revu des… (l. 2)

2. N'Goné a décidé de suivre la vieille Codou parce que… (ll. 7–9)

3. Il ne serait plus question de manger le poisson si… (ll. 22–25)

4. Les oiseaux donnaient une impression de… (l. 36)

5. La vieille Codou a brandi une… dans le but de… (ll. 45–50)

6. Cette pêche était étonnante parce que… (l. 59)

7. Selon la vieille Codou cette pêche était un don de… (l. 70)

▦▦ EXPRESSIONS A ETUDIER ▦▦

1. **donner**

   Sa première filature ne **donna** rien. (ll. 5–6)
   Her shadowing [of mère Codou] the first time didn't yield anything, got no results.

   Les traitements médicaux que j'ai suivis n'**ont** rien **donné**, mes allergies persistent.
   J'ai téléphoné à une agence pour me renseigner, mais ça n'**a** rien **donné**.
   Marie et moi avons demandé une augmentation de salaire. On verra ce que ça **va donner**.

2. **gagner**

   Une inquiétude la **gagna**. (ll. 21–22)
   An anxious thought overcame her, took hold of her.

   A la vue de tous ces poissons, la petite s'est sentie **gagnée** par la faim; après les avoir mangés, elle **a été gagnée** par le sommeil.
   Comme la peur et la fatigue me **gagnaient**, je suis parti(e).

3. **pour de bon**

   Ils les découpaient avant de les avaler, **pour de bon** cette fois. (ll. 56–57)
   They would cut them up before swallowing them, this time for good (for sure).

N'Goné a voulu savoir **pour de bon** d'où venaient les poissons.
La petite a longtemps hésité avant de suivre la Codou. «Cette fois, j'y vais. C'est **pour de bon**,» dit-elle.

4. **faire (un) cadeau à qq'un de qqch.**

C'était bien **un cadeau** qu'**ils lui faisaient** à leur retour. (ll. 62–63)
It was indeed a present that they gave her on their return.

Devine **le cadeau** que **m'a fait** mon ami Charles: un pélican!
Heureusement que la mer est proche!
Les parents de N'Goné ont montré leur reconnaissance à la vieille Codou **en faisant cadeau à** la famille Diop **de** beaux pagnes tout neufs.
Mon professeur est difficile, il ne **nous fait cadeau de** rien. (= *s/he doesn't do us any favors*)

Répondez ou complétez

donner

1. Vous avez écrit à vos parents pour demander de l'argent. Dites ce que ça a donné (une réponse positive, puis une réponse négative).
2. Demandez à quelqu'un ce que son dernier week-end (examen, voyage) a donné.
3. Un ami vous dit qu'il connaît un étang (*pond*) où il va pêcher une fois par mois. Demandez-lui ce que ça donne et imaginez sa réponse.
4. Donnez des exemples de démarches ou de tentatives qui n'ont rien donné.

gagner

5. Dites que la fatigue vous… chaque fois que…
6. Dans quelles situations êtes-vous gagné(e) par l'ennui? le sommeil? le désespoir? la joie? l'enthousiasme? la méfiance (*distrust*)?

pour de bon

7. C'est la troisième fois que tu te lèves pour partir! —Oui, cette fois-ci, c'est…
8. Dites que vous vous êtes disputé(e) avec un(e) ami(e) et que vous avez l'intention de ne plus jamais le (la) voir, que c'est…
9. Racontez une action ou une décision que vous croyiez définitive et qui finalement ne l'était pas.

faire (un) cadeau à qq'un de qqch.

10. A l'occasion d'un anniversaire (de Noël, d'un mariage), dites quelle sorte de cadeau vous ferez à votre ami(e) (à vos parents, à votre frère, à votre sœur).
11. Vos professeurs ont-ils l'habitude de vous faire des cadeaux en vous donnant de bonnes notes? (ou le contraire?)
12. Demandez à un(e) camarade de décrire quelques-uns des cadeaux qu'on lui a faits récemment.

Sujets de discussion ou de composition

1. Selon vous, la Codou savait-elle tout au long que N'Goné l'épiait? Ou bien s'en est-elle rendu compte seulement à la fin de l'épisode? Si la Codou était consciente d'être épiée dès le commencement de la «pluie de poissons», pourquoi a t-elle attendu la fin de cet épisode pour le dire?

2. Contrastez les deux psychologies en présence dans ce passage: celle de la fillette et celle de la vieille.

3. Commentez la relation des deux personnages vis-à-vis de la nature, leur façon de voir et de concevoir la nature. Montrez comment la petite N'Goné voit ce qui se passe comme des phénomènes surnaturels ou magiques alors qu'il s'agit de choses réelles. Le point de vue de la Codou est-il le même, ou différent? Expliquez.

4. Etant enfant, avez-vous jamais épié une grande personne pour élucider un secret? Racontez.

5. Faites des recherches sur la région du Sahel, sur le problème de la désertification en Afrique, et sur les conséquences de ce problème pour l'agriculture et l'alimentation dans les régions touchées par cette calamité.

⠒⠿ Boris Vian ⠿⠒

Ce qui caractérise les ouvrages de Boris Vian (1920–1959), c'est avant tout une fantaisie désarmante, un humour irrévérencieux et un certain goût pour le bizarre et l'absurde. La verve anarchique de Vian se double d'une fraîcheur poétique très attachante. Parmi ses romans, il faut citer L'Ecume des jours (1947); sa pièce de théâtre la plus connue est Les Bâtisseurs d'empire (1959). Vian, qui avait fait des études d'ingénieur, ne possédait pas seulement un talent littéraire: il était aussi compositeur, critique de jazz et trompettiste.

Dans Chanson de charme, poème plein d'atmosphère et de... charme, la fantaisie illumine le banal pour conclure sur une atmosphère caractéristiquement douce-amère. Le deuxième poème, Sermonette, nous fait sourir par sa conclusion malicieuse.[1]

ORIENTATION Each stanza in the *Chanson de charme* evokes, vignettelike, a fleeting, often whimsical picture of everyday life. In reading this poem, a certain sense of time—or timelessness?—develops. Try to define it, from stanza to stanza, then as it evolves overall. There is a mood of intimacy in this "song:" Look for the images and other means that help set its *ambiance*.

Chanson de charme

Chérie viens près de moi
Ce soir je veux chanter
Une chanson pour toi.

Une chanson sans larmes
5   Une chanson légère
Une chanson de charme.

Le charme des matins
Emmitouflés de brume   enveloppés
Où valsent les lapins.

10 Le charme des étangs[2]
Où de gais enfants blonds
Pêchent des caïmans.[3]   Attrapent, Prennent

---

[1] **malicieux(-euse):** *mischievous, impish*
[2] **étangs:** lacs peu profonds, aux eaux stagnantes
[3] **caïman:** reptile d'Amérique central apparenté au crocodile et à l'alligator

Le charme des prairies
Que l'on fauche en été
15 Pour pouvoir s'y rouler.

Dont on coupe l'herbe

Le charme des cuillères
Qui **raclent** les assiettes
Et la soupe aux yeux clairs.⁴

scrape

Le charme de l'œuf dur
20 Qui permit à Colomb
Sa plus belle invention.⁵

Le charme des vertus
Qui donnent au **péché**
Goût de fruit défendu.

sin

25 J'aurais pu te chanter
Une chanson de chêne
D'orme ou de peuplier.⁶

Une chanson d'érable
Une chanson de teck
30 Aux rimes plus durables.

Mais sans bruit ni **vacarme**
J'ai préféré **tenter**
Cette chanson de charme.⁷

bruit très fort
essayer

Charme du vieux **notaire**
35 Qui dans l'étude austère
Tire l'affaire au clair.⁸

attorney

Le charme de la pluie
Roulant ses gouttes d'or
Sur le **cuivre** du lit.

copper, brass (of bed frame)

40 Le charme de ton cœur
Que je vois près du mien
Quand je pense au bonheur.

Le charme des soleils
Qui tournent tout autour
45 Des horizons **vermeils**.

rouge, comme au soleil couchant

---

⁴ **la soupe aux yeux clairs:** *The "eyes" are globules of melted fat floating atop a broth.*

⁵ L'expression «L'œuf de Colomb» se rapporte à quelque chose qu'il ne semble pas possible d'exécuter, qu'on trouve simple une fois réalisé, mais qui suppose une certaine ingéniosité.

⁶ **Chêne, orme, peuplier, érable, teck:** espèces d'arbres (= *oak, elm, poplar, maple, teak*)

⁷ **charme:** sens double: *charm*; espèce d'arbre (*hornbeam*)

⁸ **tire l'affaire au clair:** trouve une conclusion, une solution à une affaire qui lui a été soumise

Et le charme des jours
Effacés de nos vies
Par la gomme[9] des nuits.

Supprimés, Oblitérés

vers 1–3   Quelle est la circonstance de cette «chanson»? A qui est-elle destinée?
9, 12   Qu'est-ce que ces deux images ont en commun?
25–30   Pourquoi tous ces arbres sont-ils évoqués? Qu'est-ce qui justifie leur mention?
37–39   Interprétez cette image. Les «gouttes d'or» sont-elles la pluie? Ou suggèrent-elles autre chose?
40–42   Cette strophe apporte-t-elle quelque chose de nouveau par rapport à la première?
46–48   Commentez l'antithèse. Au commencement de sa chanson, le poète-chanteur a annoncé qu'elle serait «sans larmes» et «légère». L'est-elle? Précisez l'impression que laissent ces derniers vers.

Questions de synthèse et sujets de réflexion

1. Quelle scène est évoquée par les «cuillères qui raclent les assiettes» et «la soupe aux yeux clairs»?

2. Dans une encyclopédie française ou dans un ouvrage de référence, cherchez l'explication de «l'œuf de Colomb».

3. Cette chanson est-elle heureuse? triste? charmante? Précisez.

ORIENTATION *Sermonette* derives much of its effect from its two-part structure. Contrasting the two stanzas, particularly the verb tenses and the imagery in each, will bring out much of the poem's meaning. How appropriate is the title?

Sermonette

Si je croyais en Dieu
Je serais heureux
De rêver au jour où je verrais dans le ciel
Un ange en robe blanche
5   Par un clair dimanche
Descendant vers moi dans un chariot doré
Dans un bruit **d'ailes et de soie**

of wings and silk

Loin de toute la terre
Très haut je verrais se lever devant moi
10   La brûlante lumière
Le bonheur éternel
Si je croyais en Dieu

---

[9] **gomme:** bloc de caoutchouc servant à effacer ce qu'on a écrit

Mais j'ai vu trop de **haine**   hostilité, détestation
Tant et tant de **peine**   douleur, chagrin
15 Et je sais, mon frère, qu'il te faudra marcher seul
En essayant toujours
De sauver l'amour
Qui **te lie** aux hommes de la terre oubliée   t'attache, t'unit
Car tout au bout du chemin
20 Une **faux** à la main   *scythe*
La mort en riant nous attend pas pressée
Aussi mon ange à moi   donc
Je le cherche en ce monde
Pour gagner enfin ma part de joie
25 Dans ses bras.

vers 2–3 Quel est le temps des verbes? Quelle sorte de situation est évoquée?

4–7 Pourquoi l'ange descend-il vers lui? Commentez la description physique de l'ange.

8–11 Le poète s'imagine au ciel. Que s'est-il passé?

12 Pourquoi le premier vers est-il répété ici? Quelle idée est sous-entendue, c'est-à-dire implicite, dans ce vers?

15 L'auteur s'adresse à son «frère». S'agit-il vraiment de son frère? Expliquez. A quoi s'oppose l'image «marcher seul»?

17 Il s'agit ici de «sauver l'amour». Dans la première strophe, qu'est-ce qui est sauvé?

18 Comment s'appelle la vertu qui consiste à aimer les «hommes de la terre»? (La première strophe évoque une autre vertu, l'espérance.)

20–21 A quoi s'oppose cette image de la mort qui attend la faux à la main?

22 Commentez l'expression «mon ange à moi».

24 Pourquoi «enfin»?

25 Cette image s'oppose-t-elle à une autre, dans la première strophe?

Questions de synthèse et sujets de réflexion

1. Contrastez les deux «anges». A quelle troisième figure s'opposent-ils?

2. Quels sont les éléments traditionnels dans ce poème? Montrez comment Vian renverse les conventions et les lieux communs.

3. Pourquoi l'auteur ne croit-il pas en Dieu? Relevez toutes les raisons données. Quelle est la raison principale?

4. Quelle est l'idée principale exprimée par Vian dans ce poème? Donnez votre réaction personnelle à cette idée.

5. Comparez ce poème à celui de Jules Supervielle, *Dieu pense à l'homme*, pp. 332–333.

፧ Marcel Béalu ፧

Marcel Béalu (1908–1993) *est l'auteur de nombreux poèmes en prose et de contes sur des thèmes fantastiques. Autodidacte, il a pratiqué plusieurs métiers avant de s'établir comme libraire à Paris. Les deux textes présentés ici ont en commun une certaine concision et un humour discrètement* **malicieux**. *Le premier est un morceau de fantaisie pure. Dans le deuxième texte, Béalu semble se moquer des intellectuels qui, déconcertés par un phénomène qu'ils ne comprennent pas, ont recours à des exclamations sottes et pompeuses, puis à une hypothèse facétieuse, pour se rassurer.*

mischievous

ORIENTATION *Passion de la lecture* is a sketch of a man whose body atrophies because he reads too much. Think about what makes this sketch comical rather than tragic. Note also how precisely the main character is described. His situation thus appears more plausible. In *Professeurs à la boule*, note the *clichés*, which reveal the professors' intellectual insufficiencies, and also the contrast established between the professors' contingent physical reality and the ball's greater freedom and independence (for example, it is not subject to the laws of gravity).

Mots apparentés / faux amis

Donnez l'équivalent anglais du mot français. S'il s'agit d'un faux ami (*), donnez aussi l'équivalent français du faux ami anglais.

Passion...

débuter (l. 4) _____

le crâne (l. 12) _____

la plaisanterie (l. 17) _____

*la lecture (title) _____

_____   *lecture*

Professeurs...

le représentant (l. 6) _____

accélérer (l. 7) _____

rouler (l. 7) _____

adhérer (l. 21) _____

le sommet (l. 26) _____

insidieux(euse) (l. 48) _____

```
██████████████
•••••••••••••••••••••••••••••
```

Passion de la lecture

⬛ N'aurait-il pas dû se méfier?[1] A tout instant sa femme lui disait: —Encore le nez plongé dans un livre!

autrefois   Et **jadis** déjà sa mère: *Tu lis trop, ça te rendra fou.*

commença   Ce fut pire. Environ sa trente-cinquième année **débuta** l'atrophie précédant une disparition complète de ses membres inférieurs. Praticiens et médicâtres n'y entendirent goutte.[2] A quarante ans cette résorption s'étendit[3] au tronc, puis aux bras. Bientôt le corps n'eut plus sous le menton que les dimensions d'une bavette,[4] et cela **se ratatinait** encore, enfin **s'évanouit** tout à fait.   5

diminuait / disparut

     Sa femme commençait à s'inquiéter: avoir comme mari un homme-tête!

laver le visage   Il lui fallait chaque matin le **débarbouiller** et tous les jours l'emporter chez le coiffeur, uniquement pour la barbe, car l'étrange infirmité avait entraîné la chute complète des cheveux, révélant un crâne du plus bel ovoïde.   10

a see-through basket   Les premiers temps cette épouse fidèle l'emmenait aussi en commissions, dans **un panier à claire-voie**. Quand elle le posait délicatement au fond de ce réceptacle, il la regardait amoureusement et, le long du chemin, ne cessait de parler avec bonne humeur, n'ayant plus que ces moyens d'exprimer ses sentiments.   15

les femmes bavardes   Cependant les plaisanteries que **les commères** ne manquaient jamais de
décourager, déplaire lui lancer à propos de ce bout d'homme finirent par la **rebuter** et elle adopta le parti de le laisser à la maison.

egg cup   Pour plus de commodité elle fit confectionner à son usage une sorte de   20
gros **coquetier** aux rebords garnis de velours. Mais chaque fois qu'elle s'absentait, bien qu'il ne semblât pas autrement insatisfait, de grosses larmes coulaient de ses joues sur la table et tachaient la nappe. Elle eut alors l'idée de placer un livre devant ses yeux, sur un pupitre à pied court, afin qu'il pût se livrer de nouveau à sa passion favorite.   25

     Et ce devint même un jeu pour ce monsieur Tête de tourner les pages avec l'unique secours de son souffle.

Questions

1. Quelle est la maladie de l'homme dans cette histoire?
2. Que disent la femme et la mère?
3. Qu'est-ce qui arrive à l'homme à l'âge de trente-cinq ans?
4. A quoi est-il finalement réduit? Expliquez comment cette réduction s'est produite.

---

[1] **se méfier:** avoir une attitude soupçonneuse, être sur ses gardes

[2] **Praticiens et médicâtres... goutte:** Les médecins n'y comprirent rien (**médicâtres** a un sens péjoratif).

[3] **cette résorption s'étendit:** cette disparition progressive (des membres) se répandit, se développa

[4] **bavette:** lingerie qu'on met sous le menton des bébés

5. Que fait la femme pour rendre son mari heureux?

6. Pourquoi lui faut-il aller chez le coiffeur?

7. Où la femme pose-t-elle son mari quand elle va en commissions?

8. Pourquoi décide-t-elle de le laisser à la maison?

9. Qu'est-ce qu'elle fait confectionner pour lui?

10. Comment sait-on que le mari est malheureux? Qu'est-ce qui le rend malheureux?

11. Que fait la femme pour remédier à cette situation?

Complétez les phrases suivantes (oralement ou par écrit)

1. La femme commence à s'inquiéter au moment où…

2. L'infirmité du mari avait entraîné…

3. La femme emmenait son mari en commissions, mais à cause des mauvaises plaisanteries elle a décidé de…

4. Chaque fois que la femme s'absentait, le mari…

5. Monsieur Tête tourne les pages de son livre avec…

Professeurs à la boule[1]

Plusieurs éminents professeurs, au retour d'un congrès, rencontrèrent une boule. Elle descendait lentement la route et ils s'écartèrent pour lui livrer passage.[2] Cette boule, qui mesurait trois ou quatre mètres de diamètre, ne ressemblait à rien que les professeurs avaient vu jusqu'alors. Les rayons du
5 soir glissaient, roses, sur sa surface opaline.

Ce qui étonnait le plus ces dignes représentants du savoir, c'est qu'elle n'accélérait pas sa course, mais roulait majestueusement, contrairement aux lois de **la pesanteur**. Finalement même, avant d'atteindre le bas de la côte, elle s'arrêta.   *la gravité*

10   —Prodigieux! murmura l'un des professeurs.

Et tous, que le son de ces syllabes avait tirés de la surprise, **détalèrent** *coururent* ensemble pour rattraper la boule. Ils l'entourèrent. L'un, du bout de l'index, toucha la surface **lisse** et comme poreuse.   *égale*

—Curieux! s'exclama-t-il.

15   Un autre, sortant son **canif**, essaya prudemment d'**entamer** l'espèce de   *penknife / couper* **coque unie et mate** qui ne laissait aucune prise.[3] Elle était dure comme   *plain, dull shell* de l'ivoire.

---

[1] **à la boule:** jeu de mots connotant ici *egghead* et l'idée de manie ou de déraison (en plus du sens littéral)

[2] **ils s'écartèrent… passage:** ils se dispersèrent pour permettre à la boule de passer

[3] **qui ne laissait aucune prise:** qui n'avait pas d'imperfection permettant de la saisir ou de la couper

—Bizarre!

Deux ou trois collèrent l'oreille[4] contre la mystérieuse **paroi**. Enfin quelques-uns **s'arc-boutèrent** pour essayer de mouvoir cette bille énorme et qui semblait cependant si légère. Vains efforts: elle paraissait adhérer au sol. 20

—Absolument surprenant! dit encore l'un **en s'épongeant** le front.

A ce moment la boule, et deux professeurs durent[5] se jeter de côté pour ne pas être renversés, se remit en mouvement. Mais au lieu de continuer la descente, elle remontait maintenant, toujours avec la même majestueuse 25 lenteur, vers le sommet de la côte.

Le groupe des éminents professeurs suivait. Par intermittence continuait d'en **jaillir** un joli choix d'exclamations synonymiques:

—Insolite!

—Singulier! 30

—Inouï! Paradoxal!

—Etrange!

—Extraordinaire!

Au point culminant de la route, la boule s'immobilisa de nouveau. Et tandis que, par un mouvement tournant, la **docte** assemblée se rapprochait, elle se 35 souleva pour, verticalement, comme tirée par un fil invisible, s'élever dans les airs. **Du coup**, chacun resta **bouche bée**. Quelques-uns que **le saisissement** venait d'asseoir continuaient, **cul** dans l'herbe, nez au ciel, à contempler le phénomène. **Au fur et à mesure** qu'elle montait dans l'**épaisseur** éthérée, la boule passait du rose nacré au rouge, de l'orange au vert étincelant, emprun- 40 tant cet éclat argenté qu'ont les astres. Une voix étranglée qui semblait celle d'un enfant fit entendre:

—On dirait la lune…

Bientôt, **bulle** grisâtre dans l'étendue céleste, puis minuscule point noir pareil à une **chiure de mouche**, elle disparut. 45

Longtemps les congressionnistes **épars** restèrent silencieux, regards per- dus, inconscients de leur immobilité. Puis, le seul d'entre eux qui n'avait encore rien dit, sentant l'insidieuse fraîcheur du crépuscule[6] lui **mouiller** le derrière, retrouva brusquement ce sens inné de l'ironie qui est la fleur de l'esprit. 50

—Messieurs! proclama-t-il sentencieusement, vous venez de voir un œuf d'ange.

Et jovials, tous les éminents professeurs, rassurés, reprirent leur chemin.

Questions

1. D'où viennent les éminents professeurs? Que rencontrent-ils?

2. Qu'est-ce qui les étonne le plus?

3. Décrivez la boule. Quelles particularités présente-t-elle? Quel paradoxe?

4. Quelle est la réaction des professeurs?

---

[4] **collèrent l'oreille**: appliquèrent l'oreille (pour écouter)

[5] **durent**: passé simple de *devoir* (= furent obligés de)

[6] **crépuscule**: moment du soir qui suit le coucher du soleil

Marginal glosses:

surface
braced themselves

en se séchant, en s'essuyant

sortir

érudite, savante

cette fois / bouche ouverte / l'éton- nement / derrière / comme, pendant / *expanse*

bubble
excrément d'insecte
dispersés

rendre humide

5. Selon un des professeurs, quelle est cette boule? Qu'est-ce qui décide ce professeur à parler?

6. Pourquoi les professeurs sont-ils tous joviaux à la fin?

7. Précisez le ton des mots «dignes» (l. 6), «docte» (l. 35) et «éminents» (l. 27).

Complétez les phrases suivantes (oralement ou par écrit)

1. Ce qui étonnait le plus les professeurs était que…

2. Le professeur qui essaie d'entamer la boule découvre que…

3. Chacun des professeurs reste bouche bée quand…

4. Le professeur qui parle le dernier prend la parole parce que…

5. Tous les professeurs sont rassurés à la fin parce que…

▦▦ EXPRESSIONS A ETUDIER ▦▦

1. **le long de**

Il la regardait amoureusement et, **le long du** chemin, ne cessait de parler avec bonne humeur. (*Passion*, ll. 15–16)
He looked at her lovingly, and down the road, didn't stop talking good-humoredly.

Je marche **le long du** mur pour me protéger du vent.
Tout **le long du** jour, mon camarade de chambre a le nez plongé dans un livre.

2. **prendre (adopter) un parti**

Elle **adopta le parti** de le laisser à la maison. (*Passion*, ll. 18–19)
She made up her mind (decided) to leave him at home.

J'ai **pris le parti** de ne jamais trop lire.
Que vais-je faire pendant les vacances? Je ne sais quel **parti prendre**.

3. **au retour de**

Plusieurs éminents professeurs, **au retour d'**un congrès, rencontrèrent une boule. (*Professeurs*, ll. 1–2)
Several eminent professors, on their return from a conference, encountered a ball.

A mon retour de Paris, je vous téléphonerai.
A leur retour d'une soirée, les professeurs furent attaqués par une énorme boule.

Répondez

le long de

1. Aimez-vous vous promener le long de la rue? d'une rivière? de la Seine? seule(e) ou en compagnie?

2. Dites que tout le long de la semaine, vous avez le nez plongé dans des livres.

3. Que faites-vous avec bonne humeur tout le long de l'année? de l'heure de classe?

prendre (adopter) un parti

4. Avez-vous pris le parti d'accepter la disparition de vos membres inférieurs? de lire un livre par semaine?

5. Dites que votre parti est pris, et que vous ne deviendrez jamais une tête sans membres.

6. Si vous rencontriez une grosse boule étrange, quel parti prendriez-vous?

au retour de

7. Au retour d'une soirée (d'un examen, d'un match de football), êtes-vous toujours jovial(e)?

8. A votre retour de classe, rencontrez-vous parfois un œuf d'ange? quelque chose d'insolite?

9. Demandez à quelqu'un ce qu'il (elle) va faire à son retour de classe.

Sujets *de discussion ou de composition*

1. Composez un conte où vous décrivez une personne ayant trop mangé (trop bu, trop écrit, trop entendu, trop regardé la télé), et les résultats de cet excès.

2. D'après *Passion de la lecture*, quel est le caractère de la femme? du mari?

3. Commentez l'attitude de Béalu envers les académiciens. Selon vous, que représente ou signifie cette boule? Qu'est-ce que l'auteur semble vouloir montrer en confrontant la boule et les professeurs?

4. En sortant de classe (ou de chez vous), vous rencontrez vous-même une boule semblable ou un autre objet insolite. Quelle est votre réaction? Que fait cet objet? Que faites-vous?

:8: Raymond Queneau :8:

*A ses débuts, Raymond Queneau (1903–1976) participe au surréalisme[†] dont il se sépara après 1929. Fidèle à la tradition des jeux de langage surréalistes et membre de plusieurs associations—le Collège de Pataphysique et l'OULIPO[1]—dont l'activité consistait à expérimenter les possibilités du langage, Queneau a toujours aimé jouer avec les mots. Certains de ses ouvrages attestent en même temps son goût pour les mathématiques. Sa verve, son imagination et son humour vif et provocant se manifestent pleinement dans le roman (*Le Chiendent*, 1932; *Loin de Reuil*, 1944; *Zazie dans le métro*, 1959). Les *Exercices de style* (1947) sont peut-être son ouvrage le plus célèbre: autour d'un incident tout à fait banal, Queneau construit 99 variations différentes, chacune illustrant un style, un point de vue, une personnalité ou une idiosyncrasie.*

ORIENTATION In the following selections Queneau describes the same event in seven different styles. In *Récit*, you will find a complete and straightforward account; in *Vers libres* you will find the most elliptical and allusive references to the event. As you read, compare and contrast the texts, noting, for example, differences in sentence length, vocabulary, syntax, punctuation, and use of direct versus indirect discourse.

Mots *apparentés* / *faux amis*

Donnez l'équivalent anglais du mot français. S'il s'agit d'un faux ami (*), donnez aussi l'équivalent français du faux ami anglais.

conseiller (l. 9)	_____
le bouton (l. 10)	_____
la rencontre (l. 35)	_____
se quereller (l. 41)	_____
rejoindre (l. 49)	_____
proférer (l. 114)	_____
pousser (l. 115)	_____
*prétendre (l. 4)	_____
	to pretend
_____	
*attendre (l. 66)	_____
	to attend
_____	

---

[1] OULIPO: l'Ouvroir de Littérature Potentielle

```
▦▦▦▦▦▦▦▦▦▦
••••••••••••••••••••••••••••
```

Exercices de style

Récit

▧ Un jour vers midi du côté du parc Monceau,[1] sur la plate-forme arrière d'un autobus à peu près complet de la ligne S (aujourd'hui 84), j'aperçus un personnage au **cou** fort long qui portait un feutre mou entouré d'un galon tressé au lieu de ruban. Cet individu **interpella** tout à coup son voisin en **prétendant** que celui-ci **faisait exprès de lui marcher** sur les pieds chaque fois qu'il montait ou descendait des voyageurs. Il abandonna d'ailleurs rapidement la discussion pour se jeter sur une place devenue libre. 5

Deux heures plus tard, je le revis devant la gare Saint-Lazare[2] en grande conversation avec un ami qui lui conseillait de diminuer **l'échancrure** de son pardessus en faisant remonter le bouton supérieur par quelque tailleur compétent. 10

neck
s'adressa à /
alléguant / lui
marchait délibérément

V-neck opening

---

[1] **du côté... Monceau:** vers le parc Monceau (jardin public sur la rive droite, à Paris)
[2] Sur la rive droite, à Paris

Notations

▧ Dans l'S, à une **heure d'affluence**. Un type dans les[1] vingt-six ans, chapeau **mou** avec **cordon** remplaçant le ruban, cou trop long comme si on lui avait **tiré dessus**. Les gens descendent. Le type en question s'irrite contre un voisin. Il lui reproche de le **bousculer** chaque fois qu'il passe quelqu'un. Ton **pleurnichard** qui se veut[2] méchant. Comme il voit une place libre, **se précipite dessus**. 15

Deux heures plus tard, je le rencontre Cour de Rome, devant la gare Saint-Lazare. Il est avec un camarade qui lui dit: «Tu devrais faire mettre un bouton supplémentaire à ton pardessus.» Il lui montre où (à l'échancrure) et pourquoi. 20

rush hour
soft / cord
pulled on it
to push, shove
whining, sniveling /
va vite occuper la
place

---

[1] **dans les:** ayant approximativement
[2] **se veut:** veut produire l'impression d'être

Vers libres

l'autobus

plein

le cœur

vide

le cou 25

long

le ruban

```
        tressé
30      les pieds
        **plats**                                                            *flat*
        plats et aplatis
        la place
        vide
35      et l'inattendue rencontre près de la gare aux mille **feux éteints**    *lumières éteintes*
        de ce cœur, de ce cou, de ce ruban, de ces pieds,
        de cette place vide,
        et de ce bouton.
```

Surprises

Ⓝ Ce que nous étions **serrés** sur cette plate-forme d'autobus! Et ce que ce   *pressés, très rapprochés / stupide*
40 garçon pouvait avoir l'air **bête** et ridicule! Et que fait-il? Ne le voilà-t-il pas qui
se met à vouloir **se quereller** avec un bonhomme qui—**prétendait-il**! ce   *se disputer / quel prétentieux!*
damoiseau![1]—le bousculait! Et ensuite il ne trouve rien de mieux à faire que
d'aller vite occuper une place laissée libre! Au lieu de la laisser à une dame!

Deux heures après, devinez qui je rencontre devant la gare Saint-Lazare? Le
45 même godelureau![1] En train de se faire donner des conseils vestimentaires!
Par un camarade!

A ne pas croire!

---

[1] **damoiseau, godelureau:** jeune homme galant

Inattendu

Ⓝ Les copains étaient assis autour d'une table de café lorsque Albert les
rejoignit. Il y avait là René, Robert, Adolphe, Georges, Théodore.
50 —Alors ça va? demanda cordialement Robert.
—Ça va, dit Albert.
Il appela le garçon.
—Pour moi, ce sera un **picon**, dit-il.   *sorte d'apéritif*
Adolphe se tourna vers lui:
55 —Alors, Albert, quoi de neuf?
—Pas grand-chose.
—Il fait beau, dit Robert.
—Un peu froid, dit Adolphe.
—Tiens, j'ai vu quelque chose de drôle aujourd'hui, dit Albert.
60 —Il fait chaud tout de même, dit Robert.
—Quoi? demanda René.
—Dans l'autobus, en allant déjeuner, répondit Albert.
—Quel autobus?
—L'S.
65 —Qu'est-ce que tu as vu? demanda Robert.
—J'en ai attendu trois au moins avant de pouvoir monter.

surprenant	—A cette heure-là ça n'a rien d'**étonnant**, dit Adolphe.
	—Alors qu'est-ce que tu as vu? demanda René.
	—On était serrés, dit Albert.
pour pincer, toucher des derrières	—Belle occasion **pour le pince-fesse**. 70
	—Peuh! dit Albert. Il ne s'agit pas de ça.
	—Raconte alors.
	—A côté de moi il y avait un drôle de type.
	—Comment? demanda René.
	—Grand, maigre, avec un drôle de cou. 75
	—Comment? demanda René.
	—Comme si on lui avait tiré dessus.
	—Une élongation, dit Georges.
	—Et son chapeau, j'y pense: un drôle de chapeau.
	—Comment? demanda René. 80
	—Pas de ruban, mais un galon tressé autour.
	—Curieux, dit Robert.
personne qui se plaint, proteste	—D'autre part, continua Albert, c'était un **râleur** ce type.
	—Pourquoi ça? demanda René.
insulter	—Il s'est mis à **engueuler** son voisin.
	—Pourquoi ça? demanda René. 85
	—Il prétendait qu'il lui marchait sur les pieds.
	—Exprès? demanda Robert.
	—Exprès, dit Albert.
	—Et après?
	—Après? Il est allé s'asseoir, tout simplement. 90
	—C'est tout? demanda René.
	—Non. Le plus curieux c'est que je l'ai revu deux heures plus tard.
	—Où ça? demanda René.
	—Devant la gare Saint-Lazare. 95
faisait	—Qu'est-ce qu'il **fichait** là?
back and forth	—Je ne sais pas, dit Albert. Il se promenait **de long en large** avec un copain qui lui faisait remarquer que le bouton de son pardessus était placé un peu trop bas.
	—C'est en effet le conseil que je lui donnais, dit Théodore. 100

Alors

citizen	※ Alors l'autobus est arrivé. Alors j'ai monté dedans. Alors j'ai vu un **citoyen**
l'attention	qui m'a saisi **l'œil**. Alors j'ai vu son long cou et j'ai vu la tresse qu'il y avait
fulminer	autour de son chapeau. Alors il s'est mis à **pester** contre son voisin qui lui marchait alors sur les pieds. Alors, il est allé s'asseoir.

Alors, plus tard, je l'ai revu Cour de Rome.[1] Alors il était avec un copain. 105
Alors, il lui disait, le copain: tu devrais faire mettre un autre bouton à ton
pardessus. Alors.

---

[1] C'est-à-dire devant la gare Saint-Lazare

En partie double

Vers le milieu de la journée et à midi, je me trouvai et montai sur la plate-forme et la terrasse arrière d'un autobus et d'un véhicule des transports en
110 commun bondé et quasiment complet de la ligne S et qui va de la Contrescarpe à Champerret.[1] Je vis et remarquai un jeune homme et un vieil adolescent assez ridicule et **pas mal** grotesque: cou maigre et **tuyau** décharné, **ficelle et cordelière** autour du chapeau et couvre-chef. Après une **bousculade** et confusion, il dit et profère d'une voix et d'un ton **larmoyants** et pleurnichards que son
115 voisin et covoyageur fait exprès et s'efforce de le pousser et de l'**importuner** chaque fois qu'on descend et sort. Cela déclaré et après avoir ouvert la bouche, il se précipite et se dirige vers une place et un **siège** vides et libres.

Deux heures après et cent vingt minutes plus tard, je le rencontre et le revois Cour de Rome et devant la gare Saint-Lazare. Il est et se trouve avec un
120 ami et copain qui lui conseille de et l'incite à faire ajouter et coudre un bouton et un **rond de corozo** à son pardessus et manteau.

Raymond Queneau, tiré d'*Exercices de Style*, © Editions Gallimard.

assez / *skinny pipe / string and cord / shoving / tearful, whimpering /* embarrasser

seat

bouton en ivoire végétal

Questions

1. Résumez les faits essentiels qui font la base des événements décrits dans *Exercices de style*.

2. Dans N*otations*, quelles nouvelles précisions pouvez-vous trouver?

3. Est-il possible de tirer un sens précis de V*ers libres*? Comment est-ce que *Récit* aide à faire comprendre le poème? Peut-on prendre plaisir à la lecture de V*ers libres* sans savoir les «faits»? Expliquez.

4. Dans S*urprises*, qu'est-ce qui donne l'impression que le narrateur ou la narratrice adresse la parole à quelqu'un qui est présent? Comment se révèlent l'étonnement et l'enthousiasme de la personne qui parle?

5. Où se trouvent les copains dans I*nattendu*? Quel âge leur donnez-vous? Quelle est la révélation inattendue à la fin?

6. Comparez le style de *Alors* avec celui de *Récit*. Dans quel texte est-ce que les phrases sont les plus courtes? Quel est l'effet produit par ce changement? Quelle importance attachez-vous à la répétition du mot «alors»? La personne qui parle dit «je» cinq fois dans *Alors*, et une fois dans N*otations*. Est-ce que cette différence est significative? Justifiez votre réponse.

7. Relevez toutes les répétitions dans E*n Partie double*. Quel est l'effet créé par tant de répétitions?

---

[1] La place de la Contrescarpe (sur la rive gauche), la porte de Champerret (sur la rive droite).

Sujets de discussion ou de composition

1. Ces sept textes font ressortir des différences fondamentales entre les personnes qui sont en train d'observer la scène dans l'autobus et à la gare. Par exemple, le vocabulaire et la syntaxe ne sont pas les mêmes, et il y a des désignations différentes pour l'homme dans l'autobus («un personnage au cou fort long», «un citoyen», «un drôle de type», etc.) Décrivez ces sept personnes.

2. Est-ce que ces sept textes se complémentent? Comment?

3. Peut-on dire qu'il y a un texte qui est plus «vrai» que l'autre? Justifiez votre réponse.

4. Composez un récit à la première personne où vous êtes témoin des événements décrits dans *Exercices de style*.

⁝⃞ Henri Michaux ⃞⁝

Né en Belgique, Henri Michaux (1899–1984) a vécu en France pendant la plus grande partie de sa vie. A travers sa double création littéraire et graphique, il exprime la relation difficile et souvent angoissée qu'il cherche à établir avec lui-même. La connaissance de soi se réalise surtout par l'imaginaire et par l'inconscient. On trouve dans l'œuvre de Michaux une sorte de géographie intérieure où les thèmes du voyage et de l'évasion paraissent constamment, comme l'indiquent les titres si révélateurs de ses ouvrages: Ecuador (1929), Voyage en Grande Garabagne (1936), Lointain intérieur (1937), Au pays de la magie (1942), L'Espace du dedans (1944), Ailleurs (1948), Connaissance par les gouffres (1960). Pour Michaux, écrire ou dessiner équivaut non seulement à une exploration, mais à un exorcisme. Telle une plume légère et sujette au vent, le personnage de Plume—sa création la plus célèbre— est un «nom de plume», une sorte d'alter ego, de projection fantaisiste de son auteur. Les passages suivants sont tirés d'Un certain Plume (1930).

ORIENTATION   The reader will notice that in several of the following six sketches Plume appears to be caught in situations of dependency or subordination, where he must respond (or not respond, as the case may be) to persons in positions of authority. Try to analyze Plume's responses to the situations in which he finds himself. Note that some sketches contain dialogue and others do not. Think about why the presence or absence of dialogue is appropriate in the various texts.

Mots apparentés / faux amis

Donnez l'équivalent anglais du mot français. S'il s'agit d'un faux ami (*), donnez aussi l'équivalent français du faux ami anglais.

le morceau (l. 10)   _____

le geste (l. 16)   _____

*blesser (l. 15)   _____

_____   *to bless*

*le désagrément (l. 11)   _____

_____   *disagreement*

Plume

I   Un *Homme paisible*

Etendant les mains hors du lit, Plume fut étonné de ne pas rencontrer le mur. «Tiens, pensa-t-il, les fourmis **l'auront mangé**...» et il se rendormit.

Peu après, sa femme l'attrapa et le secoua: «Regarde, dit-elle, **fainéant**! Pendant que tu étais occupé à dormir, on nous a volé notre maison.» En effet, un ciel intact s'étendait de tous côtés. «Bah, la chose est faite», pensa-t-il.

Peu après, **un bruit se fit entendre**. C'était un train qui arrivait sur eux **à toute allure**. «De l'air pressé qu'il a,[1] pensa-t-il, il arrivera sûrement avant nous» et il se rendormit.

Ensuite, le froid le réveilla. Il était tout trempé de sang. Quelques morceaux de sa femme **gisaient** près de lui. «Avec le sang, pensa-t-il, **surgissent** toujours quantité de désagréments; si ce train pouvait n'être pas passé, j'en serais fort heureux. Mais puisqu'il est déjà passé...» et il se rendormit.

—Voyons, disait le juge, comment expliquez-vous que votre femme se soit blessée au point qu'on l'ait trouvée partagée en huit morceaux, sans que vous, qui étiez à côté, ayez pu faire un geste pour l'en empêcher, sans même vous en être aperçu. Voilà le mystère. Toute l'affaire est là-dedans.

—Sur ce chemin,[2] je ne peux pas l'aider, pensa Plume, et il se rendormit.

—L'exécution aura lieu demain. Accusé, avez-vous quelque chose à ajouter?

—Excusez-moi, dit-il, je n'ai pas suivi l'affaire. Et il se rendormit.

(notes de marge)
l'ont sans doute mangé / paresseux, vaurien

on entendit un bruit
à toute vitesse

étaient étendus
apparaissent

Questions

1. Expliquez le titre: Un *Homme paisible*. Quel autre adjectif pourrait-on employer?

2. En quoi peut-on dire que l'inconscient est l'état normal de Plume?

3. Pourquoi Plume se rendort-il tout le temps? Quel en est le résultat pour lui? pour les autres?

4. Plume est-il coupable de la mort de sa femme? Quels arguments peut-on faire valoir pour et contre? Expliquez la phrase prononcée par le juge: «Toute l'affaire est là-dedans.»

5. Comment la phrase «je n'ai pas suivi l'affaire» résume-t-elle l'attitude fondamentale de Plume?

6. Qu'est-ce qui ressemble le plus au rêve ici—l'état de veille ou l'état de sommeil? Comment s'appelle cette sorte de rêve? Expliquez et développez votre réponse.

---

[1] **De l'air pressé qu'il a:** si j'en juge par l'allure pressée du train
[2] **Sur ce chemin:** Dans cette affaire, cette interrogation

Complétez les phrases suivantes (oralement ou par écrit)

1. Plume pense que le mur n'est pas là parce que…
2. Il ne s'inquiète pas quand il apprend que la maison est volée parce que…
3. Le juge veut savoir…
4. Plume n'a pas suivi l'affaire parce que…

Mots apparentés / faux amis

Donnez l'équivalent anglais du mot français. S'il s'agit d'un faux ami (*), donnez aussi l'équivalent français du faux ami anglais.

bouger (l. 14) _____

l'établissement (*m.*) (l. 16) _____

atroce (l. 20) _____

le principe (l. 51) _____

*ignorer (l. 18) _____

_____   *to ignore*

*commander (l. 46) _____

_____   *to command*

II   Plume au restaurant

Plume déjeunait au restaurant, quand le maître d'hôtel s'approcha, le regarda sévèrement et lui dit d'une voix basse et mystérieuse: «Ce que vous avez là dans votre assiette ne figure pas sur la carte.»

Plume s'excusa aussitôt.

5 —Voilà, dit-il, étant pressé, je n'ai pas pris la peine de consulter la carte. J'ai demandé à tout hasard une côtelette, pensant que peut-être il y en avait, ou que sinon on en trouverait aisément **dans le voisinage**, mais prêt à deman-   *à proximité, à côté* der tout autre chose si les côtelettes **faisaient défaut**. Le garçon, sans se mon-   *manquaient* trer particulièrement étonné, s'éloigna et me l'apporta peu après et voilà…

10 Naturellement, je la paierai le prix qu'il faudra. C'est un beau morceau, je ne le nie pas. Je le paierai son prix sans hésiter. Si j'avais su, j'aurais volontiers choisi une autre viande ou simplement un œuf, de toute façon maintenant je n'ai plus très faim. Je vais vous **régler** immédiatement.   *payer*

Cependant, le maître d'hôtel ne bouge pas. Plume se trouve atrocement
15 gêné. Après quelque temps relevant les yeux… hum! c'est maintenant le chef de l'établissement qui se trouve devant lui.

Plume s'excusa aussitôt.

—J'ignorais, dit-il, que les côtelettes ne figuraient pas sur la carte. Je ne l'ai pas regardée, parce que j'ai la vue fort basse et que je n'avais pas mon
20 pince-nez sur moi, et puis, lire me fait toujours un mal atroce. J'ai demandé la première chose qui m'est venue à l'esprit, et plutôt pour **amorcer** d'autres   *encourager le garçon* propositions que par goût personnel. Le garçon sans doute préoccupé n'a pas   *à faire*

cherché plus loin, il m'a apporté ça, et moi-même d'ailleurs tout à fait distrait
je me suis mis à manger, enfin… je vais vous payer à vous-même puisque
vous êtes là.   25

Cependant, le chef de l'établissement ne bouge pas. Plume se sent de plus
en plus gêné. Comme il lui tend un billet, il voit tout à coup la manche d'un
uniforme; c'était un agent de police qui était devant lui.

Plume s'excusa aussitôt.

—Voilà, il était entré là pour se reposer un peu. Tout à coup, on lui crie   30
à brûle-pourpoint: «Et pour Monsieur? Ce sera…? —Oh… **un bock,**» dit-il.
«Et après?»… cria garçon fâché; alors plutôt pour s'en débarrasser que pour
autre chose: «Eh bien, une côtelette!»

Il n'y songeait déjà plus, quand on la lui apporta dans une assiette; alors
ma foi, comme c'était là devant lui…   35

—Ecoutez, si vous vouliez essayer d'arranger cette affaire, vous seriez bien
gentil. Voici pour vous.

Et il lui tend un billet de cent francs. Ayant entendu des pas s'éloigner, il se
croyait déjà libre. Mais c'est maintenant le commissaire de police qui se trouve
devant lui.   40

Plume s'excusa aussitôt.

—Il avait pris un rendez-vous avec un ami. Il l'avait vainement cherché
toute la matinée. Alors comme il savait que son ami en revenant du bureau
passait par cette rue, il était entré ici, avait pris une table près de la fenêtre et
comme **d'autre part** l'attente pouvait être longue et qu'il ne voulait pas avoir   45
l'air de **reculer devant la dépense;** il avait commandé une côtelette; pour
avoir quelque chose devant lui. Pas un instant il ne songeait à consommer.
Mais l'ayant devant lui, machinalement, sans se rendre compte le moins du
monde de ce qu'il faisait, il s'était mis à manger.

Il faut savoir que pour rien au monde il n'irait au restaurant. Il ne déjeune   50
que chez lui. C'est un principe. Il s'agit ici d'une pure distraction, comme il
peut en arriver à tout homme énervé, une inconscience passagère; rien d'autre.

Mais le commissaire, ayant appelé au téléphone le chef de la Sûreté.[1]
«Allons, dit-il à Plume en lui tendant l'appareil. Expliquez-vous une bonne
fois. C'est votre seule chance de salut.» Et un agent le poussant brutalement   55
lui dit: «Il s'agira maintenant de marcher droit,[2] hein?» Et comme les
pompiers faisaient leur entrée dans le restaurant, le chef de l'établissement
lui dit: «Voyez quelle perte pour mon établissement. Une vraie catastrophe!»
Et il montrait la salle que tous les consommateurs avaient quittée en hâte.

Ceux de **la Secrète** lui disaient: «Ça va chauffer, **nous vous prévenons.** Il   60
vaudra mieux confesser toute la vérité. Ce n'est pas notre première affaire,
croyez-le. Quand ça commence à prendre cette tournure, c'est que c'est grave.»

Cependant, un grand rustre d'agent[3] par-dessus son épaule lui disait:
«Ecoutez, je n'y peux rien. C'est l'ordre. Si vous ne parlez pas dans l'appareil,
je cogne.[4] C'est entendu? Avouez! Vous êtes prévenu. Si je ne vous entends   65
pas, je cogne.»

[1] **la Sûreté:** bureau central de la police nationale
[2] **marcher droit:** obéir, ne pas causer de difficultés
[3] **un grand rustre d'agent:** un agent de police qui a l'air d'une grande brute
[4] **je cogne:** je frappe, je donne des coups

Margin glosses:

brusquement / une bière

upon my word

aussi, en outre
hésiter à dépenser
davantage

firemen

la police secrète /
we're warning you

Questions

1. Quel est le «crime» de Plume? En est-ce vraiment un? Aux yeux de qui en est-ce un?
2. Quels sont les personnages qui confrontent successivement Plume?
3. Quelle est l'attitude de Plume vis-à-vis de ses interrogateurs?
4. Comment se sent-il? Qu'est-ce qu'il répète à chacun des interrogateurs?
5. A partir de la ligne 30, quel changement dans le discours remarquez-vous? Expliquez la signification de ce changement.
6. Pourquoi Plume se trouvait-il au restaurant? Y va-t-il souvent?
7. Qu'est-ce que la police veut obliger Plume à faire? Le peut-il? Expliquez votre réponse.
8. Plume apporte des modifications et des compléments à l'histoire qu'il raconte à ses interrogateurs. Pourquoi?

Complétez les phrases suivantes (oralement ou par écrit)

1. Plume n'a pas pris la peine de consulter la carte parce que... (l. 5)
2. Plus tard, il dit qu'il n'a pas lu la carte parce que... (ll. 18–20)
3. Tous les consommateurs quittent en hâte le restaurant parce que...

Mots apparentés / faux amis

Donnez l'équivalent anglais du mot français. S'il s'agit d'un faux ami (*), donnez aussi l'équivalent français du faux ami anglais.

surveiller (l. 20) _____

continuellement (l. 20) _____

désigner (l. 32) _____

III   Plume voyage

Plume ne peut pas dire qu'on ait excessivement d'égards pour lui en voyage. Les uns lui passent dessus sans crier gare,[1] les autres s'essuient tranquillement les mains à son veston. Il a fini par s'habituer. Il aime mieux voyager avec modestie. Tant que ce sera possible, il le fera.

5   Si on lui sert, hargneux,[2] une **racine** dans son assiette, une grosse racine: «Allons, mangez. Qu'est-ce que vous attendez?»

root

«Oh, bien, tout de suite, voilà.» Il ne veut pas s'attirer des **histoires** inutilement.

des ennuis, des difficultés

Et si, la nuit, on lui refuse un lit: «Quoi! Vous n'êtes pas venu de si loin
10 pour dormir, non? Allons, prenez votre malle et vos affaires, c'est le moment de la journée où l'on marche le plus facilement.»

«Bien, bien, ou... certainement. C'était pour rire, naturellement. Oh oui, par... plaisanterie.» Et il repart dans la nuit obscure.

---

[1] **sans crier gare:** sans l'avertir, sans le prévenir
[2] **hargneux:** de manière désagréable, avec mauvaise humeur

Et si on le jette hors du train: «Ah! alors vous pensez qu'on a chauffé depuis trois heures cette locomotive et attelé huit voitures pour transporter un jeune homme de votre âge, en parfaite santé, qui peut parfaitement être utile ici, qui n'a nul besoin de s'en aller là bas, et que c'est pour ça qu'on aurait creusé des tunnels, fait sauter des tonnes de rochers à la dynamite et posé des centaines de kilomètres de rail par tous les temps;[3] sans compter qu'il faut encore surveiller la ligne continuellement par crainte des sabotages, et tout cela pour...» 15 20

«Bien, bien. Je comprends parfaitement. J'étais monté, oh, pour jeter un coup d'œil! Maintenant c'est tout. Simple curiosité, n'est-ce pas. Et merci mille fois.» Et il s'en retourne sur les chemins avec ses bagages.

Et si, à Rome, il demande à voir le Colisée: «Ah! Non. Ecoutez, il est déjà assez mal arrangé. Et puis après Monsieur voudra le toucher, **s'appuyer dessus**, ou s'y asseoir... c'est **comme ça** qu'il ne reste que des ruines partout. Ce fut une leçon pour nous, une dure leçon, mais à l'avenir, non, c'est fini, n'est-ce pas.» 25

to lean on it
pour cette raison

«Bien! Bien! C'était... Je voulais seulement vous demander une carte postale, une photo, peut-être... si des fois[4]...» Et il quitte la ville sans avoir rien vu. 30

Et si sur le paquebot,[5] tout à coup le Commissaire du bord le désigne du doigt et dit: «Qu'est-ce qu'il fait ici, celui-là? Allons, on manque bien de discipline là, en bas, il me semble. Qu'on aille vite me le redescendre dans la soute.[6] Le deuxième quart vient de sonner.» Et il repart en sifflotant, et Plume, lui, **s'éreinte** pendant toute la traversée. 35

se fatigue beaucoup

Mais il ne dit rien, il ne se plaint pas. Il songe aux malheureux qui ne peuvent pas voyager du tout, tandis que lui, il voyage, il voyage continuellement.

Questions

1. Quelles phrases du premier et du dernier paragraphes peuvent s'appliquer à «Un Homme paisible» et à «Plume au restaurant»?

2. Quelle attitude Plume adopte-t-il dans ses voyages? Montrez comment se manifeste cette attitude ici.

3. Quelle est l'attitude des autres vis-à-vis de Plume? Décrivez ce que font les autres.

4. Pourquoi Plume pense-t-il qu'il a de la chance?

5. Que signifie le voyage ici? Quel trait de caractère révèle-t-il chez Plume?

Complétez les phrases suivantes (oralement ou par écrit)

1. Plume a fini par s'habituer à...

2. Plume est toujours très conciliateur parce que...

3. Sur le paquebot on prend Plume pour...

---

[3] **par tous les temps:** en toute saison, par pluie, beau temps, etc.

[4] **si des fois:** si peut-être, si par hasard

[5] **paquebot:** grand navire transportant des passagers

[6] **Qu'on aille vite... dans la soute:** Je veux qu'on le redescende dans l'intérieur du bateau (pour qu'il transporte le charbon jusqu'aux fourneaux).

Mots *apparentés* / *faux amis*

Donnez l'équivalent anglais du mot français. S'il s'agit d'un faux ami (*),
donnez aussi l'équivalent français du faux ami anglais:

la joie (l. 18)   _____

la réticence (l. 28)   _____

la canne (l. 29)   _____

sadique (l. 41)   _____

*sensible (l. 15)   _____

_____   *sensible*

*fin (l. 27)   _____

_____   *fine (well)*

IV   *Plume avait mal au doigt*

Plume avait un peu mal au doigt.

—Il vaudrait peut-être mieux consulter un médecin, lui dit sa femme. Il suffit souvent d'une pommade…

Et Plume y alla.

5 —Un doigt à couper, dit le chirurgien, c'est parfait. Avec l'anesthésie, vous en avez pour six minutes tout au plus. Comme vous êtes riche, vous n'avez pas besoin de tant de doigts. Je serai ravi de vous faire cette petite opération. Je vous montrerai ensuite quelques modèles de doigts artificiels. Il y en a d'extrêmement gracieux. Un peu chers sans doute. Mais il n'est pas question naturelle-
10 ment de **regarder à la dépense**. Nous vous ferons ce qu'il y a de mieux.

Plume regarda mélancoliquement son doigt et s'excusa.

—Docteur, c'est l'index, vous savez, un doigt bien utile. Justement, je devais écrire encore à ma mère. Je me sers toujours de l'index pour écrire. Ma mère serait inquiète si je tardais davantage à lui écrire, je reviendrai dans
15 quelques jours. C'est une femme très sensible, elle s'émeut si facilement.

—**Qu'à cela ne tienne**, lui dit le chirurgien, voici du papier, du papier blanc, sans en-tête naturellement. Quelques mots bien sentis de votre part lui rendront la joie.

Je vais téléphoner pendant ce temps à la clinique pour qu'on prépare tout,
20 qu'il n'y ait plus qu'à retirer les instruments tout aseptisés. Je reviens dans un instant…

Et le voilà déjà revenu.

—Tout est pour le mieux, on nous attend.

—Excusez, docteur, fit Plume, vous voyez, ma main tremble, c'est plus fort
25 que moi… eh…

—Eh bien, lui dit le chirurgien, vous avez raison, mieux vaut ne pas écrire. Les femmes sont terriblement fines, les mères surtout. Elles voient partout des réticences quand il s'agit de leur fils, et d'un rien, font un monde.[1] Pour elles, nous ne sommes que de petits enfants. Voici votre canne et votre cha-
30 peau. L'auto nous attend.

_____

[1] **d'un rien, font un monde:** Sous le moindre prétexte, imaginent toutes sortes de choses.

s'inquiéter de la
dépense

ce n'est pas un obstacle

Et ils arrivèrent dans la salle d'opération.

—Docteur, écoutez. Vraiment…

—Oh! fit le chirurgien, ne vous inquiétez pas, vous avez trop de scrupules. Nous écrirons cette lettre ensemble. Je vais y réfléchir tout en vous opérant.

Et approchant le masque, il endort Plume. 35

—Tu aurais quand même pu me demander mon avis, dit la femme de Plume à son mari.

Ne va pas t'imaginer qu'un doigt perdu se retrouve si facilement.

mutilée

Un homme avec des moignons,[2] je n'aime pas beaucoup ça. Dès que ta main sera un peu trop **dégarnie**, ne compte plus sur moi. 40

Les infirmes c'est méchant, ça devient promptement sadique. Mais moi je n'ai pas été élevée comme j'ai été élevée pour vivre avec un sadique. Tu t'es figuré sans doute que je t'aiderais bénévolement dans ces choses-là. Eh bien, tu t'es trompé, tu aurais mieux fait d'y réfléchir avant…

ne t'inquiète pas

—Ecoute, dit Plume, **ne te tracasse pas** pour l'avenir. J'ai encore neuf 45 doigts et puis ton caractère peut changer.

Questions

1. Entre la première phrase—simple et anodine—et les suivantes, quel est le contraste? Où commence la surprise? Expliquez cet effet de surprise.

2. Quelle justification le chirurgien donne-t-il pour l'opération?

3. A quel doigt Plume a-t-il mal? Désire-t-il être opéré? Pourquoi?

4. Quel est le malentendu entre Plume et le chirurgien (ll. 24–32)?

5. Quelle est l'attitude du chirurgien? celle de la femme de Plume?

6. Commentez la dernière réplique de Plume.

7. En quoi consiste la satire des médecins? Comment s'explique l'impatience du chirurgien à opérer? (Faites particulièrement attention au paragraphe qui commence à la ligne 5.)

8. Quelle est la part de la réalité et celle de l'invraisemblance dans ce texte? Quel est l'effet de cette association?

Complétez les phrases suivantes (oralement ou par écrit)

1. Selon le chirurgien, Plume n'a pas besoin de dix doigts parce que…

2. Plume se sert de son index pour…

3. La main de Plume tremble (l. 24) parce que…

4. La femme de Plume reproche à celui-ci de s'être laissé opérer parce que…

Mots apparentés / faux amis

Donnez l'équivalent anglais du mot français. S'il s'agit d'un faux ami(*), donnez aussi l'équivalent français du faux ami anglais:

réfléchir (l. 17) _____

la mésaventure (l. 26) _____

_____

[2] **moignons:** Ce qui reste d'un membre après amputation.

la vigueur (l. 30) _____

*la course (l. 2) _____

_____ *course*

*le car (l. 2) _____

_____ *car*

V   *Plume à Casablanca*

◧ Une fois arrivé à Casablanca,[1] Plume se rappela qu'il avait quantité de **courses** à faire. C'est pourquoi il laissa sa valise sur le car,[2] il reviendrait la prendre, ses affaires les plus urgentes terminées. Et il se rendit à l'Hôtel Atlantic.

allées et venues, achats

⁵ Mais au lieu de demander une chambre, songeant qu'il avait encore beau-coup de courses à faire, il trouva préférable de demander l'adresse de **la Société Générale**.

nom d'une banque

Il se rendit à la Société Générale, fit passer sa carte au sous-directeur, mais ayant été introduit, plutôt que de montrer sa lettre de crédit, il jugea à propos de s'informer des principales curiosités de la ville arabe, de Bousbir, et des ¹⁰ cafés mauresques, car on ne peut quitter Casa sans avoir vu la danse du ven-tre, quoique les femmes qui dansent soient juives et non musulmanes. Il s'in-forma donc de l'endroit, se fit conduire au café mauresque, et il avait déjà une danseuse installée à sa table commandant une bouteille de porto, quand il se rendit compte que tout ça, ce sont des **bêtises**, en voyage, avec ces fatigues

stupidités, frivolités

¹⁵ inaccoutumées, il faut premièrement se restaurer. Il s'en alla donc et se dirigea vers le restaurant du Roi de la Bière, dans la ville nouvelle; il allait s'attabler quand il réfléchit que ce n'était pas tout, quand on voyage, de boire et de manger, qu'il faut soigneusement s'assurer si tout est en règle pour l'étape du lendemain;[3] c'est ainsi qu'il convenait,[4] plutôt que de faire le pacha à une ²⁰ table, de rechercher le plus tôt possible l'emplacement du bateau qu'il devait prendre le lendemain.

Ce serait du temps bien employé. Ce qu'il était déjà occupé à faire, quand il lui vint à l'esprit d'aller faire un tour du côté des douanes.[5] Il y a des jours où ils ne laisseraient pas passer une boîte de dix allumettes, et celui qu'on ²⁵ trouverait porteur d'une pareille boîte, **soit** qu'on la trouvât sur lui, **soit** au sein de ses bagages, s'exposerait aux pires mésaventures. Mais en chemin, songeant combien souvent le service de la Santé est confié à des médecins ignorants qui pourraient bien empêcher de monter à bord une personne en parfaite santé, il dut reconnaître qu'il serait fort avisé de se montrer, en bras ³⁰ de chemise, tirant de l'aviron,[6] exubérant de vigueur malgré la fraîcheur de la nuit. Et ainsi faisait-il quand la police toujours inquiète, le questionna, enten-dit sa réponse et dès lors ne le **lâcha** plus.

whether... or

quitta

---

[1] **Casablanca:** port sur l'Atlantique et la plus grande ville du Maroc, en Afrique du Nord. (En 1930, le Maroc était sous protectorat français; il est devenu indépendant en 1956.)

[2] **car:** autobus pour longs trajets

[3] **si tout... lendemain:** si la prochaine partie du voyage est bien préparée

[4] **il convenait:** il valait mieux, il était plus prudent

[5] **faire un tour du côté des douanes:** *drop in on the Customs office*

[6] **tirant de l'aviron:** *plying or pulling cars, i.e., rowing*

Questions

1. Quelles courses Plume doit-il faire dès son arrivée à Casablanca? Lesquelles sont nécessaires?
2. A quelles curiosités, à quelles distractions s'intéresse-t-il vraiment?
3. Qu'est-ce que Plume ne se laisse jamais le temps de faire? Pourquoi?
4. Les soucis de Plume décrits dans le dernier paragraphe sont-ils légitimes ou exagérés? Expliquez pourquoi.
5. Précisez pourquoi la police s'intéresse à Plume et ne le lâche plus.

Complétez les phrases suivantes (oralement ou par écrit)

1. On ne peut quitter Casablanca sans…
2. Plume quitte le café mauresque pour…
3. La police l'a questionné parce que…

Mots apparentés / faux amis

Donnez l'équivalent anglais du mot français. S'il s'agit d'un faux ami(*), donnez aussi l'équivalent français du faux ami anglais:

le sang (l. 3) _____

perdre (l. 5) _____

sûrement (ll. 12–13) _____

flatter (l. 22) _____

la conquête (l. 25) _____

*la pièce (l. 6) _____

_____ _____ *piece* _____

VI   *Plume au plafond*

on the ceiling

N Dans un stupide moment de distraction, Plume marcha les pieds **au plafond**, au lieu de les garder à terre.

Hélas, quand il s'en aperçut, il était trop tard. Déjà paralysé par le sang aussitôt amassé, entassé dans sa tête, comme le fer dans un marteau,[1] il ne savait plus quoi. Il était perdu. Avec épouvante, il voyait le lointain plancher, le fauteuil autrefois si accueillant, la pièce entière, étonnant **abîme**.

précipice

un bassin / wolf trap / chest

Comme il aurait voulu être dans **une cuve** pleine d'eau, dans un **piège à loups**, dans un **coffre**, dans un chauffe-bain en cuivre,[2] plutôt que là, seul, sur ce plafond ridiculement désert et sans ressources d'où redescendre eût été, autant dire, se tuer.[3]

Malheur! Malheur toujours attaché au même… tandis que tant d'autres dans le monde entier continuaient à marcher tranquillement à terre, qui sûrement ne valaient pas beaucoup **plus cher** que lui.

mieux

---

[1] **comme le fer dans un marteau:** *like the iron in the head of a hammer*

[2] **un chauffe-bain en cuivre:** *a copper water heater*

[3] **redescendre… se tuer:** *coming down (from the ceiling) would be tantamount to killing oneself*

Si **encore** il avait pu entrer dans le plafond y terminer en paix, quoique   au moins
15 rapidement, sa triste vie… Mais les plafonds sont durs, et ne peuvent que vous
«renvoyer,»[4] c'est le mot.

Pas de choix dans le malheur, on vous offre ce qui reste. Comme dé-
sespérément, il s'obstinait, taupe de plafond,[5] une délégation du Bren Club
partie à sa recherche, le trouva en levant la tête.
20 On les descendit alors, sans mot dire, par le moyen d'une échelle dressée.
On était gêné. On s'excusait auprès de lui. **On accusait à tout hasard** un   on supposait
organisateur absent. On flattait l'orgueil de Plume qui n'avait pas perdu   coupable
courage, alors que tant d'autres, démoralisés, se fussent[6] jetés dans le vide, et
se fussent cassé bras et jambes et davantage, car les plafonds dans ce pays
25 sont hauts, datant presque tous de l'époque de la conquête espagnole.[7]

Plume, sans répondre, **se brossait les manches** avec embarras.   *brushed off his*
                                                                              sleeves

Henri Michaux, tiré d'*Un Certain Plume*, © Editions Gallimard.

Questions

1. Qu'est-ce qui arrive à Plume dans un moment de distraction?
2. Pourquoi aurait-il voulu être dans une cuve pleine d'eau, dans un piège à
   loups, dans un coffre ou dans un chauffe-bain? En quoi ces objets sont-
   ils incongrus?
3. Comment Plume interprète-t-il cet accident?
4. Qu'est-ce qu'il voudrait pouvoir faire? Pourquoi ne le peut-il pas tout seul?
5. Expliquez l'observation «Pas de choix dans le malheur» (l. 17).
6. Comment Plume descend-il?
7. Pourquoi les membres du Bren Club sont-ils gênés?
8. Qu'est-ce qu'ils disent à Plume? Pourquoi?
9. Que symbolise la «chute» temporaire de Plume au plafond?

Complétez les phrases suivantes (oralement ou par écrit)

1. Au plafond Plume avait peur parce que…
2. Il ne peut entrer dans le plafond parce que…
3. On le flatte en disant que…

▦ EXPRESSIONS A ETUDIER ▦

1. **être occupé à** + inf.

   Pendant que **tu étais occupé(e) à** dormir, on nous a volé notre maison.
   (I, l. 4)
   While you were busy sleeping, our house was stolen.

---

[4] **renvoyer:** faire rebondir comme une balle
[5] **taupe de plafond:** *like a mole living in the ceiling*
[6] **se fussent:** se seraient (deuxième forme du conditionnel passé)
[7] Une partie de la Belgique fut sous domination espagnole au seizième siècle.

Il était occupé à bien employer son temps. (V, l. 22)
He was busy spending his time effectively.

Demain, à cette heure-ci, nous **serons occupés à** dîner au restaurant avec Plume.

2. **prendre la peine de** + inf.

Je n'ai pas **pris la peine de** consulter la carte. (II, l. 5)
I didn't take the trouble to consult the menu.

Il faut **prendre la peine d'**étudier pour apprendre.
Le chirurgien **a pris la peine** d'écrire la lettre de Plume à sa mère.

3. **ignorer**

J'ignorais que les côtelettes ne figuraient pas sur la carte. (II, l. 18)
I didn't know chops were not on the menu.

Plume **ignore** qui a volé sa maison et pourquoi il est condamné à mort.
Vous n'**ignorez** pas la date du prochain examen, n'est-ce pas?
J'ignore si les pompiers vont venir.

4. **tout à coup**

Il voit **tout à coup** la manche d'un uniforme. (II, ll. 27–28)
He suddenly sees the sleeve of a uniform.

Tout à coup, on lui crie à brûle-pourpoint. (II, ll. 30–31)
All of a sudden, someone yells right in his face.

La femme de Plume a disparu **tout à coup.**

5. **n'y pouvoir rien**

Je n'y peux rien. (II, l. 64)
I can't help it, I can't do anything about it, it's beyond my control.

Vous êtes malade (fatigué[e])? —**Je n'y peux rien.**
Ne l'aidez pas, **vous n'y pourrez rien.**
Plume a eu de grave ennuis pour avoir commandé une côtelette, mais **il n'y pouvait** vraiment **rien.**

6. **à l'avenir**

A l'avenir, c'est fini, n'est-ce pas? (III, l. 28)
No more of that in the future, understand?

A l'avenir, Plume ne pourra plus écrire de lettres.
A l'avenir, ne commandez pas de côtelette, ou je cogne.
Je vous recommande d'être plus prudent **à l'avenir.**

7. **avoir mal à** + partie du corps

Plume **avait** un peu **mal au doigt**. (IV, l. 1)
Plume had a slightly sore finger, his finger hurt him a little.

Après avoir regardé la télé, **j'ai** souvent **mal à la tête.**
On a souvent **mal au ventre** quand on mange trop.
J'ai mal au pied depuis que je suis tombé(e) dans l'escalier.
Après avoir tiré de l'aviron, Plume **avait mal aux bras.**

8. **en avoir pour**

   Vous en avez pour six minutes. (IV, ll. 5–6)
   It'll take you six minutes, it's a matter of six minutes.

   Plume **en a pour** plusieurs mois de convalescence avant de pouvoir écrire avec son autre main.
   Pour aller d'ici à notre hôtel, **nous en avons pour** quelques minutes seulement.
   J'en ai pour longtemps avant d'avoir fini mes études.

9. **se rendre à (chez, pour)**

   Il se rendit à l'Hôtel Atlantic et à la Société Générale. (V, ll. 3–4, 7)
   He went to the Atlantic Hotel and the Société Générale Bank.

   Plume **se rend aux** douanes (au Bren Club) à pied.
   Je me rends au laboratoire chaque matin.
   Il s'est rendu chez le chirurgien (**chez** le juge, **chez** ses amis) à 4 heures.

10. **faire une course (des courses)**

    Il avait **des courses** à **faire**. (V, ll. 4–5)
    He had some errands to run.

    J'ai fait une course importante ce matin.
    Elle fait généralement **ses courses** l'après-midi.
    Plume **fait trop de courses** et ne s'amuse pas.

Répondez

être occupé(e) à + inf.

1. A quoi êtes-vous occupé(e) maintenant? le dimanche soir?

2. Demandez à votre voisin(e) s'il (si elle) était occupé(e) à lire les textes de Plume hier soir.

3. Dites que vous n'aimez pas qu'on vous dérange quand vous êtes occupé(e) à manger.

prendre la peine de + inf.

4. Quand vous voyagez, prenez-vous la peine d'écrire des lettres?

5. Pourquoi Plume ne prend-il pas la peine de descendre du plafond tout seul?

6. Demandez à quelqu'un s'il (si elle) a pris la peine de faire ses devoirs.

ignorer

7. Est-ce que vous ignorez le nom de la capitale du Maroc?

8. Avant de lire *Plume*, ignoriez-vous qui était Henri Michaux?

9. Dites que vous ignorez si votre professeur a des cauchemars (voyage beaucoup, est allé(e) à Rome, est condamné(e) à mort, a l'habitude de marcher au plafond).

tout à coup

10. Le matin, est-ce que vous vous réveillez tout à coup?

11. Racontez une brève anecdote en employant l'expression tout à coup pour indiquer une action soudaine.

n'y pouvoir rien

12. Dites que Plume n'y peut rien s'il est persécuté (s'il marche au plafond, s'il perd un doigt, s'il est surveillé par la police).

13. Pourquoi n'êtes-vous pas venu(e) en classe hier (en voyage, à Casablanca avec Humphrey Bogart, etc.)? —..., j'étais malade

14. Dites que vous êtes fatigué(e) (gêné[e], sans ressources, démoralisé[e], distrait[e]), et que vous n'y pouvez rien.

à l'avenir

15. A l'avenir, Plume va-t-il marcher sur le plafond ou par terre?

16. Comment Plume voyagera-t-il à l'avenir?

17. Jusqu'à présent vous avez souvent été absent(e) (paresseux[-euse], négligent[e], consciencieux[-euse], attentif[-ive]). Et à l'avenir?

avoir mal à + partie du corps

18. En quelle saison a-t-on généralement mal à la gorge?

19. Que faites-vous quand vous avez mal à la tête?

20. Demandez-moi si j'ai souvent mal au cœur (= si j'ai la nausée).

21. Où avez-vous mal quand vous avez une indigestion?

en avoir pour

22. Dites que nous en avons seulement pour quelques minutes avant la fin de l'heure.

23. Pour combien de temps en avez-vous avant de recevoir votre diplôme (avant d'avoir 21, 24, 30 ans)?

24. Demandez au professeur s'il (si elle) en a encore pour longtemps à vous poser des questions (à vous persécuter avant de vous laisser partir).

se rendre à (chez, en)

25. Comment vous rendez-vous chez vos amis?

26. Dites que vous allez bientôt vous rendre à Paris (en France, à Rome, au Canada, au Colorado).

27. Demandez au professeur comment il (elle) se rend à l'université.

faire une course (des courses)

28. Demandez-moi si j'ai une course urgente à faire après cette classe (aujourd'hui, cette semaine).

29. Dites quelles courses vous aimez faire (et quelles courses vous n'aimez pas faire).

30. Combien de temps prenez-vous pour faire vos courses habituelles?

Sujets de discussion ou de composition

1. Faites le portrait psychologique et moral de Plume. Indiquez les principaux traits de son caractère, et ceux qui lui manquent.

2. Qu'est-ce que chacun des six textes apporte de nouveau?

3. Plume est-il particulièrement sujet à des «accidents»? Dans quelle mesure en est-il responsable? Quel rôle joue le *hasard* dans ces épisodes? la *fatalité*? Cette fatalité est-elle présente dans tous les épisodes ou seulement dans quelques-uns?

4. Les actions de Plume suivent une certaine logique. Définissez-la.

5. Analysez les rapports de Plume avec la société; avec les institutions; avec les conventions; avec lui-même.

6. En quoi ces textes posent-ils le problème de la normalité? Qui est le plus proche de la réalité telle que nous la vivons nous-mêmes, Plume ou les autres? Plume est-il notre semblable? Justifiez votre réponse en vous basant sur des exemples tirés des textes.

7. Les situations dans lesquelles se trouve Plume lui sont-elles particulières ou est-ce qu'elles révèlent certaines vérités universelles concernant la condition humaine?

8. Quels sentiments le lecteur éprouve-t-il envers le personnage de Plume? Le comportement de Plume est comique à beaucoup d'égards. Définissez ce comique. A quel personnage comique du cinéma muet peut-on comparer Plume?

9. Quelles sont quelques-unes des caractéristiques *narratives* dans ces textes? L'une d'elles est l'*ellipse*[†]: définissez ce terme et montrez comment ce procédé est employé ici. Quel en est l'effet?

10. Imaginez un épisode dans le même genre. Ecrivez-le en imitant le style de Michaux.

ORIENTATION   The following poem reverses the expectation of the reader concerning Misfortune (*le Malheur*). Reflect on the meaning of the title, the way the poet addresses *le Malheur*, and the imagery he uses in describing it. Poetry has been defined as a fusion of sound and sense. This poem, too, derives its effect from certain sound patterns. Try to identify them.

Repos dans le malheur

Le Malheur, mon grand **laboureur**,   *plowman*
Le Malheur, assois-toi,
Repose-toi,
Reposons-nous un peu toi et moi,
5 Repose,

Tu me trouves, tu m'éprouves,[1] tu me le prouves.
Je suis ta ruine.

Mon grand théâtre, mon havre,[2] mon **âtre**,   *hearth, fireplace*
Ma cave d'or,
10 Mon avenir, ma vraie mère, mon horizon,
Dans ta lumière, dans ton ampleur, dans mon horreur,
Je m'abandonne.

Henri Michaux, tiré de *Plume*, © Editions Gallimard.

vers 1 Pourquoi le Malheur est-il apostrophé comme un *laboureur*?
2–5 Le poète s'adresse au Malheur familièrement. Qu'est ce que ce ton familier indique sur le rapport entre le Malheur et lui? Il invite le Malheur à se reposer avec lui. Se reposer de quoi? Normalement, une phrase comme celle du vers 4 serait dite par qui et à qui?
6 Interprétez ces trois verbes. Quelle est leur relation? Qu'est-ce qu'une assonance?†
7 Peut-on interpréter cette phrase de deux manières? Comment?
8–9 Qu'est-ce que ces quatre images ont en commun?
10 Ces trois images diffèrent-elles des précédentes (v. 8–9)? Comment?
8–10 Qu'est-ce que l'usage répété de l'adjectif possessif (*mon, ma*) indique?
11 Commentez la séquence «ta lumière»—«ton ampleur»—«mon horreur».
12 Ce dernier vers est-il surprenant ou attendu? Expliquez.

Questions de synthèse et sujets de réflexion

1. Quel est le paradoxe† qui traverse ce poème? Le résultat de ce paradoxe?

2. Le poème est en grande partie constitué d'apostrophes† au Malheur. Quel rapport s'établit dans ce texte entre le poète et le Malheur? Précisez.

3. Quel est l'effet global de ce poème sur vous? Réagissez-vous *affectivement* et *intellectuellement* de la même manière?

4. Discernez-vous une «logique» qui commande les séquences d'images dans ce poème? Expliquez.

5. Ce poème exprime-t-il une acceptation du Malheur, un abandon au Malheur? Peut-on supposer qu'il ait une fonction thérapeutique pour son créateur?

6. Commentez le titre *Repos dans le malheur*.

---

[1] **tu m'éprouves:** tu me causes des peines, des souffrances
[2] **havre:** refuge, abri (Cf. angl. *haven, harbor*)

:8 Robert Desnos 8:

Né en 1900, le poète Robert Desnos participa d'abord au mouvement Dada,[†] puis au Surréalisme[†] auquel il contribua de mainière très originale: il est célèbre pour son aptitude extraordinaire à raconter ses rêves et pour la verve avec laquelle il faisait des jeux de mots. Le poème suivant est tiré d'un recueil intitulé Chantefables pour enfants sages, *publié en 1944. La même année, Desnos, qui s'était engagé dans la Résistance, fut arrêté et déporté dans un camp de concentration où il mourut en juin 1945. Voir les pages 305–306 pour un autre texte de cet auteur.*

ORIENTATION Like all the *chantefables* (a term coined by Desnos), this delightful piece of eight-syllable light verse derives its charm from a combination of fantasy and humor. Most fables feature a story exemplifying a moral, that is, a lesson stated or implied. This one not only offers no moral instruction, it amusingly self-destructs, thus saving the zany little tale from the risk of monotony. Look at the rhyme scheme, then try to explain how it contributes to the comical effect.

Le Pélican

Le capitaine Jonathan,
Etant âgé de dix-huit ans,
Capture un jour un pélican
Dans une île d'Extrême-Orient.

5 Le pélican de Jonathan,
Au matin, pond un œuf tout blanc
Et il en sort un pélican
Lui ressemblant étonnamment.

Et ce deuxième pélican
10 Pond, à son tour, un œuf tout blanc
D'où sort, inévitablement
Un autre qui en fait autant.[1]

Cela peut durer pendant très longtemps
Si l'on ne fait pas d'omelette avant.

tiré de *Chantefables et Chantefleurs*, Robert Desnos, © Librairie Gründ.

---

[1] **qui en fait autant:** qui fait la même chose

vers 1	Le nom de Jonathan est-il un nom français usuel?
4	Commentez ce détail d'une «île d'Extrême-Orient». Quelle note ce détail apporte-t-il?
8 et 11	Ces adverbes ont-ils un effet comique? Lequel?
12	A quel registre de la langue appartient cette expression? S'attendrait-on normalement à la trouver dans un poème?
13–14	Cette conclusion est-elle une sorte d'anti-morale? de parodie? Est-ce qu'elle est formulée dans le langage de tous les jours ou appartient-elle au langage poétique?

Questions de synthèse et sujets de réflexion

1. Relevez les éléments qui confèrent à ce texte son humour. Y en a-t-il qui vous paraissent particulièrement drôles?

2. Cette chantefable s'adresse-t-elle seulement à des «enfants sages»?

3. Amusez-vous à composer une fable du même genre, en vers ou en prose.

CONNAISSANCE DE SOI ET DU MONDE

❖❖ Bernard Dadié ❖❖

Avec Léopold Sedar Senghor et Aimé Césaire, Bernard Dadié appartient à la généra-tion qui a consacré la littérature noire d'expression française. Né en 1916, il a fait ses études en Côte-d'Ivoire, son pays natal, et au Sénégal. Sa première visite à Paris a eu lieu en 1956. Il a suivi une double vocation: politique—il a servi son pays comme ministre des Affaires culturelles—et surtout littéraire. Poète, essayiste, romancier, auteur dramatique, ce sont surtout deux collections de poésie—Afrique debout (1950) et La Ronde des jours (1956)— qui lui ont apporté sa renommée.

Fidèle à sa devise, «Tu aimes donc tu es,» Dadié chante dans sa poésie sa conception dynamique et vitaliste de la vie, son sentiment de la fraternité humaine, son refus des divisions qui séparent les peuples et les races, enfin sa croyance à un christianisme respectueux de la tradition africaine. Le poème suivant (tiré de La Ronde des jours) célèbre l'identité noire et le destin de sa race, qui est de «porter le Monde». Voir les pages 95–96 pour un autre texte de cet auteur.

ORIENTATION   Rather than writing against the colonial experience as many of his contemporaries have done, Dadié chooses to celebrate a posi-tive, life-asserting vision of *négritude*[1] as a fundamentally human experience shared by all. Traces of the colonial experience are not absent from his work, however. In the following poem, note how Dadié affirms the positive aspects of life and transforms its burdens and its ordeals into occasions for pride and joy.

Je vous remercie, mon Dieu

Je vous remercie, mon Dieu, de m'avoir créé Noir,
d'avoir fait de moi
la somme[2] de toutes les douleurs,
mis sur ma tête
5   le Monde.
J'ai la **livrée** du Centaure[3]   *coat*
Et je porte le Monde depuis le premier matin.

---

[1] **négritude:** ensemble des valeurs culturelles et spirituelles propre au monde noir.

[2] **la somme:** le total. Sous-entendu est le sens d'une bête de somme (*a beast of burden*).

[3] **Centaure:** être mythique mi-cheval (le corps), mi-homme (le buste). Dans la mythologie grecque, le héros Héraclès reçut en don la tunique du Centaure Nessos pour avoir accompli un exploit. A l'occasion d'une autre aventure, Héraclès dut remplacer Atlas, porteur du monde.

Le blanc est une couleur de circonstance
Le noir, la couleur de tous les jours
10 Et je porte le Monde depuis le premier soir.

Je suis content
de la forme de ma tête
faite pour porter le Monde,
Satisfait
15 de la forme de mon nez
qui doit **humer** tout le vent du Monde,   *aspirer, respirer profondément*
heureux
de la forme de mes jambes
Prêtes à courir toutes les **étapes** du Monde.   *distances*

20 Je vous remercie mon Dieu, de m'avoir créé Noir,
d'avoir fait de moi
la somme de toutes les douleurs.

Trente-six **épées** ont transpercé mon cœur.   *swords*
Trente-six **brasiers** ont brûlé mon corps.   *feux intenses*
25 Et mon sang sur tous les **calvaires** a rougi la neige,   *lieux de souffrance*
Et mon sang à tous les **levants** a rougi la nature.   *soleils levants*

Je suis **quand même**   *pourtant, néanmoins*
content de porter le Monde,
content de mes bras courts
30   de mes bras longs
de l'épaisseur de mes **lèvres**.   *lips*

Je vous remercie mon Dieu, de m'avoir créé Noir
Le blanc est une couleur de circonstance
Le noir, la couleur de tous les jours
35 Et je porte le Monde depuis l'aube des temps.
Et mon rire sur le Monde, dans la nuit, créé le Jour.

Je vous remercie mon Dieu, de m'avoir créé Noir.

vers 4–5   Dans la mythologie grecque, Atlas portait le ciel sur ses épaules. Ici, le monde est porté sur la tête. Cette différence reflète-t-elle une réalité proprement africaine?

5   Pourquoi «Monde» et non pas «monde»? Relevez les autres mots à majuscule (*capitalized*).

9   Commentez ce vers.

10   Justifiez «le premier soir» (par rapport au «premier matin», v. 7).

11–19   Résumez le sens de ce passage et commentez la relation du poète au monde.

23–24   En français, le numéro 36 a valeur d'un intensif (*intensifier*). Exemple: voir 36 chandelles (*to sees stars*, fig.).

25–26   Dans quelle mesure ces images reprennent-elle celles des vers 11–19? Selon vous, ces images du sang qui «a rougi la neige» et qui «à tous les levants a rougi la nature» sont-elles tragiques? Ont-elles une signification spéciale? Représentent-elles une sorte de sacrement?

23–26   Quel(s) vers précédent(s) annoncent ce passage? A quel passage s'oppose celui-ci?
32–36   Ce finale du poème reprend des vers antérieurs. Quel est l'effet de ces répétitions?
36   Quel élément nouveau est introduit dans ce vers? Quels éléments introduits précédemment se retrouvent réunis?

Questions de synthèse et sujets de réflexion

1. Analysez et commentez les références à la présence physique du poète, à sa relation avec la nature et le cosmos.

2. Dans quelle mesure ce poème est-il l'expression d'un point de vue personnel? d'une intention universaliste? Précisez.

3. Montrez comment les images de souffrance et d'oppression sont transformées en images de joie et de fierté.

4. Faites des recherches sur d'autres poètes qui ont revendiqué (*claimed*) et célébré leur négritude (par exemple: Aimé Césaire, Léon-Gontran Damas, Léopold Sedar Senghor, Guy Tirolien).

8 Voltaire 8

François Marie Arouet de Voltaire (1694-1778) est un des esprits qui ont le plus dominé la vie intellectuelle du dix-huitième siècle, et le plus célèbre des «philosophes» de l'âge les lumières. Mettant sa plume au service de la liberté de pensée avec une virtuosité rarement égalée, il écrivit de nombreux ouvrages de polémique et de satire contre l'injustice politique et l'intolérance religieuse. Il est le maître du «conte philosophique» dont Candide (1759) est l'exemple le plus connu. On trouve dans la prose de Voltaire toutes les nuances allant d'un humour léger à l'ironie la plus acerbe. Contemporaine de Candide mais publiée en 1761, L'Histoire d'un bon bramin fait exception dans la mesure où le ton n'y est pas satirique, mais au contraire sérieux et même assez grave. C'est une «parabole» philosophique plutôt qu'un conte car il s'agit non d'une histoire, mais d'un dialogue autour d'une situation. Les questions que Voltaire soulève sont celles qui le tourmentaient personnellement: comment justifier la raison et la pensée puisqu'elles conduisent l'homme à constater que toute connaissance est partielle et relative? Comment expliquer la présence du Mal dans le monde? A quel prix le bonheur?

ORIENTATION When reading this tale, note how Voltaire presents the thoughts of his narrator and his characters. For example, those of the narrator and the *bramin* are presented primarily in direct discourse; those of the old Indian woman are summarized for us. Think about what factors might dictate Voltaire's choices here.

Mots apparentés / faux amis

Donnez l'équivalent anglais du mot français. S'il s'agit d'un faux ami (*), donnez aussi l'équivalent français du faux ami anglais.

la pensée (l. 15) _____

le principe (l. 18) _____

inonder (l. 25) _____

se moquer de (ll. 30–31) _____

l'état (*m.*) (l. 36) _____

affliger (l. 41) _____

la métamorphose (l. 44) _____

l'automate (*m.*) (l. 49) _____

la félicité (l. 66) _____

*ignorer (l. 10) _____

_____   _____ to ignore _____

■■■■■■■■■■
••••••••••••••••••••••

Histoire d'un bon bramin[1]

■ Je rencontrai dans mes voyages un vieux bramin, homme fort sage, plein
d'esprit, et très savant; de plus, il était riche, et, **partant**, il en était plus sage
encore: car, ne manquant de rien, il n'avait besoin de tromper personne. Sa
famille était très bien gouvernée par trois belles femmes qui **s'étudiaient à** lui
plaire; et, quand il ne s'amusait pas avec ses femmes, il s'occupait à philosopher. 5

Près de sa maison, qui était belle, ornée et accompagnée de jardins char-
mants, demeurait une vieille Indienne, bigote, imbécile, et assez pauvre.

Qui est-ce que le narrateur a rencontré dans ses voyages?

Pourquoi le bramin n'avait-il besoin de tromper personne?

Qui gouvernait sa famille?

A quoi le bramin s'occupait-il quand il ne s'amusait pas avec ses femmes?

Qui demeurait près de sa maison?

Le bramin me dit un jour: «Je voudrais n'être jamais né.» Je lui demandai
pourquoi. Il me répondit: «J'étudie depuis quarante ans, ce sont quarante
années **de perdues**; j'enseigne les autres, et j'ignore tout: cet état porte dans 10
mon âme tant d'humiliation et de dégoût que la vie m'est insupportable; je
suis né, je vis dans le temps, et je ne sais pas ce que c'est que le temps; je me
trouve dans un point entre deux éternités, comme disent nos sages,[2] et je n'ai
nulle idée de l'éternité; je suis composé de matière; je pense, je n'ai jamais pu
m'instruire de ce qui produit la pensée; j'ignore si mon entendement est en 15
moi une simple faculté, comme celle de marcher, de digérer, et si je pense avec
ma tête comme je prends avec mes mains. Non seulement le principe de ma
pensée m'est inconnu, mais le principe de mes mouvements m'est également
caché; je ne sais pourquoi j'existe; cependant on me fait chaque jour des questions sur tous ces points; il faut répondre; je n'ai rien de bon à dire; je parle 20
beaucoup, et je demeure confus et honteux de moi-même après avoir parlé.

«C'est **bien pis** quand on me demande si Brama a été produit par Vitsnou,[3]
ou s'ils sont tous deux éternels. Dieu m'est témoin que je n'en sais pas un mot,
et il y paraît bien à mes réponses.[4] Ah! mon révérend père, me dit-on,
apprenez-nous comment le mal inonde toute la terre. Je suis aussi en peine 25
que ceux qui me font cette question: je leur dis quelquefois que **tout est le
mieux du monde**, mais ceux qui ont été ruinés et mutilés à la guerre n'en
croient rien, ni moi non plus; je me retire chez moi **accablé de** ma curiosité et
de mon ignorance. Je lis nos anciens livres, et ils redoublent mes ténèbres. Je

---

[1] **bramin:** membre de la caste sacerdotale (hindoue). Le décor «oriental», conforme à la
mode du temps, permet à l'auteur de présenter ses arguments de façon à ne pas offenser
ses contemporains.

[2] Allusion à une des *Pensées* les plus célèbres du philosophe et mathématicien Blaise Pascal
(1623–1662).

[3] **Brama, Vitsnou:** Brahma et Vishnu, deux des trois principaux dieux de l'hindouisme

[4] **Il y paraît bien à mes réponses:** mes réponses révèlent clairement que je n'en sais pas
un mot

Marginal glosses (left column):

donc

essayaient de

sans profit

plus mauvais

everything is for the best

déprimé, humilié par

30 parle à mes compagnons: les uns me répondent qu'il faut jouir de la vie, et se moquer des hommes; les autres croient savoir quelque chose, et se perdent dans des idées extravagantes; tout augmente le sentiment douloureux que j'éprouve. Je suis prêt quelquefois de tomber dans le désespoir, quand je songe qu'après toutes mes recherches je ne sais ni d'où je viens, ni ce que je
35 suis, ni où j'irai, ni ce que je deviendrai.»

L'état de ce bon homme me fit une vraie peine: personne n'était ni plus raisonnable ni **de meilleure foi** que lui. Je conçus que plus il avait ~plus sincère~ de lumières dans son entendement[5] et de sensibilité dans son cœur, plus il était malheureux.

40 Je vis le même jour la vieille femme qui demeurait dans son voisinage: je lui demandai si elle avait jamais été affligée de ne savoir pas comment son âme était faite. Elle ne comprit seulement pas ma question: elle n'avait jamais réfléchi un seul moment de sa vie sur un seul des points qui tourmentaient le bramin; elle croyait aux métamorphoses de Vitsnou de tout son cœur, et
45 pourvu qu'elle pût[6] avoir quelquefois de l'eau du Gange pour se laver, elle se croyait la plus heureuse des femmes.

Frappé du bonheur de cette pauvre créature, je revins à mon philosophe, et je lui dis: «N'êtes-vous pas honteux d'être malheureux, dans le temps qu'à votre porte il y a un vieil automate qui ne pense à rien, et qui vit content?
50 —Vous avez raison, me répondit-il; je me suis dit cent fois que je serais heureux si j'étais aussi sot que ma voisine, et cependant je ne voudrais pas d'un tel bonheur.»

Cette réponse de mon bramin me fit une plus grande impression que tout le reste; je m'examinai moi-même, et je vis qu'en effet je n'aurais pas voulu
55 être heureux à condition d'être imbécile.

Je proposai la chose à des philosophes, et ils furent de mon avis. «Il y a pourtant, disais-je, une furieuse contradiction dans cette manière de penser: car enfin de quoi s'agit-il? d'être heureux. Qu'importe d'avoir de l'esprit ou d'être sot? Il y a bien plus: ceux qui sont contents de leur être sont bien sûrs
60 d'être contents; ceux qui raisonnent ne sont pas si sûrs de bien raisonner. Il est donc clair, disais-je, qu'il faudrait choisir de n'avoir pas le sens commun, **pour peu que** ce sens commun contribue à notre mal-être.» Tout le monde fut ~s'il semble que~ de mon avis, et cependant je ne trouvai personne qui voulût accepter **le marché** de devenir imbécile pour devenir content. De là je conclus que, ~l'échange~
65 **si nous faisons cas du bonheur**, nous faisons encore plus de cas de la raison. ~si nous estimons le bonheur~

Mais, après y avoir réfléchi, il paraît que de préférer la raison à la félicité, c'est être très insensé. Comment donc cette contradiction peut-elle s'expliquer? Comme toutes les autres. Il y a là de quoi parler beaucoup.

Questions

1. Au premier paragraphe, le narrateur observe que le fait d'être riche rend le bramin plus sage. Pourquoi dit-il cela?

2. Pourquoi le bramin dit-il qu'il voudrait «n'être jamais né»?

---

[5] **plus il... son entendement:** plus il comprenait
[6] **pût:** imparfait du subjonctif de «pouvoir» (amené par «pourvu que»)

3. Quelle réponse le bramin donne-t-il à ceux qui veulent savoir «comment le mal inonde tout la terre»?

4. A quelle conclusion le narrateur arrive-t-il en pensant à l'état du bramin?

5. Quelle question le narrateur pose-t-il à la vieille Indienne? Pourquoi est-il frappé par la réponse?

6. Quelle sorte de bonheur le bramin refuse-t-il? Quelle est la «furieuse contradiction» vue par le narrateur? Pourquoi le narrateur conclut-il qu'on fait plus de cas de la raison que du bonheur?

Complétez les phrases suivantes (oralement ou par écrit)

1. La famille du bramin était gouvernée par…

2. La vieille Indienne était _____, _____, et _____.

3. Le bramin demeure honteux et confus parce que…

4. _____ (ll. 26–28) ne croient pas que tout est le mieux du monde.

5. La vieille Indienne se croyait la plus heureuse des femmes si…

6. Le narrateur n'a pu trouver personne qui…

7. La contradiction fondamentale à laquelle le narrateur fait allusion (ll. 66–68) est que…

▦▦ EXPRESSIONS A ETUDIER ▦▦

1. **accablé(e) de**

   Je me retire chez moi **accablé de** ma curiosité et de mon ignorance. (ll. 28–29)
   I retire to my home overwhelmed by my curiosity and my ignorance.

   Nous étions **accablés de** douleur en entendant la nouvelle.

2. **se perdre dans**

   Les autres croient savoir quelque chose, et **se perdent dans** des idées extravagantes… (ll. 31–32)
   Others think they know something and go astray with wild ideas…

   L'enfant **s'est perdu dans** la foule.
   Je me perds dans toutes ces subtilités.

3. **faire cas de**

   De là je conclus que, si **nous faisons cas du** bonheur, **nous faisons** encore plus de **cas de** la raison. (ll. 64–65)
   From that I conclude that, if we value happiness, we value reason even more.

   Il fait grand **cas de** son amitié avec vous.

Répondez

accablé(e) de

1. Etes-vous accablé(e) de travail? de fatigue? de dettes? de soucis?
2. Après un examen, êtes-vous accablé(e) de votre ignorance? d'injures par votre professeur?

se perdre dans

3. Vous perdez-vous dans tous ces exercices?
4. Dites que je ne me perds pas dans des idées extravagantes.
5. Vous êtes-vous jamais perdu(e) dans une forêt, dans une ville?

faire cas de

6. Faites-vous cas du bonheur? de la raison? des notes que vous recevez dans vos cours?
7. Faites-vous grand cas de vos professeurs? de vos parents? de votre camarade de chambre?
8. Demandez-moi si je fais peu de cas de l'argent. Et vous?

Faites le choix le plus conforme au texte

1. On peut résumer une des conclusions auxquelles est arrivé le bramin ainsi:
   a. Mieux vaut être heureux et ignorant que malheureux et instruit.
   b. La richesse est une condition nécessaire pour être sage.
   c. Plus on sait de choses, plus on se rend compte qu'on ignore l'essentiel.
   d. L'existence humaine est fondée sur la contradiction.

2. Dans l'esprit du bramin et du narrateur, la raison est à peu près synonyme...
   a. de connaissance
   b. de bonheur
   c. du mal
   d. de désespoir

3. La quête implicite du bramin, c'est...
   a. de concilier le bonheur et la raison
   b. de vivre comme la vieille Indienne
   c. de supprimer le mal sur la terre
   d. de parvenir à la connaissance absolue

4. Comment interpréter la conclusion? La réponse, «Comme toutes les autres», veut dire...
   a. Il faut préférer la raison
   b. Le bonheur est illusoire
   c. Ce n'est pas une contradiction
   d. Il n'y a pas d'explication

Sujets de discussion ou de composition

1. Expliquez en quoi l'intelligence du bramin le rend malheureux.

2. Les questions auxquelles le bramin n'a pas trouvé de réponse ont-elles toutes une valeur égale? Dressez une liste de ces questions dans l'ordre de leur importance (selon vous).

3. Etes-vous d'accord que la connaissance et la raison apportent le doute, et par conséquent l'angoisse? Justifiez votre réponse.

4. Les problèmes et les doutes qui tourmentent le bramin existent-ils à notre époque? Expliquez votre réponse.

Jean de La Fontaine

L'écrivain le plus familier à tous les Français et le premier qu'ils apprennent à connaître dès l'enfance, c'est sans doute Jean de La Fontaine (1621–1695), dont les fables ont délecté de nombreuses générations. Inspirées en partie de l'Antiquité classique, les Fables de La Fontaine parurent en douze livres entre 1668 et 1694. La moralité de chaque fable est généralement subordonnée à l'histoire contée, aux détails comiques et aux effets dramatiques que La Fontaine manie avec un art consommé. A travers les protagonistes du règne animal, on reconnaît une psychologie du comportement humain aussi finement observée qu'habilement rendue—et toujours actuelle.

ORIENTATION Despite his weak logic, the wolf, by virtue of his superior physical strength, is victorious over the lamb in this fable. Note how the poet manipulates the spoken discourse of the two animals. The lamb is actually given the greatest total number of lines of direct discourse, including the longest speech. Why? Who speaks more lines as the fable draws to a close, however? Explain the significance of this shift.

Le Loup et l'agneau

La raison du plus fort est toujours la meilleure:
      Nous l'allons montrer[1] tout à l'heure.
      Un **agneau** se désaltérait   *lamb*
      Dans le courant d'une **onde** pure.   *eau*
5 Un loup survient **à jeun**, qui cherchait aventure,   *ayant faim*
      Et que la faim en ces lieux attirait.
«Qui te rend si **hardi** de troubler mon breuvage?»   *présomptueux*
      Dit cet animal plein de rage:
«Tu seras châtié de ta témérité.»
10 «Sire», répond l'agneau, «que Votre Majesté
      Ne se mette pas en colère;
      Mais plutôt qu'elle considère
      Que je me vas[2] désaltérant
          Dans le courant
15   Plus de vingt pas au-dessous d'elle;
Et que par conséquent, en aucune façon,
      Je ne puis troubler sa boisson.»
«Tu la troubles,» reprit cette bête cruelle,
«Et je sais que de moi tu **médis** l'an passé.»   *spoke ill, slandered*
20 «Comment l'aurais-je fait si je n'étais pas né?»
Reprit l'agneau; «**je tette** encore ma mère.»   *I'm suckling*
      «Si ce n'est toi, c'est donc ton frère.»

---

[1] **nous l'allons montrer:** en français moderne: nous allons le montrer
[2] **je me vas**: je vais

«Je n'en ai point.» «C'est donc quelqu'un des tiens;
      Car vous ne m'**épargnez** guère,   *spare*
25   Vous, vos bergers, et vos chiens.
On me l'a dit: il faut que je me venge.»
      Là-dessus, au fond des forêts
      Le loup l'emporte, et puis le mange,
      Sans autre forme de procès.

vers 1   La fable s'ouvre par une maxime, c'est-à dire une vérité universelle énoncée de manière concise. Cette maxime sert de morale: notez que la morale introduit la fable, et non le contraire. Cette phrase devenue célèbre est rentrée dans la langue courante, un peu comme certaines phrases de Shakespeare en anglais. Connaissez-vous un proverbe anglais équivalent (en trois mots)?

3–4   Quelle est l'impression produite par ce tableau? Pourquoi un agneau plutôt qu'un autre animal?

5–6   Contrastez ces vers avec les vers 3–4. Quel détail est souligné?

7   Sur quel ton pensez-vous que le loup parle à l'agneau? Commentez ce commencement du dialogue entre le loup et l'agneau, et en particulier le possessif «*mon* breuvage».

9   En quoi consiste la témérité de l'agneau, selon le loup?

10–17   Contrastez ces paroles de l'agneau avec celles du loup, et précisez le ton sur lequel elles sont dites. En l'appelant «Sire» et «Votre Majesté» (v. 10), quelle concession l'agneau fait-il? Quelle autre concession dit-il avoir déjà faite (v. 15)? Commentez les arguments que l'agneau fait valoir en sa défense.

18–21   Pourquoi le loup accuse-t-il faussement l'agneau de l'avoir médit? Commentez la réponse que fait l'agneau pour protester son innocence.

22   Cette phrase du loup est restée aussi célèbre que la morale énoncée dans le vers 1. Pourquoi?

24–25   Quel élément nouveau le loup introduit-il dans ses propos?

26   Interprétez et commentez la première partie de ce vers: «On me l'a dit».

27–29   Après le dialogue entre le loup et l'agneau, le récit reprend. Commentez cette conclusion, en particulier le dernier vers, «sans autre forme de procès»: cette phrase s'applique-t-elle seulement aux événements? Ne s'applique-t-elle pas aussi bien à la fable elle-même, qui n'est pas suivie d'une morale?

Questions de synthèse et sujets de réflexion

1. Caractérisez et contrastez l'attitude du loup et celle de l'agneau.

2. Comme toutes les fables de La Fontaine, cette fable est comme une petite pièce de théâtre, un mini-drame. Quel en est l'élément le plus proprement dramatique? Justifiez votre réponse.

3. La Fontaine écrivit ses fables sous le règne de Louis XIV. Imaginez les différentes façons dont le roi aurait pu comprendre cette fable. La situation représentée dans «Le Loup et l'agneau» s'applique-t-elle à d'autres époques? à l'époque actuelle? Si possible, trouvez des exemples de situations comparables tirées de l'actualité.

4. Essayez de formuler une autre morale applicable à cette fable.

5. Jugez-vous cette fable trop pessimiste? Expliquez et justifiez votre réponse.

❦ Maximes et pensées diverses ❦

La maxime est une formule brève et frappante qui résume un principe de morale ou, le plus souvent, une observation psychologique de caractère général. C'est un genre littéraire très ancien dont les caractéristiques peuvent être: (1) une certaine densité, une économie de l'expression; (2) des propriétés structurales telles que le parallélisme, la symétrie et la répétition; (3) des effets rythmiques ou parfois même poétiques (images, allitérations); (4) l'intention de surprendre au moyen de l'ironie, du paradoxe ou d'une conclusion inattendue. La pensée est une réflexion généralement moins concise et par conséquent plus développée.

Les maximes et pensées furent un genre privilégié au dix-septième siècle (La Rochefoucauld, Pascal, La Bruyère) et au dix-huitième siècle (Vauvenargues, Chamfort, Rivarol). A partir du dix-neuvième siècle, comme on peut le voir chez Joubert et chez Valéry, il ne s'agit plus vraiment de maximes proprement dites, mais de pensées ou, dans le cas de Valéry, de boutades. Les phrases de Valéry sont tirées d'un recueil portant le titre amusant et révélateur de Mauvaises Pensées et autres.

Un auteur de maximes est un moraliste, c'est-à-dire un observateur de la nature et du comportement humains. Son propos est d'étudier l'humanité et de saisir les particularités de la conduite humaine dans une phrase bien tournée, non de prêcher ou de faire la morale. Les maximes sont des vérités, des lois universelles au sujet de l'être humain soit en tant que personne privée ou solitaire, soit en tant qu'individu appartenant à la société. Mais une maxime authentique n'est jamais banale, car son auteur sait donner à une simple pensée une vigueur et un ton qui la transfigurent au terme d'un processus de distillation verbale.

François, *duc de* La Rochefoucauld

(1613–1680)

1. **L'amour-propre** est le plus grand de tous les flatteurs.

2. Nous avons tous assez de force pour supporter les **maux** d'autrui.

3. Les vertus se perdent dans **l'intérêt,** comme les fleuves se perdent dans la mer.

4. Le refus des **louanges** est un désir d'être loué deux fois.

5. Il est aussi facile de se tromper soi-même sans s'en apercevoir qu'il est difficile de tromper les autres sans qu'ils s'en aperçoivent.

6. Tout le monde se plaint de sa mémoire, et personne ne se plaint de son jugement.

7. Il est du véritable amour comme de l'apparition des esprits: tout le monde en parle, mais peu de gens en ont vu.

8. En amour, celui qui est **guéri** le premier est toujours le mieux guéri.

9. L'absence diminue les médiocres passions et augmente les grandes, comme le vent éteint les **bougies** et allume le feu.

estime de soi-même, sentiment de dignité personnelle / malheurs / recherche de son avantage personnel

compliments

cured

candles

spectateurs, person-
nes présentes

10. Dans les premières passions, les femmes aiment l'amant, et dans les autres, elles aiment l'amour.

11. La parfaite valeur est de faire sans **témoins** ce qu'on serait capable de faire devant tout le monde.

12. Le plus grand effort de l'amitié n'est pas de montrer nos défauts à un ami, c'est de lui faire voir les siens.

13. Nous pardonnons souvent à ceux qui nous ennuient, mais nous ne pouvons pardonner à ceux que nous ennuyons.

14. La plupart des jeunes gens croient être naturels lorsqu'ils ne sont que mal polis et grossiers.

15. Peu de gens savent être vieux.

capables

16. Les vieillards aiment à donner de bons préceptes, pour se consoler de n'être plus **en état** de donner de mauvais exemples.

Questions

1. Comment l'amour-propre nous flatte-t-il? Pourquoi est-il le plus grand flatteur?

2. Pourquoi avons-nous assez de force pour supporter les maux d'autrui?

3. Qu'est-ce qui affaiblit nos vertus? Pourquoi? Pourquoi l'image des fleuves qui se perdent dans la mer est-elle particulièrement à propos?

4. Pourquoi refuse-t-on des louanges? Etes-vous de l'avis de La Rochefoucauld? Justifiez votre réponse.

5. Pourquoi est-il aussi facile de se tromper soi-même qu'il est difficile de tromper les autres?

6. Précisez la pensée de la maxime no. 6. Qu'est-ce qui distingue la mémoire du jugement?

7. Comment expliquez-vous que tout le monde parle du «véritable amour»? Pourquoi est-ce que peu de gens en ont vu?

8. Partagez-vous le point de vue de La Rochefoucauld dans la maxime no. 8? Justifiez votre réponse.

9. Comment se fait-il que l'absence diminue les médiocres passions et augmente les grandes? Est-ce qu'il y a un proverbe anglais équivalent? Lequel?

10. Quelle distinction La Rochefoucauld fait-il entre les premières passions des femmes et celles qui viennent plus tard?

11. Quelle conception La Rochefoucauld a-t-il de la parfaite valeur?

12. En quoi consiste le plus grand effort de l'amitié? Pourquoi?

13. Pourquoi ne pouvons-nous pas pardonner à ceux que nous ennuyons?

14. Que pense La Rochefoucauld de la plupart des jeunes gens qui croient être naturels? Etes-vous d'accord avec lui?

15. Pourquoi est-ce que peu de gens savent être vieux? Quels problèmes la vieillesse pose-t-elle que la jeunesse ne pose pas?

16. Est-ce que les vieillards guérissent de leurs défauts? Comment se consolent-ils?

17. D'après les maximes que vous avez lues, quelle conception de l'homme La Rochefoucauld semble-t-il avoir? Diriez-vous que La Rochefoucauld nie l'existence des vertus humaines? Justifiez votre réponse.

Blaise Pascal

(1623–1662)

1. **Le cœur** a ses raisons, que la raison ne connaît point. — l'intuition, le sentiment, opposés à la raison, à l'esprit

2. Peu de chose nous console parce que peu de chose nous afflige.

3. Voulez-vous qu'on croie du bien de vous? N'en dites pas.

4. J'ai découvert que tout le malheur des hommes vient d'une seule chose, qui est de ne savoir pas demeurer **au repos** dans une chambre. — tranquillement

5. Pourquoi me tuez-vous? —Eh quoi, ne demeurez-vous pas de l'autre côté de l'eau? Mon ami, si vous demeuriez de ce côté, je serais un assassin et cela serait injuste de vous tuer **de la sorte**, mais puisque vous demeurez de l'autre côté, je suis un brave, et cela est juste. — de cette façon

Questions

1. Précisez la différence entre le cœur et la raison. Qu'est-ce que le cœur peut vouloir que la raison ignore ou ne comprend pas?

2. Pourquoi est-ce que «peu de chose nous afflige»? Etes-vous d'accord avec cette pensée?

3. Croit-on plus de bien de vous si vous n'en dites pas? Expliquez pourquoi.

4. D'où vient «tout le malheur des hommes»? Etes-vous d'accord? Quelles qualités faut-il pour savoir demeurer au repos dans une chambre? Restez-vous souvent dans la vôtre? Pour quelles raisons et dans quelles circonstances?

5. Précisez la pensée de Pascal sur la relativité de la justice et de la guerre.

Jean de La Bruyère

(1645–1696)

1. Les femmes sont extrêmes: elles sont meilleures ou pires que les hommes.

2. L'amour et l'amitié s'excluent l'un l'autre.

3. Il faut rire avant d'être heureux, de peur de mourir sans avoir ri.

4. Les enfants sont hautains, dédaigneux, **colères**, envieux, curieux, **intéressés**, paresseux, **volages**, timides, intempérants, menteurs, dissimulés; ils rient et pleurent facilement; ils ont des joies immodérées et des afflictions amères sur de très petits sujets; ils ne veulent point souffrir de mal, et aiment à en faire: ils sont déjà des hommes. — colériques, irritables / égoïstes, avares, cupides / inconstants

5. Il n'y a pour l'homme que trois événements: naître, vivre et mourir. Il ne se sent pas naître, il souffre à mourir, et il oublie de vivre.

6. Il n'y a au monde que deux manières de s'élever, ou par sa propre industrie, ou par l'imbécillité des autres.

un si grand raffinement

7. Avec un langage si pur, **une si grande recherche** dans nos habits, des mœurs si cultivées, de si belles lois et un visage blanc, nous sommes barbares pour quelques peuples.[1]

8. Un homme est plus fidèle au secret d'autrui qu'au sien propre; une femme au contraire garde mieux son secret que celui d'autrui.

Questions

1. Quelle opinion La Bruyère a-t-il des femmes vis-à-vis des hommes? Si les femmes sont meilleures ou pires que les hommes, qu'est-ce que cela dit des hommes?

2. Qu'est-ce qui fait que l'amour et l'amitié s'excluent l'un l'autre? Etes-vous d'accord avec La Bruyère?

3. Expliquez la phrase: «Il faut rire avant d'être heureux». Que peut-on en inférer à propos du bonheur?

4. Comment les enfants ressemblent-ils aux adultes?

5. Quels sont les trois événements pour l'homme? Selon vous, pourquoi est-ce que l'homme oublie de vivre?

6. Expliquez les deux manières de s'élever dont parle La Bruyère. Quel est votre avis à ce sujet?

7. Interprétez la septième maxime. Peut-on l'appliquer à la situation actuelle? Selon vous, en quoi consiste la «supériorité» d'une civilisation?

8. Quelle distinction La Bruyère fait-il entre les hommes et les femmes dans leur façon de garder un secret? Etes-vous d'accord avec ce jugement? Justifiez votre réponse.

Luc de Clapiers, marquis de Vauvenargues

(1715–1747)

la nature humaine, la spontanéité

1. La raison nous trompe plus souvent que **la nature**.

2. Les grandes pensées viennent du cœur.

3. Personne n'est sujet à plus de fautes que ceux qui n'agissent que par réflexion.

4. Pour exécuter de grandes choses, il faut vivre comme si on ne devait jamais mourir.

ne concerne pas

5. Ce qui n'offense pas la société **n'est pas du ressort de** la justice.

les hautes fonctions

6. Il est peut-être plus utile, dans **les grandes places**, de savoir et de vouloir se servir des gens instruits que de l'être soi-même.

rendre chaud

7. Les conseils de la vieillesse éclairent sans **échauffer**, comme le soleil de l'hiver.

---

[1] En 1686, la présence à Paris d'ambassadeurs du Siam avait piqué la curiosité de la population.

Questions

1. Comment la raison peut-elle nous tromper? En quoi la nature est-elle moins trompeuse?

2. Selon Vauvenargues, en quoi consiste une grande pensée? Pourquoi vient-elle du cœur?

3. Quelles sont les fautes que peuvent faire ceux qui n'agissent que par réflexion? Quelle est l'alternative implicite?

4. Comment faut-il vivre pour exécuter de grandes choses? Pourquoi?

5. Selon Vauvenargues, qu'est-ce qui caractérise la justice? Donnez des exemples.

6. Expliquez l'utilité de la conduite recommandée par l'auteur dans la sixième maxime.

7. Quel jugement Vauvenargues semble-t-il porter sur la vieillesse? En quoi l'image est-elle apte? Comparez cette maxime à la maxime no. 16 de La Rochefoucauld? Laquelle est la plus généreuse? la plus cynique?

Sébastien-Roch Nicolas Chamfort

(1740–1794)

▨ L'amour, tel qu'il existe dans la société, n'est que l'échange de deux fantaisies et le contact de deux épidermes.

Questions

Quelle conception Chamfort a-t-il de l'amour tel qu'il existe dans la société de son temps? Trouvez-vous ce jugement trop cynique? S'applique-t-il à la société actuelle?

Antoine Rivarol

(1753–1801)

1. Les peuples les plus civilisés sont aussi **voisins** de la barbarie que le fer le plus poli l'est de **la rouille**.

proches
rust

2. En général, l'indulgence pour ceux qu'on connaît est bien plus rare que la pitié pour ceux qu'on ne connaît pas.

3. On **mènera** toujours les peuples avec ces deux mots: *ordre* et *liberté*; mais l'ordre **vise** au despotisme, et la liberté à l'anarchie. Fatigués du despotisme, les hommes crient à la liberté; **froissés** par l'anarchie, ils crient à l'ordre.

dirigera
tend
vexés

Questions

1. Expliquez la pensée de la maxime no. 1. Comparez-la à la maxime no. 7 de La Bruyère.

2. Pourquoi est-il difficile d'avoir de l'indulgence pour ceux qu'on connaît… et facile d'avoir de la pitié pour ceux qu'on ne connaît pas?

3. La troisième pensée est-elle applicable à l'histoire politique récente (ou actuelle)? Donnez des exemples, si possible. Selon vous, l'ordre et la liberté sont-ils compatibles ou incompatibles? Expliquez votre réponse.

Joseph Joubert

(1754–1824)

sans un œil

1. Quand mes amis sont **borgnes**, je les regarde de profil.
2. Le ciel est pour ceux qui y pensent.

à la lumière d'une lampe... du soleil

3. Ce qui est vrai **à la lampe n'est pas toujours vrai au soleil.**
4. L'imagination a fait plus de découvertes que les yeux.
5. Un rêve est la moitié d'une réalité.
6. Il faut ne choisir pour épouse que la femme qu'on choisirait pour ami, si elle était homme.

Questions

1. Quel trait de caractère se révèle chez l'auteur d'après la maxime no. 1?
2. Qu'est-ce que Joubert veut dire par «ciel» dans la deuxième maxime? Interprétez cette maxime.
3. Donnez un exemple qui prouve la vérité de la maxime no. 3. Formulez cette idée de manière différente.
4. Quelle est la supériorité de l'imagination sur les yeux?
5. Comment un rêve est-il «la moitié d'une réalité»? Si la maxime était formulée ainsi: «Le rêve est une moitié de la réalité», quelle serait la différence de sens?
6. Quelle sorte de femme est-ce qu'un homme devrait choisir pour épouse? Pourquoi? Etes-vous d'accord?

Paul Valéry

(1871–1945)

1. Etre soi-même!... Mais soi-même en vaut-il la peine?
2. Tout ce qui est contraire à la nature est désiré par l'homme, est nature de l'homme.
3. Un chef est un homme qui a besoin des autres.

s'occuper de
concerne / forcer
comprennent

4. La politique fut d'abord l'art d'empêcher les gens de **se mêler de** ce qui les **regarde**. A une époque suivante, on y adjoignit l'art de **contraindre** les gens à décider sur ce qu'ils n'**entendent** pas. Ce qui a été cru par tous, et toujours, et partout, a toutes les chances d'être faux.
5. Dieu créa l'homme, et ne le trouvant pas assez seul, il lui donna une compagne pour lui faire mieux sentir sa solitude.

stupide

6. Une femme intelligente est une femme avec laquelle on peut être aussi **bête** que l'on veut.

foam, froth

7. Les événements sont **l'écume** des choses, ce qui m'intéresse, c'est la mer.

Questions

1. Quelle attitude vis-à-vis de soi est exprimée dans la première maxime?
2. Quelle est la nature de l'homme d'après la deuxième maxime?
3. Quel est l'élément inattendu dans la maxime no. 3? Qu'est-ce qui caractérise un chef? Y a-t-il un rapport entre cette maxime et une des maximes de Vauvenargues?
4. Selon Valéry, quelles ont été les deux étapes dans la politique? Précisez sa pensée ici. Qu'est-ce que Valéry semble penser de l'opinion commune?
5. Selon Valéry, pourquoi est-ce que Dieu a créé la femme? En quoi consiste le paradoxe de cette pensée?
6. Quelle qualité Valéry semble-t-il attribuer à une femme intelligente? Dans quel sens faut-il comprendre «intelligente» ici?
7. Expliquez l'idée exprimée dans la maxime no. 7. Que représente la «mer»?

Sujets de discussion ou de composition

1. Dites quelles maximes vous ont le plus frappé et pourquoi. Y en a-t-il que vous trouvez offensantes? Lesquelles?
2. Choisissez une, deux ou trois maximes et dites ce qui fait leur valeur littéraire.
3. Sans l'art de la maxime (les qualités stylistiques), que deviendraient un grand nombre de ces pensées?
4. Remarquez-vous des traits récurrents et distinctifs chez quelques-uns des moralistes? Précisez ces traits.
5. Composez des conclusions originales aux maximes commençant comme suit:
   a. (La Rochefoucauld, 2) Nous avons tous assez de force pour…
   b. (La Rochefoucauld, 14) La plupart des jeunes gens…
   c. (La Rochefoucauld, 15) Peu de gens…
   d. (Pascal, 4) J'ai découvert que…
   e. (La Bruyère, 3) Il faut…
   f. (Vauvenargues, 2) Les grandes pensées…
   g. (Vauvenargues, 6) Il est peut-être plus utile…
   h. (Joubert, 1) Quand mes amis…
   i. (Joubert, 6) Il faut ne choisir pour époux que l'homme…
   j. (Valéry, 6) Un homme intelligent est…

:8 Guillaume Apollinaire 8:

Guillaume Apollinaire (1880–1918), un des grand innovateurs de la poésie moderne, est surtout connu pour deux recueils de poésie. Alcools (1913) et Calligrammes (1918). Certains de ses poèmes sont caractérisés par l'emploi d'images contemporaines (comme l'avion, le cinéma, ou la vie urbaine), par l'évocation simultanée de lieux ou d'événements disparates, et par une disposition typographique nouvelle où les mots dessinent par exemple la pluie, une mandoline ou la tour Eiffel. Défenseur du cubisme[†] et précurseur du surréalisme,[†] Apollinaire fut aussi l'auteur de textes en prose. Sa production littéraire fut écourtée par une blessure grave qu'il reçut pendant la Première Guerre mondiale et par la grippe espagnole dont il mourut deux jours avant l'armistice.

Le Pont Mirabeau traverse la Seine près du quartier d'Auteuil où Apollinaire habitait au moment de sa liaison avec la jeune artiste Marie Laurencin, l'inspiratrice de ce poème. Le thème élégiaque[†] du Pont Mirabeau—l'amour perdu et l'inconstance des choses—n'est pas nouveau, mais la richesse d'expression, la versification et le rythme de ce poème en font un des chefs-d'œuvre de la poésie lyrique française.

ORIENTATION This poem is famous for its lyrical flow. Besides the symbolism of the river's water, there is that of the bridge. Trace the interplay of the two images throughout the poem and try to define their full meaning. Look for other features—structural and phonetic—that reflect or reinforce the two basic themes. In so doing, you will notice a third complementary—and unifying—theme.

Le Pont Mirabeau

Sous le pont Mirabeau coule la Seine
     Et nos amours
    Faut-il qu'il m'en souvienne
La joie venait toujours après la peine

       Vienne la nuit sonne l'heure[1]
       Les jours s'en vont je demeure

(right margin, line 3:) Faut-il que je m'en souvienne

5

---

[1] **Vienne la nuit sonne l'heure:** Que la nuit vienne et que l'heure sonne. La phrase peut se comprendre de deux manières: comme un souhait ou comme une attitude résignée ou fataliste.

Les mains dans les mains restons face à face
    Tandis que sous   pendant que
    Le pont de nos bras passe
10   Des éternels regards l'onde si lasse[2]

        Vienne la nuit sonne l'heure
        Les jours s'en vont je demeure

L'amour s'en va comme cette eau courante
        L'amour s'en va
15   Comme la vie est lente
Et comme l'Espérance est violente

        Vienne la nuit sonne l'heure
        Les jours s'en vont je demeure

Passent les jours et passent les semaines
20   Ni temps passé
      Ni les amours reviennent
Sous le pont Mirabeau coule la Seine

        Vienne la nuit sonne l'heure
        Les jours s'en vont je demeure

vers 2   Noter l'ambivalence de ce vers: il complète le premier (auralement) en même temps qu'il prépare le suivant.

3   *en* peut se rapporter à *amours* (v. 2) ou au vers 4.

4   Interprétez ce vers. Est-ce que le contraire n'est pas aussi vrai? S'agit-il d'un seul amour, ou d'amours successifs?

5–6   Qu'est-ce que le refrain exprime ici, faisant suite à la première strophe?

7–10   Quel est le temps des verbes dans cette strophe? A qui s'adresse le poète? Que forment «les mains dans les mains»?

11–12   Le refrain a-t-il ici le même sens que précédemment? Expliquez.

14   Pourquoi la répétition?

15–16   Commentez ces deux vers: l'idée exprimée est-elle un paradoxe?† Ne dit-on pas généralement que la vie passe trop vite? Qu'est-ce qui fait dire au poète que la vie est lente? De quelle «Espérance» s'agit-il? Pourquoi la majuscule?

19   Justifiez la double inversion.

22   Répétition du vers 1. Commentez cette reprise.

23–24   Le refrain a-t-il le même sens ici qu'avant?

Questions de synthèse et sujets de réflexion

1. Etablissez les équivalences entre les images et les idées exprimées dans ce poème. (Par exemple, eau = ? pont = ? nuit = ? etc.)

2. Est-ce que ce poème s'adresse à quelqu'un? A qui? Y a-t-il plusieurs réponses possibles à cette question? Précisez.

---

[2] **Des éternels regards l'onde si lasse:** L'onde si lasse (l'eau si fatiguée) des éternels regards (inversion).

3. Trouvez dans Le Pont Mirabeau tout ce qui désigne (a) le passage du temps (b) la continuité et la permanence (c) l'éternel retour. Ces trois thèmes sont-ils antithétiques? paradoxaux? complémentaires? Expliquez.

4. Quelle est la seule véritable référence au passé, au souvenir? Dans cette élégie,[†] quelle est l'importance du passé? du présent? de l'avenir? (Au fait, quel temps du verbe est le plus employé?)

5. Montrez comment le sens du refrain évolue à travers le poème, comment il se nuance de strophe en strophe. Essayez de préciser dans chaque cas le sentiment qui domine (le regret? la résignation? la patience? l'impatience? la volonté de persister?)

6. Dans une lettre à un ami, Apollinaire a justifié l'absence de ponctuation ainsi: «Le rythme même et la coupe des vers [= la versification], voilà la véritable ponctuation et il n'en est point besoin d'autre.» Précisez ce que l'absence de ponctuation apporte à ce poème.

:B Robert Desnos B:

Le poète Robert Desnos (1900–1945) participa d'abord au mouvement Dada[†], puis au Surréalisme[†] auquel il contribua de manière très originale: il est célèbre pour son aptitude extraordinaire à raconter ses rêves et pour la verve avec laquelle il faisait des jeux de mots. Le poème ci-dessous, écrit vers 1936, après que Desnos eut quitté le mouvement surréaliste, est un texte qui reflète une logique organique à la fois simple et inhabituelle. Voir le page 281 pour un autre texte de cet auteur.

ORIENTATION In describing a tree, this poem follows a natural order based on the analogy between palmistry (fortune telling by the lines of the palm of a hand) and the veins of a leaf or the branching pattern of a tree. Trace the developing sequence of the component parts of the tree, noting the simple change that occurs in describing each part. The progression from one element to the next reverses our expectations: normally, we proceed from the whole to its parts, from the general to the particular, from the large to the small.

Il était une feuille

Il était une feuille avec ses lignes
Ligne de vie
Ligne de chance
Ligne de cœur
5   Il était une branche **au bout de** la feuille   à l'extrémité de
Ligne fourchue[1] signe de vie
Signe de chance
Signe de cœur
Il était un arbre au bout de la branche
10 Un arbre digne de vie
Digne de chance
Digne de cœur[2]
Cœur gravé, percé, transpercé
Un arbre que **nul** jamais ne vit.   personne
15 Il était des racines[3] au bout de l'arbre
Racines vignes de vie

---

[1] **fourchue:** qui se divise en deux branches
[2] **cœur:** Partie centrale d'un arbre (= *lignum*), et aussi, bien sûr, *heart*.
[3] **racines:** Parties souterraines et nourricières d'un arbre, d'une plante.

Vignes de chance
Vignes de cœur
Au bout des racines il était la terre
20   La terre tout court[4]
La terre toute ronde
La terre toute seule au travers du ciel
La terre.

Robert Desnos, tiré de *Fortunes*, © Editions Gallimard.

vers 1 —«Il était une fois…» marque habituellement le commencement d'un conte de
fées ou d'une fable. Le commencement de ce poème rappelle cette conven-
tion, mais en diffère tout de même. Que pouvez-vous dire de cette ouverture?
—Quelle sorte de temps est désigné par l'imparfait ici (historique? vécu?
mythique?)?

1 Le terme botanique désignant la «ligne» d'une feuille est la *nervure*.

2–4 Les trois «lignes» de la main (la vie, la chance, le cœur) sont examinées en
chiromancie (= *palmistry*) pour prédire l'avenir.

3 Le mot *chance* est un faux ami. En anglais, cela signifie…

4 Le cœur, c'est-à-dire…

5 Qu'y a-t-il d'inattendu ou de déconcertant dans cette image?

6 Que désigne la «*ligne fourchue*»? Justifiez cette image.

6–8 Entre les vers 2–4 et les vers 6–8, quelle est la différence?

11–13 Qu'est-ce qui distingue cette variation des précédentes (2–4, 6–8)?

13 —Normalement, que représente un cœur gravé? Lequel est le plus fort (le plus
expressif) des adjectifs «gravé, percé, transpercé»? Pourquoi? Qu'est-ce
qu'il connote?
—Remarquez que le mot «cœur» dans 12–13 est situé à peu près au… du
poème (*complétez*).

14 Ce vers offre d'intéressantes particularités: précisez-les. (Quel est le temps du
verbe? Que remarque-t-on à la fin du vers? Sens de ce signe de ponctuation?) Si personne n'a jamais vu cet arbre, alors…?

15 Qu'est-ce qui distingue ce vers des vers 1, 5, et 9?

16–18 De quelle sorte de vignes s'agit-il? Quelle en est la connotation?

19 Ce vers offre une différence importante par rapport aux vers analogues qui
précèdent (1, 5, 9, 15). Laquelle? Quel est le sens du mot «*terre*» ici? Précisez.

20–23 Quel est le sens du mot «*terre*» dans ces vers-ci? Commentez cette progression
et la conclusion (23) du poème. Comment est-ce que les vers précédents
préparent et renforcent l'impression d'isolement du vers final? Justifiez la
concision et la simplicité du dernier vers.

Questions de synthèse et sujets de réflexion

1. De quelle manière la vision de l'univers dans ce poème est-elle inattendue? Quelle(s) impression(s) se dégage(nt) de ce poème?

2. Commentez la simplicité du vocabulaire et de la syntaxe, et l'effet de
cette simplicité lexicale et syntaxique.

---

[4] **tout court:** Sans autre chose, sans prolongement.

3. Expliquez et commentez la valeur de la ponctuation dans ce poème.

4. En mythologie, l'Arbre de Vie représente les forces évolutives s'élevant de la terre ou, plus généralement, la vie du cosmos. L'arbre représenté ici est-il un Arbre de Vie? Justifiez votre réponse.

5. Résumez la progression du poème. Par quelle image commence-t-il? finit-il? Que représente cette progression, ce passage d'un microcosme (un monde en miniature) à un macrocosme (un monde infiniment grand par rapport à un monde petit)? La terre est-elle un microcosme, un macrocosme, ou les deux à la fois?

6. Ce poème consiste surtout en rapports organiques et spatiaux. Quelle est la dimension temporelle dans ce poème? Précisez.

7. Aucune figure humaine ne paraît dans ce poème. Ne peut-on pas cependant déceler la présence de l'homme? Quels en sont les signes?

:B: Paul Eluard :B:

Le poète Paul Eluard (1895–1952) fut un des principaux animateurs du Surréalisme,[†] mouvement d'une importance considérable pour la vie littéraire at artistique entre les deux guerres mondiales. La poésie d'Eluard est surréaliste parce qu'elle privilégie l'imagination et parce qu'elle se fonde sur le magnétisme des mots, c'est-à-dire sur les significations multiples et implicites que les mots possèdent individuellement et en relation les uns avec les autres. La libre association des images est chez lui le principe créateur par excellence.

Dans ce poème écrit en 1949, Paul Eluard (1895–1952) exprime d'une manière à la fois simple et condensée son idéal de fraternité, de progrès et de courage, idéal fondé sur un espoir en la perfectibilité humaine. On trouve dans Bonne justice une des constantes de la poésie éluardienne, qui est la réconciliation des antinomies: la discorde et l'amitié, la vie et la mort, le rêve et la réalité, le passé et l'avenir. C'est sur la bonne volonté des hommes que se fonde toute «bonne justice». Voir les pages 100, 212 pour la biographie et d'autres textes de cet auteur.

ORIENTATION This poem features a dynamic pattern in both content and form. Trace the references to the many processes by which mankind transforms things or struggles against adversity in order to bring about an improvement of its lot. Note the word—*la loi*—that unifies the four stanzas, and try to define how that concept evolves throughout the poem.

Bonne justice

C'est la chaude loi des hommes
Du **raisin** ils font du vin   *grape*
Du **charbon** ils font du feu   *coal*
Des **baisers** ils font des hommes   *kisses*

5 C'est la dure loi des hommes
Se garder intact malgré
Les guerres et la misère
Malgré les dangers de mort

C'est la douce loi des hommes
10 De changer l'eau en lumière
Le rêve en réalité
Et les ennemis en frères

Une loi vieille et nouvelle
Qui va se perfectionnant
15 Du fond du cœur de l'enfant
Jusqu'à la raison suprême

Paul Eluard, tiré de *Pouvoir tout dire,* © Editions Gallimard.

vers 1–4 Pourquoi la «loi» ici est-elle «chaude»?

2–4 Y a-t-il une gradation (une progression) dans ces trois images?

9–12 Pourquoi cette loi est-elle «douce»? Comment change-t-on l'eau en lumière? Le plus souvent, de quelle sorte d'eau s'agit-il?

13 «Une loi vieille et nouvelle» est-elle une contradiction? ou le contraire? Justifiez votre réponse.

15–16 Quels sont les deux termes contrastés? Quelle loi se trouve au «cœur de l'enfant»?

16 Qu'est-ce que «la raison suprême»? Qui la possède? Y a-t-il plusieurs réponses possibles à ces deux questions?

Questions de synthèse et sujets de réflexion

1. Peut-on définir la «loi» dont il est question à travers ce poème? S'agit-il d'une seule loi, ou de plusieurs?

2. Qu'est-ce que les strophes 1 et 3 ont en commun? Quelle est la fonction de la deuxième strophe? de la dernière?

3. A quelles images du poème les termes suivants correspondent-ils: l'amour, la combustion, l'énergie hydro-électrique, la fermentation, la préservation de la vie, la réconciliation?

4. Comment le vers 13 se distingue-t-il des vers 1, 5, et 9? Peut-on substituer un seul adjectif à «vieille et nouvelle»?

5. Commentez le choix, l'emploi et la combinaison des cinq adjectifs qualifiant la loi: chaude—dure—douce—vieille—nouvelle. Commentez le dernier adjectif (et le dernier mot du texte): suprême.

6. A votre avis, la loi des hommes va-t-elle «se perfectionnant» (v. 14)? Et l'humanité elle-même? Commentez cette réflexion d'un autre poète célèbre (Baudelaire): «Il ne peut y avoir de progrès (vrai, c'est-à-dire moral) que dans l'individu et par l'individu lui-même.» Partagez-vous la confiance d'Eluard en le perfectionnement de l'homme?

Andrée Chedid

Née au Caire en 1920, d'origine égypto-libanaise, Andrée Chedid s'installa, à Paris en 1946. Sa poésie et ses romans sont des hymnes à la terre, aux éléments, au cosmos, aux forces vitales toujours en devenir. Ils expriment les «cadences de l'univers» et les liens intimes qui rattachent l'homme à son milieu. La poésie est «apaisante ou traumatisante», c'est-à-dire qu'elle a le don d'affirmer la vie mais aussi de la bouleverser. Les deux poèmes ci-dessous sont tirés respectivement de Contre-Chant (1968) *et de* Fraternité de la parole (1976).

ORIENTATION The common strand that links these otherwise unrelated poems is the idea of becoming—the relation of past and future, the destiny of things and persons, their progression from youth to old age, the cycle of birth and death, the evolution of individuals through time. Ultimately, it is the notion of change that predominates. To what extent can it be said that Chedid's notion of change represents that of a woman and mother?

Avant

C'est avant ta naissance que **se hasarde** ta vie   *se manifeste, se*
C'est avant ton regard que résident tes images   *risque*

C'est avant ta parole que repose ta voix
C'est avant ton **pas** que progresse ta route   *footstep*

5   C'est bien avant ta mort
que se fomente ta fin

vers 1–6   —A qui s'adresse le poème? La réponse est-elle donnée explicitement? Y a-t-il une ou plusieurs réponses possibles?

—Remarquez l'absence de ponctuation: ce détail a-t-il son importance?

1   La vie qui «se hasarde» avant la naissance reflète une perspective inattendue, un paradoxe.

2   Il y a plus d'une façon de comprendre «tes images». Par exemple, les images que tu te feras du monde, ou bien les images que d'autres se feront de toi, ou encore les images matérielles (photos, dessins) que tu auras en ta possession et autour de toi.

3   Commentez le choix du verbe «repose». N'indique-t-il pas que la voix existe déjà, qu'elle est déjà fixée?

4   Interprétez l'image de la route qui progresse. N'est-ce pas normalement le pas qui progresse, et non la route?

6 Le verbe «se fomente» a une connotation négative et sinistre, comme s'il s'agissait d'une conspiration. Justifiez l'usage de ce verbe ici.

Questions de synthèse et sujets de réflexion

1. Essayez de formuler, de résumer l'idée centrale du poème. Comment est-ce que la réitération d'une même structure (**C'est avant** + adj. poss. + nom + **que** + verbe + adj. poss. + nom) reflète et confirme l'idée centrale?

2. Le poème est constitué de cinq phrases qui énoncent chacune une sorte de vérité, à la façon d'une pensée ou d'une maxime—formules appartenant traditionnellement au genre de la prose. L'élément le plus expressif et le plus inattendu de chaque phrase (de chaque vers), c'est sans doute le verbe. Appréciez la valeur des verbes de ce poème composé de cinq phrases.

3. Dans quelle mesure les pensées exprimées dans les vers 1 et 5–6 sont-elles comparables? complémentaires?

4. A votre avis, ce poème exprime-t-il un sentiment d'espoir ou de fatalité?

La Femme des longues patiences

Dans les **sèves**	fluides nutritifs internes d'un arbre ou d'une plante /
Dans sa fièvre	
Ecartant ses voiles	éloignant, ouvrant /
Craquant ses carapaces	
5 **Glissant** hors de ses **peaux**	slipping, sliding / épidermes, enveloppes
La femme des longues patiences	
se met	
lentement	
au monde.[1]	
10 Dans ses volcans	
Dans ses **vergers**	orchards
Cherchant cadence et gravitations	
Etreignant sa chair[2] la plus tendre	
Questionnant ses fibres les plus **rabotées**	pared down, smoothed out
15 La femme des longues patiences	
Se donne	
lentement	
le jour.[1]	

---

[1] L'expression usuelle, c'est «mettre au monde un enfant», «donner le jour à un enfant» —c'est-à-dire: donner naissance.

[2] **Etreignant sa chair:** Clasping, embracing her flesh

vers 1–9	Ces 9 vers sont une seule phrase. Montrez comment les vers 1–5 préparent les vers 6–9.
1	Que symbolise la sève?
2	Dans quel sens faut-il prendre «fièvre» ici?
3	L'image des voiles écartés est associée à Isis, divinité de l'ancienne Egypte, déesse-mère de la Nature et de la fertilité.
4–5	Montrez comment ces deux images sont complémentaires. Notez la différence entre «craquant» et «glissant».
7–9	Justifiez la division de cette phrase en trois vers (distribution métrique 2-3-2).
10	Qu'est-ce que l'image des volcans apporte de nouveau?
11	Précisez la connotation des «vergers»: que suggère cette image?
12	Cherchant par conséquent à se mettre au rythme des choses.
13	«Etreindre sa chair» suggère une étreinte amoureuse, un acte de tendresse.
14	—Le mot «questionnant» semble avoir ici plusieurs sens, dont un est très fort: «soumettant à une épreuve (*ordeal*)».
	—Le mot «rabotées» a une résonance à la fois positive (très travaillées, polies) et négative (usées).
16–18	Expliquez les analogies et les différences entre cette image et celle des ver 7–9.

Questions de synthèse et sujets de réflexion

1. En combien de parties se divise le poème? Ces parties sont-elles parallèles? analogues? symétriques?

2. Montrez comment presque toutes les images de ce poème suggèrent une vie en gestation, en devenir.

3. La personne évoquée est une femme, «la femme des longues patiences.» Un «homme des longues patiences» serait-il concevable sans modifier le reste du poème? Expliquez.

4. Relevez les pluriels dans ce poème: combien en comptez-vous? Pourquoi tant de pluriel? Qu'est-ce que leur présence apporte au poème? Y a-t-il des mots au pluriels ici que l'on rencontre généralement au singulier? Montrez que si l'on substitue des singuliers aux pluriels le poème perd son sens et sa richesse. Comparez ce poème avec «L'Invitation au voyage» de Baudelaire, où les pluriels se multiplient aussi. A la lumière de ces deux poèmes, commentez l'importance du pluriel dans la poésie.

5. Commentez l'importance des verbes dans ce poème. Qu'est-ce qu'ils ont en commun?

6. Commentez la relation entre la femme et la nature à travers les images de ce poème. Quelles images évoquent un aspect ou un phénomène animal? végétal? minéral? Montrez comment la femme est présentée dans sa réalité naturelle et physique.

⠿ Emmanuel Roblès ⠿

Né en Algérie de parents ouvriers d'origine espagnole et donc «pied noir»[1], Emmanuel Roblès (1914–1995) est l'auteur d'une trentaine d'ouvrages, la plupart des romans ayant le plus souvent pour cadre les régions méditerranéennes. La vision réaliste qui se dégage de ses œuvres est accompagnée d'un sentiment tragique de l'existence: l'homme condamné à la solitude et à l'absurde ne cède pas au désespoir, il affirme au contraire son amour de la vie et sa dignité face au destin et à la mort. La conscience individuelle de ses personnages se heurte souvent aux impératifs sociaux ou politiques, comme Noreddine dans le conte ci-dessous est impliqué malgré lui dans la situation qui oppose Français et Algériens. Contrairement à son contemporain Albert Camus, Roblès reste étranger à tout engagement idéologique ou politique. «Le **Rossignol** de Kabylie» est tiré d'un recueil de nouvelles, L'Homme d'avril (1959).

nightingale

ORIENTATION In this story, Noreddine, a sixty-eight year old poet in Kabylie, a mountainous region in northeastern Algeria, receives an unexpected visit at his home from a French army officer. The visit makes Noreddine vulnerable to an accusation of betrayal of the *fellaghas*, who are rebelling against French domination in Algeria. As you read, notice how Noreddine's poetry affects Noreddine himself as well as those around him. What does the author appear to be suggesting about the function of art?

Mots apparentés / faux amis

Donnez l'équivalent anglais du mot français. S'il s'agit d'un faux ami (*), donnez aussi l'équivalent français du faux ami anglais.

la halte (l. 31) _____

la vilenie (l. 41) _____

estimer (l. 47) _____

l'ingénieur (*m.*) (l. 56) _____

la misère (l. 74) _____

repousser (l. 97) _____

la stupeur (l. 111) _____

récompenser (l. 147) _____

trahir (l. 156) _____

effacer (l. 175) _____

hanter (l. 214) _____

la clarté (l. 226) _____

*le disque (l. 32) _____

---

[1] **pied noir:** Français d'origine européenne né en Algérie.

	disc
*ignorer (l. 42)	
	to ignore
*fin (l. 86)	
	fine
*la couche (l. 137)	
	couch
*l'avertissement (*m*.) (l. 224)	
	advertisement

Le Rossignol[1] de Kabylie[2]

Comme les clameurs, dehors, se renforçaient, Noreddine Aït Kaci se réveilla. Sa femme revenait de la cour. Du soleil entrait par la porte grande ouverte.

—Des soldats, dit Aïni. Il y en a un qui veut te voir.

Noreddine regarda la vieille Aïni, toute cassée, le visage desséché. Il réfléchissait, l'esprit encore **engourdi**. 5

lent, ensommeillé

—Ce sont des Français?

—Des Français, bien sûr…

Elle paraissait inquiète. Noreddine se leva, rejeta le burnous[3] qui le recouvrait et chercha ses sandales. Il les trouva au bout de la **natte** sur laquelle 10 il avait dormi.

floor mat

Il tremblait en se chaussant mais c'était la fièvre, car il souffrait de **paludisme**. Par la fenêtre, il aperçut le Djurjura[4] tout enneigé, bleu et blanc, **coiffé** d'un bourrelet de nuages.

malaria
capped

Qu'est-ce qui réveille Noreddine?

Quelle nouvelle Aïni annonce-t-elle à Noreddine?

Expliquez l'inquiétude d'Aïni.

Pourquoi Noreddine tremble-t-il en se chaussant?

Qu'aperçoit-il par la fenêtre?

A cet instant, on frappa à l'entrée. Il se retourna, vit l'officier et, comme au 15 moment précédent, pour sa femme, il resta à observer l'inconnu sans dire un mot. Il cherchait à deviner les intentions du visiteur.

—Lieutenant Humez, dit celui-ci. **Vous permettez**?

May I (enter)?
scratching

—Humez… Vous êtes le boxeur? dit le vieillard en **se grattant** le dessus d'une main. 20

[1] **Rossignol:** *Nightingale*

[2] **Kabylie:** région montagneuse du nord de l'Algérie peuplée de Berbères, de race non arabe

[3] **burnous:** grand manteau de laine à capuchon (*hood*) porté par les Arabes du Maghreb (c'est-à-dire d'Afrique du Nord)

[4] **Djurjura:** chaîne de montagnes en Kabylie

—Non, non… Un homonyme seulement. Nous portons le même nom. C'est tout… Mais je suis aussi du Nord. Du Nord de la France… De Tourcoing…[5]

—Ah, Tourcoing, dit Noreddine à qui ce nom aussi suggérait quelque chose de connu. Je crois que j'ai un ami qui a travaillé à Tour… enfin, dans cette ville.

25 —Oui, les Kabyles sont nombreux à Tourcoing…

Sur un signe de Noreddine il s'était assis **à la turque** sur la natte. Sans **képi** il paraissait plus petit, comme **tassé** sur lui-même. Quand il se penchait en avant, sa grosse tête blonde, aux cheveux déjà **clairsemés**, entrait dans le

30 rayon de soleil qui passait par l'étroite fenêtre.

Pourquoi Noreddine observe-t-il attentivement l'officier?

Pourquoi demande-t-il à l'officier s'il est «le boxeur»?

D'où vient l'officier?

Pourquoi est-ce que la mention de la ville de Tourcoing intéresse Noreddine?

Quelle invitation Noreddine fait-il à l'officier?

—Nous avons fait halte dans le village, dit l'officier. Et j'ai pensé… J'ai voulu vous saluer. Vous savez, j'ai acheté votre disque…

Noreddine avait frappé dans ses mains pour commander le thé. Aïni, dans la **courette**, activait le feu. Elle se retourna à demi pour crier que

35 **la chose avançait**.

Noreddine se demandait où l'officier voulait en venir.[6] Certainement, il allait lui poser des questions sur les **fellaghas**, mais il ne savait rien. Et le peu qu'il savait, il ne le dirait pas.

Il avait tellement de parents que dans chaque bande, autour du village ou

40 dans la région, il comptait un petit-neveu ou un petit-fils. Ou quelqu'un de connaissance. Et aller dénoncer ces gens-là lui aurait paru une vilenie.

De toute façon il ignorait **la haine**. Il était vieux et avait vu trop de choses pour brûler encore au feu des passions qui incendiaient le cœur des hommes dans les montagnes.

45 Il ne se préoccupait que de ses poèmes, de ses chants. Il descendait à Alger, **de loin en loin**, pour un enregistrement à la Radio, et les sommes qu'il percevait[7] lui permettaient de vivre ainsi qu'Aïni. On l'estimait comme improvisateur et sa voix, en dépit de ses soixante-huit ans, avait gardé une étonnante fraîcheur. Au contraire, celle d'Aïni s'était mise à **chevroter** et

50 Noreddine n'était pas loin de penser qu'il y avait en sa faveur un petit miracle dont la seule pensée le faisait intimement sourire.

L'officier avait défait la pièce d'étoffe kaki dont il se protégeait **le cou**. Il portait un énorme revolver sur le ventre et des **jumelles** pendaient sur sa poitrine.

55 —Je suis venu, dit-il, parce que dans mon pays on vous connaît. Mon père est ingénieur dans une usine de textiles. Il a appris le kabyle. Il connaît de nombreux chants… Moi-même… Oui, j'en ai beaucoup entendu. J'ai acheté,

cross-legged
officer's cap /
hunched, compressed /
moins nombreux, peu
dense

petite cour intérieure
le thé allait arriver

combattants pour
l'indépendance
algérienne

hatred

de temps en temps

trembler

neck
binoculars

---

[5] **Tourcoing:** ville industrielle du nord de la France dont les filatures (*textile mills*) emploient beaucoup d'Algériens

[6] **où l'officier voulait en venir:** quelle était l'intention véritable de l'officier

[7] **les sommes qu'il percevait:** les sommes d'argent qu'il recevait

comme je l'ai dit, un de vos disques…

Noreddine approuva gravement mais cet homme l'ennuyait. Il y avait longtemps qu'il avait perdu toute curiosité pour les êtres et qu'il n'écoutait avec attention que certaines voix intérieures qui lui parlaient de la grâce des saisons douces et de l'approche **feutrée** de la mort. Un arbre en fleurs, un oiseau dans le vent avaient un langage qui l'inspirait. Et aussi la neige sur les pentes du Djurjura, les appels des jeunes filles en bas, du côté de la fontaine, le cri lointain d'un **berger**, lui rappelaient ses années de vigueur et d'ardente création.

—Et me voici dans ce pays que j'aimais à distance et que j'aime davantage depuis que je le connais… Me voici et je le parcours en armes, comme un ennemi… Et j'aurais tant voulu y venir en ami.

Il y avait dans le ton beaucoup d'amertume. Noreddine hochait la tête pour montrer qu'il comprenait cet état d'âme. Aïni revint avec un plateau, une théière et deux petites tasses à fleurs bleues. Une coupe contenait le sucre.

Lorsque Aïni se fut retirée, Noreddine demanda des nouvelles de ses compatriotes de Tourcoing. L'officier parla de leur misère et surtout de leur nostalgie du pays. Il en parla avec une sympathie sincère. Parfois il caressait les jumelles d'un geste machinal.

Cette émotion si réelle gagna Noreddine qui, doucement, les yeux fermés, se mit à composer un poème sur l'exil et la douleur de l'exilé. Il oubliait la présence de l'officier. Le chant emplissait la chambre. Des enfants étaient accourus et se pressaient de chaque côté de la porte.

Lorsque Noreddine eut terminé, une **pétarade** de moteur retentit du côté de la **djemaa** mais l'officier **n'y prit pas garde**. Il laissait aussi se prolonger en lui une émotion qui lui serrait les lèvres et lui voilait le regard.

Au bout d'un long moment de silence il se leva, alla jusqu'à la fenêtre et regarda les montagnes. Les enfants l'**épiaient** en échangeant parfois des coups de **coude**. L'officier avait un visage très fin, avec un air de tristesse. Le soleil et le grand air avaient foncé sa peau. Il était **rasé de frais**. Noreddine eut pitié de lui. C'était un sentiment neuf pour son cœur. Mais cet homme avait dit qu'il aurait voulu venir en Kabylie en ami et il ne pouvait se promener seul et sans armes à travers les collines. Sur ce thème qui l'émouvait comme la chaleur d'un feu par une nuit fraîche, le vieux se mit à composer un **asfrou**. Les mots lui venaient doucement sur les lèvres. Etonné, puis captivé, l'officier s'était tourné à demi. Il écoutait. A la fin, il sourit et dit qu'il avait reconnu les trois tercets, l'alternance des vers de sept et cinq pieds ainsi que l'ordonnance des rimes. Et Noreddine fut satisfait car il avait spontanément réussi un de ses meilleurs **isfra** et il le savait. Lorsque l'officier lui demanda la traduction de son poème, le vieux dit qu'il avait plaint l'homme dont l'amour est repoussé.

Dans la cour, Aïni essayait de chasser les **gamins** mais ceux-ci résistaient, **faisaient mine d'**obéir et revenaient, les yeux **luisants** de curiosité.

Du village arrivaient des appels brutaux. De nouveau, le moteur **s'emballa**. L'officier qui **s'était accroupi** en face de Noreddine dit qu'il était obligé de repartir mais qu'il avait aimé cette halte chez un poète admiré, celui qu'on appelait «le rossignol de Kabylie».

Glossary (margin):

discrète, silencieuse

shepherd

backfire
assemblée des notables du village / n'y fit pas attention

regardaient attentivement / elbow

fresh-shaven

sorte de poème

sorte de poème

enfants
faisaient semblant / brillants / started racing / had squatted

Le compliment ne toucha point Noreddine qui pensait déjà aux ennuis que
105 cette visite lui vaudrait[8] dans les jours à venir mais il **ne craignait pas** ces   n'avait pas peur de
ennuis puisqu'il se savait entre les mains de Dieu. Simplement, il se disait que
l'officier était malheureux et que lui, Noreddine, avait un peu **bercé** son cœur.   réconforté
Il en éprouvait un sentiment très doux.

Lorsque les soldats furent repartis, le village demeura plongé dans un
110 silence bizarre. On n'entendait même pas les bêtes dans les étables. Tout semblait **figé** dans une stupeur angoissée.   immobile

L'après-midi, on entendit des **coups de fusil** sur l'autre crête. Noreddine, qui   rifle shots
coupait des **brindilles** pour le feu, leva la tête pour mieux écouter.   twigs, tinder wood

Ensuite, le ciel se décolora. Des reflets pourpres coururent sur les vastes
115 champs de neige, en face, le long de la **muraille** du Djurjura, et le froid devint   rempart
plus pénétrant.

Aïni avait bourré le kanoun[9] et réchauffait de maigres restes de mouton
tandis que Noreddine réparait une boîte de **fer-blanc** qu'il avait trouvée sur la   tin
route, **la veille**, en revenant du marché de Beni-Douala.   le soir précédent
120 On frappa et Aïni, après une courte hésitation, ouvrit. C'est un garçon en
uniforme que la lampe éclaira de bas en haut. La lampe était posée **par terre**,   on the floor
près de la boîte, et Noreddine la prit pour l'élever au-dessus de sa tête. Il
reconnut l'homme qui attendait devant la porte.

—C'est toi, Hocine?
125 —Suis-moi, dit l'autre d'un ton grave et comme peiné.

Noreddine fit signe à sa femme qu'il ne tarderait pas à revenir mais la
vieille tremblait de frayeur.

Il ajusta son burnous, s'avança vers Hocine qui était le fils aîné de son
cousin Ameur, et lui demanda s'ils iraient loin.
130 —Tais-toi et marche devant…

Deux autres soldats attendaient dans la rue silencieuse. Du ciel étoilé tombait
une froide lumière qui bleuissait les maisons. Les **figuiers**, dans la descente,   fig trees
formaient de lourdes masses noires mais des feuilles brillaient par endroits
comme des **lames** de verre. C'étaient les premières feuilles de ce printemps.   blades
135 Lorsqu'ils arrivèrent à la fontaine, ils tournèrent à gauche vers un groupe
de maisons qu'on distinguait à peine mais dont les **tuiles** recevaient cette   roof tiles
clarté légère qui se posait comme une **couche de sel**.   layer of salt

Un chien aboya très loin, au fond des vapeurs sombres qui montaient des
vallées. En face, sur la pente voisine, une lumière, une seule, brillait.
140 Noreddine regarda furtivement cette lumière et **renifla**.   inhaled
Hocine et ses deux compagnons, tous trois armés de **mitraillettes**, mar-   submachine gun
chaient comme en terrain connu et sans même prendre de précautions.

Lorsqu'ils arrivèrent devant la première maison, après avoir contourné une
haie de cactus, une porte s'ouvrit toute seule et Noreddine imagina tout de
145 suite qu'il s'agissait de la porte même de la mort. Aussitôt, il éprouva non de
l'inquiétude à son sujet mais une émotion de chercheur dont la patience et la
persévérance sont enfin récompensées. Cette porte ouvrait sur la mort et il

---

8 **aux ennuis… lui vaudrait:** aux difficultés que cette visite lui causerait
9 **bourré le kanoun:** *filled the brasero, the stove*

allait être initié à un mystère dont chaque jour l'avait rapproché. Les premiers vers s'ordonnèrent immédiatement dans son esprit et, plongé dans sa méditation, il regarda d'un air lointain les cinq hommes assis autour de la pièce où il venait tout juste de pénétrer. Une lampe à pétrole, sur une caisse, fumait sans que personne ne songeât à **moucher la mèche**. Cette lampe s'incorpora d'elle-même au poème, lui ajouta une image poignante. | 150

to snuff the wick

Le plus jeune des hommes, une fois la porte fermée, dit sèchement que Noreddine Aït Kaci, déjà suspect puisqu'il collaborait avec les services radiophoniques des Français, avait **trahi les siens**. | 155

betrayed his own people

Cette accusation tira le vieux de sa rêverie. Il regarda avec une profonde attention ce jeune homme qui devait avoir à peine vingt ans et qui, un jour, lui avait récité un de ses poèmes entendu à la radio.

—Qu'ai-je fait? Dis-le donc? | 160

—Tu as renseigné l'officier français sur l'emplacement des nôtres. Ils nous sont tombés dessus.[10] Par bonheur, nos **guetteurs** avaient trouvé leur manœuvre suspecte.

look-out, observer

—Folie, dit Noreddine, très détaché de cette histoire.

—Nous avons des **témoins**. Et les Français devaient, d'après nos renseignements, se rendre à Tizi-Hibel. Qu'ils aient changé soudain leur itinéraire, et précisément après que tu aies reçu chez toi leur officier, est un fait qui t'accuse, Noreddine! | 165

witnesses

Cette voix calme où vibrait une secrète fureur intéressa le vieux.

Tous les hommes présents, les cinq assis par terre à la turque sur une natte d'alfa et les trois, derrière Noreddine, debout et presque contre lui, attendaient qu'il répondît. | 170

Le vieux regarda la lampe puis dit qu'il avait reçu l'officier, mais que tous deux n'avaient fait que parler de poésie.

Le jeune homme fit le geste d'effacer quelque chose.

—**Tu mens**… | 175

You're lying

—Mais non, répliqua Noreddine avec douceur. Pourquoi mentirais-je?

Et il rapporta mot pour mot la conversation qu'il avait eue avec le lieutenant. On lui ordonna de répéter les deux poèmes qu'il avait **soi-disant** improvisés et il le fit, les mains croisées sur le ventre, dans une attitude qu'il aurait pu très bien prendre devant un auditoire ordinaire. **Au fur et à mesure qu'**il récitait, il s'évadait de la pièce et son esprit vagabondait dans les zones froides du ciel nocturne, au-dessus des grandes prairies de neige et des sauvages amas de rochers. | 180

supposedly

Progressivement, Tandis qu'

Le silence qui suivit ressemblait à celui qui avait régné chez lui. Comme le lieutenant, les hommes **gardaient les lèvres serrées** et les yeux vagues. Le jeune observait un endroit du mur où il n'y avait rien mais sur lequel il se voyait lui-même, cheminant par des terres hostiles et familières à la fois. | 185

remained tight-lipped

—Impossible de te croire, dit-il enfin, d'une voix molle, sans agressivité.

Un autre parla pour dire que Noreddine Aït Kaci devait mourir car il aurait dû se taire devant ce Français. | 190

Les autres approuvèrent mais comme à regret.

---

10 **Il nous sont tombés dessus:** Nous avons été victimes d'une embuscade (*ambush*) française.

Les hommes armés de mitraillette ne bougeaient pas. Noreddine sentait cependant près de lui leur odeur **fauve** de **coureurs de brousse**.

195 —Quel est ton dernier **vœu**? dit le jeune en épiant le visage du vieux qui s'efforçait à présent de ne pas montrer son **abattement**.

C'était l'heure décisive et il l'attendait depuis quelque temps. Il se tourna légèrement vers la porte comme pour vérifier qu'elle n'avait pas changé de place, puis ramena son regard sur la lampe. Au pied de celle-ci, le réservoir à
200 pétrole formait une petite **flaque** d'ombre. Noreddine demanda simplement qu'on le laissât célébrer sa mort par un poème. On approuva. Et même, il parut que cette proposition intéressait toute l'assemblée, car il y eut des petits mouvements comme lorsqu'on se prépare à concentrer son attention.

Noreddine se recueillit un court instant. Il était étonné par son propre
205 détachement. Il pensait à Aïni. Il pensait au lieutenant français qui, pour trop aimer sa poésie, avait attiré sur lui le malheur. Il devait y avoir un lien secret entre ces divers instants de la journée, quelque relation mystérieuse. Cet étranger si nostalgique était descendu du Nord, porteur d'un message et d'un **arrêt**. Noreddine suivait l'**enchaînement** des faits comme si cet enchaînement
210 manifestait la volonté du destin. La mort était très proche cependant et gardait l'odeur un peu âcre de ses gardiens.

A la fin il se mit à réciter son poème de cette voix un peu onctueuse qu'il avait une fois pour toute adoptée. Il **s'émut** au premier tercet, en évoquant son ombre qui continuerait à hanter les réunions où des hommes **fourbus**
215 écouteraient sa voix ou se répéteraient ses poèmes. Il dit qu'il resterait mêlé à ces paysages, à ces pentes, à ces fontaines, tant que ses chants dureraient dans les mémoires. Il ne parlait pas de lui mais de son art et de cette âme qui ne pouvait mourir puisqu'elle participait de cette terre. Le trait final survint dans ce silence que Noreddine connaissait bien. Puis le jeune soupira, dit qu'il
220 était dur de faire disparaître un si grand artiste. Visiblement, le poème l'avait ému. Noreddine perçut cette même hésitation chez tous les autres. Des lueurs brillaient à la surface de leurs yeux froids. Finalement, le plus âgé déclara qu'on pouvait croire Noreddine, que ses arguments paraissaient acceptables et que tout ceci devrait lui servir d'**avertissement**. On approuva.
225 —Tu peux partir, dit l'un des hommes.

La même clarté douce et froide s'étendait sur la campagne. Noreddine se mit en route, tout seul à présent, mais il peinait. Pourtant, la joie, une joie tout jeune et **bondissante**, lui faisait presser le pas. Il fallait rejoindre Aïni sans tarder car elle devait mourir d'angoisse. Il atteignit un **éperon** rocheux qui do-
230 minait la vallée. Il savait qu'il ne lui restait que vingt minutes de marche à compter de ce point. Alors il se mit à chanter, à **vanter** la beauté de cette nuit. Il chantait pour lui seul, pour libérer ce **trop-plein** de bonheur qui l'**alourdissait**. Il avait attendu la mort avec calme, avec la résignation d'un vrai croyant, mais il accueillait ce **sursis** comme un don de Dieu. Oui, toute cette journée avait un
235 sens et il la commenta sur un **air** allègre que personne, jamais, ne recueillerait, puisqu'il était seul sous ces étoiles. Il chantait tout en marchant sur le sentier qu'il devinait à peine. La **balle** qui l'atteignit en pleine poitrine, il n'aurait pu dire si elle venait d'être tirée par un Français ou un des siens. Elle le coucha

sauvage / *bushfighters*
désir, souhait
découragement

blot, patch

condamnation,
jugement / succession

éprouva une émotion
très fatigués

warning

bounding
promontoire, pointe

louer, célébrer
excès / pesait sur lui

reprieve
chant

bullet

lukewarm, tepid

doucement sur un lit de lentisques[11] et il sut, tandis que la vie fuyait, **tiède**, entre ses doigts, que le destin pour le saisir, avait attendu ce chant d'espoir.

240

tiré de *L'Homme d'avril*, d'Emmanuel Roblès, © Editions du Seuil, 1959.

Questions

1. Pourquoi l'officier est-il venu chez Noreddine?

2. Qu'est-ce que Noreddine ne dirait pas à l'officier?

3. Pourquoi est-ce qu'il aurait paru une vilenie à Noreddine de dénoncer les fellaghas?

4. Quelle émotion Noreddine ignore-t-il? Pourquoi ne brûle-t-il plus au feu des passions? Qu'est-ce qui le préoccupe?

5. Où Noreddine va-t-il de temps en temps? Pourquoi?

6. Quel «petit miracle» le fait intimement sourire?

7. De quelle réputation Noreddine jouit-il au Nord de la France?

8. Pourquoi est-ce que l'officier ennuie Noreddine?

9. Que disent les voix intérieures que Noreddine écoute?

10. L'officier est-il content d'être dans ce pays étranger? Expliquez.

11. Quelle fonction Aïni remplit-elle?

12. Pourquoi Noreddine se met-il à composer un poème? Quel effet ce poème a-t-il sur Noreddine? Sur les enfants dans le voisinage? Sur l'officier?

13. Quel est l'effet de la «pétarade de moteur» (p.316, 1.81) qui s'entend après que Noreddine a terminé son chant?

14. Décrivez l'officier. Pourquoi Noreddine a-t-il pitié de lui?

15. Sur quel thème Noreddine se met-il à composer un asfrou? Pourquoi l'officier sourit-il? Qu'est-ce que Noreddine plaint dans son poème? Pourquoi a-t-il choisi ce sujet?

16. Pourquoi est-ce que son surnom de «rossignol de Kabylie» ne touche pas Noreddine? Commentez le choix de ce surnom.

17. Pourquoi Noreddine ne craint-il pas les ennuis que la visite de l'officier vont lui valoir dans les jours à venir?

18. L'après-midi, quel bruit entend-on?

19. Qui est le garçon qui frappe à la porte? Est-ce que Noreddine le connaît? Pourquoi est-il venu à la maison? Pourquoi Aïni tremble-t-elle de frayeur?

20. Décrivez Hocine et ses deux compagnons.

21. Lorsqu'une porte ouvre toute seule, qu'est-ce que Noreddine imagine? Quelle émotion éprouve-t-il? Quel est le mystère auquel il va être initié, selon lui?

22. Quel objet s'incorpore maintenant aux vers qui s'ordonnent dans l'esprit de Noreddine?

---

[11] **lentisques:** *lentisk, mastik tree, a resinous evergreen shrub*

23. De quoi Noreddine est-il accusé? Comment réagit-il à cette accusation? Pourquoi est-ce que la voix calme du jeune homme qui l'accuse intéresse Noreddine?

24. En quoi consiste la défense de Noreddine?

25. Au fur et à mesure qu'il récite ses deux poèmes, où vagabonde l'esprit de Noreddine? Pourquoi?

26. Précisez la réaction des jeunes soldats après qu'ils entendent les poèmes. En quoi leur réaction est-elle semblable à celle de l'officier français? Est-ce que cette similarité est significative?

27. Pourquoi est-ce que le garçon «épie» le visage de Noreddine quand il lui demande quel est son dernier vœu? Quelle est la réponse de Noreddine à cette question?

28. En pensant aux divers instants de la journée, qu'est-ce que Noreddine cherche à découvrir?

29. Quel est le sujet du dernier poème de Noreddine? Quel est l'effet du poème sur les jeunes soldats? Quelle déclaration le plus âgé fait-il?

30. Pourquoi Noreddine est-il pressé en rentrant? Comment vante-t-il la beauté de la nuit? Qu'est-ce qu'il accueille comme un don de Dieu?

31. Sait-on de quel côté vient la balle qui atteint Noreddine? Est-ce que cette ambiguïté est importante?

Complétez les phrases suivantes (oralement ou par écrit)

1. Noreddine est certain que l'officier français va lui poser des questions sur… (ll. 36–37)

2. En dépit de ses soixante-huit ans, la voix de Noreddine a gardé… (ll. 47–49)

3. Quand l'officier parle, il y a beaucoup d'amertume dans sa voix parce que… (ll. 67–70)

4. Noreddine demande des nouvelles de… (ll. 73–74)

5. Les enfants épient Noreddine et l'officier parce que… (ll. 85–86)

6. Noreddine a pitié de l'officier parce que… (ll. 87–90)

7. On accuse Noreddine d'avoir renseigné l'officier français sur… (ll. 161–162)

8. Un fait qui l'accuse est… (ll. 165–168)

9. Quand Noreddine demande qu'on le laisse célébrer sa mort par un poème, la réaction de toute l'assemblée est de… (ll. 201–203)

10. Noreddine veut rejoindre Aïni sans tarder parce que… (ll. 228–229)

▦▦ EXPRESSIONS A ETUDIER ▦▦

1. **(où) vouloir en venir**

   Noreddine se demandait **où** l'officier **voulait en venir**. (l. 36)
   Noreddine wondered what the officer had in mind, what he was leading up to.

Je ne comprends pas **où tu veux en venir** avec toutes tes questions. Allons, dites-moi **où vous voulez en venir**.

2. **par terre**

   La lampe était posée **par terre**. (l. 121)
   The lamp was set down on the floor.

   Les cinq hommes assis **par terre** attendaient qu'il répondît. (ll. 170–172)
   The five men seated on the floor were waiting for him to answer.

   Je suis tombé **par terre** ce matin en sautant du lit.

3. **en dépit de**

   En dépit de ses soixante-huit ans, sa voix avait gardé une étonnante fraîcheur. (ll. 48–49)
   Despite his sixty-eight years, his voice remained astonishingly youthful.

   En dépit des apparences, l'officier français était un homme sensible et cultivé.
   Vous savez bien que tout ce qu'il fait, c'est **en dépit du** bon sens.

4. **il s'agit de**

   Une porte s'ouvrit toute seule et Noreddine imagina qu'**il s'agissait de** la porte même de la mort. (ll. 144–145)
   A door opened all by itself and Noreddine imagined that the very door of death had opened.

   Dans ce conte, **il s'agit d'**un vieux poète pris malgré lui dans la guerre d'Algérie.
   Voici un télégramme. Ouvrons-le. Voyons, **de** quoi **s'agit-il**?

5. **tant que**

   Il resterait mêlé à ces fontaines **tant que** ses chants dureraient dans les mémoires. (ll. 215–217)
   He would remain linked to these fountains so long as his songs persisted in people's memories.

   Tant qu'il y aura des hommes, il y aura des guerres.
   Tant que vous êtes là, je n'ai pas peur.

Répondez ou complétez

(où) vouloir en venir

1. Demandez à votre professeur où il / (elle) veut en venir en vous posant tant de questions.

2. Dites à votre professeur que vous ne savez pas où il (elle) veut en venir.

3. Un(e) camarade vous expose une idée ou un projet sans en préciser le but (*goal*) précis. Que lui dites-vous?

par terre

4. Quelles affaires posez-vous par terre? sur votre pupitre?

5. Demandez à un(e) camarade s'il (si elle) s'assied parfois par terre en classe.

6. Dites que le plus souvent un verre se casse quand on le laisse tomber... (*complétez*)

en dépit de

7. Dites que vous allez sortir ce soir en dépit des devoirs que vous avez à faire (de votre fièvre, de vos allergies, du mauvais temps).

8. Vous trouvez-vous parfois dans des situations en dépit du bon sens? Lesquelles?

9. Dites qu'en dépit des apparences votre professeur n'est pas méchant du tout.

il s'agit de

10. Quand il entend quelqu'un frapper à sa porte, Noreddine se demande… (*complétez*)

11. Vous cherchez une explication, un éclaircissement qui vous permette de comprendre quelque chose. Quelle question posez-vous à la personne qui peut vous les fournir?

tant que (pour marquer la durée)

12. Tant qu'il en aura la force, Noreddine… (*complétez*)

13. Tant qu'il y aura des poètes (des soldats, des guerres)… (*complétez*).

14. Dites que vous étudierez le français tant que… (*complétez*)

Faites le choix le plus conforme au texte

1. L'officier français rend visite à Noreddine parce qu'…
   a. il vient prendre les renseignements sur les fellaghas
   b. il veut rencontrer un artiste qu'il admire
   c. il a fait la connaissance de Noreddine à Tourcoing
   d. il veut avertir Noreddine du danger qui le menace

2. Toutes les observations suivantes à propos de Noreddine sont justes SAUF:
   a. Il s'est résigné à accepter la mort
   b. Il ne communique que difficilement avec les autres
   c. Il se sent aussi proche de la nature que des hommes
   d. Il n'éprouve aucune passion partisane

3. Il est clair d'après l'entretien entre Noreddine et l'officier français que…
   a. les deux cultures—algérienne et française—sont incompatibles
   b. les suspicions entre eux persisteront malgré leur entente
   c. les deux hommes ont beaucoup plus en commun qu'il ne paraît
   d. tous deux ressentent beaucoup d'amertume

4. Les jeunes fellaghas accusent Noreddine d'avoir trahi leur cause…
   a. parce qu'une unité de fellaghas a été attaquée par les Français après la visite de l'officier français
   b. parce que quelques-uns des parents de Noreddine dans la région l'ont affirmé
   c. parce que des témoins ont affirmé que l'officier français avait transmis des renseignements
   d. parce qu'ils estiment que Noreddine n'aurait pas dû recevoir l'officier et chanter en sa présence

5. Les accusateurs de Noreddine changent d'avis et le relâchent...
   a. par pitié pour lui et par respect pour son âge
   b. parce que le poème de Noreddine les a profondément émus
   c. après avoir appris que les renseignements qu'ils avaient reçus étaient faux
   d. parce qu'ils ont peur des conséquences possibles de son exécution

6. Une des conclusions qu'on peut dégager de cette histoire, c'est...
   a. qu'en temps de guerre, il n'y a pas de compromis possible
   b. que les civils et les militaires ont du mal à se comprendre
   c. que le destin est inéluctable (*inescapable*)
   d. que l'art transcende les passions qui divisent les hommes

7. La fin de ce conte suggère tout ce qui suit SAUF:
   a. pour Noreddine la provenance de la balle n'a pas d'importance.
   b. le destin que Noreddine attendait s'accomplit.
   c. Noreddine meurt heureux et serein.
   d. Noreddine est délibérément assassiné.

8. Le finale de ce conte...
   a. contient un certain paradoxe.
   b. exprime une amère vérité.
   c. illustre une tragique nécessité.
   d. offre une résolution pleine d'espoir.

Sujets de discussion ou de composition

1. Noreddine est parfois désigné par l'épithète «le vieux» plutôt que par son nom. Quel âge a-t-il? Le fait que Noreddine soit d'un âge avancé a-t-il son importance? Précisez.

2. Faites le portrait de l'officier français—son comportement, ses propos. Quel jugement est-on amené à porter sur lui? Justifiez.

3. Relevez tous les passages où est évoqué le silence et où sont décrits des bruits. Commentez l'importance et la fonction des bruits et des silences dans cette histoire.

4. Commentez l'importance de la nature dans ce conte.

5. Quels effets l'art de Noreddine a-t-il sur ses auditeurs? Sur lui-même? Sur vous?

6. Lorsque Noreddine entre dans la maison occupée par les fellaghas, il remarque qu'«une lampe à pétrole, sur une caisse, fumait sans que personne ne songeât à moucher la mèche» (ll. 151–153) Cette lampe ajoute «une image poignante» au poème qu'il compose. Analysez le symbolisme de cette lampe.

7. Expliquez la pensée de Noreddine que le destin a attendu son "chant d'espoir" pour le "saisir".

8. Quelle est l'attitude de Noreddine vis-à-vis de la mort? Expliquez.

9. En quoi consiste l'ambiguïté de la mort de Noreddine? l'ironie de sa mort? Noreddine est-il surpris de ce qui lui arrive à la fin du conte? Justifiez.

10. Lisez à haute voix (ou écoutez quelqu'un lire) la dernière phrase du texte, en respectant le rythme et les pauses de ce finale. Qu'est-ce que la musique de la phrase et son rythme suggèrent?

11. Quelles similarités trouvez-vous entre *Le Rossignol de Kabylie* et *L'hôte* de Camus (pp. 164–174)? La situation des deux protagonistes—Daru et Noreddine—est-elle comparable? Expliquez.

12. Situez la Kabylie sur une carte, et faites des recherches sur les traditions et la culture de cette région d'Algérie. Si possible, trouvez dans une bibliothèque un album sur l'Algérie illustré de photos ou de dessins représentant la Kabylie. Puis essayez de préciser le rôle qu'a eu la Kabylie dans la guerre d'Algérie.

:8: Samuel Beckett :8:

Né à Dublin (Irlande) Samuel Beckett (1906–1989) a résidé en France à partir de 1937. Son œuvre écrite en français et en anglais—Beckett a traduit lui-même ses écrits d'une langue à l'autre—comporte des romans (Molloy, 1951; Malone meurt, 1952; L'Innommable, 1953), des textes d'une concision de plus en plus saisissante (Imagination morte imaginez, 1965; Assez, 1966; Le Dépeupleur, 1970). et des pièces (En attendant Godot, 1952; Fin de partie, 1957). Chacune de ses œuvres interroge d'une part la nature du langage, d'autre part l'existence de l'homme dans un monde sans signification discernable. Malgré leur apparent pessimisme, à travers l'ironie et l'humour noir, ses écrits attestent une maîtrise verbale, une lucidité et une compassion d'où filtrent une musique et un humanisme persistants.

Acte sans paroles I (1956) est une seule scène de pantomime où se retrouvent plusieurs thèmes beckettiens exprimés avec la plus grande simplicité: l'incompréhensibilité des phénomènes naturels, la solitude existentielle de l'homme, le silence. La condition humaine y est réduite à l'état de spectacle pur, le jeu de scène est à la fois trivial, clownesque et poignant.

O R I E N T A T I O N   In *Acte sans paroles* I only one character is on stage. He is given no name, thus he could be any man. His solitude and his alienation are suggested by the fact that he doesn't speak. His suffering is suggested by his quest for relief from unremitting heat and light. As you read, try to assess the significance of each of his movements and gestures and their appropriateness to the situation in which he finds himself.

Mots apparentés / faux amis

Donnez l'équivalent anglais du mot français. S'il s'agit d'un faux ami(*), donnez aussi l'équivalent français du faux ami anglais.

le geste (1. 2)   _____

projeter (1. 6)   _____

le sol (1. 16)   _____

les ciseaux (*m. pl.*)(1. 22)   _____

monter (1. 40)   _____

bouger (1. 92)   _____

Acte sans paroles 1

PERSONNAGE.

Un homme. Geste familier: il plie et déplie son mouchoir.[1]

SCENE.

Désert. **Eclairage éblouissant.**   *lumière brillante*

5 ARGUMENT.   *action*

Projeté **à reculons** de la coulisse droite, l'homme **trébuche**, tombe, se relève   *en allant en arrière /*
aussitôt, **s'époussette**, réfléchit.   *fait un faux pas /*
      Coup de sifflet coulisse droite.[2]   *brushes himself off*

      Il réfléchit, sort à droite.

10   Rejeté aussitôt en scène, il trébuche, tombe, se relève aussitôt, s'époussette, réfléchit.

      Coup de sifflet coulisse gauche.

      Il réfléchit, va vers la coulisse gauche, s'arrête **avant de l'atteindre**, se jette   *avant d'y arriver*
en arrière, trébuche, tombe, se relève aussitôt, s'époussette, réfléchit.

15   Un petit arbre descend des **cintres**, atterrit. Une seule branche à trois   *rigging loft*
mètres **du sol** et **à la cime** une maigre **touffe** de palmes qui projette une   *de la terre / au sommet / tuft*
ombre légère,

      Il réfléchit toujours.

      Coup de sifflet en haut.

20   Il se retourne, voit l'arbre, réfléchit, va vers l'arbre, s'assied à l'ombre,
regarde ses mains.

      Des **ciseaux de tailleur** descendent des cintres, s'immobilisent devant l'ar-   *shears*
bre à un mètre du sol.

      Il regarde toujours ses mains.

25   Coup de sifflet en haut.

      Il lève la tête, voit les ciseaux, réfléchit, les prend et commence à **se tailler**   *trim his fingernails*
les ongles.

      Les palmes **se rabattent** contre le tronc, l'ombre disparaît.   *tombent*

      Il lâche les ciseaux, réfléchit.

30   Une petite carafe, munie d'une grande **étiquette** rigide portant l'inscription   *label*
EAU, descend des cintres, s'immobilise à trois mètres du sol.

      Il réfléchit toujours.

      Coup de sifflet en haut.

      Il lève les yeux, voit la carafe, réfléchit, se lève, va sous la carafe, essaie en
35 vain de l'atteindre, se détourne, réfléchit.

      Un grand cube descend des cintres, atterrit.

      Il réfléchit toujours.

      Coup de sifflet en haut.

---

[1] **plie et déplie son mouchoir:** *folds and unfolds his handkerchief*

[2] **Coup de sifflet coulisse droite:** *The blast of a whistle comes from the wing (of stage) on the right.*

Il se retourne, voit le cube, le regarde, regarde la carafe, prend le cube, le place sous la carafe, en éprouve la stabilité, monte dessus, essaie en vain d'atteindre la carafe, descend, rapporte le cube à sa place, se détourne, réfléchit. 40

Un second cube plus petit descend des cintres, atterrit.

Il réfléchit toujours.

Coup de sifflet en haut.

Il se retourne, voit le second cube, le regarde, le place sous la carafe, en 45 éprouve la stabilité, monte dessus, essaie en vain d'atteindre la carafe, descend, veut rapporter le cube à sa place, **se ravise**, le dépose, va chercher le grand cube, le place sur le petit, en éprouve la stabilité, monte dessus, le grand cube **glisse**, il tombe, se relève aussitôt, s'époussette, réfléchit.

Il prend le petit cube, le place sur le grand, en éprouve la stabilité, monte 50 dessus et va atteindre la carafe lorsque celle-ci remonte légèrement et s'im-mobilise hors d'atteinte.

Il descend, réfléchit, rapporte les cubes à leur place, l'un après l'autre, se détourne, réfléchit.

Un troisième cube encore plus petit descend des cintres, atterrit. 55

Il réfléchit toujours.

Coup de sifflet en haut.

Il se retourne, voit le troisième cube, le regarde, réfléchit, se détourne, réfléchit.

Le troisième cube remonte et disparaît dans les cintres.

A côté de la carafe, une corde **à nœuds** descend des cintres, s'immobilise 60 à un mètre du sol.

Il réfléchit toujours.

· Coup de sifflet en haut.

Il se retourne, voit la corde, réfléchit, monte à la corde et va atteindre la carafe lorsque la corde **se détend** et le ramène au sol. 65

Il se détourne, réfléchit, cherche des yeux les ciseaux, les voit, va les ramasser, retourne vers la corde et entreprend de la couper.

La corde **se tend**, le soulève, il s'accroche,[3] achève de couper la corde, retombe, lâche les ciseaux, tombe, se relève aussitôt, s'époussette, réfléchit.

La corde remonte vivement et disparaît dans les cintres. 70

Avec son bout de corde il fait un lasso dont il se sert pour essayer d'attraper la carafe.

La carafe remonte vivement et disparaît dans les cintres.

Il se détourne, réfléchit.

Lasso en main il va vers l'arbre, regarde la branche, se retourne, regarde les 75 cubes, regarde de nouveau la branche, lâche le lasso, va vers les cubes, prend le petit et le porte sous la branche, retourne prendre le grand et le porte sous la branche, veut placer le grand sur le petit, se ravise, place le petit sur le grand, en éprouve la stabilité, regarde la branche, se détourne et se baisse pour reprendre le lasso. 80

La branche se rebat le long du tronc.

Il se redresse, le lasso à la main, se retourne, **constate**.

Il se détourne, réfléchit.

Il rapporte les cubes à leur place, l'un après l'autre, enroule soigneusement le lasso et le pose sur le petit cube. 85

---

[3] **s'accroche:** se tient avec force

Il se détourne, réfléchit.

Coup de sifflet coulisse droite.

Il réfléchit, sort à droite.

Rejeté aussitôt en scène, il trébuche, tombe, se relève aussitôt, s'épous-
90 sette, réfléchit.

Coup de sifflet coulisse gauche.

Il ne bouge pas.

Il regarde ses mains, cherche des yeux les ciseaux, les voit, va les ramasser,
commence à se tailler les ongles, s'arrête, réfléchit, passe le doigt sur la **lame**   *blade*
95 des ciseaux, l'essuie avec son mouchoir, va poser ciseaux et mouchoir sur le
petit cube, se détourne, ouvre son col, dégage son cou et le **palpe**.   touche avec soin

Le petit cube remonte et disparaît dans les cintres emportant lasso,
ciseaux et mouchoir.

Il se retourne pour reprendre les ciseaux, constate, s'assied sur le grand cube.
100 Le grand cube **s'ébranle**, le jetant par terre, remonte et disparaît dans les   se déplace
cintres.

Il reste allongé sur le flanc, face à la salle, le regard fixe.

La carafe descend, s'immobilise à un demi-mètre de son corps.

Il ne bouge pas.
105 Coup de sifflet en haut.

Il ne bouge pas.

La carafe descend encore, se balance autour de son visage.

Il ne bouge pas.

La carafe remonte et disparaît dans les cintres.
110 La branche de l'arbre se relève, les palmes se rouvrent, l'ombre revient.

Coup de sifflet en haut.

Il ne bouge pas.

L'arbre remonte et disparaît dans les cintres.

Il regarde ses mains.

RIDEAU

Questions

1. Caractérisez l'homme. Où est-il? Est-il significatif qu'on ne lui donne pas de
   nom? Quelle importance faut-il attacher au fait que ses gestes se répètent?

2. Quelle est la fonction des coups de sifflet? Qu'ont-ils de déconcertant?

3. Décrivez le petit arbre qui descend des cintres. Où l'homme se met-il?
   Qu'est-ce qui descend ensuite des cintres?

4. Que fait l'homme avec les ciseaux? Qu'est-ce qui se passe après? Quelle
   interprétation donnez-vous à ce qui se passe?

5. Qu'est-ce qui se trouve dans la petite carafe? Est-ce que cette carafe a un
   sens symbolique?

6. Que fait l'homme avec le premier cube qui descend? Dans quel but?
   Comment le second cube est-il différent du premier? Quelle importance
   donnez-vous au fait que l'homme essaie d'atteindre la même carafe avec
   un cube qui est plus petit? Que fait l'homme après avec le grand cube?
   Est-ce que l'homme apprend quelque chose? Expliquez. Au moment où
   l'homme va atteindre la carafe, que se passe-t-il?

7. Décrivez le troisième cube. Pourquoi l'homme ne peut-il rien faire avec ce cube-ci?

8. Qu'est-ce qui descend à côté de la carafe? Pourquoi l'homme ne peut-il pas atteindre la carafe à l'aide de la corde? Qu'est-ce qu'il achève de faire quand même?

9. Que fabrique l'homme avec son bout de corde? Pourquoi? Que fait la carafe? Qu'est-ce que l'homme semble vouloir faire ensuite avec le lasso (ll. 75–80)? Comment l'homme est-il contrarié?

10. Que semble-t-il avoir l'intention de faire avec les ciseaux (ll. 93–96)? Pourquoi ne peut-il pas donner suite à son idée?

11. Que fait le petit cube? Et le grand? Décrivez l'homme après la disparition des deux cubes. Comment sait-on que l'homme a renoncé? Qu'est-ce qu'il a appris de tout ce qui s'est passé?

Sujets de discussion ou de composition

1. Résumez brièvement l'action de cette scène. Quelles pensées peut-on supposer que l'homme a face à ces événements?

2. Pourquoi est-il à propos qu'on ne prononce pas de paroles dans cette pièce?

3. Expliquez le sens de la dernière phrase (l. 114)? Selon vous, quelle pensée l'homme a-t-il en regardant ses mains?

4. L'homme dans cette pièce est-il comique ou pathétique? Eprouvez-vous de la sympathie pour lui? Expliquez pourquoi.

5. Quel tableau de la condition humaine ressort de cette pièce? Etes-vous d'accord avec cette conception des choses?

ORIENTATION Note the following poem's principal theme—time flowing—and the tone of quiet fatalism. Written in 1948, it seems to develop and illustrate this excerpt from an earlier text in prose: "J'aurais voulu un horizon marin, ou désertique. Quand je suis dehors, le matin, je vais à la rencontre du soleil, et le soir, quand je suis dehors, je le suis, et jusque chez les morts." Look for all the images that denote movement and flux and assess the use of the first person in this poem.

Je suis ce cours de sable

je suis ce cours[1] de sable qui glisse
entre le galet[2] et la dune

---

[1] **je suis ce cours:** sens double de **suis** = présent d'*être* et de *suivre;* **cours:** mouvement, flux
[2] **galet:** pierre polie par l'action de la mer sur une plage

la pluie d'été pleut sur ma vie
sur moi ma vie qui me **fuit** me poursuit   échappe
5 et finira le jour de son commencement
cher instant je te vois
dans ce rideau de brume qui recule[3]
où je n'aurai plus à **fouler** ces longs seuils mouvants[4]   marcher sur
et vivrai le temps d'une porte
10 qui s'ouvre et se referme

vers 1 Expliquez l'ambiguïté de ce premier vers.

1–2 A quelle sorte de paysage ces éléments (sable, galet, dune) appartiennent-ils? Un galet et une dune sont-ils sujets au mouvement comme le sable? Expliquez.

4 A quelle phrase s'attache *sur moi*, syntaxiquement? Quelle est la proposition (= *clause*) principale dans ce vers?

4–5 Expliquez ce double paradoxe.[†]

6 Est-il usuel d'apostropher un «instant»? Peut-on «voir» un instant? Expliquez.

7 Interprétez l'image du «rideau de brume qui recule».

8 Que sont «ces longs seuils mouvants»? A quelles autres images peut-on les rattacher?

9–10 A quelle image le poète réduit-il son existence? Commentez-la.

Questions de synthèse et sujets de réflexion

1. Analysez et commentez le décor symbolique dans ce poème.

2. Relevez et commentez le traitement du temps, de la temporalité.

3. Comment est-ce que l'absence de ponctuation complémente le sens du poème?

4. Les différences entre les versions française et anglaise de ce poème ne sont pas négligeables. Notez ces différences et commentez-les. Voici la version anglaise:

> my way is in the sand flowing
> between the shingle and the dune
> the summer rain rains on my life
> on me my life hurrying fleeing
> to its beginning to its end
>
> my peace is there in the receding mist
> when I may cease from treading these long shifting thresholds
> and live the space of a door
> that opens and shuts

---

[3] **recule:** va en arrière, s'éloigne, se retire

[4] **seuils mouvants:** dérivé de l'expression «sables mouvants» (*quicksand*); **seuils:** *thresholds*

✳❚❽ Jules Supervielle ❽❚✳

Né à Montevideo (Uruguay), Jules Supervielle (1884–1960) nous propose dans sa poésie un univers à la fois immense et familier, en tout cas intimement lié à l'homme. La part de l'homme dans cet univers est parfois précaire, mais toujours représentée avec humour et sympathie. Ses principaux recueils, Gravitations *(1925),* Le Forçat innocent *(1930) et* La Fable du monde *(1938), sont marqués par un ton plein de charme et de simplicité, par un émerveillement presque enfantin devant le mystère et l'innocence du monde et par la conscience de la mortalité des êtres et de l'évanescence des choses. Pour Supervielle, la démarcation entre le réel et l'imaginaire tend presque à disparaître. Dans ce poème tiré de* La Fable du monde, *on remarquera que le narrateur—Dieu—confère à l'homme des qualités contraires aux siennes, mais qu'il paraît au fond très humain lui-même, comme si l'homme représentait pour lui la réalisation de ses désirs les plus intimes.*

ORIENTATION Note the two-part structure of the poem. Try to define the tone that characterizes each part, then describe the corresponding frame of mind implicit in God's discourse. God's "thoughts" are expressed in the first person throughout. What does this tell us about his reasons for creating man? About the poet's vision of God? Of man? Of himself?

Dieu pense à l'homme

Il faudra bien qu'il me ressemble,
Je ne sais pas encore comment,
Moi qui suis les mondes ensemble
Avec chacun de leurs moments.
5   Je le veux séparer du reste[1]
Et me l'isoler dans les bras,
Je voudrais adopter ses gestes
Avant qu'il soit ce qu'il sera,
Je le devine à sa fenêtre
10   Mais la maison n'existe pas.
Je le tâte, je le tâtonne,[2]
Je le forme sans le vouloir
Je me le donne, **je me l'ôte,**

                                     je l'enlève à moi-même

---

[1] **Je le veux séparer du reste:** Je veux le rendre distinct des autres créatures.
[2] **Je le tâte, je le tâtonne:** J'essaie de le concevoir, je le cherche.

Que je suis pressé de le voir!
15 Je le garde, je le retarde
Afin de le mieux concevoir.
Tantôt, informe, tu t'éloignes
Tu boites,³ au fond de la nuit,
Ou **tu m'escalades**, grandi,   tu montes, tu grimpes
20 Jusqu'à devenir un géant.   sur moi
Moi que nul regard ne contrôle
Je te veux visible de loin,
Moi qui suis silence sans fin
Je te donnerai **la parole**,   la faculté de parler
25 Moi qui ne peux pas **me poser**   me constituer, me
Je te veux debout sur tes pieds,   rendre fixe
Moi qui suis partout à la fois
Je te veux mettre en un endroit,
Moi qui suis plus seul dans ma fable
30 Qu'un agneau perdu dans les bois,⁴
Moi qui ne mange ni ne bois
Je veux t'asseoir à une table,
Une femme en face de toi,
Moi qui suis sans cesse suprême
35 Toujours ignorant le loisir,
Qui n'en peux mais⁵ avec moi-même
Puisque je ne peux pas finir,
Je veux que tu sois périssable,
Tu seras mortel, mon petit,
40 Je te coucherai dans le lit
De la terre où se font les arbres.

Jules Supervielle, *La Fable du monde*, © Editions Gallimard.

titre Remarquez que les mots «Dieu» et «l'homme» paraissent dans le titre
seulement, et non dans le poème.

vers 1 «Il faudra bien» indique non l'assurance, mais une certaine hésitation. Quel
est le paradoxe implicite dans cette affirmation?

3–4 Dieu contient donc… et… (*complétez*).

5–6 Quelle sera donc la caractéristique essentielle de l'homme?

6 Qu'est-ce que l'image de l'homme «dans les bras» de Dieu signifie? Qu'est-ce
qu'elle révèle de la part de Dieu?

7 Pour qui Dieu voudrait-il adopter des gestes, l'homme ou lui-même? Cette
ambiguïté est-elle confirmée ailleurs dans le poème?

7–8 Ces deux vers font-ils écho à d'autres? S'agit-il du même paradoxe?

10 Sous-entendu: …encore. Dieu conçoit pour l'homme l'idée de la vie domestique.

12 Comment Dieu peut-il former l'homme «sans le vouloir»? Expliquez.

13 Pourquoi Dieu s'ôte-t-il l'homme?

³ **Tu boites:** Tu marches avec difficulté, comme un infirme.
⁴ Allusion à la fable de La Fontaine, *Le Loup et l'Agneau,* dans laquelle l'agneau innocent est
victime du loup.
⁵ **qui n'en peux mais:** qui suis très fatigué, harassé

11–16	Commentez cette alternance: trahit-elle une tension dans l'esprit de Dieu? Pourquoi ces hésitations?
17	A qui s'adresse Dieu?
17–20	Ces deux scènes contrastantes sont-elles réelles ou imaginées?
21	A partir de ce vers, tout le reste du poème est une seule phrase composée de plusieurs parties, mais ininterrompue.
22	Quel élément de ce vers est à remarquer tout particulièrement? Est-il répété dans certains des vers suivants?
21–41	Etudiez les verbes de ce développement et de cette conclusion. Quels sont les privilèges que Dieu confère à l'homme? Commentez.
24	Pourquoi la parole est-elle un privilège?
29–33	Pourquoi Dieu place-t-il un homme et une femme à une table, en face l'un de l'autre?
38	Pourquoi Dieu veut-il que l'homme soit périssable?
39	Comment Dieu s'adresse-t-il à l'homme? Qu'est-ce qui préfigure cette apostrophe? Quel sentiment Dieu éprouve-t-il pour sa création humaine?
40	Commentez et appréciez cette image. D'après cette conclusion, quelle valeur Dieu semble-t-il attribuer à la mortalité?

Questions de synthèse et sujets de réflexion

1. Relevez les termes et les tournures qui révèlent l'incertitude, les hésitations de Dieu. Où se trouvent-elles, pour la plupart?

2. Dressez la liste (1) des caractéristiques de la puissance de Dieu; (2) des caractéristiques humaines de Dieu d'après ce poème. En quoi Dieu est-il profondément humain?

3. Dressez la liste des paradoxes et des contrastes dans ce poème. Les paradoxes sont-ils résolus? Comment?

4. En fin de compte (*in the final analysis*), pourquoi Dieu veut-il (et va-t-il) créer l'homme?

5. Montrez comment la représentation de Dieu dans ce poème est un renversement (*reversal*) de l'image traditionnelle.

6. Quel est le véritable sujet de ce poème, Dieu ou l'homme? Expliquez.

7. A votre avis, ce poème est-il à la gloire de Dieu? de l'homme? des deux?

8፡ Jean Giono 8፡

Né en Provence, Jean Giono (1895–1970) situe un grand nombre de ses romans dans sa région natale. Les premiers ouvrages de Giono révèlent une puissante vision épique, mythique et panthéiste de même qu'une certaine morale: la vraie sagesse, le bonheur véritable naissent d'une communion de l'homme avec la nature.

Destruction de Paris est tiré d'un recueil de textes divers (Solitude de la pitié, 1932) dans lesquels l'auteur condamne la société urbaine et industrielle pour chanter les joies d'une vie simple et rustique. L'homme apostrophé dans ce texte est peut-être un personnage entrevu un jour à Paris; mais il représente aussi tous les citadins que la vie moderne a dénaturés et aliénés. Le point de vue naturaliste et polémique s'exprime ici sur un ton plein de lyrisme et par des images particulièrement frappantes. L'évocation de la nature triomphant sur la métropole dans une merveilleuse apocalypse est moins la vision d'un prophète que celle d'un poète. Aussi ce texte n'appartient-il à aucun genre bien défini, mais participe à la fois du récit, du monologue, du sermon, du discours et du poème en prose.

ORIENTATION   As you read this text, pay attention to the sentence and paragraph length. For example, in the first paragraph, some sentences are unusually short; others, in contrast, are relatively long. Three paragraphs are composed of only one or two sentences. Analyze the sentences and the paragraphs, and try to determine the effects that Giono is trying to create by varying their length.

Mots apparentés / faux amis

Donnez l'équivalent anglais du mot français. S'il s'agit d'un faux ami (*), donnez aussi l'équivalent du faux ami anglais.

nu(e) (1. 2)	_____
bondir (1. 3)	_____
terrestre (1. 6)	_____
la lune (1. 8)	_____
le marchand (1. 10)	_____
le geste (1. 10)	_____
se hâter (1. 26)	_____
surveiller (1. 44)	_____
*sauvage (1. 6)	_____
_____	*savage*

Destruction de Paris

J'arrive de Paris. Hier, dans la nuit, le petit chemin s'est frotté contre moi. J'ai senti son herbe mouillée sur mes **chevilles**; des ronces nues retenaient[1] mon manteau. J'ai poussé ma porte. Mon chien **sans race** a bondi vers mon visage en lapant l'air à grands coups de langue; mon chat a sauté sur mon épaule. Mon chat! Mon chat neuf! Un petit animal étrange feu et noir, un chat de branche, un chat sauvage venu il y a un mois **du delà des** choses terrestres, à travers les branches d'un arbre jusqu'à moi qui marchais dans les collines. 5

Il y avait une belle lune entière, toute à moi.

D'où arrive le narrateur?

Où est-il arrivé, et quand?

Qu'est-ce qui se frotte à lui?

Qu'est-ce qui l'attendait dans sa maison?

Depuis combien de temps le narrateur a-t-il son chat?

Je me souviens de cet homme rencontré boulevard Saint-Germain. Il venait d'**arracher** un journal à un marchand. Il avait eu des gestes précis pour ça. 10 Main tendue, doigts prestes, un regard pour la pièce de cinq sous, pas de regard pour le journal, et maintenant il courait sur le trottoir, la feuille dans son **poing**. Il avait un visage tout **crispé**, des yeux qui regardaient loin mais avec tristesse et de la fatigue plein sa bouche. Il courait. Une course d'homme des villes. Je le suivis de mon grand pas. Je me disais: «Il est pressé, où va-t-il? 15 Où, le **but**?» D'un coup il s'immobilisa au coin d'un trottoir. Plus de hâte, la fin. Le but était là. Un coin de trottoir **quelconque**. Pas même quelconque, à coté d'un marchand de fromage; moi qui ai l'habitude des fumiers campagnards j'**étouffais** dans cette odeur de camembert. Je voulais savoir le fin mot.[2] J'attendis. L'homme lisait le journal. Il était toujours triste et las. L'autobus 20 arriva. D'un bond dont je ne le croyais plus capable l'homme s'élança. Je le vis à travers les vitres s'asseoir, regarder vaguement son **alentour**, reprendre son journal. L'autobus démarra sur un coup de timbre.[3]

De quoi le narrateur se souvient-il?

Où était-il?

Que venait de faire l'homme qu'il observait?

Pourquoi l'homme courait-il?

Pourquoi l'homme s'arrête-t-il au coin d'un trottoir?

---

[1] **des ronces nues retenaient:** *Bare (leafless) brambles held back*

[2] **savoir le fin mot:** connaître la vraie raison de cela

[3] **démarra... timbre:** se mit en marche quand le conducteur donna le signal du départ en sonnant du timbre (sur les anciens autobus parisiens à plate-forme)

ankles
sans pedigree

from beyond

enlever de force

main fermée /
contracté, tendu

l'objectif, la destination
ordinaire

j'avais du mal à
respirer

autour de lui

Quel était son but?

Qu'est-ce que le narrateur attend, lui?

Que fait l'homme dans l'autobus?

C'est pour cet homme-là que je veux écrire ce soir.

25   Monsieur, mon cher ami, homme. Homme, voilà comment je veux t'appeler, tu permets? Homme, ne cours plus, ne te hâte plus, j'ai vu ton but. J'ai vu ton but, parce que j'ai des yeux neufs, parce que je suis comme un enfant, parce que je sais, comme les enfants. Ne cours plus, tu as pris la mauvaise route. Je t'ai regardé, je t'ai vu; je sais regarder les hommes et je ne veux

30   pas croire que le but vers lequel tu courais c'était ce coin de trottoir dans l'odeur des fromages ou ce terminus de l'autobus sur une place pleine de **boue**.   *mud*
C'était ce que tu regardais là-bas, loin, avec tes yeux tristes. Ecoute-moi, je vais te dire tout ça à toi, bien doucement:

—Tu as vu, le soir, cette pâte phosphorescente d'autos qui tourne[4] sur la

35   place de la Concorde. On dirait que quelque chose **brasse** cette pâte à grands   *agite, manipule*
coups: ça crie, ça tourne, ça ne lève pas,[5] ça n'a pas de **levain**, ça tourne puis   *yeast*
ça s'écoule comme de l'eau claire et ça va croupir dans le fin fond des
maisons![6] Tout ça, toute la ville, tout Paris se hâte et court comme toi vers le
but. **Aveugles**! Vous êtes des aveugles. Courez, vous pouvez courir: le but est   *Blind*

40   derrière votre dos. Il n'y a pas d'autobus pour cette direction. Il faut y aller à
pied. Il faut qu'on vous prenne la main et qu'on vous dise: «Venez, suivez-
moi!»

Homme, écoute-moi, je vais prendre ta main et te dire: «Viens, suis-moi.
J'ai ici ma vigne et mon vin; mes oliviers,[7] et je vais surveiller l'huile moi-même

45   au vieux moulin tout **enfumé** parmi les hommes nus. Tu as vu l'amour de mon   *plein de fumée*
chien? Ça ne te fait pas réfléchir, ça? Ce soir où je t'écris, le soleil vient de se
coucher dans un **éclaboussement** de sang. Le mythe premier de la mort du   *splash*
soleil, je ne l'ai jamais lu dans les livres. Je l'ai lu dans **le grand livre** là-autour.   *la nature*
J'étais un peu ennuyé hier matin, parce que j'avais trois pigeons **en trop** dans   *too many*

50   mon pigeonnier.[8] Trois ramiers tout fiers et tout roucoulants qui sont venus
faire soumission au grain de ma main.[9] J'ai là sous ma fenêtre la fontaine d'une
eau que je suis allé chercher à la **pioche**.   *pickaxe*

C'est ça le but, c'est ça que tu regardais de tes yeux tristes, là-bas au fond
de l'air. Viens, suis-moi.

55   Suis-moi. Il n'y aura de bonheur pour toi, homme, que le jour où tu seras
dans le soleil debout à côté de moi. Viens, dis la bonne nouvelle autour de toi.
Viens, venez tous; il n'y aura de bonheur pour vous que le jour où les grands

---

[4] **cette pâte… tourne:** Vue de loin, la circulation automobile donne l'impression d'un flux lumineux semblable à une substance semi-liquide.

[5] **ça ne lève pas:** cela ne fermente pas (comme une pâte à pain)

[6] **ça va croupir… maisons:** La «pâte» des voitures devient stagnante dans les profondeurs des maisons.

[7] **oliviers:** arbres qui produisent des olives

[8] **pigeonnier:** structure où on élève des pigeons domestiques

[9] **Trois ramiers… de ma main:** *Three proud and cooing pigeons that came submissively to eat grain from my hand.*

arbres crèveront[10] les rues, où le poids des lianes fera crouler l'obélisque et courber la Tour Eiffel;[11] où devant les **guichets** du Louvre on n'entendra plus que le léger bruit des **cosses mûres** qui s'ouvrent et des graines sauvages qui tombent; le jour où, des cavernes du métro, des sangliers éblouis sortiront en tremblant de la queue.[12]

60

Jean Giono, tiré de *Solitude de la pitié*, © Editions Gallimard.

Questions

1. Comment le narrateur est-il accueilli chez lui?
2. Quelle impression le narrateur veut-il produire en évoquant le petit chemin qui se frotte contre lui, l'herbe qui mouille ses chevilles, les ronces nues qui retiennent son manteau?
3. Pourquoi le narrateur est-il étonné que son chat saute sur son épaule?
4. Le narrateur précise que son chien est sans race et que le chat, venu il y a un mois, est sauvage. Est-ce que ces détails sont significatifs?
5. Pourquoi se souvient-il d'un homme rencontré à Paris? Quels étaient les gestes de cet homme? Décrivez son visage.
6. Où cet homme s'arrête-t-il? Pourquoi le narrateur n'aime-t-il pas rester à cet endroit?
7. Le narrateur apostrophe le Parisien, disant «Monsieur» «mon cher ami», «homme». Quelles sont les nuances de chacune de ces épithètes? Pourquoi le narrateur veut-il l'appeler surtout «homme»?
8. Pourquoi le narrateur dit-il que l'homme ne devrait plus courir?
9. Le narrateur dit qu'il est comme un enfant, qu'il sait, comme les enfants (ll. 27–28). Qu'est-ce qu'il veut dire?
10. Le narrateur décrit les automobiles qui tournent sur la place de la Concorde et dit que «ça n'a pas de levain.» Quel est le sens de cette observation?
11. Comment faut-il atteindre le but? Où est le but? Définissez-le.
12. Qu'est-ce que le narrateur n'a pas eu besoin d'apprendre dans les livres?
13. Quand l'homme sera-t-il heureux? Pourquoi le narrateur imagine-t-il la destruction de Paris?
14. Précisez la force de l'image évoquée dans le dernier paragraphe.

Complétez les phrases suivantes (oralement ou par écrit)

1. Le narrateur s'adresse à…
2. Le narrateur a les yeux neufs comme…
3. Les autos sur la place de la Concorde sont comparées à …
4. Les Parisiens sont «aveugles» parce que…
5. Le narrateur prend la main du Parisien et lui demande de…
6. Au moment où il écrit, le soleil…

---

[10] **crèveront:** feront éclater, ouvriront (les rues)

[11] **le poids des lianes… Tour Eiffel:** *the vines will make the obelisk (located in the middle of the place de la Concorde) crumble under their weight and bend the Eiffel tower*

[12] **sangliers… queue:** *wild boars will emerge in the blinding daylight with their tails quivering*

7. Hier matin, il était ennuyé parce qu'il…

8. Le but dont parle le narrateur, c'est…

9. Le narrateur imagine un jour où des sangliers…

10. Selon Giono, le bonheur, c'est…

▦ EXPRESSIONS A ETUDIER ▦

1. **à travers**

   Un chat sauvage venu… **à travers** les branches d'un arbre. (ll. 6–7)
   A wild cat that came through the branches of a tree.

   Je le vis **à travers** les vitres s'asseoir. (ll. 21–22)
   Through the windows I saw him sit down.

   La lumière du soleil brille **à travers** les branches.
   J'ai couru **à travers** le champ de blé.
   A travers les âges, l'homme a toujours cherché le bonheur.

2. **mauvais(e)**

   Tu as pris la **mauvaise** route. (ll. 28–29)
   You took the wrong road.

   On m'a indiqué la **mauvaise** adresse.
   J'ai eu une **mauvaise** note à mon dernier examen.
   C'est **mauvais** signe.
   Cet homme fait une **mauvaise** impression, parce qu'il est toujours de **mauvaise** humeur.

3. **on dirait**

   On dirait que quelqu'un brasse cette pâte à grands coups. (ll. 35–36)
   It looks like someone is kneading this dough vigorously.

   On dirait qu'il va pleuvoir.
   On dirait que cet homme est malade.

4. **faire + inf.**

   Ça ne te **fait** pas **réfléchir**, ça? (l. 46)
   Doesn't that make you stop and think?

   Le poids des lianes **fera crouler** l'obélisque. (l. 58)
   The weight of the creeping vines will make the obelisk crumble.

   Le professeur m'**a fait quitter** la salle.
   Mon ami m'**a fait remarquer** un sanglier devant nous.
   Le levain **fait lever** la pâte.

Répondez

à travers

1. Que voyez-vous à travers la fenêtre de la salle de classe?

2. Préférez-vous marcher à travers la foule ou à travers une forêt?

3. Peut-on voir quelqu'un à travers la porte? la vitre?

mauvais(e)

4. Quand vous téléphonez, composez-vous quelquefois un mauvais numéro?

5. Donnez-vous souvent de mauvaises réponses?

6. En général, avez-vous bonne ou mauvaise mémoire?

7. Donnez un ou deux exemples de mauvais goût.

on dirait

8. Votre professeur est-il (est-elle) fatigué(e)? (On dirait…)

9. Est-ce qu'il va neiger tout à l'heure? (On dirait…)

10. Est-ce que la tour Eiffel est courbée? (On dirait…)

11. Y a-t-il une odeur dans cette salle? Est-ce une odeur de fromage? (On dirait…)

faire + inf.

12. Dites que le professeur vous fait apprendre le français.

13. Les examens vous font-ils perdre le sommeil?

14. Demandez à quelqu'un de vous faire cuire un œuf.

15. Dites que votre petit(e) ami(e) vous fait souvent attendre (acheter du camembert, courir sur le trottoir, perdre le sommeil).

Sujets de discussion ou de composition

1. Racontez une histoire fantastique en développant l'image finale de ce texte.

2. L'homme apostrophé par l'auteur défend son comportement et son mode de vie dans une lettre. Composez cette lettre adressée à Giono.

3. Comment le narrateur se voit-il lui-même? Faites son portrait.

4. Etes-vous d'accord avec le point de vue exprimé dans ce texte? Quels maux apporte la civilisation, selon vous? Quels bienfaits?

5. Préférez-vous la ville ou la campagne? Donnez vos raisons.

Appendice 1

Glossaire des termes littéraires

alexandrin (un): en poésie, vers de 12 syllabes.

antithèse (une): opposition de deux pensées, de deux expressions.

apostrophe (une): mot par lequel on invoque une personne, une chose, une abstraction personnifiée.

assonance (une): répétition d'une même voyelle accentuée dans plusieurs mots.

Belle Epoque, la: désigne la vie parisienne à la fin du siècle dernier, c'est-à-dire les années 1880–1910, marquées par la gaieté, l'insouciance, et la joie de vivre.

berceuse (une): chanson destinée à endormir les enfants; mélodie douce et mélancolique.

connotation (une): propriété ou caractéristique secondaire d'un mot, évoquée par association. (S'oppose à *dénotation*).

cubisme (le): mouvement en peinture dont les initiateurs, à partir de 1907, furent Pablo Picasso et Georges Braque. Rompant avec la tradition de la représentation réaliste, le cubisme est caractérisé par la fragmentation des sujets représentés et par la prédominance des formes géométriques. Le cubisme littéraire pratiqué par exemple par Guillaume Apollinaire se distingue par la juxtaposition de lieux et d'événements apparemment disparates.

dadaïsme (le): mouvement nihiliste en art et en littérature (1916–1921) qui s'est rebellé contre la tradition et la raison.

décasyllabe (un): vers de 10 syllabes.

dizain (un): poème de dix vers.

élégie (une): poème lyrique exprimant des sentiments de regret, de mélancolie (*adj.* **élégiaque**).

ellipse (une): art de sous-entendre en omettant des mots; malgré l'omission, le lecteur devine ce qui n'est pas exprimé.

épigramme (une): petit poème, le plus souvent satirique, terminé par un trait piquant, un mot d'esprit. (Cette conclusion s'appelle une *pointe*.)

évasion (une): (au sens figuré) distraction, divertissement par l'imagination, le rêve, le sommeil, l'ivresse, etc.

naturalisme (le): esthétique littéraire qui consiste à reproduire la réalité aussi fidèlement et scientifiquement que possible.

Nouveau Roman (le): école littéraire qui se manifesta à partir de 1952, caractérisée par la dépersonnalisation du roman et le rôle accru du lecteur dans l'interprétation des choses représentées et de leurs rapports.

octosyllabe (un): vers de 8 syllabes.

oxymore (un): alliance de mots contradictoires ou incompatibles pour leur donner plus de force expressive, pour faire ressortir une complémentarité implicite. (On dit aussi oxymoron.)

paradoxe (un): affirmation ou fait extraordinaire, contraire au bon sens, à la logique ou à la vraisemblance.

personnification (la): action d'attribuer à une chose une qualité ou une caractéristique humaine.

quatrain (un): strophe de 4 vers.

réalisme (le): description qui reproduit la réalité des choses dans le détail, et avec objectivité.

rejet (un): élément de phrase placé au début d'un vers, prolongeant et complétant la phrase commencée au vers précédent.

romantisme (le): mouvement se manifestant dès la fin du dix-huitième siècle dans tous les arts, et qui privilégie l'expression de la sensibilité individuelle, le sentiment de la nature, et l'imagination, contre l'esthétique classique fondée sur l'imitation des Anciens. Le romantisme exprime la nostalgie d'un idéal ou d'un ailleurs impossible, et oppose le moi subjectif à la «froide» raison.

sonnet (un): poème de 14 vers, constitué de 2 quatrains et de 2 tercets.

strophe (une): groupe de vers formant une unité (*stanza*).

style direct (le): Le style direct rapporte textuellement les paroles dites: «Elle se demanda: **«Que vais-je faire?»**

style indirect (le): Dans le style indirect, les paroles sont rapportées indirectement par un narrateur sous la forme d'un discours raconté (généralement avec «que»): **«Elle se demanda ce qu'elle allait faire.»**

style indirect libre (le): Dans le style indirect libre, le narrateur s'efface: le «que» de subordination et les guillemets (« ») sont omis, la structure du style direct est conservée, mais à la troisième personne. Le lecteur «lit» les paroles ou les pensées du personnage, sans intermédiaire. L'exemple qui suit illustre la différence entre la voix narrative de l'auteur et la voix intérieure du personnage: «Elle avançait d'un pas hésitant, le visage inquiet. **Qu'allait-elle faire? Faudrait-il qu'elle abandonne son projet?** Elle s'arrêta, réfléchit. **Mais non, elle se trompait, la situation n'était pas si grave. Il suffisait de patienter, voilà tout.** Et elle reprit son chemin d'un pas vif et assuré.»

surréalisme (le): mouvement né autour de 1924 dont l'ambition était de révolutionner la vie en libérant les richesses psychiques de l'inconscient. Dans le domaine des arts et des lettres, le surréalisme privilégie la libre association des images. Il s'oppose au réalisme et à la raison, cultivant au contraire l'imaginaire, l'étrange, le merveilleux. L'influence du surréalisme dans les lettres et les arts a été considérable jusqu'à la mort de son chef André Breton en 1966.

tercet (un): strophe de 3 vers.

Appendice 2

Le passé simple

Le *passé simple* is a narrative literary tense referring to specific, isolated, and wholly completed actions in the past. It is a tense that is distinct from the *imparfait* in generally the same way that the passé composé is distinct from the *imparfait*—the *imparfait* being a tense commonly used to describe (1) actions which are incomplete, in the process of occurring, or habitual; (2) states of mind. Unlike the *passé composé*, however, the *passé simple* is not used in spoken French.

The *passé simple* of regular verbs is formed as follows:

donner

je donn**ai**	nous donn**âmes**
tu donn**as**	vous donn**âtes**
il/elle donn**a**	ils/elles donn**èrent**

finir

je fin**is**	nous fin**îmes**
tu fin**is**	vous fin**îtes**
il/elle fin**it**	ils/elles finir**ent**

vendre

je vend**is**	vous vend**îmes**
tu vend**is**	vous vend**îtes**
il/elle vend**it**	ils/elles vendir**ent**

Frequently encountered verbs include:

avoir j'eus, tu eus, il/elle eut, nous eûmes, vous eûtes, ils/elles eurent

boire je bus, tu bus, il/elle but, nous bûmes, vous bûtes, ils/elles burent

connaître je connus, tu connus, il/elle connut, nous connûmes, vous connûtes, ils/elles connurent

craindre je craignis, tu craignis, il/elle craignit, nous craignîmes, vous craignîtes, ils/elles craignirent

croire je crus, tu crus, il/elle crut, nous crûmes, vous crûtes, ils/elles crurent

devoir je dus, tu dus, il/elle dut, nous dûmes, vous dûtes, ils/elles durent

dire je dis, tu dis, il/elle dit, nous dîmes, vous dîtes, ils/elles dirent

écrire j'écrivis, tu écrivis, il/elle écrivit, nous écrivîmes, vous écrivîtes, ils/elles écrivirent

être je fus, tu fus, il/elle fut, nous fûmes, vous fûtes, ils/elles furent

faire je fis, tu fis, il/elle fit, nous fîmes, vous fîtes, ils/elles firent

lire je lus, tu lus, il/elle lut, nous lûmes, vous lûtes, ils/elles lurent

mettre je mis, tu mis, il/elle mit, nous mîmes, vous mîtes, ils/elles mirent

mourir je mourus, tu mourus, il/elle mourut, nous mourûmes, vous mourûtes, ils/elles moururent

naître je naquis, tu naquis, il/elle naquit, nous naquîmes, vous naquîtes, ils/elles naquirent

pouvoir je pus, tu pus, il/elle put, nous pûmes, vous pûtes, ils/elles purent

prendre je pris, tu pris, il/elle prit, nous prîmes, vous prîtes, ils/elles prirent

recevoir je reçus, tu reçus, il/elle reçut, nous reçûmes, vous reçûtes, ils/elles reçurent

savoir je sus, tu sus, il/elle sut, nous sûmes, vous sûtes, ils/elles surent

se taire je me tus, tu te tus, il/elle se tut, nous nous tûmes vous vous tûtes, ils/elles se turent

voir je vis, tu vis, il/elle vit, nous vîmes, vous vîtes, ils/elles virent

venir je vins, tu vins, il/elle vint, nous vînmes, vous vîntes, ils/elles vinrent

vivre je vécus, tu vécus, il/elle vécut, nous vécûmes, vous vécûtes, ils/elles vécurent

Replace the infinitives (in italics) with the *passé simple* or the *imparfait* as appropriate. To check your answers, see ll. 228–237 of L'Hôte (Camus).

Daru *installer* deux couverts. Il *prendre* de la farine et de l'huile, *pétrir* dans un plat une galette et *allumer* le petit fourneau à butagaz. Pendant que la galette *cuire*, il *sortir* pour ramener de l'appentis du fromage, des œufs, des dattes et du lait condensé. Quand la galette fut cuite, il la *mettre* à refroidir sur le rebord de la fenêtre, *faire* chauffer du lait condensé étendu d'eau et, pour finir, *battre* les œufs en omelette. Dans un de ses mouvements, il *heurter* le revolver enfoncé dans sa poche droite. Il *poser* le bol, *passer* dans la salle de classe et *mettre* le revolver dans le tiroir de son bureau. Quand il *revenir* dans la chambre, la nuit *tomber*. Il *donner* de la lumière et *servir* l'Arabe: «Mange», *dire*-il. L'autre *prendre* un morceau de galette, le *porter* vivement à sa bouche et *s'arrêter*.

Glossaire

abattre to slaughter, pull down; **s'—** to swoop down

abîmer to damage

aborder to reach, arrive; to accost

aboutir à to end in; to result in, lead to

aboutissement (*m.*) end, conclusion

aboyer to bark

abri (*m.*) shelter, refuge

abruti dazed, in a stupor

accorder to tune

s'accouder to lean on one's elbow

accourir to rush up, run up to

accroupi crouched, squatting

s'accroupir to crouch

accueillir to receive, welcome

acerbe sharp, acerbic

acharné strenuous

achever to finish

acquérir to acquire; **s'—** to be obtained

âcre acrid, bitter

actualité (*f.*) timeliness

adjoindre to add on

adossé (à) with one's back to

s'affairer to busy oneself, fret about

affaires (*f. pl.*) belongings, business

affairé busy

affliger to distress, trouble

affolé frantic

affreux (-se) terrible, awful

agacer to irritate

s'agenouiller to fall or sink down on one's knees

agir to act

agoniser to be near death

agrandir to enlarge

aide-cuisinier (*m.*) assistant cook

aigu (-uë) acute; keen, penetrating

aile (*f.*) wing

ailleurs elsewhere; **d'—** moreover, besides

aîné (*m.*) eldest

ainsi que in the same way as

aisance (*f.*) ease

aisé (*f.*) **à l'aise** comfortable

aisément readily

aisselle (*f.*) armpit

ajouter to add

alentours (*m. pl.*) environs, vicinity

aliéniste (*m., f.*) mental health specialist

allée (*f.*) path, walkway

allonger to stretch out

allumer to light; to kindle, inflame; **s'—** to light up

allumette (*f.*) match

allure (*f.*) look, appearance; gait, pace, speed; **à toute—** at full speed, rapidly

alors que whereas, while

alourdi heavy, drowsy

amas (*m.*) mass, heap

âme (*f.*) soul

amener to bring

amer bitter

à moins que unless

amolli soft

anchois (*m.*) anchovy

angoisse (*f.*) anguish, anxiety

angoissé distressed, anguished

animateur (*m*) active participant, promoter

apaiser to calm

s'apercevoir de to notice

apeuré frightened

apitoyer to make some one feel pity

aplatir to flatten

aplomb (*m.*) perpendicularity, balance; self-assurance, self-possession; **tomber d'—** to fall perpendicularly

appareil (*m.*) machine, appliance; telephone receiver

appartenir à to belong to

appentis (*m.*) shed, lean-to

apprivoiser to tame

s'appuyer to lean, rest on

après: d'— from, according to

arbuste (*m.*) bush

arène (*f.*) amphitheatre

arête (*f.*) ridge

armoire (*f.*) wardrobe

arracher to detach, tear out, strip off; **— à** to tear away from

arranger to arrange, dispose; **mal arrangé** in poor shape, in a sorry state

arrêt (*m.*) pause

ascensionniste climber

aspirer to suck in
assise (f.) layer, base; bed
assistance (f.) company, bystanders, persons present
astiqué polished
astucieux (-se) wily, astute
atelier (m.) studio, workshop
atteindre to reach; to strike, affect
atteinte (f.) reach, grasp
atteler to hitch up
s'attendre à to expect
attendrir to touch, move; s'— to be touched, moved
attente (f.) waiting, expectation
atterrir to land, drop to earth, come to ground
attirer to attract; draw someone close
attraper to catch, ensnare, seize
au-dessus above
aube (f.) dawn
auparavant before
aussitôt immediately; —que as soon as
autant as much; d'—plus. . . que all the more . . . because
automate (m.) automaton, robot
autour: —de around; là— all around
autrefois formerly
autrui others
avancement (m.) projection, jutting out
avant-goût (m.) foretaste
avant-veille (f.) two days before
avare (m.) miser
avarie (f.) damage
s'aventurer to venture
avertissement (m.) warning
aveu (m.) admission, confession
aveuglant blinding
avis (m.) opinion
avisé (well-)advised
avorter to miscarry

bâche (f.) canvas cover
badigeonner to whitewash
baigner to steep, bathe, dip
bâiller to yawn
baiser to kiss
baisser to lower; se — to stoop
balbutier to stammer
balle (f.) bullet
banc (m.) shoal; bench
se barbouiller to dirty oneself
barque (f.) rowboat

bas (-se) (adj.) low; avoir la vue basse to be near-sighted, have poor eyesight
bas (m.) bottom
bâté bearing a load
bâtir to build
bâtisse (f.) ramshackle house
bâton (m.) staff, stick
battant (m.) door (double)
battre to bang
battue (f.) round-up, beating (of bushes)
bavette (f.) bib
béant gaping
bec (m.) beak
bégayer to stammer
béni blessed; eau bénite holy, consecrated water
berceuse (f.) lullaby
berger (m.) shepherd
besogne (f.) work
bêtise (f.) absurdity; stupid thoughts; nonsense faire des—s to act foolishly, behave stupidly
beurre (m.) butter
biais (m.) de— askance, indirectly
bien (m.) estate
bien —que although; ou— or else, rather
bienfait (m.) benefit
bille (f.) billiard ball; marble
blé (m.) wheat
blesser to injure, to wound; to offend, hurt
blessure (f.) wound
bleuir to color in a shade of blue
boire un coup to have a drink
boisé wooded
boisson (f.) beverage
boîte (f.) box
bond (m.) leap; d'un — in a single leap
bondé crammed, packed
bondir to leap; to rebound
bonhomie (f.) good-naturedness
bord (m.) shore, bank; side; navire de haut— ship of the line
se borner (à) to limit oneself (to)
bottine (f.) ankle-boot
bouche (f.) mouth
boucher to stop up; to obstruct
bouchon (m.) stopper, plug; cork
boue (f.) mud
bouffi swollen, puffy
bouger to stir, move
bougie (f.) candle

bouilloire (f.) kettle
boule (f.) billiard or bowling ball, sphere, globe
bouleau (m.) birch
boulet (m.) cannon ball
bouleverser to upset, unsettle
bourdonner to buzz, boom
bourrelet (m.) pad, bulge
bousculer to jostle
bout (m.) end, extremity; bit, fragment; **au—de** at the end of, after, at the tip of; **un bon bout de temps** a good bit of time
boutade (f.) witticism
braguette (f.) fly (of trousers)
brandir to brandish, wave
braqué aimed
brèche (f.) gap, breach
bretelle (f.) strap, suspender
breuvage (m.) beverage
briller to sparkle, shine
briser to break; **se —** to break (intr.)
brisure (f.) break
broncher to stumble, hesitate, falter
brosser to brush; to paint
se brouiller to quarrel, fall out
brouillon (m.) draft, scratch sheet
brouter to graze
brume (f.) mist, fog, haze
buisson (m.) bush
but (m.) goal, purpose
buté stubborn

cabane (f.) cabin
cachette (f.) hiding place
cachot (m.) prison cell
cadenassé padlocked
cadre (m.) frame; setting, framework
cahier (m.) notebook
caillou (m.) pebble
caisse (f.) box, case, crate, chest; counter
calciner to burn, parch; **calciné** bone dry
calembour (m.) pun
camion (m.) truck
camionnette (f.) truck
campagne (f.) country, countryside
canot (m.) dinghy, rowboat
canton (m.) district
caoutchouc (m) rubber
caqueter to cackle, squawk
carafe (f.) decanter, pitcher
carnet (m.) notebook

carreau (m.) flooring, tile
carrelage (m.) tile floor
carré square, stocky
carrière (f.) career
cartographe (m.) map-maker
casser to break
cauchemar (m.) nightmare
causer to chat
caveau (m.) small cellar
céder to surrender, yield, give way
ceindre to encircle
cendre (f.) ashes
cependant however
certes indeed
chagrin (m.) sorrow; **d'un air—** sadly
chair (f.) flesh
chameau (m.) camel
chandail (m.) sweater
chandelle (f.) candle
chantonner to hum a tune, sing
char (m.) carriage, cart
charbon (m.) charcoal, coal
charge (f.) weight
se charger de to take care of
charrette (f.) cart
charrier to carry along
chasse (f.) hunting, hunt
chasser to hunt, chase away
châtié chastised, punished
chaton (m.) kitten
chaudron (m.) cauldron
chauffer to get hot; to heat
chaussée (f.) road
chausser to put on (shoes); **se —** to put on one's shoes
chaussette (f.) (foot)sock
chauvin chauvinistic
chèche (m.) scarf
chemin (m.) path
cheminée (f.) fireplace, chimney
cheminer to proceed, wend one's way
chétif (-ve) frail
cheville (f.) ankle
chiromancie (f.) palmistry
chirurgien (m.) surgeon
chuchotant whispering
chute (f.) fall, falling down; falling out, loss (of hair)
cimetière (m.) cemetery
citadelle (f.) stronghold
citadin (m.) city dweller
clapotement (m.) lapping

claquement (*m.*) click, smack
clef de sûreté (*f.*) safety lock
cloche (*f.*) bell; **—de verre** glass jar
clocher (*m.*) spire
clou (*m.*) nail
cocasserie (*f.*) farce, zaniness
coiffer to wear (on the head)
coin (*m.*) corner, nook
col (*m.*) collar
colère (*f.*) (fit of) anger
colline (*f.*) hill
commission (*f.*) errand
commode (*f.*) chest, dresser
commodité (*f.*) convenience
communauté (*f.*) community, society
complice (*m.*, *f.*) accomplice
comporter to include, comprise
compromettre to endanger
concevoir to conceive, imagine
conduire to lead
confectionner to fashion, manufacture
confier to entrust
confiture (*f.*) preserves, jam
confrère (*m.*) colleague
consommer to consume
constater to note, observe
contrée (*f.*) region
contrefort (*m.*) lesser chain (of mountains)
convenablement suitably
convenir to suit
convier to invite
convive (*m.*) guest
corbeille (*f.*) open basket
cordelette (*f.*) string, small cord
corne (*f.*) horn
corvée (*f.*) drudgery, unpleasant job
costaud hefty, strong
côte (*f.*) rib; hill, slope; **—à—** side by side
côté (*m.*) side (of human body); direction; **du—de** toward, in the direction of
coteau (*m.*) hill
côtelette (*f.*) chop, cutlet
couche (*f.*) layer
coude (*m.*) elbow; turn, bend
coudre to sew
couler to flow, run down
coulisse (*f.*) wing (of a theatre)
coup (m.) blow; **boire un —** to have a drink; **—de feu** shot; **—d'œil** glance, look; **—sec** a sharp crack; **tout à —** all at once
coupable guilty

coupe-gorge (*m.*) deathtrap
courant d'air (*m.*) draft
courbe (*f.*) curve
courber to bend
courbure (*f.*) curve
couronne (*f.*) crown
course (*f.*) shopping, errand
court short
courtiser to court
couvert (*m.*) place setting
couverture (*f.*) blanket
craie (*f.*) chalk
crainte (*f.*) fear
crâne (*m.*) skull
craquement (*m.*) creaking
craquer to crack, make a cracking noise
crête (*f.*) crest; ridge
creuser to excavate, dig; **se—** to become hollow
creux (*m.*) hollow
crever to die; to burst
criard squalling
crispation (*f.*) twitching
crispé tense
croiser to meet (eyes); to pass; to cross
croquis (*m.*) sketch
crouler (*intr.*) to crumble, collapse
cueillir to gather, pick
cuir (*m.*) leather
culture (*f.*) tilling (of the soil)
curé (*m.*) village priest

dard (*m.*) dart, javelin, spike, piercing ray
débarras (*m.*) store-room; **bon—** ! good riddance!
se débarrasser de to rid oneself of
se débattre to struggle
déboucher to emerge
debout upright, standing
débrider to unbridle
déception (*f.*) disappointment
déchaîner to give vent to, unleash, provoke
décharger to unload
décharné emaciated
déchirer to tear
découper to cut up
découvert clear
découverte (*f.*) discovery
découvrir to discover, expose; **se —** to become perceptible
dédaigneux (-se) scornful, disdainful

défaire to untie, unwrap; **se—** to fall apart

défaut (*m.*) fault, lack

dégager to bare

dégoût (*m.*) aversion

dégoûter to disgust

déguiser to disguise, conceal

se déhancher to walk with a loose gait

dehors: en —de beyond; **en —de la véritable question** beside the point

déjouer to foil, frustrate, thwart

delà: au—, par— beyond

délit (*m.*) offense

démarrer (*intr.*) to start (moving)

dément demented, wild

démesurément enormously, immoderately, inordinately

demeure (*f.*) lodging

dénouer to untie

dentelle (*f.*) lace

dentifrice (*m.*) toothpaste

département (*m.*) department, state

dépense (*f.*) expense

dépit (*m.*) vexation; **en—de** in spite of

déplier to unfold

déployer to unfold, spread out

se déposer to settle, to set down

dériver to drift

se dérouler to take place

dès as early as, from; **—lors** from that moment; **—que** as soon as

désagrément (*m.*) vexation, unpleasantness

se désaltérer to quench one's thirst

désespoir (*m.*) despair

désormais henceforth

desséché parched

desservir to clear the table

dessiner to draw, depict; **se—** to stand out; to take form

dessous (*m.*) underside; (*adv.*) under, beneath; **ci—** below; **en—de** below

dessus over, upon; **au—** above

détailler to relate in detail, enumerate

détente (*f.*) relaxation, easing

dévaler to descend

déverser to pour out

dévider to reel off, unwind

dévier to deviate, swerve; **faire —** to deflect

deviner to guess, sense, understand; to make out, perceive barely; to imagine; to foretell

devise (*f.*) motto

digérer to digest

digne deserving, worthy

se diriger to go (towards); make one's way towards

discuter to argue

disparaître to disappear

disparition (*f.*) disappearance

disposer (de) to have at one's disposal

disposition (*f.*) arrangement

disséminer to spread out

distrait absent-minded, distracted

docker (*m.*) dockyard worker

doigt (*m.*) finger

dompter to master, overcome

don (*m.*) gift

donateur (*m.*) donor

donnée (*f.*) basic principle

doré gilded

dos (*m.*) back, spine (of book)

dot (*f.*) dowry

douanier (*m.*) customs officer

doucement quietly

doué gifted; talented

se douter de to suspect

doux (-ce) gentle

dramaturge (*m.*) dramatist

drapeau (*m.*) flag

dresser to raise up, set up; to raise, rear; **se—** to stand up

dru (-e) thick

durcir to harden, toughen

éblouir to dazzle; **ébloui** temporarily blinded (by light);

éblouissant dazzling

éblouissement (*m.*) amazement

ébranler to shake; **ébranlé** shaken, tottering

écart (*m.*) difference, spread, gap

écarter to move, push aside; to dispel, eliminate

échapper to escape; **s'—** to flee, escape

échelle (*f.*) ladder

échelon (*m.*) rung (of ladder)

s'éclaircir to clear up, get clearer

éclairer to light; to light up

éclat (*m.*) lustre, brightness, brilliance; burst (of noise)

éclater to burst; to break out (war); to explode

écluse (*f.*) lock (of waterway)

écolier (*m.*) schoolboy

s'écorcher to rub off (skin)

écœuré nauseated

s'écouler to pass, elapse; to flow or drain away

écraser to crush, annihilate; s'— to smash

s'écrouler to crumble, collapse

écume (f.) foam

s'effacer to fade away

effaré bewildered, frightened

efficace effective

effluve (m.) emanations, exhalations

s'efforcer to endeavor

effrayant frightful

effrayer to frighten, to scare, alarm; s'— to take fright

s'effriter to crumble

effroyable frightful

égard (m.) consideration

égorger to cut someone's throat

élan (m.) fit, impulse; prendre son élan to take off

s'élancer to dash

s'élargir to increase (light)

s'élever to rise

éloigner to send away; s'— to go away, withdraw

émaner to emanate

embarrasser encumber, hamper

embêter to annoy

émerveillé amazed

emmener to take, take away

s'emparer de to seize

empêcher to prevent

empiler to stack up, pile up

emplacement (m.) berth, location

emplir to fill; fill up

emporter to carry away

empreindre to stamp, mark

empreinte (f.) impression, trace, mark

emprunter to borrow; (fig.) to put on

encombrer to obstruct

endimanché in Sunday attire

endormir to put to sleep

endroit (m.) locality, place, area

endurer to bear, endure

énervé fidgety, annoyed

enfer (m.) hell

enfiler to slip on

enfoncer to thrust into; s'—(dans) to sink (into)

s'enfuir to flee

s'engouffrer to engulf

engraisser to enrich, fertilize (soil)

s'enivrer to get drunk

enjoué gay, playful

enneigé covered with snow

ennui (m.) boredom

s'ennuyer to be bored, get bored

enragé enraged

enrouler to coil, roll up

enseigne (f.) inscription

ensoleillé(e) sunny

ensommeillé sleepy

entasser to accumulate, pile up, pack together

entendement (m.) understanding

entendre to hear, understand, agree; s'— avec to get along with, have a secret understanding with

enterrer to bury

en-tête (m.) heading

s'entêter to persist, be stubborn

entourer to surround

entraîner to drag, drag along; to bring about

entreprendre to undertake; to attempt

entretien (m.) conversation; upkeep, repair, maintenance

entrevoir to catch a glimpse of

entrouvrir to half-open

envahir to invade

s'envoler to blow away

épais (-se) thick, dense

épaisseur (f.) thickness

s'épancher to overflow, spill

s'épanouir to open, expand, spread out

épargner to spare; — quelque chose à quelqu'un to spare someone something

épars disseminated, scattered

épaule (f.) shoulder

épauler to support, sustain; to raise or level a rifle (against one's shoulder) just prior to taking aim

épée (f.) sword

épeler to spell

épier to watch, spy upon

épingle (f.) pin

épouser to marry, take the exact shape of

épouvantable terrifying

épouvante (f.) terror

épouvanter to terrify

éprouver to feel

équipe (*f.*) team
éraflure (*f.*) graze, scratch
escabeau (*m.*) stool
escalader to scale, climb up, climb over
s'esclaffer to burst out laughing
espace (*m.*) space
espèce (*f.*) species
espion (*m.*) spy
esprit (*m.*) mind, wit
essence (*f.*) gasoline
essoufflé out of breath, winded
essuyer to wipe
étagère (*f.*) shelf
s'étaler to sprawl, to spread out
étape (*f.*) stage, step
éteindre to turn out lights; to extinguish; **s'—** to die out
éteint dull
étendre, s'— to extend, stretch out, spread out; to dilute (liquid)
étendue (*f.*) expanse; scope, extent
éthéré ethereal
étincelant glittering, sparkling
étiquette (*f.*) label
étoffe (*f.*) fabric, cloth
étonner to astonish, **s'—(de)** to be astonished
étouffer to smother; to suppress
étranglé choked
étreindre to embrace
étreinte (*f.*) grip
étroit (-e) narrow
s'évader to escape
évanoui (-e) fainted, passed out
éveiller to awaken
événement (*m.*) event
éventré ripped open
évier (*m.*) sink
éviter to avoid
exiger to require, demand
expédient (*m.*) a way out, resource

face: de— in front, across
se fâcher to get angry
faciès (*m.*) face
faible weak, slight
faillir (+ *inf.*) to be on the point of
fainéant (*m.*) lazybones, loafer
se faire to happen
fait (*m.*) fact, occurrence; **—divers** small news item; **par le—** as a matter of fact, indeed

falaise (*f.*) cliff
fardé made up (with powder, rouge, mascara)
farine (*f.*) flour
faubourg (*m.*) suburb, outlying part of town
fée (*f.*) fairy
feindre to pretend, feign
fente (*f.*) gap
fer (*m.*) iron; horseshoe
feuillage (*m.*) foliage, leaves
feuille volante (*f.*) loose-leaf sheet
feuillet (*m.*) page (of book)
feutre (*m.*) felt
fier (fière) proud
fièvre (*f.*) fever, passion
fiévreux (euse) causing fever
figure (*f.*) face
se figurer to imagine
fil (*m.*) string; thread, line
file (*f.*) row
filer to slip past quickly
fin shrewd
fini finite
flagrant evident, obvious
flanc (*m.*) side
flanquer to fling; to give (*fam.*)
flaque (*f.*) puddle
flasque flaccid, flabby
flegme (*m.*) imperturbability
flot (*m.*) stream
flou blurred
foie (*m.*) liver
foire (*f.*) noisy place; fair
fois (*f.*) time; **à la—** both, at once, at the same time; **une—** once; **il y avait une—** once upon a time there was
follement extravagantly, wildly, madly
foncer to charge; to darken, tan; **foncé** dark
fond (*m.*) bottom; back, far end, background; depth; **au—** at bottom, all things considered, really
fondre to melt; **—sur** to swoop down on
fonte (*f.*) melting, thaw
fort (*adv.*) very; **c'est plus —que moi** I can't help it
fortuit fortuitous
fossé (*m.*) ditch
foule (*f.*) crowd, multitude; **une—de** lots of, many
fourberie (*f.*) deceit

fourneau (*m.*) stove
fournir to provide
fourrer to thrust
se foutre de not to care a damn for
fraîcheur (*f.*) freshness
frais (*m.pl.*) cost, expense
fraise (*f.*) strawberry
franc (-he) complete, unalloyed
franchement sincerely, frankly; really
franchir to cross, pass, pass over
frapper to strike
se frayer to clear; to elbow through
frémir to quiver, shake
frictionner to rub
frisson (*m.*) shiver, quiver, shudder
frissonner to shiver
froissement (*m.*) rustling
froncer (les sourcils) to frown
front (*m.*) forehead
frontière (*f.*) frontier, border
frotter to rub
fuir to flee
fuite (*f.*) flight
fulgurance (*f.*) flashing
fumée (*f.*) smoke
fumier (*m.*) dung hill
fusible (*m.*) fuse
fusil (*f.*) gun, rifle; **—de chasse** hunting
 rifle
fusiller to shoot, execute
futaie (*f.*) forest (mature)

gagner to reach
gaieté (*f.*) gaiety, cheerfulness
gaillard (*m.*) husky lad, fellow
galette (*f.*) pancake (flat hat)
gamin (*m.*) kid
garder to keep
garnir to trim, decorate, garnish
gars (*m.*) fellow
gâter to make worse, spoil
gazon (*m.*) grass, turf
gêne (*f.*) embarrassment, uneasiness
gêner to bother, disturb, embarrass
genou (*m.*) knee
glace (*f.*) mirror
glacer to congeal, freeze; **glacé** ice cold
glissement (*m.*) slipping
glisser to slide, glide, slip; **se—** to creep,
 move stealthily
gloussement (*m.*) chortle

gonfler to swell
gorgée (*f.*) gulp, sip
gosse (*m.*) youngster, kid
goulée (*f.*) gulp
gourmand greedy (for food)
goût (*m.*) taste
goûter to appreciate
goutte (*f.*) drop; **gouttelette** (*f.*) small
 drop, drip
grâce (*f.*) mercy, pity, grace
gracieux (euse) graceful, pleasing
gradin (*m.*) step, tier, slope
grand ouvert wide open
gras (-se) fleshy, obese, fat
gratter to scratch
gravé engraved
gravir to ascend, climb
gredin (*m.*) rascal
grelotter to shiver
grenat (*m.*) garnet red
grève (*f.*) strike, work stoppage
griffonner to scrawl, scribble
grillé toasted
grimpant creeping
grimper to climb
grincer to make a grating noise; to creak
grisâtre greyish
grivois off-color, spicy, obscene
gronder to scold, grumble
gros (*m.*) bulk, main body; **au—de** in the
 middle of
gruau (*m.*) gruel, oatmeal
guérir to get well, recover, be cured
guerrier (*m.*) warrior
guetter to lie in wait, watch for, watch
gueule (*f.*) mouth (of animal); face, mug;
 (*pop.*) edge (of town)

habile skillful
habit (*m.*) clothing
haine (*f.*) hatred
hameçon (*m.*) hook
hanche (*f.*) hip
hanter to haunt
hantise (*f.*) obsession
hardi daring, bold
hargne (*f.*) bad temper
hasard (*m.*) accident, chance; **à tout —**
 quite accidentally
se hasarder to venture forth
se hâter to hurry

hausser to raise; **—les épaules** to shrug one's shoulders; **se—** to raise oneself, to rise, crane one's neck

haut high, tall; **tout —** out loud

hautain haughty

hauteur (*f.*) height

haut-parleur (*m.*) loudspeaker, public address system

hébété dazed

héler to hail (someone)

héritier (*m.*) heir

heurter to knock against, strike

hirsute hairy

hocher to shake

honteux (-se) ashamed

hôte (*m.*) host; guest

huche (*f.*) hutch

huile (*f.*) oil

humeur (*f.*) (bad) humor, moodiness

hurler to howl, shriek

idée reçue (*f.*) conventional, traditional idea or assumption

ignorer not to know, to be unaware of

imprévu unexpected

impuissance (*f.*) helplessness

inachevé incomplete

inaltérable unchangeable

inattendu unexpected

inconscience (*f.*) ignorance, failure to realize something

indéchiffrable incomprehensible

indécis (-e) blurred

index (*m.*) forefinger

indicible indescribable

indissociable inseparable

infirme (*m.f.*) invalid

ingrat ungrateful; sterile (soil)

inlassable unflagging, tireless

inné innate

innombrable innumerable, countless

inonder to flood

inouï unheard of, incredible

inquiet uneasy, restless, anxious

inquiétant upsetting

s'inquiéter to worry, be anxious

inquiétude (*f.*) anxiety, worry, restlessness

insaisissable imperceptible, elusive

insensé foolish

s'insinuer to penetrate

insolite unusual

insoutenable unbearable

instituteur (*m.*) (school) teacher

instrument à vent (*m.*) wind instrument

insu - à son, leur— unknown to her, him, them

interdire to forbid

intéressé mercenary, selfish

interné interned

intituler to entitle

irréfléchi thoughtless, inconsiderate

ivre drunk

jaillir to gush forth, spurt

jarret (*m.*) bend of the knee

jeunesse (*f.*) youth; girl

joindre to clasp

jongler to juggle

joue (*f.*) cheek

jouir de to enjoy

jupe (*f.*) skirt

jurer to swear, to curse

lâcher to let go, release, drop; to abandon, betray; **—des yeux** to stop looking at

laid (-e) ugly

laine (*f.*) wool

laineux wooly, fleecy

laitage (*m.*) milk, dairy products

lame (*f.*) blade

lancer to fling; to let out, cry out; throw; **se—** to dart, rush

larme (*f.*) tear

las (-se) weary

se lasser to grow tired

latanier (*m.*) palm (tree)

se lécher to lick oneself

lendemain (*m.*) following day

leste nimble, brisk

lèvre (*f.*) lip

libraire (*m.*) bookseller

lien (*m.*) bond

lier to fasten, tie

lierre (*m.*) ivy

lieu: avoir— to take place, occur

lieue (*f.*) league (4 km. or 2.5 miles)

lignée (*f.*) progeny

lingerie (*f.*) linen-room

lisière (*f.*) edge

lisse smooth

livrer to deliver, hand over; **se—à** to indulge in, devote oneself to

lointain distant

long (-ue) long, lengthy; **le — de** all along; **tout au —** throughout; **à la longue** in the long run; **de —en large** up and down, back and forth

longer to skirt, extend along; to run along

loque (*f.*) rag; (*pl.*) tatters

loquet (*m.*) latch

lorgnons (*m.*) pince-nez, eyeglasses

lors de at the time of

lot (*m.*) collection, allotment

louche shifty, suspicious

louer to praise

lourd heavy, oppressive

lueur (*f.*) light, glimmer, gleam

luire to shine, glisten, gleam

luisant shining

mâchoire (*f.*) jaw

magnétisme (*m.*) mesmerism, treatment by use of magnetic forces

maigre skiny, gaunt, thin

maigrir to get thin

maintenir to keep, maintain

maire (*m.*) mayor

maisonnée (*f.*) (members of the) household

maîtresse: (œuvre)— main, major

maîtriser to overcome, control

mal (*m.*) evil; **faire—à** hurt

maladroit clumsy

mal-être (*m.*) discomfort

malfaisant evil, evil-minded

malgré in spite of, despite

malheur (*m.*) bad luck, misfortune

malicieux (-euse) mischievous, naughty

malin (maligne) cunning, shrewd, wicked

malle (*f.*) trunk

manche (*m.*) handle; (*f.*) sleeve

manier to use

manquer to be lacking; to miss; manquer (+ *inf.*) to almost . . .

manzanilla (*m.*) white sherry wine

marche (*f.*) gait; step

marché (*m.*) market

mare (*f.*) pool

marin (*m.*) sailor

masure (*f.*) hovel

mat (-te) flat, lusterless

matelas (*m.*) mattress

matelot (*m.*) sailor

matière (*f.*) matter

méchamment nastily, unkindly

méchanceté (*f.*) wickedness, spite, malice

méconnaissable unrecognizable

se mélanger to mix, blend

mêler to mingle, mix; **se—** to mingle with, intermingle

même same; even; **de —** in the same way; **tout de—** all the same, nonetheless

ménager to save; to prepare, arrange

mendiant (*m.*) beggar

mener to lead, take

menteur (-euse) deceitful

menthe (*f.*) mint

mentir to lie

mépris (*m.*) contempt

mesure: à—que as, in proportion as

se mettre à to begin

meunier (*m.*) miller

miche (*f.*) round loaf

mijoter to simmer

milliard (*m.*) one thousand millions

millier (*m.*) thousand

mince slender, thin

mine (*f.*) face, look

mineur (*m.*) miner, mine worker

se mirer to look at oneself

mitrailleuse (*f.*) machine gun

moindre slightest

moins à—que unless

mollement softly

mollet (*m.*) calf (of leg)

monde (*m.*) people

montée (*f.*) ascent

montre-bracelet (*f.*) wrist watch

mordre to bite

morne gloomy

mou (*m.*) lungs

mouiller to moisten, wet, dampen; **mouillé** damp, moist

moulé moulded

moulin (*m.*) mill

mousse (*f.*) moss; froth

mouton (*m.*) sheep

moyen (*m.*) means, way; **au—de** by means of

muet (-te) speechless

munir de to supply, fit with

muraille (*f.*) barrier

museau (*m.*) muzzle, snout

nacré pearly

nappe (*f.*) cloth, tablecloth; sheet (of water)

naseau (*m.*) nostril

natte (*f.*) mat

natter to braid, plait
navire (*m.*) ship
néanmoins nonetheless
néant (*m.*) void, nothingness
négociant (*m.*) merchant
neige (*f.*) snow
néologisme neologism, newly-coined word
net (-te) clean, clear
nettoyer to clean, wash
neuf (-ve) fresh, brand new
nier to deny (a charge)
niveau (*m.*) level
se nouer to tighten
nourri (-e) sustained, brisk
nourricier, -ère nourishing
noyer to drown
nu (-e) nude
nuée (*f.*) cloud, flock
nuque (*f.*) nape, back of neck

ombrage (*m.*) shade
ombre (*f.*) shade, shadow, darkness
opalin (-e) pearly
orage (*m.*) storm
oreille (*f.*) ear
orgue (*m.*) organ
orgueil (*m.*) pride
orme (*m.*) elm
orné ornate
oser to dare
otage (*m.*) hostage
ôter to remove
d'où whence
ours (*m.*) bear
outré excessive, far-fetched
ovoïde egg-shaped

pacha (*m.*) Pasha; **faire le—** to act like a Pasha
paillasse (*f.*) straw mattress
paisible calm
paisiblement peacefully
paix (*f.*) peace
palette (*f.*) paddle
pâlir to turn pale, fade
pan (*m.*) flap
parages (*m.pl.*) places, areas
paraître to appear
parascolaire extracurricular, not authorized by a school
parcourir to travel

par-dessous beneath
par-dessus over; over and above, beyond
pardessus (*m.*) overcoat
pareil (-le) (*adj.*) such; equal, the same
paresseux (-se) lazy
paroi (*f.*) wall
paroisse (*f.*) parish
part (*f.*) **nulle —** nowhere
partager to share, divide
parterre (*m.*) flowerbed
parti (*m.*) choice; party (political); **adopter, prendre le—de** to decide to
partir: à—de from
parvenir (à) to attain, reach; to succeed in
pas (*m.*) step, stride, walk
pâteux (-euse) pasty, clammy, thick
patinoire (*f.*) skating rink
patrouiller to patrol
patte (*f.*) paw; webbed feet
pâturage (*m.*) pasture, grazing lands
paume (*f.*) palm
paupière (*f.*) eyelid
pays (*m.*) country
paysage (*m.*) countryside, landscape
peau (*f.*) skin
pêche (*f.*) fishing **pêcheur** (*m.*) fisherman
péché (*m.*) sin
pécher to sin; **—par** to be deficient because of
peigne (*m.*) comb
peine (*f.*) pain, difficulty; **ce n'est pas la — don't bother; à—** scarcely
peiner to cause distress; to toil, labor
peinture (*f.*) paint
peler to peel
peloton (*m.*) squad, firing squad, squadron
pelouse (*f.*) plot of grass
pencher to bend over, lean over, incline; **se—** to lean over; **se—en arrière** to lean back
pendant que while
pendre to hang
pénible trying, difficult
péniblement laboriously
pensionné given a pension
pente (*f.*) slope, incline; **à mi—** half-way up the slope
percée (*f.*) break-through, thrust
percer to pierce, break through
perte (*f.*) loss
pesanteur (*f.*) gravity
peser to weigh

pétrir to knead
peuplier (*m.*) poplar
phare (*m.*) headlight
pianoter to tap
piège (*m.*) trap
pieu (*m.*) post, stake
pigeonnier (m.) dovecote
pince-sans-rire dry, tongue-in-cheek
piquer to stick (e.g. pencil in hair, behind ear, etc.)
pire worse
pis worse
place (*f.*) place; city square; **par—** in places, here and there; **sur—** on the spot
plafond (*m.*) ceiling
plage (*f.*) beach
plaie (*f.*) wound
se plaindre to complain
plaisanter to jest
planche (*f.*) shelf, board, wood
plancher (*m.*) floor
planer to soar, hover, glide, look down (from the air)
plâtre (*f.*) plaster
pli (*m.*) wrinkle, crease, fold, pleat
plier to fold; to bend
plomb (*m.*) lead; **soldat de—** (*m.*) lead soldier
plumeau (*m.*) feather-duster
poche (*f.*) pocket
poêle (*m.*) stove
poids (*m.*) weight
poignant (e) agonizing
poignet (*m.*) wrist
poing (*m.*) fist
point (*m.*) dot
poitrine (*f.*) chest
poli (-e) polished; polite
pommade (*f.*) pomade, ointment
portail (*m.*) doorway
portée (*f.*) significance, importance; range, reach; **à—de** within range of
porte-parole (*m.*) spokesman
porte-plume (*m.*) fountain pen
portier (*m.*) porter, doorman
porto (*m.*) Port wine
potelé plump
pouce (*m.*) thumb
poudre (*f.*) powder (gun)
poule (*f.*) hen

pouls (*m.*) pulse
poumon (*m.*) lung
poupée (*f.*) doll
poursuivre to continue
pourtant however
poussée (*f.*) push, pushing, shove
pousser to push; to press; to let out; grow
poussier (*m.*) coal-dust
poussière (*f.*) dust
prairie (*f.*) meadow
précipité hurried
se précipiter to rush
prélèvement (*m.*) deduction
pressentir to have a presentiment, a foreboding of
preste quick
prétendant (*m.*) suitor
prêter to lend; **— attention** to pay attention
prêtre (*m.*) priest
prévenir to warn, tell; say; let someone know
prier to pray; to request; **je t'en prie!** please!
prière (*f.*) prayer
privé de devoid of
proche near, close
prodiguer to squander
proie (*f.*) booty, prey
projeter to project
promise (*f.*) fiancée
propice favorable
propreté (*f.*) cleanliness
propriété (*f.*) property
proue (*f.*) prow
puiser to draw from
puits (*m.*) well
pupitre (*m.*) desk

quant à as for
quart (*m.*) watch
quartier (*m.*) section, piece
quasi almost
querelle (*f.*) quarrel, argument
queue (*f.*) tail
quoi: de— the wherewithal
quoique although
quolibet (*m.*) gibe, jest
quotidien (-ne) daily

rabaisser to lower
se rabattre to come down

rabougri stunted

raccommoder to repair

raccourcir to shorten

racheter to redeem; to buy back

racine (*f.*) root

racler to scrape

raffiné clever, subtle

raideur (*f.*) rigidity

raidillon (*m.*) uphill path

se raidir to stiffen, become stiff

ramasser to pick up; to gather

rame (*f.*) oar

ramener to bring back

rancune (*f.*) resentment

ranger to put, store away; **se—** to fall in

rapprocher to bring together

se rasseoir to sit back down

rattraper to overtake, catch

rauque hoarse, harsh

ravi pleased, delighted

se raviser to change one's mind

ravitailler to supply

rayon (*m.*) ray

rayonnant radiating

réagir to react

rebord (*m.*) sill; edge, rim

se rechauffer to get warm

recherche (*f.*) research

récif (*m.*) reef

réclamer qqch à qq'un to request, demand something from some one

récolte (*f.*) crop, harvest

récolter to reap; to garner

reconnaître to recognize

recours (*m.*) recourse

se récrier to cry out, expostulate

rectifier to straighten

recueil (*m.*) collection, anthology

recueilli contemplative, meditative, quiet

recueillir to pick up

reculer to draw back; retreat

rédacteur (*m.*) editor

redoutable formidable

redouter to dread

réduire to reduce

réfléchir to reflect, think

refluer to flow back, surge back

regagner (la porte) to return (to the door)

règle (*f.*) rule

régner to prevail, reign

rejaillissement (*m.*) rebound, spouting up, spraying out

rejeter to throw back

rejoindre to meet

relâche (*m.*) respite; interruption

relever to relieve; to raise

se remémorer to recollect

remettre: se faire— to hand over

remonter to pull up; climb out of

remplir to fill

remporter achieve

remuer to move

se rendormir to fall back asleep

rendre to return; **se—à** to proceed to, make one's way to, go

renfort (*m.*) reinforcements

renifler to sniff

renom (*m.*) reputation

renommé famous

renommée (*f.*) renown

renouveau (*m*) renewal

se renouveler to recommence, renew

renouvellement (*m.*) renewal

renverse: à la— backwards

se renverser to fall, topple over

renvoyer to send away

se repaître to feast on

se répandre to spread

répartir to distribute, divide

se repentir to repent, regret

répercuter to reverberate, echo

repérer to locate

replier fold up again

reposé settled, sedate

repousser to push back, push away, reject

reprendre to resume; **—sa route** to go one's way

réprimer to repress

repris (-e) taken up again; **— d'espoir** with renewed hope

réserve: sous—que subject to

ressentir to feel

se restaurer to have some refreshment

retenir to retain, engage

retirer to withdraw

s'en retourner to go back

retraite (*f.*) retreat; retirement

retraité (*m.*) pensioner

réunir to gather together

revers (*m.*) back

rêveur (-se) dreamy

ricaner to snicker

ride (*f.*) wrinkle

rideau (*m.*) curtain, screen

rive (*f.*) shore

riz (*m.*) rice; **—au lait** rice pudding
rôder to prowl
roman (*m.*) novel
romancier (*m.*) novelist
romanesque romantic
rond (*m.*) circle
ronde: à la— radius, distance
ronflement (*m.*) rumbling, snort
ronfler to snore
rosée (*f.*) dew
rôtir to roast, broil
rouage (*m.*) machinery
roue (*f.*) wheel
rougir to blush
rouler to roll
rouvrir to reopen
roux (*m.*) reddish, rusty color
royaume (*m.*) kingdom
ruban (*m.*) ribbon
ruelle (*f.*) alley
rugir to bellow
ruisseau (*m.*) brook, stream
ruisseler to drip, pour profusely, be very wet
rumeur (*f.*) confused noise, clamor, uproar

sable (*m.*) sand
sabot (*m.*) hoof
sac (*m.*) sack; **être dans le même —** to be in the same boat
sadique sadistic
sagesse (*f.*) wisdom
sain (-e) healthy
saisir to grasp
saisissant striking
saisissement (*m.*) shock
salaud (*m.*) S.O.B., bastard
saluer to greet
salut (*m.*) salutation; salvation, safety, saving one's life
sang (*m.*) blood
sanglot (*m.*) sob
sanglotant sobbing
santé (*f.*) health; **maison de —** rest home, mental institution
saoul drunk
sapin (*m.*) fir tree
sarcleuse (*f.*) weeder
sauf (-ve) safe, unscathed
saule (*m.*) willow
saut (*m.*) leap
saute (*f.*) sudden change, shift
sauter to jump; to explode; **faire—** to blow up

se sauver to escape, run away
savant (*m.*) scholar, scientist
scellé fastened
scintillant scintillating
scintiller to sparkle, scintillate
seau (*m.*) pail
sec (sèche) dry, lean, gaunt
sèchement curtly, tartly
sécher to dry
sécheresse (*f.*) drought
secouer to shake
secours (*m.*) assistance, aid, help
séculaire century-old
sein (*m.*) bosom; **au—de** in the midst of
semblant: faire— to pretend, make believe
sensible sensitive, responsive
senteur (*f.*) scent
sentier (*m.*) path
sentir smell like, of; **se sentir** feel (like)
sermonette (*f.*) little sermon
serré (e) pressed, tight, compact, packed in; **le cœur—** with a pang in his heart, with some trepidation
serrer to press, clasp; to grit (teeth)
serveuse (*f.*) waitress
seuil (*m.*) threshold
sifflement (*m.*) whizzing, whistling
siffler to whistle
siffloter to whistle softly
signe (*m.*) nod
se signer to make the sign of the cross
sillon (*m.*) furrow
sinon otherwise, if not
sitôt immediately
soigner to look after, take care of
soigneux (-euse) careful, painstaking
soigneusement carefully
soin (*m.*) attention, care
soit . . . soit either . . . or
sol (*m.*) ground, soil
sole (*f.*) sole (fish)
somnambulique sleep-walking
sonder to sound out
songer to think, dream
sorcier (*m.*) sorcerer, witch doctor
sort (*m.*) fate
sot (-te) stupid; ridiculous
souci (*m.*) concern, worry
se soucier to be concerned
souffle (*m.*) breath; sustained power, inspiration

souffler blow out; **— mot** to breathe a word

souffrance (*f.*) suffering

souffrant unwell

souhaiter to desire, wish

se soulager to relieve oneself

soulever to lift up, provoke (laughter)

souligner to stress, emphasize; to underline

soumettre to submit

soupçonner to suspect

soupir (*m.*) sigh

soupirail (*m.*) air-hole, vent

source (*f.*) spring

sourcil (*m.*) eyebrow; **froncer les sourcils** to frown

sourd muffled; dull, hollow

sourire to smile

soutenir to sustain, support

se souvenir to remember

soyeux, -euse silky

strophe (*f.*) stanza

subir to suffer, undergo

sucer to suck

sucrer to sweeten

sueur (*f.*) sweat

suivre to follow

suppléer à: to make up, compensate

suppliant imploring, pleading

supplier to beg

supprimer to eliminate

surgir to loom, rise into view

sur-le-champ immediately

surlendemain (*m.*) two days later

surplomb (*m.*) overhang

sursaut (*m.*) start, jump

sursauter to jump

surveiller to supervise, oversee, watch over, monitor

survenir to arrive on the scene

susciter to arouse, give rise to

syllabaire (*m.*) spelling book

tablette (*f.*) shelf

tablier (*m.*) smock, apron

tache (*f.*) spot, stain

tacher to stain

tâcher to try

tacheté mottled, spotted

taille (*f.*) waist

tailler to cut, carve

tailleur (*m.*) tailor

tain (*m.*) silvering (for mirrors)

taire to hush up; **faire—** to silence, make someone keep quiet; **se—** to be silent, keep quiet

talon (*m.*) heel

tandis que while

tant que as much as, as long as; **en——que** as

taon (*m.*) horse-fly

tapisserie (*f.*) wallpaper

tarder à to delay

tas (*m.*) heap

tâter to feel

teinte (*f.*) color, hue

téméraire bold

témoignage (*m.*) testimony

témoin (*m.*) witness

tendre to hold out, to hand; **tendre l'oreille** to listen, to prick up one's ears; **se tendre** to become taut

tendu tense, stretched, strained

ténèbres (*f.pl.*) darkness, gloom

tenir: — à to result from, derive from; **— bien** hold, stand one's guard; **— bon** to resist, hold one's own

tentation (*f.*) temptation

tenter to tempt; to try, attempt

terme (*m.*) termination, end

terne dull

terre-plein (*m.*) strip of flat ground, terrace

terreux (euse) earthy, dull (color)

tête (*f.*) head; **faire une—** to sulk

téter to suckle, nurse

thorax (*m.*) chest

tiède tepid, mild

tiers (*m.*) third; third party, person

tige (*f.*) stem

tirer to shoot, fire; to draw, pull

tireur (*m.*) marksman

tiroir (*m.*) drawer

toile (*f.*) canvas; linen

toiture (*f.*) roof

tonnerre (*m.*) thunder

se tordre to wring; to laugh convulsively, be in stitches

tour (*m.*) turn; **un quart de —** a quarter turn

tourbillonner to swirl

tourmente (*f.*) storm, upheaval

tournoyer to whirl

tournure (*f.*) direction, turn

tout à l'heure shortly, a short while before; in a little while

trahir to reveal; to deceive, to betray

trahison (f.) treason, treachery

traîner to dawdle, loiter, hang around

trait (m.) stroke

traître treacherous, dangerous

trajet (m.) journey

trame (f.) progress, thread, web; woof (of cloth, carpet)

tranchée (f.) trench

trancher to cut, slice

transpiration (f.) perspiration

trappe (f.) trap-door

traquer to pursue relentlessly, ferret out, hunt

travers: à— through, across; **en — de** across

trébucher to trip

tremper to soak, wet; dip

trenchant cutting, sharp

trépidation (f.) vibration, tremor

tressaillement (m.) shudder

tresser to braid, plait

tricorne (m.) three-cornered hat

trinquer to clink glasses

trois-mâts (m.) three-masted vessel

tromper to deceive

trôner to sit in a lordly manner

trottoir (m.) sidewalk

trou (m.) hole, gap; hollow, small place, spot

troupeau (m.) flock

truite (f.) trout

tympan (m.) eardrum

type (m.) fellow, guy

usé worn out

vacarme (m.) din, loud noise

vague (f.) wave

vaincre to vainquish, defeat

vaisseau (m.) ship

vaisselle (f.) dishes

valoir to be worth

vapeur (f.) steam

veille (f.) evening before, previous day; **état de—** wakeful, conscious state

veiller to be awake

veilleur (m.) watchman

velours (m.) velvet

ventre (m.) belly, stomach

ver (m.) worm

verdure (f.) greenness, greenery, vegetation

verni (e) polished

verser to pour

vertige (m.) dizziness

vêtir to clothe

veuf (-ve) widowed

vide empty

vif (-ve) alive, lively

vilenie (f.) villainy, vile deed

vingtaine (f.) approximately twenty

visage (m.) face

viser to aim at, take aim

vitre (f.) window

vitré (-e) with a glass front

vivres (m. pl) provisions, food supplies

vœu (m.) wish

voile (f.) sail; **bateau à —** sailboat; **navire à voiles** clipper ship

voiler to veil, cover as with a veil

voire indeed, even

voisinage (m.) neighborhood; proximity, vicinity

vol (m.) theft

volée (f.) volley

volet (m.) window shutter

volontiers gladly

zouave: faire le— to act silly, clown around